后浪出版公司

MEIJI ISHIN
めいじいしん

宗泽亚 著

明治维新的国度

北京联合出版公司
Beijing United Publishing Co.,Ltd.

百年前的古写真，将我们带进一个陌生的国度。

目 录

序 言 ·············· 5

1 幕末之国 ·············· 1
　一、江户幕末 ·············· 1
　二、黑船来航事件 ·············· 1
　三、攘夷和开国 ·············· 6
　四、幕末的维新启蒙 ·············· 7

2 明治政治 ·············· 17
　一、维新的背景 ·············· 17
　二、维新的理念 ·············· 17
　三、维新体制确立 ·············· 18
　　设立中央政府 ·············· 18
　　首　都 ·············· 18
　　行　政 ·············· 18
　　立　法 ·············· 18
　　司　法 ·············· 18
　　宫　中 ·············· 18
　　地方行政 ·············· 19
　四、维新的领域 ·············· 19
　　中央集权 ·············· 19
　　身份制度 ·············· 19
　　土地改革 ·············· 20
　　学习西洋 ·············· 21
　　创设新法 ·············· 21
　　意识形态 ·············· 21

　　宗教改革 ·············· 22
　　文化教育 ·············· 22
　　外交政策 ·············· 23
　　军队改革 ·············· 23
　　经济产业 ·············· 24
　五、维新的成果 ·············· 25
　六、维新的反思 ·············· 25

3 明治天皇 ·············· 38
　一、幕末的动乱 ·············· 38
　二、明治的新时代 ·············· 38
　三、近代国家的确立 ·············· 39
　四、列强之路 ·············· 39
　五、天皇的品格 ·············· 40
　六、明治天皇逝去 ·············· 41

4 日清战争 ·············· 66
　一、战争背景 ·············· 66
　二、战争经过 ·············· 67
　三、战争影响 ·············· 67

5 日俄战争 ·············· 80
　一、战争的性质 ·············· 80
　二、战争背景 ·············· 80
　三、同盟国模式 ·············· 81
　四、日俄开战 ·············· 81
　　陆　战 ·············· 81
　　海　战 ·············· 82

1

五、讲和谈判 ………… 84
　　六、日俄战争胜利的逸话 ……… 85
6　日清关系 …………… 115
　　一、清国观形成 …………… 115
　　二、日清间的暗涌 …………… 116
　　三、国家衰落和崛起 ……… 118
7　日俄关系 …………… 129
　　一、俄国威胁论 …………… 129
　　二、日俄的宿怨 …………… 130
　　三、日俄战争的结局 ……… 131
8　日朝关系 …………… 138
9　国家纠结 …………… 162
　　一、日英近代葛藤 ………… 162
　　二、日俄近代葛藤 ………… 163
　　三、日美近代葛藤 ………… 164
　　四、日清近代葛藤 ………… 165
　　五、日朝近代葛藤 ………… 166
　　六、租　界 ……………… 167
　　　　居留地诞生　　167
　　　　居留地贸易　　168
　　　　居留地文化　　168
　　　　居留地和华侨　　168
　　　　居留地的终止　　168
10　民权反战 …………… 184
11　国民教育 …………… 194
　　一、日本前古的教育 ……… 194
　　二、江户教育的特色 ……… 194
　　三、明治的教育维新 ……… 195
　　四、明治的教科书 ………… 197
　　五、教育与国家 …………… 199
　　　　明治教育的哲学　　199
　　　　国家教育者的培养 ……　199
　　六、教育与战争 ………… 200

12　富国强兵 …………… 238
　　一、富国强兵理念的形成 …238
　　二、富国强兵的历史借鉴 …238
　　三、富国强兵的施策 ………240
　　四、富国强兵与战争 ………241
13　殖产兴业 …………… 257
　　一、明治维新的产业革命 …257
　　二、产业革命下的民生实态 …258
　　三、产业革命和社会主义启蒙　259
14　交通运输 …………… 280
　　一、明治振兴期的交通运输 …280
　　　　明治初期的交通运输　　280
　　　　殖产兴业政策和交通运输…280
　　　　企业勃兴期的交通运输 　281
　　二、明治时期海运的振兴 …281
　　　　海运的国家意识 　　281
　　　　海运的公平竞争 　　282
　　三、明治时期铁道的振兴 …282
　　　　铁道事业的振兴 　　282
　　　　战争对铁道事业的贡献 …282
　　　　铁道国有化的实施 　　283
　　四、明治汽车工业的振兴 …283
　　　　明治汽车的登场 　　283
　　　　明治汽车的应用 　　284
　　　　国产汽车创作的雄心　　284
15　通信事业 …………… 298
　　一、日本通信的沿革 ………298
　　二、邮政（邮便）通信 ……299
　　三、有线电报通信 …………300
　　四、电话通信 ………………301
　　五、无线电通信 ……………302
　　六、手旗通信 ………………303

16	科技振兴	316
	一、技术维新的政策	316
	二、产业技术振兴	318
	三、军事技术振兴	318
	枪　炮	318
	舰　船	318
	医　疗	319
	食　品	320
	军　马	320
	航　空	321
	四、职业技术教育的投入	322
17	报刊媒体	339
18	城市建设	353
	一、日本建筑的特色	353
	二、拟洋风建筑盛行	354
	三、官厅（政府机关）集中建设计划	354
	四、近代建筑人才培育	355
	五、近代地下水道建筑	355
	六、日本近代的桥梁	356
19	贫困世相	377
	一、不可思议的国度	377
	二、贫者的礼仪	378
	三、庶民的世相和要因	378
20	脱亚入欧	392
	一、脱亚思想的形成	392
	二、脱亚入欧的怪胎	395
	三、脱亚入欧的有色眼镜	396
	洋　服	396
	汉　字	397
	诸风俗	398
21	职业群像	415
	一、公职者	415
	二、军　人	415
	三、职　人	416
	四、医　者	416
	五、艺　人	417
	六、小商贩	417
	七、宗教职	418
	八、占　易	418
	九、农　民	419
22	民俗民风	438
	一、市　街	438
	二、礼　仪	439
	三、娱　乐	439
	读　书	439
	大相扑观赏	440
	棋　类	440
	音　曲	440
	体　育	441
	见世物小屋	441
	歌舞伎	441
	四、出　行	442
	五、婚　葬	442
	六、洗　浴	443
	七、行　刑	444
	八、外国人袭来	444
23	少数民族	467
	一、阿伊努族	467
	二、鄂罗克族	468
	三、尼夫赫族	469
	四、外夷族	469
24	明治女性	480
	一、母权的时代	480
	二、近代女权的倒退	481
	三、女性权利的追求	481

四、女性自立的诉求…………482
　　五、明治时代女工的苦难………483
　　六、明治时代的娼妓…………483
25　**性的文化** ●●●●●●●●●●●●●● **494**
　　一、处女价值观……………494
　　二、日本人的贞操观…………495
　　三、性文化风俗……………495
　　四、裸体画的挑战……………498
　　五、性风俗产业……………498
26　**明治灾害** ●●●●●●●●●●●● **511**
　　一、日本地理和自然…………511
　　二、自然灾害的肆虐…………512
　　　　地震灾害　　　512
　　　　大水灾害　　　513
　　　　火山喷发灾害　　512
　　三、传染病灾害的袭扰………513
　　　　天花病　　　513
　　　　霍乱病　　　514
　　　　结核病　　　514
　　四、日本的大陆野心…………514

27　**岛国清人** ●●●●●●●●●●●● **525**
　　一、李鸿章与明治维新………525
　　二、康有为流亡日本…………527
　　三、孙文的日本大本营………529
　　四、梁启超的日本情结………532
　　五、清人的岛国留学潮………534
28　**明治名人** ●●●●●●●●●●●● **545**
　　一、幕末明治人物……………545
　　二、政治家……………………546
　　三、外交家……………………548
　　四、军　人……………………549
　　五、教育家、思想家…………551
　　六、明治军事技术者…………552
　　七、明治的文化人……………552
　　八、明治的外国人……………553

明治时代大事年表●●●●●●●●● **559**
日清年号对照表●●●●●●●●●●● **564**
结　束　语 ●●●●●●●●●●●●●● **565**
参考及引用文献●●●●●●●●●●● **568**

序 言

什么是明治维新？在中国人的历史观里，知道那是日本国在百年前发生的事情。在那个遥远的年代，日本发生了很多变革。特别是明治维新对中国产生的深刻影响，让人们记忆犹新。明治维新的日本是一个怎样的国家，她是进步的还是落后的，是文明的还是野蛮的，她对东亚国家产生了哪些影响，了解这些真相对研究世界近代史至关重要。

"明治"是日本一个时代的年号，指明治元年一月一日（1868年1月25日）至明治四十五年（1912年7月30日），即明治天皇（睦仁祐宫）在位的时间。严谨地说，明治元年的开始，应是指改元诏书发布日，即庆应四年九月八日（1868年10月23日）。由于法规上改元年，需从庆应四年一月一日（1868年1月25日）算起，因此庆应四年一月一日就是明治元年一月一日。明治五年十一月九日，太政官发布改历诏书，废旧历改西历。宣布旧历明治五年十二月三日（公元1873年1月1日），改为明治六年一月一日。自此，日本以年号纪年，以公元历法纪日月。

日本的"维新"之语，解释为"变革"之意。日本最早的"维新"用语可以追溯到天保元年（1830），水户藩的藤田东湖决意藩政改革时，引用《诗经》中《大雅·文王篇》"周虽旧邦，其命维新"的古语。《诗经》成书于中国历史上的西周时期，其维新之意蕴涵丰富的哲理。日本人在接受大量中国文明时，也同样吸收传承了"维新"的理念。

"明治维新"是日本历史上的一次政治革命。明治维新推翻了德川幕府，明治新政府在转换政体为天皇亲政体制的过程中，伴随实施了一系列的改革。改革范围涉及中央官制、法制、宫廷、身份制、地方行政、金融、流通、产业、经济、文化、教育、外交、宗教、思想政策等诸多方面，使日本变貌为东亚最初的、具有西洋文明特征的、国家体制下的国民主义的近代国家。

研究世界近代史，不能不研究日本近代史；研究日本近代史，不能不究明明治维新；究明明治维新，不能不窥视明治维新的国度。当读者通过视觉器官，亲自感触百年前发生在彼岸的那些逸闻轶事，就会引导我们冷静地面对历史，重新认识近代历史的变迁和演化过程。

回溯百年前未开化的野蛮落后的时代，一个维新的文明出现在东方。当作者撬开历史的缝隙，发现神秘岛国许许多多的故事，竟然和现代文明的许多事物颇多相似时，内心深处受到了强烈的冲击和震撼。在那个时代，明治维新的理念独树一帜，给东亚社会带来了近代文明的曙光。明治时代的维新精神源远流长，在现代日本社会仍然展示出极大的影响力。社会的改革与进步，需要维新的思想冲破腐朽、顽固、自大的桎梏。明治维新的日本接受了西方"国民"的理念，人民从愚昧狭隘的个人意识，一举跃进到国家观的高度。"国民"的思想，超越了"人民"、"臣民"的概念。"民"的脱胎，成为国家为我、我为国家的近代国家主义。这样的理念即使在今日，也是所有具备先进政治的国家确立的国家思想原型。

明治时代并非完美的时代，日本有过三次对外的战争行为。日清战争（甲午战争）、北清战争（义和团事变）、日俄战争，三场战争都发生在清国的土地上。一个主张政治维新的国家，对外战争意味着什么，战争给维新之国带来什么，战争对世界格局产生了什么影响。战争的受害者永远是民众，无论任何胜利和失败的国家，都有着民众血泪的历史。透过《明治维新的国度》中的那些图片，或许可以引导我们找到了解战争根源有价值的线索。

解读明治维新，需要研究日本人国家意识的形成过程。明治的前期和后期，日本人在国家意识上有着极大不同。日清战争以前，日本人对改造国家缺乏信心，国民普遍没有大国意识，只是埋头苦干，盲目模仿西洋文明。日清战争胜利，刚刚燃起的一点自信，又让三国干涉打了个措手不及。日本人不得不冷静下来卧薪尝胆反省自己，脚踏实地刻苦奋斗了十年。随着日俄战争的胜利，日本人的自信心得到了升华，终于燃起了大和民族的大国意识，自我民族的优越感和他国民族的劣等意识在同一时间形成。

《明治维新的国度》之编著，旨在通过人们的视觉神经，亲临百年前发生在岛国彼岸，被中国人谓之"倭人"的那些事情。看看那个弹丸小国，看看那里的人们在想些什么，又在做些什么，看看他们所作所为背后的野心。

《明治维新的国度》之回溯，会让人们的思绪延伸，审视自身文明的进化史。看到在相同的历史时期，弹丸小国出现的人物、事物、思想、文明和大陆之国的差别。看到只有勇敢接受进步的文明，才能将国家带入先进的国度。这种审视和思考的延伸，能帮助认识一个真实背景下的历史。

《明治维新的国度》之阅读，是反省自身历史的痛苦过程，因为那样会发现许多已经定格了的历史缺陷和说教，找到自身的劣根性。中华革命的先驱孙中山先生正是从反省开始，吸收西方文明和明治维新的精神，坚定了改造自我的决心，开创出一个崭新国家的新纪元。这样的反省即使在今日的国度，仍然具有重要的切身价值。

《明治维新的国度》之研究，是"知己知彼"的究诘过程。从百年前现场的视角，考察对方国家的政治、经济、文化、历史，可以解明彼此之间的差距和产生的原因。研究对方并非卑躬屈节，而是任何企望找到自身优劣的谦逊之人应有的智慧和胸襟。

明治维新不仅仅是日本文明的遗产，也是亚洲及世界文明进步的象征。明治维新的国度奠定了一个国家价值的存在，新兴国家的价值又推进了那个国度和近邻国度的崛起，从而进化成文明的近代国家。

作者　宗泽亚

1 幕末之国

一、江户幕末

"幕末"指日本历史上作为国家权力中心的江户幕府执掌政权的末期阶段。嘉永六年六月三日（1853年7月8日），美国东印度舰队司令官佩里将军，率领舰队抵达江户湾口，以武力威吓幕府开国通商，引发"黑船来航"历史事件，被认为是幕末期的始点。庆应四年（1868），日本发布"王政复古大号令"，宣布变革国家体制，被认为是幕末期的终点。

"幕末"没有严格的定义，学术研究上对幕末的终点存在各种不同解说。例如，庆应三年十月十四日（1867年11月9日）德川庆喜实施大政奉还日；庆应四年四月十一日（1868年5月3日）江户开城日；明治二年五月十八日（1869年6月27日），幕府军在"戊辰战争"中败北降伏的战争终结日；明治四年七月十四日（1871年8月29日），明治政府宣布"废藩置县"，实施一元化行政改革，幕藩体制完全终结日，均被理解为江户幕府的终结和明治时代的始点。

史学界在政治层面上的视野，对幕末存在三大见解。（1）幕末只是一个单纯过渡的政治体。（2）幕末是异样的独自的政治体。（3）从国际关系史的视角考察，幕末被定义为"近代"的范畴。幕末与近代西洋列国签署了一系列不平等条约，踏入了西洋近代体系的边缘。从幕末将军的封建体制到明治天皇为主权者的帝国主义国家体制，幕末这个带有近代色彩的封建政治体和明治维新国家的政治体，事实上维系着千丝万缕的续存关系。因此在日本史上，论及明治时代，通常用"幕末·明治"来总括这段近代史。

二、黑船来航事件

十八世纪末，北方的俄国人为了达到向远东扩张和进出北美大陆的目的，意图将日本列岛作为补给基地。1791年，幕府下达"宽政令"，对前来的俄国船只实施了严格的临检。1806年，幕府发布"文化令"，大幅缓和了相关政策，对遭难漂流的俄国船给予了帮助。1808年，英国军舰"菲同"（Phaeton）号无视日本地方官的制止，强行登陆长崎，发生了抢夺事件，震惊了幕府。1825年，幕府发布了强硬的"文政打払令"，指示海防炮台，只要沿岸看到外国船只就可以开炮攻击。1837年，在"打払令"的强硬背景下，外国船只数次接近日本列岛，都遭到海防炮台的攻击，被迫退去。1840年后，清国林则徐禁烟和鸦片战争失利的消息传至幕府，幕府分析认为，清国败战是因为没有可以海战的海军。清国的事件动摇了幕府一直以来的海防政策。1842年，幕府撤销打払令，发布了稳健的"天保薪水令"，转换了以往的强硬政策，冷静应对来航的外国船只。

1845年4月17日，美国捕鲸船驶进浦贺湾，送还他们救出的22名遇难日本渔民。捕鲸船进入湾内即被130艘日本警护舟团团围住进行调查。事情速报至幕府，老中首座（"老中"系江户幕府官职，统领政务）阿部正弘同意了美国船只入港的要求。1846年7月20日，美国东印度舰队司令官贝特尔（James Biddle），奉命参加美国与墨西哥的战争，率领3艘军舰从清国回国，取道日本请求补给，成为最初来日的政府使节。贝特尔要求日本开国通商，遭到江户幕府的拒绝。1849年3月，美国军舰"普雷布鲁"号为解救在北海道遇难漂流的美国船员专程来日，事情在短期内得到了和平友好的解决。库林舰长返回美国后在报刊上严厉驳斥了一直以来媒体宣传日本人虐待美国船员的不实报道。以上三次与美国交涉经验，使幕府对美国人产生了好感。美国1776年才从英国的统治下独立出来，虽然是一个历史短暂的新兴国，但是美国人的思维方式给日本人留下良好的印象。与此同时，致力于崛起的美国人已经认识到，要想确保东亚贸易的太平洋航路，保障汽船燃料、水、食料等物资的补给，日本列岛可以说是具有战略意义的寄港地。

1852年11月24日，美国东印度舰队司令官佩里将军，率领当时世界最大的军舰"密西西比"号（排水3220吨，舰长76米，乘员268名），单舰出航前往清国。其任务是受总统委托前往日本，表面上是学术调查，实际上是担负军事和外交的目的。十九世纪中叶，产业革命扩大的欧洲列强，产品面临大量输出的需求。各国纷纷抢占东南亚市场，抢先获得与他国竞争的优势。海外竞争处于劣势的美国，为了扩大市场的竞争力，确保航道安全，把注意力投向了东亚。佩里出发前发布了公报，欧美各国的文人、学者、旅行家踊跃报名，争相要求参加考察，均被佩里谢绝。

1853年4月7日，"密西西比"号抵达香港，停泊修整。佩里取道香港，一是为了与3艘待命的军舰会合，二是带上可以和日本人语言交流的翻译。当时美国人知道日本人使用汉字，认为清日两国的语言没有很大区别。结果佩里原定的翻译、传教士威廉姆斯只懂汉语不会日语，无法承担严谨的日语翻译工作。佩里考虑可能会以汉文签约，还是决定威廉姆斯随行。舰队经过上海时，佩里又雇佣了一名会荷兰语的美国人，因为幕府官方有较多人通晓荷兰语。4艘军舰组成的舰队，乘员总计988人，下士官191人，炮手和水兵约800人，舰体涂布黑色防护漆。

5月25日，舰队抵达琉球那霸，佩里将军一行受到琉球摄政在首里王宫招待。

7月2日，佩里舰队离开那霸驶向日本。7月8日，舰队的左舷已可以看到秀丽的富士山，全舰进入临战态势，大炮、小炮、枪支全部装弹。下午，舰队停泊在浦贺湾离岸约两公里处，位于海岸炮的射程之外。数百艘小舟从四面八方涌来，将四艘战舰团团围住，一艘官方小舟靠前，要求长官下船说话。双方最初的接触避免了交战，湾岸的町人纷纷出来，观望远处的黑船。7月9日，双方代表会谈，约定三日后登岸递交美国总统的国书。7月12日，浦贺奉行所收到幕府指示，"转告异人，幕府同意受理国书"。要求美方将国书翻译成日语，递交国书的时间约定在14日。奉行所在久里浜建造了面积约150平方米的临时会见所，四周用帷幕围起。7月14日，美国军舰的日志记录，大炮瞄准了会见所的位置，汽船蒸汽动力点燃，各船收起了锚链，佩里通过抽签的方法选拔了300名陆战队随员。日本方面出动四藩警备队1500人，远处大约有3000当地居民在观望。

登陆开始，美国旗舰鸣放礼炮13响，海军陆战队摆开阅兵阵势，军乐队奏乐，佩里将军率全副武装的陆战队登陆。会见所内，美方登场了两个少年，抬进一个漂亮的小箱。打开箱盖里面放着一卷美国总统的亲笔书信。浦贺奉行香山宣布："受理美国总统的书信，并呈送天皇（德川将军），日后外国事务的商议须在长崎实施。"会谈中日方表示，征夷大将军德川家庆重病在床，无力处理国家大事，不能处理美国总统的国书，希望给予1年的犹豫期。佩里将军表示尊重日本的请求，但幕府必须回复美国总统的书信，明年春季再来听日方的答复。仪式仅进行了30分钟就结束了，佩里一行返回舰队。其实幕府只想收下佩里带来的国书后就打发美国人离开，不想佩里提出明春还要再来，令幕府十分不安。

佩里将军根据幕府的要求，将美国总统的书信翻译成了汉语和荷兰语。幕府林大学头立即将汉语和荷兰语书信翻译成日语，呈交幕府老中阿部正弘阅览。当时将军德川家庆病重，阿部正弘遂将美国国书交由各界传阅，如此重视的做法在当时绝无仅有。美国总统书信的主要内容，归纳为七点：（1）友好结交，制定通商条约；（2）美国不侵犯他国的政礼；（3）蒸汽船从美国横渡太平洋仅用18日就可以到达日本；（4）两国友好往来必能给两国带来大利益；（5）贸易可以开始也可以终止，也可以限定时期；（6）为遇难船员提供救助，具体事宜相互协议；（7）为蒸汽船提供煤炭供给，具体事宜相互协议。幕府研究认为（1）、（6）、（7）是美方的迫切要求；（2）是条约签订的基本；（4）是强调条约的成果；（3）是新技术的夸示；（5）是两国贸易开国通商。

1853年7月27日，第十二代将军德川家庆逝去。佩里将军明春再来的约定，给幕府心理上造成很大压力。因为开国通商将动摇祖上制定的国本，而次代将军需要到年底才能议定继任。各大名藩主的主张各异，无法取得一致意见。各方意见可归纳三种：（1）拒绝要求，维持现状；（2）以消极的方式部分开国；（3）积极开国通商。

1854年2月8日，佩里将军率舰队第二次来日。此前，美国人得到情报称，其他国家的舰船也在接近日本，从战略意义上说美国必须加快速度与日本确定国家间关系，因此佩里比约定的时间提前到来了。日本沿海的渔民频频来报，黑船从3艘增加到9艘、10艘，甚至更多，混乱不确定的消息让幕府手足无措。为了应对，幕府临时任命林复斋（53岁）担任大学头（相当于外务大臣）。13日，林大学头前往佩里第一次登陆地点久里浜，安排迎接的准备工作。可是美国舰队没有出现在久里浜，报告说舰队向江户湾驶去，这种明显的入侵行为让幕府恐慌。幕府将迎接计划临时安排到神奈川，在横滨村建设了临时应接所，林大学头用书简向佩里递交了登陆方案。

应接所共计建造木造平屋5栋，因建房进度延迟，正式接待定在3月8日。佩里在舰上接见了幕府代表黑川，透露本次如果不能签订条约，就不能避免战争。现在湾内停泊8艘战舰，近海有50余艘战舰待命，国内还有50艘战舰听命，只用20日就可到达，佩里的表态震惊了日方代表。

1854年3月8日，日本迎来了锁国史上最重要的一日。美国东印度舰队司令官佩里将军率领约500名海军陆战队员，在各舰鸣礼炮50响的威慑下，列队踏上了江户的土地。上陆的部队排成三组铁炮阵形，在应接所门前围成"匚"字形。"匚"字形的中央是由31人组成的军乐队，演奏进行曲和国歌（国歌诞生前的代用曲）。日本方面记录称，美军登陆官兵共计446人。应接室内，长桌一侧是佩里将军坐于上座，以下依次是数名军官，身后站有约30名武装卫兵。另一侧是日本代表林大学头坐于上座，以下依次落座4名官员，每人腰佩日本刀。双方正装的战斗姿态，符合当时正确的礼仪。

双方坐定相互礼仪寒暄，佩里提出为日本国天皇（德川将军）鸣礼炮21响（最高礼仪），为林大学头鸣礼炮17响。会谈中，林大学头向佩里将军递交了幕府答复美国总统的书简，上面记载：（1）同意柴火、淡水、食料、煤炭的供与；（2）遇难船员的救助适用于日本法律；（3）通商贸易的要求不能接受。接着，佩里递交给林大学头一份起草好的条约草案，草案用汉文和荷兰文书写，题名《诚实永远友睦之条约及太平和好贸易之章程》。佩里指出："两国相互通商贸易，双方都能获得大大的利益，最近只要开展贸易的国家，都开始变得富强，对外贸易能给贵国带来国益。"林大学头则认为："日本本国的物产已经十分充足，即使没有外国货，一点儿也不碍事，所以我国不需要对外贸易。"双方都没有说服对方。佩里离开时从怀衣口袋中拿出一本册子，说道："这是美国和清国签订的贸易通商条约书，其中记载了公平交易的条款。今天我也带来了，请你们过目阅览。"林强调说："如前所述，贸易通商的要求不能应允，但是带来的条约书可以拜读。"佩里说："数日后，我们想请贵方登舰参观，招待诸位。"中午，幕府为佩里一行数百人准备了酒饭，菜品超过100种以上。下午3时，佩里一行离开了应接所返回军舰。幕府随即着手研究佩里带来的条约草案，比较对照1844年美国和清国签订的《望厦条约》，美国的条约草案显然是《望厦条约》的缩小版本。草案中没有"开港"、"通商"、"关税"、"港口使用"等条项，可是草案的题名却有贸易的字眼，存在严重的缺陷。双方的联络官数次往来于舰船和陆地之间，继续协商条约细节，美国仍然强调开港通商的必要性。

3月10日，佩里将军提出献上美国赠送的礼物，约定13日登岸。13日，幕府收到佩里的书简，上书"奉美国总统之命赠送贵国之礼物。此乃最近发明的代表欧美国先端技术，由美国学者和工匠精心制作的对象，我等希望传授使用它们的方法"。同封附有汉文献上品目录。天皇献上品，小火车（蒸汽机车）模型一套，规格是实物的四分之一缩小版，轨道长2公里。其他献上品有电信机等38品；皇后3品；阿部正弘老中首座12品；林大学头12品；全部献上140品。美国像农业先进国一样，还带来了六齿锄、犁杖等农具55种；蔬菜种子48种。14日，20名水兵登陆横滨村，在官长指挥下组装献上品。17日，100名水兵组装蒸汽机车，21日试运行。幕府方面也准备了回礼，大米200俵（袋）及酒类等土产。调来75名相扑大力士，肩扛一草袋、手提一草袋各60公斤的大米，轻松往来运送，令美国人惊叹不已。美国方面接受了回礼物品，还提出了希望品的目录，包括美国总统办公室用的办公桌、书柜、植物、种子、8米长的和船模型等。佩里将军是植物学爱好者，对长期锁国没有杂交的原产植物视为珍宝，强烈执著于它们的种子。佩里带回美国的种子，如今仍然在哈佛大学植物园反复栽培保存。

第二轮会谈（3月17日）和第三轮会谈（3月24日）都进行得十分艰难，幕府坚持不开港通商。佩里无奈，改变了突破策略，同意两国不贸易通商，但要求幕府在全国各地开三四港，为美国船提供补给以及为拯救遇难船员提供方便。美国的请求，林大学头无力做主，特报请江户城幕府老中权衡决定。3月27日，佩里将军邀请林大学头等官员5人及其他相关者总计70人，登上美国战舰访问。军舰"密西西比"号和"玛克特尼亚"号各鸣礼炮17响，水兵为客人表演了大炮、小炮、枪支的操练，登陆战的模拟演练，灭火训练，军舰启动快进等节目。客人们面对世界最先端的军事装备，发出一阵阵骚动和兴奋。随后，日本客人参观了舰内饲养仓，里面饲育有去势了的牛羊和家禽。参观了肉类、鱼类、蔬菜类、果物类、酒类的储藏室。之后佩里为来客举行了宴会，客人们对酸酸的番茄酱非常感兴趣。主宾双方干杯畅饮，水兵表演了歌舞，沉浸在一片真诚友好的气氛之中。但是，担任重大谈判责任的林大学头，始终保持了以往的庄重和威严，慎重地品尝主人盛情款待的葡萄酒和料理。

3月28日，佩里将军一行20人登陆横滨村，进行第四轮会谈。就幕府答应箱馆（函馆）、下田两港开港的细节进行讨论。幕府坚持开港是作为避难港，而不是贸易港。双方约定没有取得一致的条款，延至18个月后再行谈判。3月30日，幕府联络官就条约签署形式与美方协商，美方主张按照国际惯例，林大学头和佩里将军在条约上签字。但是幕府方面主张按照日本的习惯签字，在另外的纸上写上承认状再行交换。签字形式经过数度交涉，林大学头坚持若不按照日本的习惯，条约将无法签字调印。

3月31日迎来了条约签订之日，佩里将军一行30人和军乐队登陆来到横滨村。

佩里在英文版条约上签字后，林大学头表示不会在外国语文本上签字。接着将已经签字画押的日语版条约与佩里的英语版条约交换。佩里将军得到的日本语版条约上，签有林、井户、伊泽、鹈殿四人的名字和花押，而林大学头得到的英语版条约只有佩里的署名。还有汉文版条约，签有松崎的名字和花押；荷兰语版条约，签有森山荣之助的署名。如此一来，双方全部署名的版本一份也没有。更为遗憾的是，日本方面保存的条约，后来在大火中烧为灰烬。现保存在美国公文书馆中的条约，有日文版、汉文版、荷兰文版、英文版。英文版名称"Treaty of Peace and Amity"，历史上称为《日米和亲条约》或称《神奈川条约》。全文内容十二条款（以下要项简记）：（1）两国建交，永久亲睦友好。（2）下田、箱馆作为避难港开港。（3）遇难民相互救助，各自负担费用。（4）美国难民的活动，须服从公正的法律制约。（9）赋予美国最惠国待遇。（11）本条约成立18个月后，美国在下田设立领事。

《日米和亲条约》的重要意义，在于美国人用和平手段打开了日本锁国的大门，两国实现了和平交往的约定。在世界近代史中，列强大多数采用战争的手段，胜者确立支配权，败者支付赔偿金或割让领土。然而，在《日米和亲条约》签署过程中，第一次采用了"交涉条约"的做法，其不平等性的倾向非常小。日美间交涉的实践，衍生出了新的"近代国际政治"的概念。

三、攘夷和开国

万延元年（1860），幕府派遣了77人组成的遣美使节团访问美国。使节团作为国宾，受到美国的热烈欢迎。使节团一行向美国总统递交了《日美修好通商条约》批准书，参加了游行欢迎会、晚餐会、舞会。日本人第一次觉悟到西洋文化优越于日本文化。

文久三年（1863），幕末的政治情势急变，国内尊王攘夷和开国两论盛行，政府倾向"大攘夷"论（排外主义）的政治立场。同年五月，幕府向诸藩下达《异国船打扎令》，五月十日，攘夷派的长州藩在下关海峡的海防炮台，向通过海峡的美国商船开炮。二十三日，炮台向通过的法国军舰开炮，二十六，向荷兰军舰开炮，攘夷行动表现出坚决驱逐无视国家主权的外国势力的决心。六月，美、法两国的军舰进入下关湾，向长州藩炮台和军舰发起攻击，海军陆战队登上下关炮台，破坏了炮台的全部大炮。长州藩没有屈服，恢复炮台武装继续封锁下关海峡。元治元年（1864）八月五日，美、英、法、荷组成四国联合舰队杀入下关湾，288门舰载大炮，一齐向炮台发起猛烈攻击。双方炮击战持续了1个小时，下关炮台遭到毁灭性打击。联军陆战队2000余人登陆占领了炮台，彻底破坏了炮台所有炮械，弹药全部投弃到海内。两日的战斗结束，长州藩完败，日本尝到了与列强战争的苦头。

江户幕末受到西洋武力和文化的冲击，在国家主义、国粹主义、民族主义、国民主义思想和运动勃兴的背景下，德川将军君临的幕藩体制，事实上已经解体，国内的政治权力进入了重组的历史阶段。萨摩藩、长州藩、土佐藩、肥前藩，亦称"西南雄藩"，成为这场政治变革的主力。这个时期日本注入了资本主义市场经济，向外国开放港口，放弃了数百年来对外锁国的立场，开始了面向世界的自由贸易。

面对西洋武力和文化的渗透，日本人坚持尊皇抗击外敌保卫国家的民族主义思想出现了反弹，"攘夷"和"开国"成为日本民族必须直面的课题和选择。"大攘夷"思想主张为了排斥欧美列强的压力，日本应该优先采取对外开放、先行统一日本、富国强兵的策略。"开国"和"攘夷"两种矛盾的思想，在特定的历史环境下产生了结合。统一日本的"讨幕"论占了上风，推翻幕府政权成为实现新型国家的方针大计。在土佐藩和坂本龙马的斡旋下，萨摩藩和长州藩两大地方势力联合，发动了讨伐幕府的军事行动。

幕末的时代经历了许多重大政治事件：

（1）条约缔结和将军继嗣（1853~1858）

（2）安政大狱和樱田门外事变（1858~1860）

（3）公武合体策和尊王攘夷派的抬头（1860~1863）

（4）攘夷派的挫折（1863~1864）

（5）萨长联盟和幕长战争（1864~1866）

（6）大政奉还和王政复古（1866~1867）

（7）戊辰战争（1868~1869）

在这个历史时期，幕府在和美、英、法、荷、俄、德等列强的关系中，从抗争到屈服，最终与西方列强签订了诸多不平等条约。国内外矛盾日益突出，江户幕府政权风雨飘摇，再也无力延续其在日本的统治。庆应四年（1868），德川幕府和平归顺了明治新政府，激烈动荡的江户历史落下帷幕，在执政260余年后，德川政权退出了历史舞台。

明治四年（1871），明治政府正式宣布德川封建体制结束，开始了国家的维新之路。日本幕末的时代与中国历史上晚清的后期并行。同一时代两国经历了相同的国际风云，经受了外来势力撞击国门的遭遇。在西方文明和东方文明大碰撞的激荡中，夜郎自大的东方狮子睡眼惺忪，没有醒来，而日本人在挫折中找到了"近代国家"雄起的方向。

四、幕末的维新启蒙

幕末的日本人为什么要寻求国家维新之路，是什么意识驱使那里的民众选择了改造国家的道路，学者们从幕末的国民意识和民众思想的形成考察中进行了解读。

近世幕藩体制下的日本社会，顽固推行锁国政策，紧闭国家对世界文明追求的大门。国家的政治体制停留在酋长统治草民的组织形式之上，没有国民的统合和国家独立的母体。日本在世界变革的激流中，与西洋早期文明发展一样遇到了"国民国家"的大课题。在从近世向近代的转化过程中，近代国家的国民意识形成是不可或缺的要素。而在幕藩体制中，民众依附于各藩体制之下，不存在可以酝酿产生国民一体意识的政治契机。若要实现国家概念和形成国民意识，就必须推翻幕府体制，建立真正的统一国家。

日本国民主义起步于明治维新，其实在江户幕末的"黑船来航"时期，动荡的日本社会已经涌现出维新的启蒙。当时国家的维新方针，着眼于举国关心的海防建设，主张通过富国强兵政策，实现中央集权的国家体制。幕末的近代国家意识和责任感，不仅在优秀的知识人和思想家中形成，在民众中也已经进入近代国家所需的、国民意识形成的启蒙阶段。

幕末维新志士提出了国民国家和国民特性的归属概念。主张国家的民众在归属"国民"时，其民族特性定义为重要的要素，国民的特性就是将自己归属于国家一员的意识。幕藩体制下，没有中央集权，民众直接向所在藩国的统治者归属自己的意识。藩国限制民众的移动、语言、文化、政治，民众没有日本统一的国民意识。要改变这种状况，对抗西欧诸强，就必须树立一君万民的中央集权化的明治政府，让局限于各藩国的民众意识，归属到日本统一的"日本国民"意识上来。然而，当时西欧传来的"国民"，对日本人而言是极为抽象的概念，让民众浸透到这种外来的国民意识中非常困难。面对意识形态危机的明治政府，就推出了民众容易理解、容易接受的万民是天皇陛下臣民的理念，由天皇精神作为中流砥柱统一诸藩，实现日本的国民国家和完成国民意识的统合。

明治政府成功地将诸方藩阀统一到天皇的国家体制内，民众作为天皇的臣民跃进到天皇国家的国民。国民国家的形成，使国民自愿升起自己国家的国旗，向她敬礼、齐唱国歌，标准化国家语言和文字，完成国民性格的形成。国民意识的形成和提高，凝聚了国家力量，推动和加速了明治维新改造国家的目标。历史记录证明了一个事实，推翻一个政权难，完美建设一个政权更难，因为维系这个政权，需要民众意识的凝聚力。一个近现代的国家，人民的意识需要跃进到国民的意识，国家才能有所作为。明治维新的最重要成功之一就是将臣民、草民、人民、民众，改造成了国民，那里的国民选择了国家维新之路，用国民的意识奉献国家。

1.01 美国东印度舰队司令官佩里将军（59岁），携美国总统亲笔信，两次率舰队来日要求通商。兵临江户湾，与幕府签署《日米和亲条约》，打开了日本锁国的大门。

1.02 嘉永六年（1853），美国东印度舰队佩里将军，率领四艘军舰开到江户浦贺湾，要求幕府开国通商。由于这些舰船被漆成黑色，日本人谓之"黑船"，其事件亦称"黑船来航事件"。佩里将军带来了美国总统给日本的国书。1854年2月，佩里率七艘军舰再度来到日本，舰队直入江户湾内到达横滨海面，以大兵压境之势要求美日通商。经过双方友好协商，江户幕府妥协，日美在横滨缔结了史上第一个条约《日米和亲条约》，亦称《神奈川条约》。这一事件促使日本放弃锁国的一贯立场，江户幕藩体制彻底动摇，日本从此走向开国接受世界文明之路。

1.03 嘉永七年（1854）二月，佩里率舰队驶入江户湾，这些"黑船"的再次出现，给日本带来极大骚动，江户城内人心惶惶，一片混乱。美国舰队在湾内滞留达50日之久，前来围观西洋怪物的百姓络绎不绝。

10　明治维新的国度

1.04　1853年7月,美国东印度舰队司令佩里将军,在征得幕府同意后,率部在神奈川县横须贺久里浜上陆。当日,幕府在海湾配备180余艘军舰,布防士兵1500名,严阵以待。佩里司令官仅带武装士兵350名乘舢板登陆,场面盛大庄严,双方剑拔弩张。这是日本近代史上,面对外来文明开启国门的重要历史时刻。

1.05　幕府奉行所在久里浜建造了临时会见所,周围用帷幕围起,会见所总面积约150平方米。佩里将军向幕府代表林大学头郑重递交了一卷美国总统的亲笔书信,要求日本开港通商。幕府接受了美国总统的国书,希望美国方面给予一年的犹豫期。佩里将军表示尊重日本的请求,但要求幕府必须答复美国总统的书信,明年春季再来听取答复。绘画是佩里将军及主要随从军官,在久里浜临时会见所与幕府代表会见的情形。

1　幕末之国　11

1.06　图绘是美军登陆江户后，招待幕府林大学头等70人登舰参观做客。面对世界最先端的军事装备，来客发出一阵阵骚动和兴奋。美军水兵表演了炮术、登陆战、灭火，引导宾客参观了舰内饲养仓、储藏室，并举行了盛情宴会。

1.07　嘉永七年（1854）《日米和亲条约》签订后，佩里率舰队北上进入北海道函馆，要求与松前藩缔结条约。松前藩以未接到《日米和亲条约》为理由，谢绝了佩里将军的请求。图为双方会见的场面。

12　明治维新的国度

1.08　"马关战争"或"下关战争"是长州藩攘夷派不满幕府向外来势力妥协，引发的与英国、荷兰、法国、美国间的冲突。战争经过是1863年5月，长州藩封锁下关海峡，炮击航行中的美、法商船，欧美联合舰队实施反击，没有获得胜利。1864年7月，英、法、荷、美组成联合舰队，对日本封锁下关海峡实施报复行动。军事行动摧毁了下关海峡内的长州藩军舰及炮台，并占领了诸军事设施，长州藩在遭受惨重打击后被迫讲和屈服。

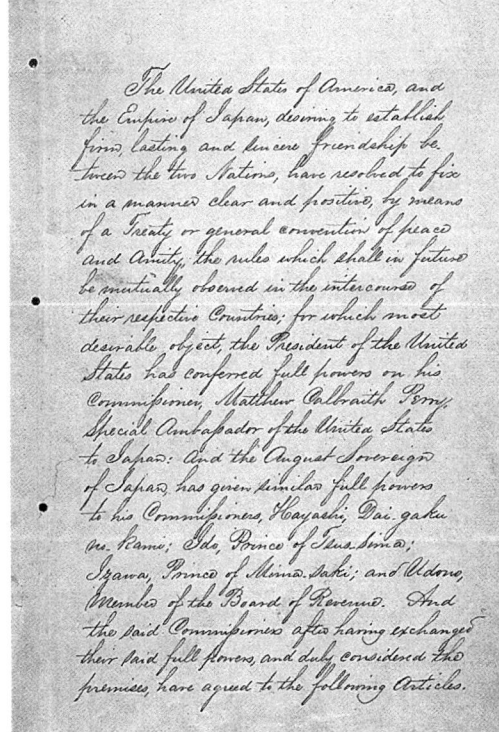

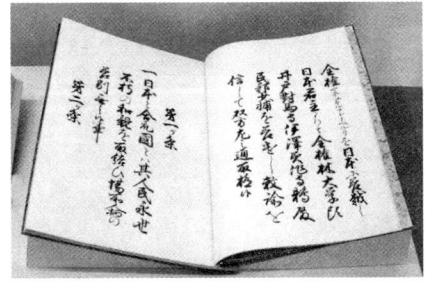

1.09　嘉永六年（1853），美国与日本缔结了《日米和亲条约》。合约全文12条。依此条约，日本开启了下田及箱馆两港口，日本锁国体制从此崩溃。美国人用和平的手段打开了日本锁国的大门，两国实现了和平交往的约定。然而，平等的《日米和亲条约》事实上为不平等的《日美修好通商条约》打下了基础。《日米和亲条约》成为列强的敲门砖，此后列强纷纷与日本签订了不平等条约。上图是保存在美国公文书馆中的日文版条约，左图是英文版条约。

1.10 1862年9月在萨摩藩神奈川的生麦村，发生了四名西洋商人因不知日本礼仪，未给武士退避让路，惨遭武士砍杀的"生麦事件"。事件引发了萨摩藩和英国舰队间的战争，战争的结局是英萨在横滨议和，萨摩藩赔偿英国两万五千英镑。

1.11 1863年5月，英、法、荷、美组成的四国联军，摧毁了长州藩军舰及炮台。当时英国海军采用了新锐的阿姆斯特朗后膛炮，在激烈炮火对抗战中，英军火炮威力取得决定性胜利。写真是联军海军陆战队占领长州藩炮台的场面。

14　明治维新的国度

1.12　庆应三年（1867），江户幕府第 15 代将军德川庆喜，洞察天下大势，痛感政治改革的必要，决定辞去将军之职，将政权奉还天皇。图为德川庆喜召集在京诸役人，传达政权奉还天皇的意愿和决定。中间正位者是德川庆喜。

1.13　幕府和列强签署了不平等条约后，各地租借地迅速发展。列强又提出，为了公使馆的安全，希望派驻军队警卫。1862 年"生麦事件"引发了萨摩藩和英国舰队间的战争。此后，军事上被动的幕府，同意了英法两国租借地的防卫权，两国派驻军队进入租借地。写真是英国海军陆战队的临时帐篷营地，远方的建筑是正在兴建的英国驻军兵营。

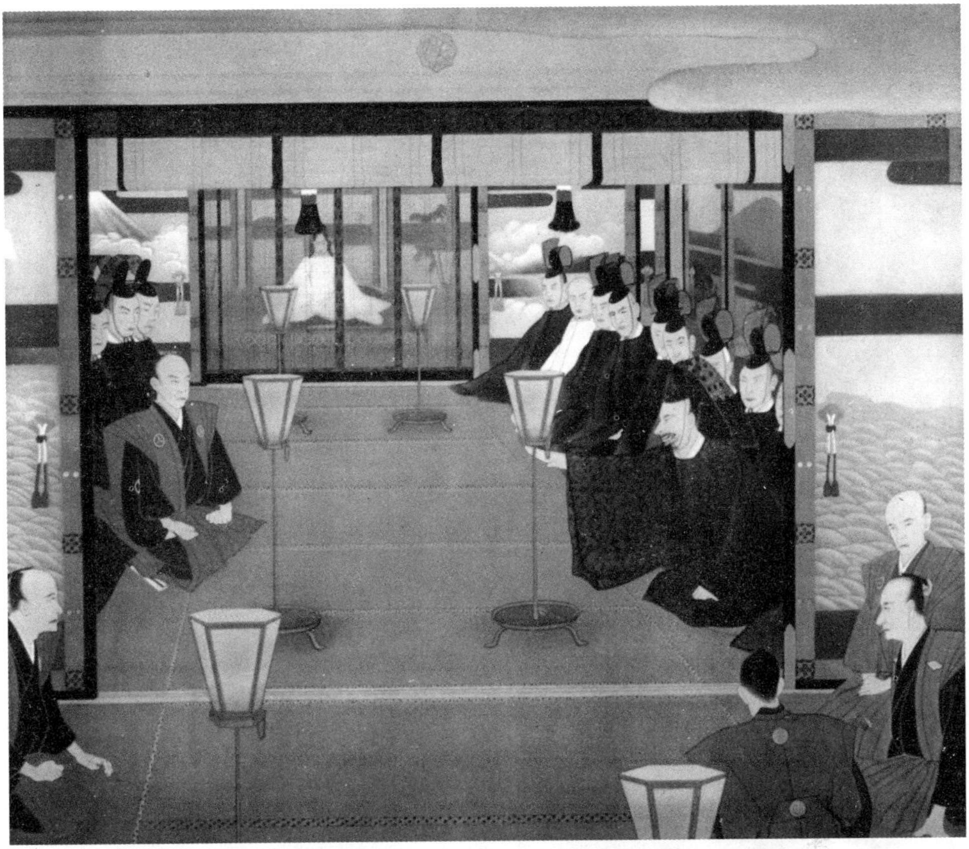

1.14 明治元年（1868），围绕国家制度的改革，大腕政治家在一起议论政治结构、行政制度等重大事宜。图绘是御前会议上山内丰信和岩仓具视在相互争论的情景。幕帘后的白衣者是明治天皇。

1.15 行大政奉还之仪后，1867年5月，末代将军德川庆喜携家丁离开江户返回京都。沿路的江户臣民跪在地上为大将军送行。自德川家康以来，有着近三百年历史的江户幕府落下帷幕。

1.16 明治元年爆发了明治新政府的萨摩藩军和德川庆喜的旧幕府军的内战,史称"戊辰战争"。写真是战争中,萨摩藩军部的侍卫武士。后列士兵身着萨摩藩军洋服,腰佩战刀,神情严峻地接受作战命令。

1.17 德川庆喜(1837.10.28~1913.11.22),江户幕府第15代将军,江户史上的末代将军。明治元年,明治政府发布"王政复古大号令",废除幕府。德川庆喜拒绝服从新政府大号令,在大阪宣布"王政复古大号令"非法。由此,以萨摩藩、长州藩为主力的新政府军和旧幕府势力间爆发内战,史称"戊辰战争"。德川庆喜带领幕府军1.5万人由大阪进攻京都,与只有5000人的政府军决战,结果幕府军大败于鸟羽、伏见。德川庆喜在海军奉行(江户幕府官职,可统领幕府海军)胜海舟游说下,同意投降。1868年5月,德川庆喜开城交出江户。作为条件,德川庆喜改封于静冈,领70万石地,德川幕府在江户265年的统治落下帷幕。从此日本确立了王政复古的、以明治天皇绝对至上作为国家政治基础的发展道路。写真是江户德川幕府第15代将军德川庆喜的坐像。

2 明治政治

日本历史上的江户末期至明治时代，政府在政治、经济、军事、文化上，进行了一系列革命性的改革。这场改变日本人命运的划时代变革，被称作"明治维新"，日本史上亦称"御一新"，西方国家称"Meiji Restoration"。维新的日本成为东亚第一个变貌成具有西洋特色的国民国家体制的近代国家。

一、维新的背景

明治维新的政治改革起源于"黑船来航"事件，以及同时期欧美列强在经济和军事上强行侵入日本，引发的抵抗运动（攘夷运动）。鸦片战争以后，东亚处在欧美列强的包围之中。大清帝国为了维护旧有体制，顽固坚持一贯的锁国政策。而日本江户幕府，选择了有限开国通商和尊王攘夷相结合的策略，以此保护朝廷的政权和权威。江户诸藩虽然认同幕府开国通商的策略，但反对幕府独占对外贸易权利并要求改革旧有的幕藩体制。诸藩要求幕府强硬对抗欧美列强，坚持尊王攘夷政策，结果在萨英战争和下关战争中败给了西方列强。复杂的政治争斗在京都朝廷的大舞台上展开，日本人开始认识到岛国人闭关自守，必然导致国家灭亡的道理，终于放弃了锁国论和攘夷论。日本的政治家主张，为了排斥来自列强的压力，日本应该优先对外开放，先行统一日本，实行殖产兴业、富国强兵的国家政策。

自"黑船来航"以来，幕府在诸藩中已经威严扫地，国内的政治统合力低下，各地农民暴动频发。在这样的背景下，幕府的国内政策仍然是继续坚持旧有体制。这导致南方的萨摩藩、长州藩、土佐藩、肥前藩组成联盟，倡导以天皇为基础的王政复古的国家体制，要求废弃幕府，实施权力一元化的国家体制改革。经过"戊辰战争"的洗礼，以萨摩藩和长州藩出身的志士为主力，一代决意维新国家的精英，推翻了旧幕府势力，建立了明治新政府，走上了国家近代化之路。

二、维新的理念

庆应四年（1868），日本改元"明治"，江户幕府大政奉还，交出国家政权。明治新政府采取"王政复古"树立天皇亲政的政治模式，摸索国家的改革路线。同年三月十四日，政府公布《五条御誓文》，确立了国家维新的方针大计。誓文曰：（1）广兴会议，万机决于公论；（2）上下一心，盛行经纶；（3）官武一途以至庶民，各遂其志，人心不倦；（4）破旧有之陋习，基于天地之公道；（5）求知识于世界，大振皇基。誓文主张，建立合议体制、官民一体的国家；破除旧习，造就敢于与世界强国比肩之国；培养平等博爱，上下一心，有实力和有涵养的国家。

《五条御誓文》昭示天下，明治天皇率领百官向皇祖神立誓宣言，告示全体国民"亿兆安抚国威宣扬的御宸翰"，天皇发誓自身今后勤勉善政，定让国威辉煌。盼望国民丢掉古来旧习，共建繁荣昌盛的近代化国家。誓文中贯穿了自由民权运动的理念，以及殖产兴业、富国强兵的维新目标。

三、维新体制确立

设立中央政府

首　都

从候补都市的京都、大阪、江户中选定江户，并改称"东京"，定为日本首都。

行　政

依照王政复古大号令，废除幕府，确定天皇亲政。天皇下设"总裁"、"议定"、"参与"三职官制。明治天皇时年15岁，因年尚少，宫内配置辅佐体制。明治元年（1868）四月，政体书公布，确立以太政官制（七官制、政体书体制）为中心的三权分立制。1869年7月，模仿"版籍奉还"律令制的二官八省，确定了二官六省制。同年，"废藩置县"，后设正院、左院、右院的"三院制"。1885年，改革中央官制，确立"内阁制度"，此后国家行政官制趋于稳定。

立　法

明治初年政府计划开设"议会"，由于官制改革、民度、国民教育尚未成熟，暂由"有司专制"的改革体制维持。明治十四年（1881），颁布"国会开设诏书"，设置审议宪法的枢密院，伊藤博文等政治巨头起草宪法。1889年《大日本帝国宪法》颁布，翌年帝国议会成立，东亚第一个君主立宪制的议会国家诞生。

司　法

明治元年，太政官下设置刑法官。随着太政官制的改革，增设刑部省、司法省，司法省内设置大审院。

宫　中

在废藩置县和太政官制改革的同时，对幕府时代的天皇宫中旧有制度也实行了改革。废止旧日的宫中官职和女官，为明治天皇配置以士族为中心的侍从，辅弼天皇成为立志于改革的君主。幕末期的明治天皇体弱多病，士族侍从担负天皇恢复健康的重责大任，培养明治天皇学习西洋式的立宪君主，成为国家的真正元首。在宪法制定过程中的枢密院审议期间，天皇均亲临与会。在国会开设前后，立宪政治尚未成熟期间，天皇担负了首相的频繁更迭、交替，政局调停等重要角色。

地方行政

明治新政府接受和没收了幕府的天领（江户时代幕府直辖的领地）和朝敌（与天皇和政府敌对藩阀）的土地，派遣行政官直辖这些领地。明治初期，为了政局的稳定过渡，原则上暂时维持藩阀体制。随着富国强兵、近代国家建设和中央集权化统筹改革的需要，藩制的存在事实上成为改革的绊脚石，中央政府开始逐渐强化对地方的控制。明治四年（1871）八月二十九日，政府主导实施了"废藩置县"行政体制的改造，全国最初设3府302县，稍后缩成3府72县，并向各县派遣知事。为了安抚心怀不满的旧藩，政府给予旧藩主"华族"的名分，保证其身份和财产的安全。国家集权体制的快速实现，和平改变了旧有的幕藩体制，在日本近代史上被誉为明治维新的奇迹。

幕府时代，处于萨摩藩控制下的"琉球王国"，作为独立国家事实上已经名不副实。在明治政府实施废藩置县时，被改称为"琉球藩"，并入日本国版图。明治十二年（1879），正式改称为"冲绳县"。末代琉球国王尚泰王和日本国内其他旧藩主一样得到了"华族"的名分。

四、维新的领域

中央集权

明治二年（1869），明治政府为了实现中央集权化，提议要求诸藩大名将所拥有的领地（版图）和领民（户籍）返还给天皇。这项措施史称"版籍奉还"。版籍奉还是废藩置县的过渡措施，因为当时明治政府的权力还相当脆弱，向诸藩下达命令只能通过"太政官"传达，政府的地位缺少权威性。版籍奉还的同时，旧藩主的诸侯285家、公卿142家，被赐予新创设的"华族"名分，旧藩主的诸侯谓之"武家华族"。版籍奉还的实现，确立了中央政府依法制约诸藩的地位。版籍奉还后两年的1871年7月，明治政府实施了"废藩置县"的改革。将各地的藩领全部废除，实现了地方统治归属中央管辖的一元化行政。

身份制度

明治政府废除了江户幕府制度下的"士农工商"差别,倡导"四民平等"。"四民平等"是明治维新的一项重要改革，主旨是：（1）废除江户时代封建身份制度，确立新的阶级成分。定义天皇一族为皇族；公家、大名为华族；武士为士族；农工商为平民。（2）允许阶级间通婚；住居、名字、职业的选择自由化；允许平民有名字，名字称呼义务化。（3）建立全国户籍制度；实施贱民解放令，废除秽多、非人称呼；施行救贫法（恤救规则）。明治四年（1871），政府制定的户籍法规定，旧武士阶级为"士族"，其余为"平民"。公家、大名、僧侣被定为"新华族"，由政府发给士族和华族俸禄，赋予阶级优惠特权。1876年，政府发布"废刀令"，士族的特权被取消，因此招来各地不平士族的暴动，叛乱的士族很快被政府军镇压。明治十年（1877），维新的元勋之一西乡隆盛，率领最大的士族武装发动叛乱，引发西南战争。结果叛乱被政府军镇压，从此士族的叛乱被根绝，士族被彻底降为平民。

土地改革

历史上，日本是一个以农耕为主的国家，国家财政收入主要来自农业的税收。税收的基本形式是"地租"和"物纳"。日本的地租制度起源于飞鸟时代孝德天皇二年（大化二年），发生的古代日本政治变革运动——大化改新。大化改新的日本，模仿唐制采用了土地"租税制度"。土地作为课税对象成为国家重要的税收来源。战国时代的丰臣秀吉，施行"太阁检地"制度，根据每年庄稼的收获量课税。在土地上耕作的百姓，将其生产的果实作为"税金"上交国库。这种以"物纳"缴税的方式延续到江户时代，称作"田租"、"贡租"，但是各藩领的税率各自为政，没有统一标准。

明治维新改朝换代，为实施新政，国家需要大量资金支持改革，政府遇到的第一个大难题就是如何确保国家税收。明治三年（1870），政府提出了新的田租改革议案，土地课税直接影响到各藩大名所拥有的土地权限，引发政府内赞否两论。1871年，政府发布"田畑永代买卖禁止令"，废止土地的自由买卖。同年，政府发布"废藩置县"令，把日本各藩领主的土地一扫而光，清除了政府内外的所有障碍。政府构想了以土地为基准的新税制，推进地租的改革。1874年，"地租改正条例"发布，实行土地私有制，向土地所有者发行"地券"，对土地所有者课"地租税"。土地所有权实现法律上的认定，使土地买卖和担保在法律的框架下施行。私有财产权的确立，从根本上奠定了资本主义发展的基础。

明治八年（1875），内务省、大藏省强调改革后的税收不能低于改革前的税收额，无论年景好坏一律征收3%的税额。结果民众的税赋超过了江户幕府的标准，心怀不满的农民直接引发了1876年的"伊势暴动"。暴动风潮在全国各地不断扩大，反对政府的土地政策。政府出动军队警察镇压，50,773名参与者获刑。事件的结果是，政府在1877年作出让步，将3%的税额减轻到2.5%。地租改革持续到1880年，政府坚持了7年的强硬姿态，终于使地税征收状况趋于平稳。明治维新的土地课税改革，事实上加重了农民的负担，农民为国家维新大业的成功作出了牺牲和贡献。

学习西洋

早期的明治维新，曾经探讨过学习中国的文明，然而锁国高傲的大清王朝没有将日本小国放在眼里。鸦片战争后大清国迅速衰落，欧美列强加剧侵蚀这个文明古国的主权，清国再也不能成为领导亚洲的旗手。同一时期的江户幕府，国家事态也和清国类似，与西方列强签订了诸多不平等条约。日本开始认真反省自己，摸索改造国家的道路。从1871年12月23日至1873年9月13日，政府组建了一支大型使节团，向欧美派遣了学习西洋文明的使节。使节团像千年前日本派出大批僧人前往东方大陆学习大唐经典一样，如今转向西方开始认真研究和吸收西洋诸国的制度和文明。使节团包括伊藤博文等重量级政治人物，成功学回了西方国家的政治经验，为日后国家制度的维新打下了坚实基础。

使节团出使期间，留守国内的政治家们，大刀阔斧地推进改革。改革中积极引入西洋文明的先进制度，大量雇佣各种领域有经验的外国人，在技术、教育、官制、军制等方面，帮助日本建设近代国家。留守政府主要的改革措施包括学制改革、地租改正、征兵令、公历的采用、司法制度、断发令等内容。由于改革过于激进，以至于矛盾迭出，招致士族和农民的不满，甚至引发了征韩论等政治事件。尽管改革中各种问题频发，但留守政府的改革成果，仍然成为早期明治维新的主体根干。

创设新法

明治初期，日本的政治和外交，为改正撤废不平等条约进行着不懈的努力。不平等条约作为一种条法，承认侨居日本的外国人享有领事裁判权。外国人在日本享受领土租借和贸易上最惠国待遇等权利，公然侵害日本国家和国民的权益。由于日本当时尚不具备宪法及法典（民法、商法、刑法），明显处于极端不利的地位。因此，为废除不平等条约，制定日本本国的宪法及法典成为明治政府的当务之急。国家为获取相关人才，积极输送专攻法学研究的优秀人才赴海外留学，同时雇佣法国、德国等西方法学者参与日本法律的研究。政府以法国法律和德国法律为基础模式，结合日本国的国情，全面推进日本法典的制定。明治十三年（1880）制定刑法，两年后实施。1889年2月11日，以近代立宪主义思想为基础的日本宪法诞生，1890年正式实施。日本作为亚洲国家的楷模，近代法学运用获得成功，受到近邻各国的关注。日本制定近代法，实现法制国家，也得到西方文明国家的高度认同。1896年制定民法，两年后实施；1899年制定商法，翌年实施。日本模式的国家法学立国的成功，成为当时亚洲各国政治家热衷钻研效仿的楷模。日本为完全撤废不平等条约，在法律上做好了坚实的准备。1911年，日本废除了与列强签订的全部不平等条约，实现了40年的梦想。

意识形态

明治新政府倡议国民生活和思想实现近代化，政治家、思想家为改变日本人迂腐陈旧的观念，在宣扬西方文明的活动中发挥了积极作用。代表思想家有福泽谕吉、森有礼、西周、西村茂树、加藤弘之等人，他们组成的"明六社"积极宣传维新思想。福泽谕吉的《劝学篇》，中村正直的《西国立志编》、《自由之理》等为数众多的思想启蒙文章刊行发表，在有志青年的思想启蒙中产生了极大影响。

明治二十三年（1890）十月三十日，政府发布了天皇署名的"教育敕语"，敕语强调个人之家和祖先的家族主义要素与天皇的国家主义要素的关系。国民作为皇民必须统一到天皇要素之中，成为天皇的家族国家。教育敕语是从教科书着手对全民洗脑的教育大纲，洗脑教育在明治时代的对外战争中，表现出独特的武士道精神的思想倾向。教育敕语除了灌输皇民思想，同样也强调修身和道德作为教育的根本规范。教育敕语对属于日本殖民地的朝鲜和台湾，也全面规范了修身及道德教育的基本思想。

宗教改革

庆应三年（1867）三月，幕府发布"神佛分离令"，将江户时代佛教和神道混在一起的体制分离。法令发出后，外来宗教乘势排斥佛教，进而发展至"废佛毁释"的暴举，破坏了大量佛教文物。新政府继承了幕末禁止基督教的政策，强行迁移数百名基督教传教士离开原住地。明治二年（1869），基督教信徒约3000人被分散迁移至10个藩地。1871年，日本赴欧使节团历访欧美各国时，日本排斥基督教政策遭到各国的强烈非难，强调排斥行为将会成为条约改正的障碍。政府担心基督教问题影响日本期待的条约改正，不顾政府内保守派和宗教界、民众的反对，屈服于欧美各国的要求。1872年，政府提出基督教徒赦免案；1873年，通告各国基督教禁令解除，被移住他藩的教徒返回原住地解放。

文化教育

明治维新的时代，西洋文化涌入，遍布了明治的国度。国家民生方面，人力车、马车普及；各地铁道开通；黑礼帽、燕尾服、皮鞋、洋伞、洋装、短平头；面包、牛奶、涮牛肉、啤酒、洋食；汽灯、炼瓦（砖瓦）西洋建筑等到处可见。政治上各种自由民权运动活跃，倡导平民主义、欧化主义、国粹主义、国民主义的言论在新闻媒体上热议。各种新闻杂志创刊登场，影响着近代日本人的思想。早期代表性的报刊有《国民之友》、《日本人》、《日刊新闻》、《日本》、《海外新闻》、《东京日日新闻》、《邮便报知新闻》、《朝野新闻》。著名的《时事新报》是明治时代著名启蒙思想家福泽谕吉创办的刊物，他的《劝学篇》、《文明论之概略》、《脱亚论》影响了近代日本人脱亚入欧的整体理念和对固有文化的改变。

江户时代各藩存在各自的教育制度，但有很大的地域差别，不同身份所接受的教育也不同。只有武士和部分被认定有才能者才可以进入藩立学校读书，一般民众基本都在寺院开设的"寺子屋"或武士开设的"私塾"获得教育机会。

明治维新时，政府为了实现富国强兵、殖产兴业、建立一个强大日本的目标，认识到培养近代国家的人才是国家战略的当务之急，教育成为明治政府亟待解决的课题。

明治五年（1872），政府颁布了《学制》，确立了在全国设置小学校的制度，像西方国家那样，对一般国民敞开学校大门。1886年，政府发布小学校令、帝国大学令，在全国范围内逐渐普及普通小学和高等小学教育。大学教育经过环境整备和设立，也使一般民众有了接受高等教育的机会。

明治时代的女子教育，是政府尤其关注的教育群体。从海外归来的留洋学者呼吁女子教育的必要性，他们设立女子教育奖励会，让全社会理解女子教育的重要性。政府向海外派遣女子留学生，她们的回归为日本女子教育事业作出了巨大贡献。明治七年（1874），女子师范学校成立，男女教育比例差的局面得到迅速改善。女性应该有学问的价值观在全社会得到广泛认同，女子义务教育、高等教育在日本全国展开。

外交政策

明治维新的最重要成果之一，是日本外交政策取得的成功。明治政府的急务是要全力改正和撤废幕府时代与列强缔结的不平等条约，企望在政治上与欧美列强平起平坐，不受欺压。然而，西方列强并不认为日本是一个近代文明的国家，强调与日本的条约改正为期尚早。在这一背景下，日本只能采取欧化接近西方的政策，用各种各样的策略取得与西洋对等的地位。从明治五年（1872）条约改正交涉失败起，至明治四十四年（1911）完成列国条约改正签字为止，日本经历了40年废除不平等条约的艰难历程。

明治政府在和西方交涉废除不平等条约屡遭失败的情形下，却与欧亚诸国陆续签定了诸多平等和不平等条约。明治四年（1871），日本与大清帝国签订对等条约《日清修好条规》。1872年，日本强制设置"琉球藩"。1874年，围绕琉球归属问题，日本提出琉球归属日本。1895年，日清战争清国败战，日本占据琉球。1876年，江华岛事件后，与朝鲜缔结《日朝修好条规》（《江华岛条约》）。1875年，与俄国缔结《千岛桦太交换条约》，确定日俄杂居地国境。1879年，废藩置县布告，废除琉球藩府，改为冲绳县。1882年，与朝鲜国签署《济物浦条约》。1895年，日清战争后签署《马关条约》。1896年，签署《日清通商航海条约》。1901年，签署《辛丑条约》。

军队改革

明治三年（1870），引进征兵令，制定征兵规则。1871年，废藩置县，地方政权统一到中央一元化管制下，各藩大部分士族武装被解除。军内长老山县有朋倡导在"四民平等"原则下"全民皆兵"的建军方针。四民平等的原则，为近代国家创建一支中央集权体制下的国民军，奠定了法律基础。政府设立兵部省，掌握全国的军事力量。1872年，征兵令正式实施，军部设立陆军省和海军省，创设完成了近代常备军的军事体系。1873年，政府颁布"征兵令"，四民平等原则贯彻到兵役制度中，规定日本男性不论贫富贵贱、地位高低，都有为国服兵役的义务。

国民皆兵的征兵理念，给这个以农渔业为主业的国家的民众带来恐慌。兵役制度分为现役、预备役、后备役、国民兵役，凡年满 17 岁至 40 岁的男性国民，都有义务承担国家的兵役，满期合计 23 年。新政府采用国家征兵法令迫使国民服从义务，严重冲击了民众的和平生活。明治六年（1873）五月，发生了数万民众参加的、包括反对征兵政策的农民暴动；七月，农民暴动被政府军镇压。1876 年，政府发布"废刀令"，取消了靠俸禄为生的士族的特权地位，引发了旧武士阶级反政府的暴动。同年，熊本县士族叛乱，福冈县士族叛乱，山口县士族叛乱。1877 年，维新三杰之一的西乡隆盛在萨摩藩举兵叛乱，发动了日本史上著名的西南战争。但是这些叛乱都被明治政府强力镇压了下去。

明治维新的兵役制度，彻底改造了旧藩阀的军队体制，成为"国家军队"最重要的法律支柱。政府设置兵部省（国防省），采用法国式军制改编军队，大力扶植军校教育体制，严格接受西方军事思想训练。兴建陆军屯兵营地、海陆军士官和将校培养军校、兵器弹药制作所、军队专属医院。在"国家军队"意识统合下，把江户时代续存的尚武精神与近代国军意识融合起来，建设成有极高战斗素养的近代国家军事集团。明治维新导入"国家"和"国民"的概念，把国民和国家捆绑在共同生存的精神支柱上，形成军、民、国一体化的"天皇的国家军队"。

经济产业

在明治维新殖产兴业、富国强兵的大方针下，以政府的工部省（内务省）为中心，开始实施产业育成计划。官营的富冈制丝厂作为模范工厂，首先引进了西洋式工业技术。明治十三年（1880），政府制定"官营工厂払下概则"，除与造币局、通信、军事相关的官营工厂外，其余的官营工厂、矿山均出售给民间，这一举措极大地刺激了民间工业的发展。1890 年，工业化产业革命出现大跃进的高潮。

明治维新，政府改革了幕府时代的货币制度。统一货币，是明治维新经济改革中与世界经济接轨的重要举措。明治维新初期，政府继续沿用江户时代的货币制度，货币包括金、银、钱三种。当时各藩发行的货币称作"藩札"。财政基础贫弱的明治政府，于明治元年（1868）发行可以全国流通的"太政官札"。翌年，又发行"民部省札"、"金融会社纸币"、"大藏省兑换证券"等货币，使明治初年的货币呈多种类型。货币的多样化造成国际流通的障碍，官民间对货币的质量、耐久性、防伪性提出急切要求。1871 年 5 月，政府发布新货币条例，正式导入"円"（日圆）作为日本新货币的单位，并于翌年 4 月开始发行新纸币作为统一货币。根据国立银行条例，国立中央银行独占纸币发行权。1882 年，政府设立日本银行，完成了资本主义金融制度的整合。

在流通领域，明治四年（1871），政府创设了"邮便"（邮政）制度。1872 年，开通首条东京新桥站至横滨站间的铁道。在电信网、船舶运输等领域，国家和民间展开竞争，经过重组整合，出现了快速发展的浪潮。在一系列庞大的资本运作中，被维新政治边缘化的华族不甘沉默，他们的资产和投资，在产业振兴的国家方针中发挥了重要作用。

五、维新的成果

明治维新的诸项改革措施,开创了新时代的制度。虽然新制度与社会现实存在诸多矛盾,但是新制度的效果证明,日本在短时间内实现的立宪制度,推进了殖产兴业、富国强兵的国家方针,改革维新取得了成功。

明治维新最值得日本历史评价的是发生在明治时期的日清战争、日俄战争。两场战争的全面胜利,令诸国感叹、惊异、恐慌,惊呼"黄祸"袭来。日本人从此改变了自身的国际地位,日本作为"国际优等生"挤入了文明国家的行列。明治维新是在欧美列强压迫亚洲诸国的大环境下,成功实现近代化的典范。可是日本在摆脱列强对本国压迫的过程中,自身也加入了侵略他国的列强行列,成为侵食他国领土和权益的新兴帝国主义国家。

明治维新的成功,是近代日本在亚洲诸国中,力图改革自己的国家和推动国家独立运动的典范。孙中山先生在日本政治避难时说过:"明治维新是中国革命的第一步,中国革命是明治维新的第二步。"高度赞扬明治维新对中国革命的影响。百年以来,亚洲诸国革命的先驱,无一例外地关心明治维新历史意义之所在,关注它的历史价值和对现实的影响。然而,亚洲诸国的近代维新革命,没有像明治维新那样取得成功。是什么原因导致这样的结果?这一疑问成为学术研究的课题。

明治维新的成功,特别需要关注明治以前的江户时代,那时日本人的生产力水平、教育水平、遵法意识,已经达到了一个较高文明社会的标准。这个与大清国基本处于同一时代的江户时期,日本人为改朝换代进入近代社会,准备好了作为普通人应该具备的素质、教养的精神。明治维新的究明,将历史研究的触角,再度投向对日本江户时代的考察。

六、维新的反思

在国家制度和法律的保护下,国民的政治地位得到了极大提高,精神和人身获得了自由。可是经济地位在短期内没有得到明显改善,大多数民众仍然生活在贫困的水平线上。明治时代,国家为了谋求维新发展,全盘引进西洋制度模式,推行前所未有的改革政策,给已经习惯了旧制度的人们带来利益阵痛。日本近代史的另类评论说:"明治维新的成功在某种意义上,是以庶民利益的牺牲为代价实现的。"所推行的征兵令、地租改正令、教育令等政策,深刻触及各阶层民众的固有文化,甚至伴随了叛乱和社会不稳定事件。政府为了转嫁国内矛盾,不惜巨大的牺牲,发动了数次对外战争,其行为的政治性解释留下了诸多的疑问。尽管如此,明治维新的国度证明了国家政策的正确性,阵痛后的民众事实上获得了更多的利益,明治维新带给全社会的是真正的实惠。

2.01 明治元年(1868)四月六日,天皇公布《五条御誓文》。当日天皇出御紫宸殿,祭拜天神地祇。副总裁三条实美宣读御祭文及御誓文,参列亲王、公卿、诸侯,在誓纸上署名,宣誓遵守五条御誓文。誓文曰:(1)广兴会议,万机决于公论;(2)上下一心,盛行经纶;(3)官武一途以至庶民,各遂其志,人心不倦;(4)破旧有之陋习,基于天地之公道;(5)求知识于世界,大振皇基。誓文主张,建立合议体制、官民一体的国家;破除旧习,造就敢于与世界列强比肩之国;培养成平等博爱,上下一心,有实力和有涵养的国家。图中屏风内白衣者是明治天皇。

2.02 明治二年(1869),政府为实现中央集权化,要求诸藩将所拥有的领地和领民返还给天皇,史称"版籍奉还"。版籍奉还的同时,旧藩主诸侯285家、公卿142家,被赐予"华族"待遇。版籍奉还确立了中央依法制约诸藩的地位。1871年8月29日,政府召集全国各地藩知事于皇居(皇宫),宣布废藩置县诏书,实施"废藩置县"的改革。将各地的藩领全部废除,实行将地方归属中央管辖的一元化行政。图绘是右大臣三条实美宣读废藩置县诏书的情形。明治天皇坐于帐内。

2.03 1871年12月23日至1873年9月13日，日本新政府向欧美诸国派遣了大型使节团，考察和学习西方国家的近代文明。政府官员和留学生共计107名。写真是出发前夜拍摄的照片，人物右起依次为代表团副使大久保利通、副使伊藤博文、特命全权大使（正使）岩仓具视、副使山口尚芳、副使木户孝允。政府使节的主要目的：（1）向访问国元首提交国书；（2）预备交涉江户时代与诸国签署的不平等条约；（3）考察西方文明。

2.04 明治二年（1869）受藩命前往欧洲考察的要人。人物右起第2人为山县有朋，第3人为西乡从道。他们考察英、法、德、俄的地理形势，专门研究德国和法国的兵制。归国后对改造日本军队体制发挥了重要作用。

2.05 1860年，日本派遣了77人组成的遣美使节团访问美国。使节团作为国宾，受到美国的狂热欢迎，美国国会支出5万美元用于欢迎活动。日本人第一次觉悟到西洋文化优越于日本文化。使节团一行向美国总统递交了《日美修好通商条约》批准书。参加了游行欢迎会、晚餐会、舞会，新闻报道友善地向美国人介绍日本。图为美国盛大的欢迎队伍。

2.06 明治维新的重要一环是农村的"地租改正",改正包括租税制度改革、土地制度改革。土地课税的基准,依据收获量来确定地价。纳付额为地价的3%,并采取现金支付的方法。地租制度改革后的数年,日本各地爆发反对地租改革运动。政府被迫于1877年将现定3%地租下调到2.5%。地租制度确立了农民对土地的所有权,使土地买卖更加自由,在各地出现了拥有千顷土地的大地主。写真是新潟县大地主伊藤家的佃户缴纳租米的情景。

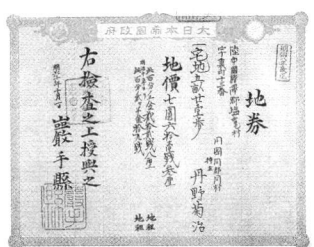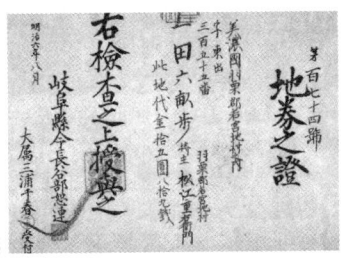

2.07 明治六年(1873),新政府实行了土地改革,对农村的土地进行了测量和收获量调查,重新确定土地的价格,并且付与土地所有者"地券"(地契)。

2.08 明治三年(1870)"大教宣布"(明治时代著名的废佛毁释文化大革命),在政府再三勒令之下,破坏了镰仓鹤岗八幡宫内的佛教建筑多宝大塔。此后境内的佛像、佛具、经典等,几乎全被破坏烧毁。这座创建于1208年,有600余年历史的神宫寺毁于一旦。写真是外国人在多宝大塔被破坏前留下的照片。

2　明治政治　29

2.09　明治二十二年（1889）二月十一日，《大日本帝国宪法》正式公布。宪法通过天皇向黑田清隆首相亲手递交的形式发布，故称"钦定宪法"。由此日本成为东亚第一个拥有近代宪法的立宪君主制国家。同时制定的法典还有皇室家族法的皇室典范、议院法、贵族院令、众议院议员选举法、会计法等重要法令。《大日本帝国宪法》在第一届帝国议会召开当天的1890年11月29日施行。图为宪法发布大典，记录了当时隆重庄严的历史场面。

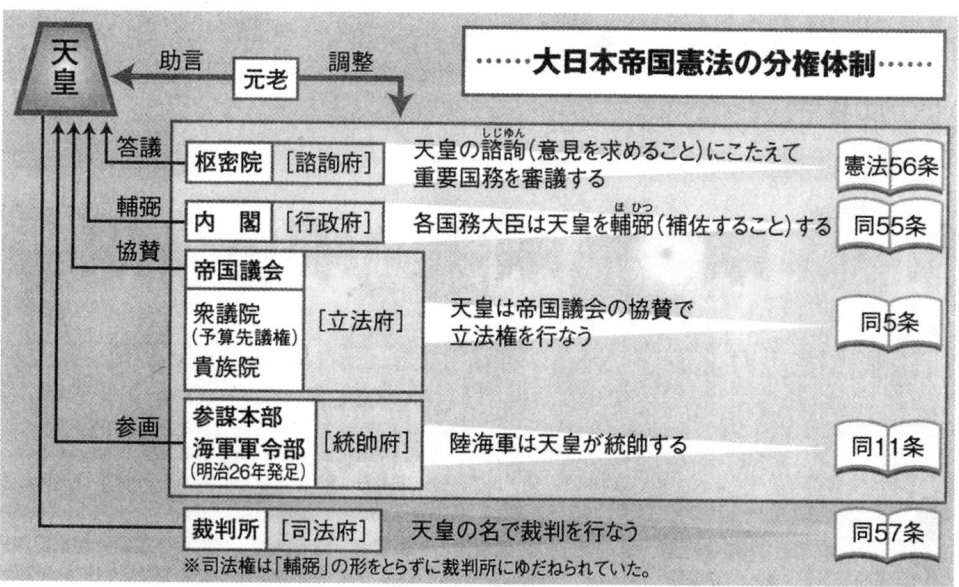

2.10　明治政府根据《大日本帝国宪法》，确立的国家分权体制定图。天皇作为国家的象征立于金字塔的顶尖。天皇下的中央政府行使立法权、行政权、司法权。国家权力集中于中央政府，国家的统治权在形式上统归于明治天皇。

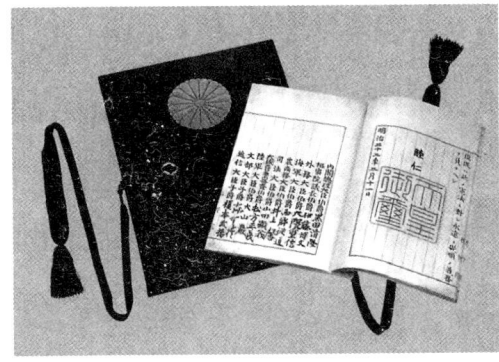

2.11 图为《大日本帝国宪法》署名的原本。《大日本帝国宪法》中，明治天皇玉玺以下为各大臣署名。内阁总理大臣黑田清隆、枢密院议长伊藤博文、外务大臣大隈重信、海军大臣西乡从道、农商务大臣井上馨、司法大臣山田显义、大藏大臣兼内务大臣松方正义、陆军大臣大山严、文部大臣森有礼、递信大臣榎本武扬。

2.12 明治二十二年（1889）二月十一日，以近代立宪主义思想为基础的日本宪法诞生，1890年宪法正式实施。日本完成近代法，实现法制国家，得到西方文明国家的认同。日本作为亚洲国家的楷模，用近代宪法指导国家的维新，受到近邻各国的关注。写真是《大日本帝国宪法》发布后，受到市井民众的拥护，民众穿着古式铠甲上街游行欢呼雀跃的情形。

華族の出自	明治17年叙爵内規	
賜姓降下	公爵	
公卿華族	摂家	公爵
	清華家	侯爵
	大納言まで直任の例が多い堂上	伯爵
	維新前に家を興した堂上	子爵
武家華族	徳川宗家（将軍家）	公爵
	徳川三家（尾張・紀伊・水戸）	侯爵
	徳川三卿（田安・一橋・清水）	伯爵
	大藩知事（現米15万石以上）	侯爵
	中藩知事（現米5万石以上）	伯爵
	小藩知事（現米5万石以下）	子爵
	武家大家一門	
	交代寄合（諸侯格）	
	大家老	
奈良華族（僧侶）・大神社の神主、大寺院の血襲の住持・分家華族		
琉球関係の華族	琉球藩王	侯爵
	琉球藩王一族	
新（列）華族（国家に勲功ある者）	南朝の忠臣の嫡流	公・侯・伯・子・男爵
	維新の勲功による者	
	維新後国家に勲功ある者	男爵

2.13 华族是日本明治维新时期为安定国家新政权，制定的过渡性贵族阶层，为稳定明治政权起到了重要作用。作为臣服条件，政府给予华族诸多政治、经济特权，包括爵位世袭、家范制定、叙位、爵服着用许可、华族世袭财产、参与贵族院构成、特权审议、许可与皇族和王公族通婚、皇族丧服对象、允许学习院入学、宫中保有席位、旧堂上华族资金保护，等等。由于华族制度违背一君万民的理念，乃无为徒食阶级。随着自由民权运动的扩大，对华族制度展开激烈批判。华族阶层逐渐向世论妥协，也实施了一些改变特权的做法。1947年战后日本国新宪法实施，华族制度被彻底废止，史上总数1011家华族的历史终结。

2 明治政治 31

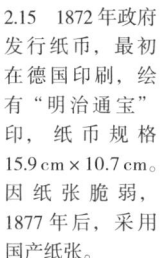

2.15 1872年政府发行纸币，最初在德国印刷，绘有"明治通宝"印，纸币规格15.9 cm×10.7 cm。因纸张脆弱，1877年后，采用国产纸张。

2.14 1881年改造纸币发行的钱币"神功皇后札"。1日圆纸币规格7.7 cm×13 cm，原版由意大利人雕刻，采用了防伪技术和日本特产的纸料。

2.16 1888年发行的5日圆纸币，规格9.5 cm×15.9 cm。

2.17 1885年日本银行换银券"大黑札"，规格9.3 cm×15.6 cm。币纸内掺入魔芋粉以提高纸张韧性，但虫鼠害多发。

2.18 1890年发行的10日圆纸币，规格10 cm×16.9 cm。纸币上印有防伪的猪形标记，上六下二。

2.20 日清战争的战争赔偿金确立与欧美相同的金本位制，1899年政府发行第一批金货兑换券，币背面金货兑换文明记。日本人首次自制图案和原版，规格8.5 cm×14.6 cm。

2.19 1891年发行最大面值100日圆纸币，规格13 cm×21.1 cm。传说藤原镰足的肖像雕刻时，是大藏卿松方正义做的模特。

2.21 明治七年（1874），政府在东京王子村设立的"纸币寮抄纸局"工厂大院。

2.22 靖国神社的前身是建于明治二年（1869）六月二十九日的东京招魂社，1879年，改名为靖国神社。靖国神社的设立，是为了纪念在"戊辰战争"中为恢复明治天皇权力而牺牲的军人。"靖国"由明治天皇命名，出自《左传·僖公二十三年》的"吾以靖国也"，意为使国家安定。图为早期的靖国神社的大通路，两侧排列对称的石灯笼。

2.23 漫画《选举之日》，描绘明治二十三年（1890）七月一日，《大日本帝国宪法》发布后，第一次总选举投票所的场景。当时的选举权规定只限25岁以上的男子，而且交纳15日圆的国税后方有资格投票。具有此等选举权资格和能力的日本国民仅占全国人口的1%。

2.24 日本改革讽刺画《政府的烹调》，政府制定的宪法和陆军军制以德国体制为样板，甚至连德国香肠、啤酒等食品也大力引进。画中讽刺曰："这岂不是将我等国民浸入在德国的锅里煮一样吗？"画中掌勺者大有忍痛割臂之坚定立场，旁侧有哭泣者、观望者、不满者。西洋人则在远处带着惊异神情，窥视日本的维新之变。

2.25 明治二十三年（1890）在德国建筑师设计帮助下建成了第一座帝国议会临时议事堂。会期中因漏电，议事堂被烧毁。为确保议会进行，议事堂昼夜兼程再建。写真是1891年建成的第二座帝国议会临时议事堂全景。

2.26 明治时代议事堂内秩序有严格规定，议员禁止携带外套、伞、手杖、帽子入场，禁止吸烟，禁止阅读参考数据以外的报纸、书籍，禁止妨碍他人演说朗读等。写真是议事堂内议员开会的情形。二层有记者采访席位。

2.27　明治五年（1872）大藏省。

2.28　明治十四年（1881）文部省。

2.29　明治二十三年（1885）元老院议事堂。

2.30　明治二十四年（1891）竣工的农商务省。

2.31　明治二十六年（1893）内务省。

2.32　明治二十六年（1893）造币局。

2.33　明治二十六年（1893）印刷局。

2.34　明治二十七年（1894）东京府厅（市政府）。

2.35 明治二十九年（1896）东京裁判所。

2.36 明治三十二年（1899）东京商业会议所。

2.37 明治四十年（1907）东京劝业博览会（上野不忍池）。

2.38 明治四十二年（1909）大阪控诉院。

2.39 明治四十四年（1911）司法省。

2.40 明治四十四年（1911）外务省。

2.41 明治四十四年（1911）竣工的警视厅。

2.42 明治四十四年（1911）通信省。

2.43　写真是伊藤博文当选第一届贵族院议长后，一家人在议事堂内的合影。右图小票是第一届贵族院议员选举时，进入投票所的入场券。用此入场券换取番号札即可入场。在投票用纸上记入住所、姓名，然后按印，投票即可生效。伊藤博文的妻子梅子是艺伎出身，是伊藤的贤内助。两人生有七名子女，存活只有四人，两男两女。梅子忍耐伊藤在外浮气好色，从未有过只言片语的抱怨，全心全意打理家务和支持伊藤工作，成为政界著名的贤妻良母式人物。1909年，伊藤在哈尔滨被暗杀，梅子未落一滴眼泪，咏道："为了国家放出了最后一线光亮，君终于实现了想去的地方。"梅子作为明治初代上品的第一夫人，一生勤奋，于77岁永眠。

2.44　明治十九年（1886）十月，横滨开往神户的英国汽船"诺鲁曼顿"号，在纪州湾沉没。船上34名西洋人乘舢板得到救助，而23名日本乘客全员遇难。然而神户的英国领事裁判，只判处船长三个月刑期，对遇难者却没有任何赔偿。此事件引起世论极大不满，民众强烈要求政府改正不平等条约。讽刺画《诺鲁曼顿号事件》，面对奄奄一息的受难者，英国船长手拿秒表说："尔等要想获救能出多少英镑？赶快说来，时间就是金钱。"

2.45 讽刺画《变脸的日本人》。改正条约生效后，日本人如狼似虎，反对外国人的感情大暴露。签订不平等条约以来，租界周边的住民，反对骄横跋扈外国人的情绪深刻蔓延，外国人游兴酒后开枪、折断堤上樱花、放狗咬人、殴打路人等事件，激化了日本人和外国人间的紧张关系。图中角斗场外的日本人，为决斗胜利的日本人叫好称快。

2.46 讽刺画《倭人的新时代》。1899年5月，日本和列强改正条约即将生效，租界内外国人恐慌的模样被媒体广泛报道。日本大法官的脸上露出了笑容，"吾等倭人"的时代终于到来。左上方日本人为外国人准备的绞首台，正在迎来东方的黎明。明治维新的日本经过不懈努力，正在加速废除与列强的全部不平等条约，成为拥有真正独立主权的国家。

2.47 讽刺画《被葬送的领事们》，改正条约生效后，外国人租界被废止，从此以保护外国侨民为借口增设的外国公馆和外交官也将消失。绘画讽刺曾经拥有大量特权的外国人，在失去特权后的复杂沮丧心境，过去耀武扬威行使特权的领事们，开始被改正条约永远葬送。

3　明治天皇

明治天皇，日本第122代天皇。1852年11月3日诞生，1912年7月30日驾崩，讳称"睦仁"，御称"祐宫"，御印"永"。明治天皇睦仁祐宫被誉为"明治大帝"、"明治圣帝"、"睦仁大帝"、"Mutsuhito the Great"，是近代日本精神的象征。

明治天皇是孝明天皇的第二皇子，生母中山庆子。诞生时孝明天皇赐幼名"祐宫"。万延元年（1860）七月十日立为储君，赐名"睦仁"。庆应二年十二月二十五日（1867年1月30日）孝明天皇驾崩，庆应三年一月九日（1868年2月13日）满16岁的"睦仁"行继位大礼。明治四年十一月十七日（1871年12月28日）册立一条美子为皇后。明治天皇逝去后的明治四十五年（1912），一条美子皇后被册封为昭宪皇太后。

一、幕末的动乱

明治天皇即位不久，以萨摩藩为首的诸藩，形成"讨幕"、"倒幕"联盟势力。代表政府的"幕府派"和"讨幕派"都全力拉拢并无实权的朝廷，以期天皇做他们的靠山。在这场角逐中，讨幕派取得了优势，幕府征夷大将军德川庆喜被迫于庆应三年十月十五日（1867年11月10日）上奏天皇，行"大政奉还"之礼，将政权归还天皇。政权在形式上回归了朝廷，但是德川幕府的统治机能尚存。为了彻底推翻幕府，推进国家的维新改革，讨幕派于明治元年十二月九日（1868年1月3日）发布王政复古大号令，宣布成立新政府。幕府势力对此强烈反击，与政府军在京都南郊发生军事冲突（戊辰战争），结果政府军在鸟羽、伏见之战中取得胜利。明治二年（1869）政府军平定了德川幕府、奥羽越列藩、会庄同盟、虾夷共和国等势力，结束了江户时代的历史，新兴的明治国家诞生。

二、明治的新时代

明治元年（1868）四月六日，新政府发布《五条御誓文》，告示明治国家维新改革的基本方针。同年六月十一日，政府参照美国宪法起草《政体书》，宣布明治初期的政治大纲，制定了国家的统治机构，确定明治的改元和日本的一世一元制。

明治元年（1868）十月十三日，明治天皇初巡江户。同日，江户改称"东京"，江户城改称"东京城",日本国奠都东京。从明治二年(1869)移居东京,至明治四十五年(1912)崩御(驾崩),明治天皇的宫廷一直安居于东京。

明治二年(1869)七月二十五日,政府《版籍奉还》大纲上表敕许,诸大名的领地(版图)和领民(户籍)返还天皇,实现了明治政府的中央集权化。明治三年(1870)二月三日,政府发布"大教宣布诏",赋予天皇以"神格",定立日本的国教为"神道",确定日本为祭政一致(政教合一)的国家,全面推进天皇的绝对权威。天皇被确立为近代国家的君主,因此培育天皇的仁德成为国家最重要的大计。政府对宫廷实行了废旧立新的全面改革,为树立天皇亲政体制和培养君德品格作出了巨大努力。明治四年(1871)八月二十九日,政府宣布"废藩置县诏",最终实现了中央集权体制。明治的新时代,新政府内的一代改革家,在西方文明的影响下,清晰国家的发展政略,从法律和实践上制定出一整套精神的、制度的、集权化的改革方案,奠定了明治国家的政治基础。

三、近代国家的确立

明治十五年(1882),政府发布《军人敕谕》,规定日本的军队为"天皇的军队"(简称"皇军"),天皇作为大元帅统帅军队。明治十七年(1884)创设了立宪体制下的内阁制度、市町村制、府县制、郡制、官僚制支配体系的整合、皇室财产的设定等诸制度。明治二十二年(1889年2月11日)《大日本帝国宪法》公布。宪法在日本史上首次明记天皇的权限(天皇大权),确立了立宪君主国家的基础。明治二十三年(1890)发布《教育敕语》,明确定义了近代天皇国家的臣民,作为国家的"国民"应该具备的道德涵养。明治维新的国家政体改革中,藩阀功臣(确立明治国家的诸藩功臣在政府内的当权者)和众议院政党势力之间,发生过尖锐的冲突。为了稳定明治维新的国家,天皇不断发出诏敕,缓和调停各党派间的争斗,发挥了天皇大权的机能。同时,在政府内的诸藩元勋间,政策和感情上存在许多对立,天皇从中调和,起到了天皇大权的权威作用。日本近代国家立宪君主制的确立,统合了江户时代遗留下的各自为政的藩阀势力,成功将日本引向国家的维新之路。

四、列强之路

明治维新面对的最大政治课题是,废除和修改江户幕府政权与西方列强签订的各种不平等条约。日本的国家政略是企望在政治上与欧美列强平起平坐,不再在不平等条约框架下受列强的欺压。日本采取了政治谈判协商和强化国家军事力量的国家战略来解决这一政治课题。从明治五年(1872)至明治四十四年(1911),日本经历了四十年才彻底废除了不平等条约,挤入以西方为主流势力的列强行列。在这四十年的时间里，天皇亲临指导了两次改变日本命运的战争。"日清战争"、"日俄战争"，在西方列强关注下的两次重大战争，日本取得了震惊世界的胜利。战争后日本军事、经济腾飞，吞并朝鲜，经营满洲①，日本与英、法、德等列强一样，野心膨胀，利欲熏心，走上了侵略周边国家的军事殖民的帝国之路。

五、天皇的品格

明治天皇睦仁祐宫是近代日本国家的象征，作为君主受到国民的敬畏和爱戴。睦仁的日常生活朴素，严于律己，始终努力保持天皇的威严。侍从回忆，明治天皇记忆力拔群，批改文书必定朱笔圈阅，记入注释和感想。对屡教不改者会表现斥责态度。睦仁天皇作为军队的大元帅反对与清国开战，但在日清战争中又亲临广岛大本营督导整个战争。睦仁天皇爱兵如子，战争中在简陋的办公室内办公。冬日暖炉只求一钵，想到的是身在满洲忍寒受冻的将士。睦仁天皇热爱音乐、吟诗、歌唱，日清战争中主持监修了多首军歌，激励出征的军人，在精神上鼓舞了全国军民的士气。

睦仁天皇的教育，主要以儒学为基本，他不赞赏过于模仿西洋教育论者的说教，曾拒绝出席持西洋教育论的大臣的任命仪式。天皇的个人趣向和国家维新主义存在矛盾，甚至与内阁的皇臣之间出现不信任感。明治十九年（1886），内阁和天皇之间达成了《机务六条》的承诺，规定了天皇和内阁间的关系。例如，如果天皇没有事先要求参加御前会议，就不能直接参与内阁政策的决策。《机务六条》的承诺，明确了天皇只作为立宪君主的立场，事实上相当于明治天皇自己同意放弃亲政的意向。

睦仁天皇一生不喜欢摄影照相，以致留下的写真十分稀少。壮年时期的"御真影"，用于公共场合的肖像画和写真，也是不得已而为之，是经过臣下苦心请求才做成的。明治四十四年（1911），睦仁天皇在福冈县军事演习阅兵中亲临观摩的写真，据说是被偷偷拍摄到的珍稀照片，也是明治天皇最后的写真。世界各国的货币和邮票，很多都使用国家元首的肖像。意大利凹版雕刻家基奥索内·爱德华曾多次建议日本钱币用明治天皇的肖像图案，都遭到天皇的拒绝。基于天皇谦逊的意愿，日本历史上明治天皇肖像图案的邮票甚至一次也没有发行过。

睦仁天皇平日喜欢骑马、和歌，文化素养较高，一生自作的和歌超过 93,000 首。睦仁性格幽默、无邪洒脱、平易近人，据说宫中皇后和女官给天皇起"外号"相称。睦仁不是那种高高在上被人崇拜的真神，而是有血有肉、有普通思想和欲望的"普通

---

① 满洲一词最早见于明末清初，是满族的族称。1635 年，清太宗皇太极下令，将满洲定为满族的族称。有清一代，满洲一直作为民族名称，与汉、蒙、回、藏并用。辛亥革命后，简称为满族。（《辞海》、《中国大百科全书》）日本文献所指"满洲"，是一个地理概念，大体包括中国东北地区的黑龙江、吉林、辽宁三省，以及内蒙古东部地区。本书因以日本史料编写，因之不改。

人"。睦仁天皇在私生活中喜欢喝日本酒，赞同宫中包括皇后在内的妇人穿洋式服装，夜晚经常由女官陪同举办宴会。晚年患糖尿病酒量减退，为了健康只喝葡萄酒。当时已经出现最新的留声机技术，听唱片、唱歌、吟诗、琵琶歌，便成为睦仁天皇日常生活中的一部分。睦仁是刀剑爱好者，一生收藏数量众多的名刀名剑，经常鉴赏赞叹于痴迷之中。著名的宝剑"水龙剑"、"小竜景光"更是经常佩带于身。

睦仁天皇的宫中财产有过许多下赐的记载，早期日本海军力量贫弱，明治天皇率先从宫内经费中下赐御内帑金，支持国家海防建设。日清战争、日俄战争时，天皇在国民中作出表率，不断捐献财物支持战争，唤起国民对战争的全面支持。明治四十四年（1911），政府发布天皇签署的《济生敕语》，提出了针对贫困阶层的医疗政策，为此皇室捐出150万日圆创设了"济生会"，显示出睦仁天皇亲民爱民之本色。

六、明治天皇逝去

明治四十五年（1912年7月30日），睦仁天皇糖尿病恶化，并发尿毒症不愈崩御，享年60岁（满59岁）。同年（大正元年）9月13日，全国大丧之礼在东京青山帝国陆军练兵场（现神宫外苑）举行。明治天皇暮年之时，健康状况恶化，步行艰难，经常伴随精神状态的不安和浓厚的睡意。在枢密院会议中三度坐睡，呈现愚痴症状，周围为之不安恐慌。最终时刻昏迷之中喃喃自语，"朕要死去了，这个世中会怎样，朕想死去……""朕死了御内仪（昭宪皇太后），实乃让朕放心不下……"明治天皇大葬式典结束后，盛装尸身的灵柩载于灵柩专门列车内，经由东海道本线运往京都南郊"伏见桃山陵"皇家墓地埋葬。大丧之日以陆军大将乃木希典夫妇为首，以及一些追随明治君主的虔诚执著者，公开自刃殉死以示效忠和荣耀。

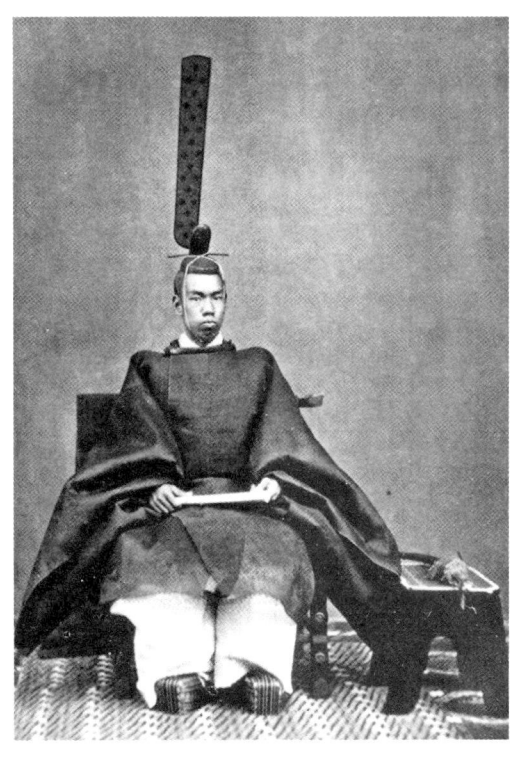

3.01 明治天皇，日本第122代天皇。嘉永五年（1852年11月3日）诞生，明治四十五年（1912年7月30日）驾崩，讳称"睦仁"，御称"祐宫"，御印"永"。

明治天皇睦仁祐宫被誉为"明治大帝"、"明治圣帝"、"睦仁大帝"、"Mutsuhito the Great"，是近代日本精神的象征。

明治天皇是孝明天皇的第二皇子，生母中山庆子。诞生时孝明天皇赐幼名"祐宫"，赐讳名"睦仁"。庆应二年，孝明天皇崩御。翌年，满16岁的睦仁行继位大礼就任皇位。

然而日本历史上存在"明治天皇是换子天皇"的逸说。《徹底的に日本·史の誤謬を糾す》一书中记述："其实明治天皇不是孝明天皇的皇子，明治天皇是后醍醐天皇的十一世孙，满良亲王御王孙的后代，一直匿于长州受到守护。当时真的睦仁天皇体质虚弱，整日与宫中女官沉溺，天皇的政治资质无法期待。萨长藩倒幕派暗杀了睦仁，替换御王孙的后代为明治天皇，发动王政复古运动夺取了政权。萨长联合成功讨幕，迫大政奉还，成为明治维新的原始动力。"图为少年时代的明治天皇。

3.02 明治元年（1868）江户改称东京，布告天下天皇亲理国政。十一月，随行3000人护卫天皇车驾从京都迁往东京。途中路过民田，正值新谷收获时节，天皇驻轿亲切御览农家收获场景，并赐予农家特制糕点，勉励农业劳作。《农民收获御览》图中，轿内帘帐后是明治天皇，随行人跪拜致安。

3 明治天皇　43

3.03　明治天皇的皇后一条美子，追封昭宪皇太后。

3.04　明治天皇中年时代身着大元帅军服的画像。

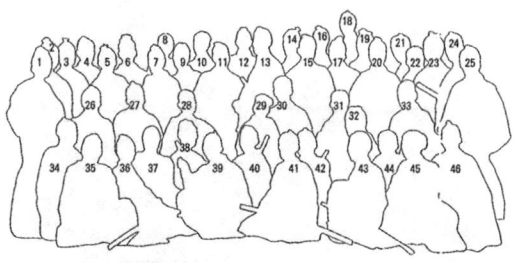

3.05　图中编号第30者是移民美国的荷兰人威尔贝克（Verbeck），他于1859年以法学者、神学者、传教士的身份被派遣到日本从事传教活动。1864年，受聘于幕府长崎英语传习所任讲师，在他的熏染下，培养出了诸多维新名人。他的进言后来推进了政府派遣岩仓使节团出访欧美。1865年，写真家上野彦马拍摄下了这张史上最珍贵、争议最大、记录明治维新志士群像的照片。照片的真伪成为现代学术界议论的课题，出版书籍论文甚多。图中编号第40者（大室寅之祐）被解说是后来的明治天皇，牵出了明治维新是欧美势力所为之阴谋论。

3.06　延元元年（1336）五月二十五日的凑川之战，后醍醐天皇的忠臣楠木正成在凑川殉节并葬于此处，元禄五年（1692）在殉地追建"呜呼忠臣楠子之墓"的石碑。水户学者（水户学，是指在日本水户藩形成的学问，主张尊敬天皇）崇敬楠木正成尽忠天皇之理想，此处遂在幕末时期成为祭祀维新志士的场所。在维新志士崇敬心的驱使下，要求国家创建楠社。明治五年（1872）五月二十四日凑川神社建成。神社内有宝物殿、能乐堂、神能殿、楠公会馆。照片中本殿的左奥处（西南角）是尽忠剖腹自刃的场所。

3.07　天皇是日本国君主的称号，日本国家的象征。天皇制是世界上延续时间最长的君主制度。在神道教中，天皇是天照大神后裔，具有神性，不同于普通日本人。天皇与其家族没有姓，历史学上称天皇氏。"二战"后日本裕仁天皇宣布完全放弃历史上赋予的"神性"，尽管如此，日本人坚持认为天皇代表着"国家"。自古以来，天皇是隐居深宫的神秘圣人，其形象不为人知。明治天皇开始公开自身的形象，让庶民百姓逐渐了解人性化的天皇，百姓因此有机会膜拜天皇的肖像表示敬意。图中百姓专程来到悬挂天皇肖像的会馆，帷幕拉开就可以瞻仰仰慕的天皇。膜拜天皇肖像的会馆有专门值守的警官维持秩序。

3.08 天皇旗是天皇家族的标志。天皇巡幸出游时，队伍会悬挂天皇旗。日本陆军中天皇举行卤簿式时，仪仗兵会捧持天皇旗，以特定的礼仪，庄严而缓慢地行进。

3.09 画像《明治天皇的一家》是记录明治天皇家况的珍贵文献，此绘画是大画家葛西虎次郎在明治三十四年（1901）八月发表的作品。画中人物前列左起为皇太子妃、迪宫、富美宫允子内亲王、周宫房子内亲王、泰宫聪子内亲王、常宫昌子内亲王。后列左起为皇太子（大正天皇）、皇后、天皇。

3.10 明治三十七年（1904）二月四日，日本对俄宣战最后的决断，召开了紧急御前会议，天皇听取了报告。会上内阁大臣和元老们神情严峻，当枢密院议长伊藤博文知道战事已开，回避战争的外交努力已经失败时，两眼充满泪水，不敢相信日本可以取得这场战争的胜利。绘画《对俄宣战御前会议》描绘了这一重要的历史时刻。会议桌的尽头是明治天皇，右侧是伊藤博文、山县有朋、大山严、松方正义、井上馨五元老；左侧桂太郎首相、小村寿太郎外相、曾祢荒助藏相、山本权兵卫海相、寺内正毅陆相。明治天皇裁决可对俄宣战，内阁决定与俄断交，开始军事行动。

46　明治维新的国度

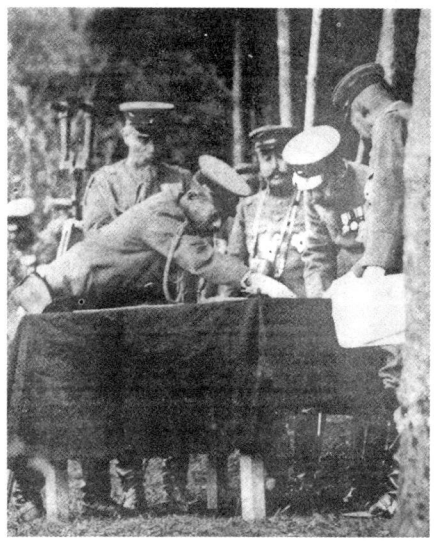

3.11　睦仁天皇一生不喜欢摄影照相，留下的写真十分稀少。壮年时期的"御真影"，是为了用于公共场合的肖像画和写真，是不得已而为之，经过臣下再三苦心请求做成的。明治四十四年（1911），睦仁天皇在福冈县观看军事演习，几幅阅兵中亲临观摩的写真，据说是被偷偷拍摄到的珍稀照片，也是明治天皇最后的写真。写真右二者是明治天皇，正在听取下官报告演习作战计划。

3.12　福冈县军事演习中，59岁高龄的天皇，认真观摩了演习并检阅了皇军部队，写真中间者是明治天皇。

3.13　写真表现的是在福冈县军事演习中，明治天皇详细询问演习环节，听取下官的说明，赞扬部队的战斗力。1912年，天皇因糖尿病并发尿毒症逝去，因此推断天皇观摩部队演习的前一年，身体状况已经不尽如人意。

3.14 明治天皇生活简朴，国事勤勉，早期居所甚至不安装电灯，在炎热的夏日连最新发明的电风扇也不要。睦仁喜欢音乐，听留声机唱片、唱歌、吟诗、琵琶歌等，成为日常生活中的一部分。明治天皇晚年的体格，身高168厘米、体重90公斤。写真是明治天皇晚年身着军装的照片。

3.15 明治天皇病重，写真是祈祷天皇康复的女学生们，集聚在二重桥广场上静默祈愿。

3.16 明治天皇病重，来自全国各地的男女老少，集聚在皇宫前的二重桥，仰天祈祷神明，伏地悲泪保佑天皇安康，对明治天皇的慈爱表示深切的致意。图为百姓在二重桥外静默祈愿。

3.17 明治天皇的葬仪是日本近代首次天皇葬仪，大葬采取神式葬典。写真是设在青山练兵广场的明治天皇葬场殿。

3.18 明治天皇的葬礼祭仪，在宫中、葬场殿、陵所三个场所实施。宫中是在宫内举行皇家的各种祭仪。葬场殿是在青山广场举行的公开葬礼。陵所是在京都伏见桃山的皇陵举行埋葬祭祀之礼。写真是9月13日明治天皇的灵柩从殡宫移至辒车，由牛牵引辒车缓慢前往葬场殿，两地距离5公里。辒车19时从宫城出发，20时正点之时，乃木夫妇自杀为天皇殉葬。

3.19 明治天皇的大葬式典结束后，大幄舍的幔门关闭，灵柩沿着专门铺设的轨道，移至临时大葬火车站的灵柩列车内，发往京都。明信片图片是大正天皇及皇家成员、政府大员在车站送行的场面。

3.20 午后2时，载乘大丧职员、文武高官的灵柩列车从青山临时车站出发，经由东海道本线前往京都南郊的伏见桃山陵。到达桃山车站是次日（9月14日）17时10分。

3　明治天皇　49

3.21　明治天皇的灵柩到达桃山站时，已经有政府高官和104名"八濑童子"迎候。八濑童子是后醍醐天皇以后传承下来的，专为天皇抬驾辇的轿夫，享有许多特权。灵柩从车厢移至车站事先准备好的室内，接着移入"葱华辇"中。18时40分，52名八濑童子，奉持葱华辇向祭场殿出发。写真是八濑童子抬着明治天皇的葱华辇，从火车站出发的情形。

3.22　明治天皇的葱华辇于19时20分进入御陵正门，19时30分通过大鸟居。到达祭场殿之后，卸于倾斜轨道上，慢慢送入御须屋移卸。八濑童子抬着明治天皇的葱华辇前往伏见桃山陵的沿途，有陆海军仪仗队致礼，百万国民百姓在沿路两侧默默地目送崇拜的天皇。写真可见，此时已经是黑夜，在灯光的照明下，可以看到引路的官人和两旁的海陆军仪仗队，在吹响着致礼的军号。

3.23　明治天皇崩御后，政府曾讨论在东京建造陵墓。但是明治天皇生前遗愿希望埋葬在京都。依照天皇的遗愿，陵墓修在了京都桃山，而在东京修建了明治神宫。在灵柩的四周放进了大量的石灰，其上安放了灵镜和宝剑。中盖用松脂封固，外盖用四方木炭填塞。七块御盖石覆盖于上，最后浇灌水泥封顶。15日午前7时，殓葬结束。8时半，实施陵所之仪，皇后、皇太后、皇族、政府高官1000人参列，由地位很高的日本皇室世袭亲王闲院宫，代表皇室主持葬仪，各员施拜礼。写真是明治天皇之墓。

3.24 明治天皇的宫城内表御座所（天皇的办公室）。室内陈列简朴，桌上堆满了圈阅的文书，天皇办公桌左侧是侍从长的座椅。睦仁病重期间仍然操劳，最后的日子里，糖尿病并发尿毒症，健康状况恶化，步行艰难，伴随精神状态萎靡和浓厚的睡意，呈现愚痴症状，令周围侍从深感不安。

3.25 明治天皇的大丧之礼，当日日本海军舰队在东京湾集结，各舰降半旗鸣放唁炮致礼。图为日本舰队旗舰"金刚"号降半旗鸣炮致礼的情形。

3.26 1912年7月30日明治天皇逝去，乃木希典为天皇尽忠守灵。同年9月13日明治天皇殡葬之日，乃木悲伤之极，写下"明治的精神起自明治终于明治，存活人间之意义去矣"。于是他和妻子静子双双决意自杀以追随明治天皇而去。乃木希典切腹，其妻用短刀割颈。乃木殉葬后，日本人奉乃木为"军神"，乃木希典成了"武士道"精神的象征。事实上，日俄战争在乃木的鲁莽指挥下，给日军造成重大伤亡，自己两个儿子也阵亡在旅顺战场，心灰意冷的痛苦折磨也是乃木追随明治天皇而去的要因之一。写真是乃木夫妇殉葬之后，灵柩前往青山斋场途中的情景。

4 日清战争

明治二十七年（1894），日本国和清国间发生了一场战争，清国用干支纪年的甲午年命名"甲午战争"；日本国命名"明治二十七八年战役"；欧美命名"First Sino-Japanese War"。日清战争（甲午战争）是二十世纪东亚的开幕大戏。战争重组了东亚国际关系，欧美列强在东亚的强权秩序被削弱，东亚国际关系体系不情愿地接受了新生强国日本，一种复合型的东西方国际秩序形成。日清战争的爆发，加深了欧美列强之间的矛盾，直接影响到国际关系的质变。大清国陈旧的体制被撼动，战争加速了大清国的没落。

日清战争，清国失去了对朝鲜的独占权和国土台湾。国内内乱蜂起，戊戌变法、义和团运动、辛亥革命，汉民族作为国家的政治主流登上了历史舞台。东方大陆的民众，终于明白了明治维新的日本赢得战争的理由。明治维新的日本接受了西方"国民"的理念，国家的人民从愚昧狭隘的个人意识，一举跃进到国家观的高度。"国民"的思想，超越了"人民"、"臣民"的概念。"民"脱胎成为国家为我、我为国家的近代国家主义。日本"国民"思想的诞生，凝聚了国力，赢得了胜利。

一、战争背景

日清战争是明治时代，日本第一次大规模对外国发动的战争。从日本国的视角考察，日本推动战争的背景存在以下诸方面的要素。

（1）清王朝及其与朝鲜的宗属国关系，构成对日本的安全威胁。

（2）十九世纪末，与英国对立的俄国为实现远东的南下政策，大兴西伯利亚铁路。未来的俄国势力、清国势力、朝鲜势力，对日本形成威胁。

（3）朝鲜"甲申事变"后，清国在朝鲜的影响力增强，日本的影响力处于劣势。国内官民主张消除清国在朝鲜势力，讨清呼声高涨。日本有解除清国和朝鲜的宗属国关系、实现日本独立支配朝鲜的野心。

（4）国内国际矛盾重重，众议院各政党势力对立。众议院两次解散，政府内阁面临被倒阁的危机。政府智囊评估需要一场战争稳定国家政局和摇摇欲坠的内阁。

（5）战前国内军力整备，已经达到与清国军力对抗的水平。明治军队的改革和扩张，改变了日本人缺乏底气的恐清症，有必胜的信心。

（6）《日英通商航海条约》缔结，排除了英国介入战争的可能性，日本可以放心与清国单独作战。

二、战争经过

（1）朝鲜国内的甲午农民运动（东学教之乱），为日本带来战争契机。政府以平息乱党、保护侨民、帮助朝鲜政治改革之理由，出兵朝鲜与清国军队作战。

（2）日本拒绝列强的调停案，于明治二十七年（1894）7月23日占领朝鲜王宫；7月25日引发丰岛海战和高升号事件；7月29日在朝鲜成欢与清国军队战斗。日清双方战事节节升级，迫使清日双方于8月1日相互宣战。

（3）1894年9月15日，日清战史上规模最大的陆地战在平壤展开。双方死伤惨重，清军败北溃逃，退守至鸭绿江一线。10月25日，山县第一军发起进攻，攻克鸭绿江清军防线。

（4）1894年9月17日，日清战史上规模最大的海战在黄海展开。海战惨烈，双方死伤惨重。清国主力战舰5艘沉没或搁浅自爆，清国海军败北。日本夺取了制海权，清国北洋水师为保存战力躲入威海卫港内。

（5）1894年9月21日，旅顺半岛战事展开，日本陆海军联合作战。大山第二军11月6日攻陷金州城；11月21日攻陷旅顺要塞。

（6）明治二十八年（1895年1月25日），山东作战展开，日军在荣成湾登陆压制清军陆军防线。海军突袭威海卫清国舰队成功，击沉旗舰定远号，迫使舰队提督丁汝昌投降，北洋舰队全军覆没。

（7）日军第一军、第二军在辽河平原展开多次大规模战斗，缸瓦寨之战、盖平之战、海城攻防战、牛庄之战、田庄台之战、营口之战，清军不敌日军攻势，均败北。

（8）日本为取得谈判筹码，陆海联军入侵澎湖列岛和台湾。遭到台湾军民最顽强的抵抗，日军同时遭受地方病的袭击，伤亡惨重，最终以巨大的代价占领了台湾。

（9）清国在战争连连失利的背景下，开始与日本媾和谈判。第一次媾和谈判，日本拒绝了清国谈判代表。第二次媾和谈判由李鸿章全权特使亲自前往。在清国皇帝认定下，1895年4月17日，日清双方签署了《马关条约》（《下关条约》），5月8日两国皇帝最终交换批准文书，至此《马关条约》生效，两国战争终结。

（10）在《马关条约》签署后，至大清皇帝光绪批准条约生效期间，发生了举世瞩目的三国干涉事件。俄国人不满日本在清国取得的利益，联合德国、法国要求日本放弃占领清国辽东半岛的权利。在军事压力和清国承诺支付领土赎金的条件下，日本归还了清国割让的辽东半岛。

三、战争影响

明治二十二年（1889），日本颁布宪法；明治二十七年（1894），《日英通商航海条约》修正，领事裁判权撤废；明治二十七至二十八年（1894~1895），日清战争，这三个重大的步骤，是日本脱亚入欧的重要标志。近代战争的胜利，意味着日本进入了帝国主义时代。

近世纪崇拜中国历史文化的日本人，曾经畏惧大清国这个强大的帝国。日清战争爆发时，多数的国民，包括明治天皇都带着复杂恐惧的情感面对两国的战争，认为日本不敌大清国的人大有人在。然而战争伊始，全体国民人心所向，就连众议院和伊藤内阁间的政治混战，也即刻转化成全面支持内阁主导的战争。

战争过程中，国家要求"人民"作为"国民"贡献自己的义务，国民将自身、国家、军队、战争捆绑在一起，战争起到了统合国民形成的作用。战争统合作用的重要表现之一，是反对战争的明治天皇，作为国民的一员毅然抛弃个人嫌怨，响应战争的号召，以大元帅的角色全心全意投入战争。给予日本国民以天皇亲征的强烈印象，从而鼓舞全体国民赢得战争。伴随胜利捷报频频传来，日本自身也惊异地发现本国的强大，非蕞尔小国之轻视贬论。

日清战争把日本人带到梦寐的"天堂"，当远征兵进入这一贫困和无秩脏乱的国度时，强烈的反差改变了日本人心中对东方大陆的憧憬。对大中华文化固有的"赞赏"、"崇敬"心理开始崩溃，隐藏在内心的劣等感，迅速向"差别"、"轻蔑"的意识逆转。一种新型的近代清国观开始形成，大和民族自身的优越感迅速转变成时代思潮的主流。日清战争胜负的结果，让日本重新审视对手，一种新型差别的"清国观"和"大和观"开始形成。"国家观"的差别左右了两个国家对彼此的认知，进而引导了后来半个世纪的战争。然而日清战争那个时代日本人形成的差别意识，最终导致了大和民族经历了史上最耻辱的失败。

日清战争是近代日本最初经历的大规模对外战争，在这场战争中，日本人完成了近代国家国民所具有的国家观意识形态的转变，真正开始从臣民国家走向国民国家。明治维新日本接受了西方"国民"的理念，国家的人民从愚昧狭隘的个人意识，一举跃进到国家观的高度。"国民"的思想，超越了"人民"、"臣民"的概念。"民"的脱胎，成为国家为我、我为国家的近代国家主义。日本"国民"思想的诞生，凝聚了国力，赢得了胜利。

日清战争，清国失去了对朝鲜的独占权和国土台湾。大清国内乱蜂起，戊戌变法、义和团运动、辛亥革命，汉民族作为国家的政治主流登上了历史舞台。东方大陆的民众，终于明白了明治维新的日本赢得战争的理由。日本开始作为亚洲文明的楷模，吸引来自清国、朝鲜众多求学的革命家，为本国的变革作出了惊天动地的大事业。

明治时代以后，日本老师没有谦虚谨慎，继续发扬光大明治维新的精神，被一群骄横跋扈的军人用残酷的战争，玷污了明治维新的初衷。从那个时代开始，外来侵略一直成为缠绕这块东方大陆的梦魇。在近代中国历史的进化中，当西方文明和明治维新与古旧的清朝体制发生猛烈碰撞时，战争的失败也催生了中华革命的历史纪元。

4.01 日清战争爆发的历史经纬图，图中介绍了战争的源起。从中可以看出日本对朝鲜的野心由来已久，朝鲜宫廷内的乱斗引发一次又一次事变，清国对朝鲜的控制和失算，三国间错综复杂的历史葛藤，最终酿成了一场影响三国历史的战争。

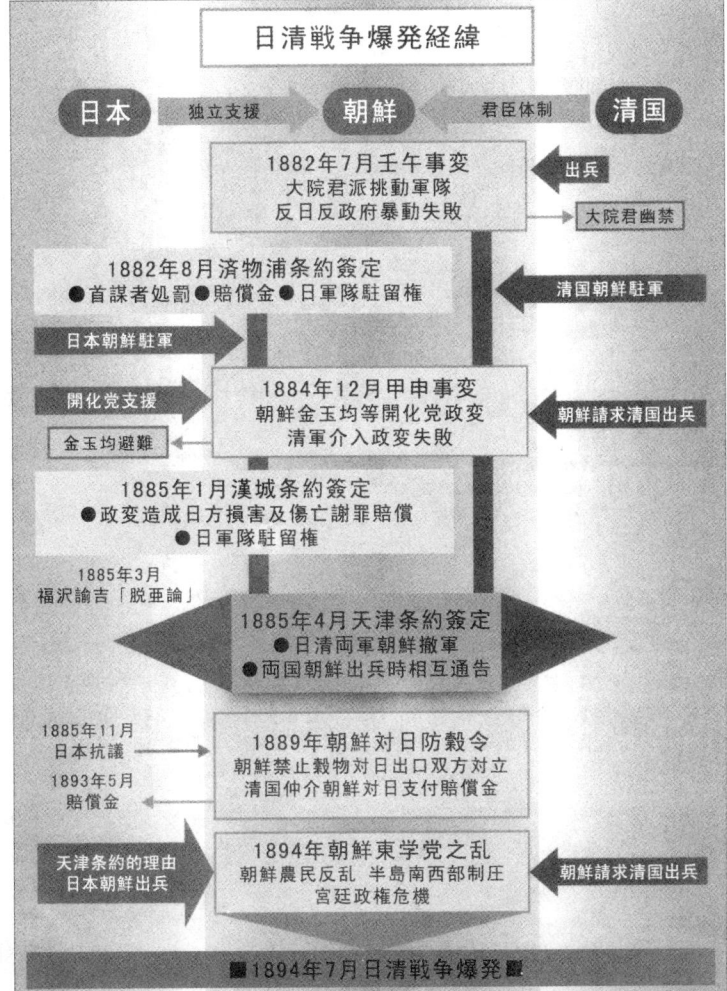

4.02 清国光绪二十年、日本明治二十七年，公元 1894 年 8 月 1 日，清日两国在同一日宣布战争。日本政府的对清宣战书，先后作了六次重大修改。图为由内阁书记官长伊东巳代治起草的日本对清宣战的诏敕草案。

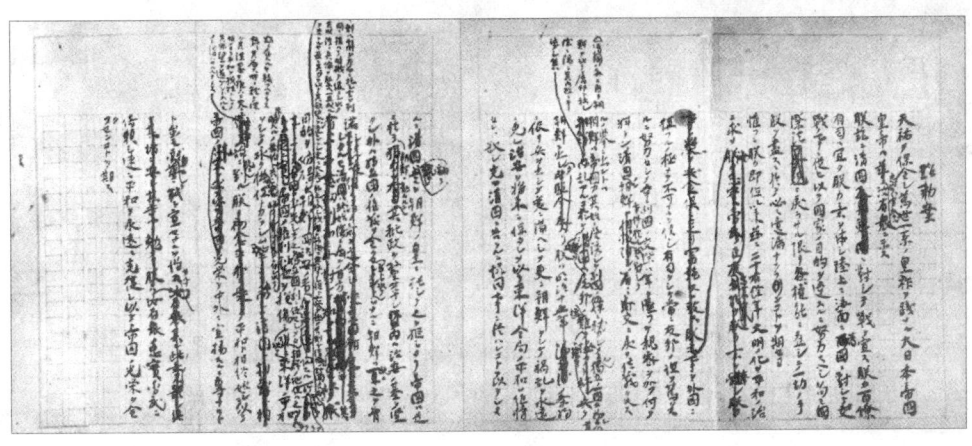

4.03　1894年2月,朝鲜全罗道农民暴动,东学农民军声势浩大,从局部地域迅速扩大到整个朝鲜南部。5月9日,朝廷决定发兵镇压,任命洪启薰为"招讨使",在袁世凯的支持下,率800名精兵前往镇压。然而讨敌军尚未与农民军接战,便丢盔卸甲临阵而散。《招讨使镇抚图》描绘了朝廷军挺进前线的场面。

4.04　山县第一军团在朝鲜登陆,图中描绘的是先头部队夜间上陆的情形。登陆部队在篝火的引导下井然上陆,克服了从输送船向陆地移动马匹的难题,甚至没有繁乱嘈杂的声音。

4.05 朝鲜战场，日军在朝鲜大同江西北部第四支流上架设舟桥。舟桥以舟船为桥基，船船之间铺设桥板，组成宽敞平稳的桥面，可以承受辎重部队通过。

4.06 平壤之战，清军统帅叶志超胆小怯阵，弃城趁夜逃跑退出战场。按照叶志超的撤退命令，城内清军丢弃全部辎重，涌出城门向多个方向溃逃。无序撤退人呼马鸣，杂乱无章，各路退兵遭到日军埋伏。1500余名清兵没有战死疆场，却魂丧逃跑的不归途。图绘是平壤战斗后被俘的清国兵，双手被手铐紧缚，正在接受日军将校审问的场面。

58 明治维新的国度

4.07 日清战争平壤之战的战场画面,战斗非常惨烈,双方都付出了惨痛代价。战死者中包括清国兵、日本兵,在日军监视下,清国俘虏正在移动和掩埋尸体。清兵军服上的胸标和背标,记载系淮军部队。战场远处上空盘旋着食肉的乌鸦,发出凄惨的嘶鸣,等待着人类相互残杀后的丰盛美餐。

4.08 日清战争中,日本15万民间准军事力量组成的军夫大军支持了战争。军夫随军转战各地战场,发挥了支持军队的作用。图为平壤战役,军夫用竹制担架搬运伤病员的场面。周围有作战间休的日军将校和士兵,还有路过现场的朝鲜村民。

4.09 平壤会战中,在陆军中将野津道贯司令长官指挥下,第五师团、第三师团包围平壤,向清军发起攻击。图绘是 9 月 15 日陆军少将大岛义昌率领的混成第九旅团骑兵与清军激战的情景。

4.10 图绘为《战地的日本兵墓地》,从军记者描绘了日清两军在平壤会战后的阵亡场面。日军第六工兵大队路过埋葬战死队友的墓地,顿足列队肃然起敬,军号齐鸣后致举枪礼,数杆鲤鱼旗哀然飘拂。

4.11 日清战争的朝鲜战场，由于不卫生的饮用水，使疾病在军内蔓延，增加了非战斗伤亡减员。图为朝鲜百姓观看日军在当地村庄挖掘水井的情形。

4.12 日军的野营炊事场面。炊事场设有临时炉灶、炊台、大锅、饭桶、军用饭盒等用具。军夫协助部队在河边淘米造饭。附近好奇的朝鲜百姓大胆靠近炊事场，窥视这支外来军队的野营炊事情形。

4.13 在朝鲜战场，因饮用不洁水，很多士兵感染痢疾，甚至病亡。行军中有士兵掉队习以为常。面对凶猛的地方病，野战卫生兵也无可奈何。疾病成为日清战争中日军伤亡的重要原因。绘画记载了日军因伤病减员的一幕。

4.14　平壤会战中被日军俘虏的清国士兵被关押的照片。清兵俘虏因杀死看守图谋越狱被日军武力镇压。事件震怒了日军,60名参加越狱的俘虏被集体砍头处死。日军为此加强看管清兵俘虏的措施,日夜监视,处于高度警戒的状态。照片中显示,日军雇佣朝鲜百姓参与看守清军俘虏。被囚禁的清军士兵们,为以后的命运惶恐不安。

4.15　日军战场炊饭现场一景。从军记者图片介绍,此为日军基层炮兵连队的前线饭事准备情形。一个大饭锅一次可以煮十几人份的米饭,当时日军士兵食粮主要是白米饭。日清战争期间,日军中流行脚气病,据说主食白米饭是造成脚气病的根源。日清战争中,日军因脚气病死亡者多达1860人。

4.16 平壤会战的清军俘虏。这些已经脱去军服的俘虏,颜面黝黑,神情恐惧不安憔悴,不知道等待他们的将是什么。俘虏每日从监禁室放出,给予运动和日光浴的活动时间,后面大门两侧有日军看守。

4.17 大院君以朝鲜政府的名义,通告清国领事馆唐绍仪代办,即刻废弃朝鲜和清国的诸项条约,朝鲜委托日军驱逐牙山的清国驻军。大院君亲日政权全面协助日军对清军作战。图为朝鲜兵协助日军看押清军俘虏。

4.18 平壤会战清日双方兵力旗鼓相当,清军凭借堡垒防御占据优势,打退日军多次进攻。在双方胶着状态下,清军主帅叶志超丧失续战信心,率先主张退兵。用假降之计,趁夜弃城逃跑。结果那些白日作战勇猛的兵勇,被自己的怯懦将军葬送于逃跑的命令中。清兵在敌军的乱枪之下,混乱、践踏、中弹、哀嚎,悲凄之声通宵不绝。图为一个日军步哨线前留下的被击毙清兵散乱的尸体,各逃跑路上被击毙清兵总数达1500余人。

4.19 平壤会战，清军丢弃的粮食、弹药辎重车辆。

4.20 平壤会战，日军缴获的三角架式加特林机关炮。

4.21 平壤会战，日军缴获的7厘米德国车载式野炮。

4.22 平壤会战，日军缴获的车载式加特林机关炮。

4.23 平壤会战，日军缴获的7厘米德国车载式野炮。

4.24 平壤会战，日军缴获的7厘米德国车载式野炮。

4.25 平壤会战，日军缴获的刀、叉、号、鼓、唢呐。

4.26 平壤会战，日军缴获的各种式样军刀。

4.27　鸭绿江虎山战斗，清军凭借掩体优势向日军猛烈射击，两门速射炮火力成功压制住日军的攻势。日军发起数次冲锋未果，便向清军侧翼阵地包抄，清兵判知日军包围企图，便分两路向九连城和西北方向逃去，日军乘势夺取了虎山清军阵地。图中远方清军阵地旌旗招展，枪弹不断击中企图冲锋的日军士卒。

4.28　军夫协助各兵站的马匹征集、物资调集、被服供给、武器补充、伤兵搬运业务。每日配给包米1袋、干咸鱼1条的食粮标准。照片是军夫驾马车为前线运输物资的场面。军夫头戴笠帽，跟随车辆前进。穿着军装的士兵，是统率军夫执行任务的监兵。

4.29　土城子战斗中，日军派出的侦查小队窥探清军情报，十余名侦察兵被清军发现，遭到围剿。图为隐藏在草丛里的侦查小队正在窥探清军大队的动向。图右上方出现一支清军马队正在接近日军小队。

4.30　日军第二军登陆花园口，清军闻风而逃，日军占领金州城。图为大山严司令长官和他的副官，在民家晒谷场的照片。中央穿深色军大衣者是大山严司令官，周围是作战副官和外国的从军观战武官、从军记者。

4.31　1894年11月8日，大山严第二军占领金州城，守卫大连湾海防要塞阵地的清军闻风而逃。沿岸丢下的炮台完好率达80%以上。图为日军占领世界第一流的近代化炮台。

4.32 鸭绿江临时军桥。黑夜中，工兵在刺骨的江水里摸索作业，仅一夜之间就在鸭绿江上完成一座 248 米的临时军桥。日军浩浩荡荡越过鸭绿江，踏入清国的满洲大陆，实现了丰臣秀吉西征东方大陆的梦想。

4.33 11 月 21 日，大山严第二军攻克了亚洲最坚固的旅顺要塞，全日本举国为之欢呼雀跃。写真是第二军军乐队，正在旅顺船坞边紧张排练，准备参加大山严司令长官主办的胜利祝捷宴大会。

4.34 日军占领旅顺，将清军鱼雷局移交海军接管，在鱼雷仓库内发现清军丢弃的成品鱼雷。按照当时国际武器水平评估，清军的鱼雷制造设备和技术已经进入近代化行列。遗憾的是日清战争中，清国北洋水师没有留下任何鱼雷成功作战的记录。

4 日清战争 67

4.35 日军占领的旅顺要塞城头山、馒头山、蛮子营炮台及清兵左营。写真是城头山炮台清军兵营,被高大的胸墙严密包围。从兵营可以直通山顶炮台。当时的旅顺要塞部队不但拥有先进火炮,还有舒适的营房和朝廷丰厚的军饷。

4.36 突入旅顺市街的日本兵,对清国人实施了惨无人道的报复性屠杀。照片显示的是被杀死的平民模样的数名男人。一士兵脚踏在死者佝偻的躯体上。1895年2月2日,欧美各国报纸转载《画报》杂志报道的照片。西方文明世界谴责日本是"披着文明外衣有着野蛮筋骨的怪兽"。

4.37 日军炮兵部队携带可分解山炮到达旅顺西北部的方家屯附近,向清军阵地开炮。清军依傍有利防御地形向进攻日军开炮还击,双方展开阵地炮击战,但是由于日军炮兵弹着准确,清军炮兵火力很快被压制下去。写真是日军炮兵阵地正在向清军阵地炮击的情形。早期大炮在发射时都会产生大量硝烟,极易暴露阵地位置,因此日军多采用先行开炮压制敌方的炮射战术。

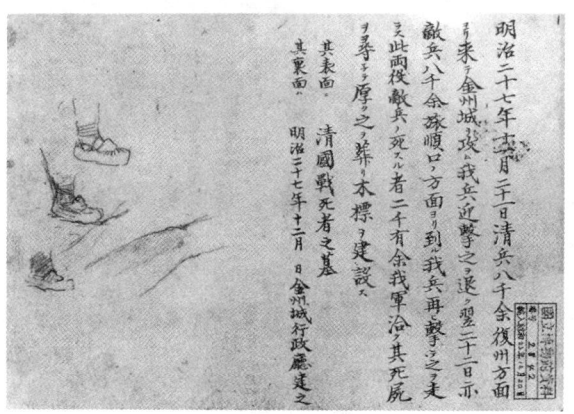

4.38 日清战争战场素描画《清国兵埋葬图》,作画家黑田清辉。图绘为在日兵的监督下,清国民夫在墓地挖掘深坑埋葬清兵的场面。附文记载了日清战争中,清军两次反攻金州,皆遭日军阻击,败退而走,伤亡两千余人。战役结束后,日军安葬阵亡清军士卒,并为其建设墓碑的事情。

4.39 1894年11月21日,旅顺陷落。日本兵侵入旅顺市内,制造了震惊世界的屠城事件。事态从两军作战中的相互复仇,发展成对无辜民众的肆意滥杀。绘画是日军侵入旅顺市街,展开无差别杀戮的场面。

4.40 日清战争中,外国从军记者在辽阳目睹到清国人的斩首场面后,所作的油画。画面可见,处刑由当地清人衙门的斩首官督刑。按照清国刑典,罪犯双手反绑按在斩首台上施斩。画中之刽子手非职业行刑大汉,行刑工具亦非鬼头大刀,却也刀举头落,身首两异。

70 明治维新的国度

4.41 日清战争中黄海海战的历史镜头,照片左侧是清国舰队煤烟航迹,中间是日本联合舰队第一游击队战舰。右侧是桥立、严岛、千代田、松岛。清日两国舰队正处于迎战状态的历史瞬间。北洋舰队采用的是史上奥地利舰队在利萨海战中使用的著名阵法,战斗前英国海军大佐(上校)琅威理指导的"鳞次横阵"队形。日本联合舰队使用的是"单纵阵"队形迎战清舰,是英国海军上校尹古鲁斯提议的能发挥日舰侧面速射炮火优势的阵法。

4.42 降伏后的镇远舰回航至旅顺口大船坞修理。舰体上画有白线方框的部位,是被日舰炮火破坏的痕迹,指示需要修缮的部分。1895年2月17日,镇远舰保留原名编入日本舰队,1904年日俄战争中参战。

4.43 1895年2月4日夜，北洋水师旗舰定远号在刘公岛南滩遭到日本鱼雷艇袭击，鱼雷击中定远左舷，定远重伤，最终自爆沉没。定远舰由德国制造，1885年10月交付清国北洋水师，担任清国舰队的旗舰，北洋水师提督丁汝昌坐镇定远舰。威海卫保卫战中，定远舰中部重伤严重进水，丁汝昌命定远驶入刘公岛南端搁浅，旗舰帅旗移至镇远舰。

4.44 日军攻克威海卫，靖远舰被弹沉没，舰队和刘公岛面临纵深打击。陆军鼓噪哗变，要求降敌求生，丁汝昌被逼无奈，引咎自尽，北洋水师全面降伏。写真是日军联合舰队浩浩荡荡开进威海卫港湾的情形。海面中间沉没的是靖远舰，右侧沉没的是威远舰，市街下方建筑是丁汝昌提督的官衙。

4.45 1895年4月，临时第七师团屯田步兵第三大队在远征清国参加直隶决战前夕，于东京青山练兵场接受检阅的写真。照片中人数显示，日军一个大队兵力相当于清军一个营的编制，约500人。日本政府刻意渲染直隶决战，目的是胁迫李鸿章屈服，尽快签署《马关条约》。

4.46　1895年3月7日,大本营任命参谋总长小松宫担任征清大总督,率领征清大总督府实施渡海大决战计划。按照直隶作战的构想,日军集中全国7个师团及国内三分之一后备部队倾巢出动投入决战。4月13日,小松宫率征清大总督府从宇品港出发渡海前往旅顺。图为媾和会谈期间,集聚宇品港湾内待命出征的日本军舰。

4.47　日本下关"春帆楼"是日清两国和平谈判的场所,明治二十八年(1895)3月20日至4月17日,日清两国代表在春帆楼举行过七次会谈,因签下著名的《马关条约》而闻名于世。至今春帆楼会议场所仍然保留当年会谈布置的场景,是日本国指定的文化财保护遗迹(文化遗产)。图为当年春帆楼外景的实况写真。

4.48　签署《马关条约》的春帆楼现场的写真。正面座位是伊藤博文、陆奥宗光,对面座位是李鸿章、李经芳,旁侧分别为双方的书记官。李鸿章身旁放有从清国带来的清式痰盂。会谈初日,李鸿章在此发表了慷慨的演讲,认为本次战争让永眠的中华开始觉醒。

4.49 日军占领台湾,总督府设在台北原清朝巡抚衙门。总督府成立之初设民政、陆军、海军三局。民政局下置内务、殖产、财务、学务四部。图为总督府正面风貌,飞檐屋顶的建筑群,保留着浓厚的中式建筑风采。

4.50 清日媾和谈判,李鸿章承受日本苛酷的压力和清廷内的无端诽谤,为大清国倾尽毕生智慧。当遭遇暴汉袭击身负重伤时,仍在病榻上表示愿意以死换回大清国的利益。当时的写真留下了李鸿章负伤后艾发衰容、心中充满苦涩的神情。

大清国的战争对手日本人如是说:"李鸿章如同日本幕末维新的英杰人物,在近代国家变革的阵痛中,一身痛感苦恼之人。他波折万丈的人生,犹如近代中国的动荡起伏。李鸿章保持了25年最高实权的地位,是他支撑了大清帝国苟延残喘。诸外国对李鸿章的信赖远远超过紫禁城的皇帝,如果没有这样的有能之士,大清国早已被列强蚕食殆尽。"

西方列强如是说:"清国和日本的战争实际上是李鸿章和日本的战争。李鸿章失败的大手笔非但没有伤及他的仕途,反而展示了他个人的才能和魅力,李鸿章是近代清国代表文明智慧的伟人。"

大文豪梁启超著《李鸿章传》曰:"自李鸿章之名出现于世界以来,五洲万国人士,几于见有李鸿章,不见有中国。一言蔽之,则以李鸿章为中国独一无二之代表人也。夫以甲国人而论乙国事,其必不能得其真相,固无待言,然要之李鸿章为中国近四十年第一流紧要人物。读中国近世史者,势不得不曰李鸿章,而读李鸿章传者,亦势不得不手中国近世史,此有识者所同认也。"

講和條約

大日本帝國

大皇帝陛下及

大清帝國

大皇帝陛下為訂定和約俾兩國及其臣民重修平和共享幸福且杜絕將來紛紜之端

大日本帝國

大皇帝陛下特簡

大日本帝國全權辦理大臣內閣總理大臣從二位勳一等伯爵伊藤博文

大日本帝國全權辦理大臣外務大臣從二位勳一等子爵陸奧宗光

* 本著作者按：此裝裱之冊系《馬關條約》大清國光緒皇帝批准生效之交換文本，日本國館藏本封面。

大清帝國

大皇帝陛下特簡

大清帝國欽差頭等全權大臣太子太傅文華殿大學士北洋通商大臣直隸總督一等肅毅伯爵李鴻章

大清帝國欽差全權大臣二品頂戴前出使大臣李經方

為全權大臣彼此較閱所奉

諭旨認明均屬妥善無闕會同議定各條款開列於左

第一款

中國認明朝鮮國確為完全無缺之獨立自主故凡有虧損獨立自主體制即如該國向中國所修貢獻典禮等嗣後全行廢絶

第二款

中國將管理下開地方之權併將該地方所有堡壘軍器工廠及一切屬公物件永遠讓與日本

一下開劃界以內之奉天省南邊地方從鴨綠

江口溯該江以抵安平河口又從該河口劃至鳳凰城海城及營口而止畫成折線以南地方所有前開各城市邑皆包括在劃界線內該線抵營口之遼河後即順流至海口止彼此以河中心為分界

遼東灣東岸及黃海北岸在奉天省所屬諸島嶼亦一併在所讓境內

二 臺灣全島及所有附屬各島嶼

三 澎湖列島即英國格林尼次東經百十九度起至百二十度止及北緯二十三度起至二十四度之間諸島嶼

第三款

前款所載及粘附本約之地圖所劃疆界候本約批准互換之後兩國應各選派官員二名以上為

公同劃定疆界委員就地踏勘確定劃界若遇本約所訂疆界於地形或治理所關有礙難不便等情各該委員等當妥為叅酌更定

各該委員等當從速辦理界務以期奉委之後限一年竣事但遇各該委員等有所更定劃界兩國政府未經認准以前應據本約所定劃界為正

第四款

中國約將庫平銀貳萬萬兩交與日本作為賠償軍費該款分作八次交完第一次伍千萬兩應在本約批准互換後六箇月內交清第二次伍千萬兩應在本約批准互換後十二箇月內交清餘款平分六次遞年交納其法列下第一次平分遞年之款於兩年內交清第二次於三年內交清第三次於四年內交清第四次於五年內交清第五次

於六年內交清第六次於七年內交清其年分均以本約批准互換之後起算又第一次賠款交清以後未經交完之款應按年加每百抽五之息但無論何時將應賠之款或全數或幾分先期交清均聽中國之便如從條約批准互換之日起三年之內能全數清還除將已付利息或兩年半不及兩年半於應付本銀扣還外餘仍全數免息

第五款

本約批准互換之後限二年之內日本准中國讓與地方人民願從遷居讓與地方之外者任便變賣所有產業退去界外但限滿之後尚未遷徙者酌宜視為日本臣民

又臺灣一省應於本約批准互換後兩國立即各派大員至臺灣限於本約批准互換後兩箇月內交接清楚

第六款

日中兩國所有約章因此次失和自屬廢絕中國約俟本約批准互換之後速派全權大臣與日本所派全權大臣會同訂立通商行船條約及陸路通商章程其兩國新訂約章應以中國與泰西各國現行約章為本又本約批准互換之日起新訂約章未經實行之前所有日本政府官吏臣民及商業工藝行船船隻陸路通商等與中國最為優待之國禮遇護視一律無異

中國約將下開讓與各款從兩國全權大臣畫押蓋印日起六箇月後方可照辦

第一現今中國已開通商口岸之外應准添設下開各處立為通商口岸以便日本臣民往來僑寓從事商業工藝製作所有添設口岸均照向開通商海口或向開內地鎮市章程

一體辦理應得優例及利益等亦當一律享受
一湖北省荊州府沙市
二四川省重慶府
三江蘇省蘇州府
四浙江省杭州府
日本政府得派遣領事官於前開各口駐紮
第二日本輪船得駛入下開各口附搭行客裝
運貨物
一從湖北省宜昌溯長江以至四川省重慶府
二從上海駛進吳淞江及運河以至蘇州府
杭州府
日中兩國未經商定行船章程以前上開各
口行船務依外國船隻駛入中國內地水路
現行章程照行
第三日本臣民在中國內地購買經工貨件若
自生之物或將進口商貨運往內地之時欲
暫行存棧除勿庸輸納稅鈔派徵一切諸費
外得暫租棧房存貨
第四日本臣民得在中國通商口岸城邑任便
從事各項工藝製造又得將各項機器任便
裝運進口只交所訂進口稅
日本臣民在中國製造一切貨物其於內地
運送稅內地稅鈔課雜派以及在中國內地
沾及寄存棧房之益即照日本臣民運入中
國之貨物一體辦理至應享優例豁除亦莫
不相同
嗣後如有因以上加讓之事應增章程規條
即載入本款所稱之行船通商條約內
第七款
日本軍隊現駐中國境內者應於本約批准互換

之後三箇月內撤回但須照次款所定辦理

第八款

中國為保明認真實行約內所訂條款聽允日本軍隊暫行佔守山東省威海衛又於中國將本約所訂第一第二兩次賠款交清通商行船約章亦經批准互換之後中國政府與日本政府確定周全妥善辦法將通商口岸關稅作為剩款並息之抵押日本可允撤回軍隊倘中國政府不即確定抵押辦法則未經交清末次賠款之前日本應不允撤回軍隊但通商行船約章未經批准互換以前雖交清賠款日本仍不撤回軍隊

第九款

本約批准互換之後兩國應將是時所有俘虜盡數交還中國約將由日本所還俘虜並不加以虐待若或置於罪戾

中國約將認為軍事間諜或被嫌逮繫之日本臣民即行釋放併約此次交仗之間所有關涉日本軍隊之中國臣民概予寬貸併飭有司不得擅為逮繫

第十款

本約批准互換日起應按兵息戰

第十一款

本約奉

大日本帝國

大皇帝陛下及

大清帝國

大皇帝陛下批准之後定於明治二十八年五月初八

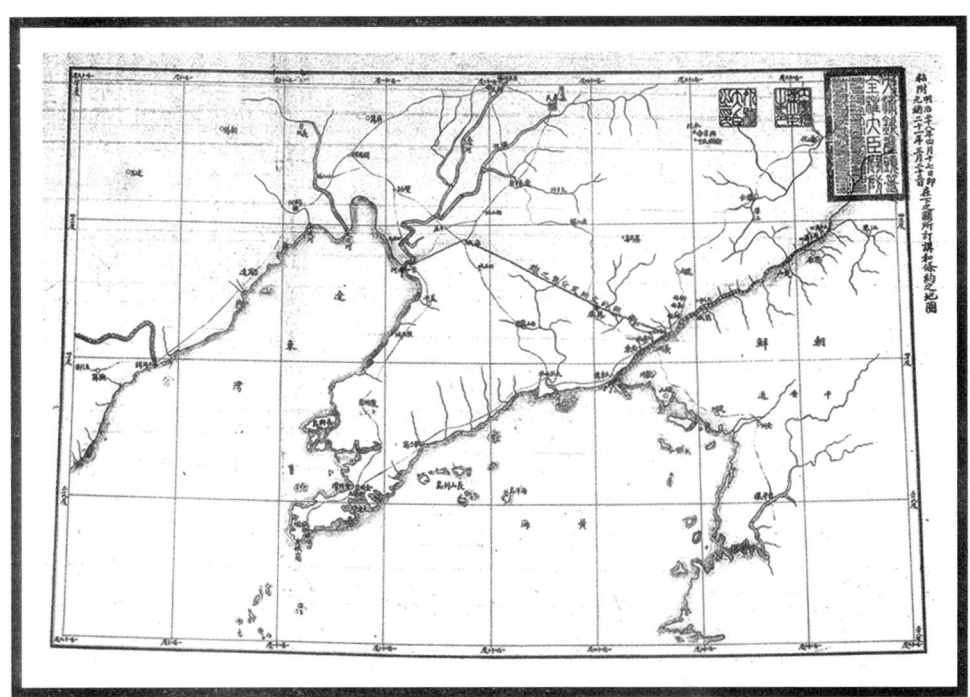

*《马关条约》批准文本中附加清国割让辽东半岛范围境界之地图。

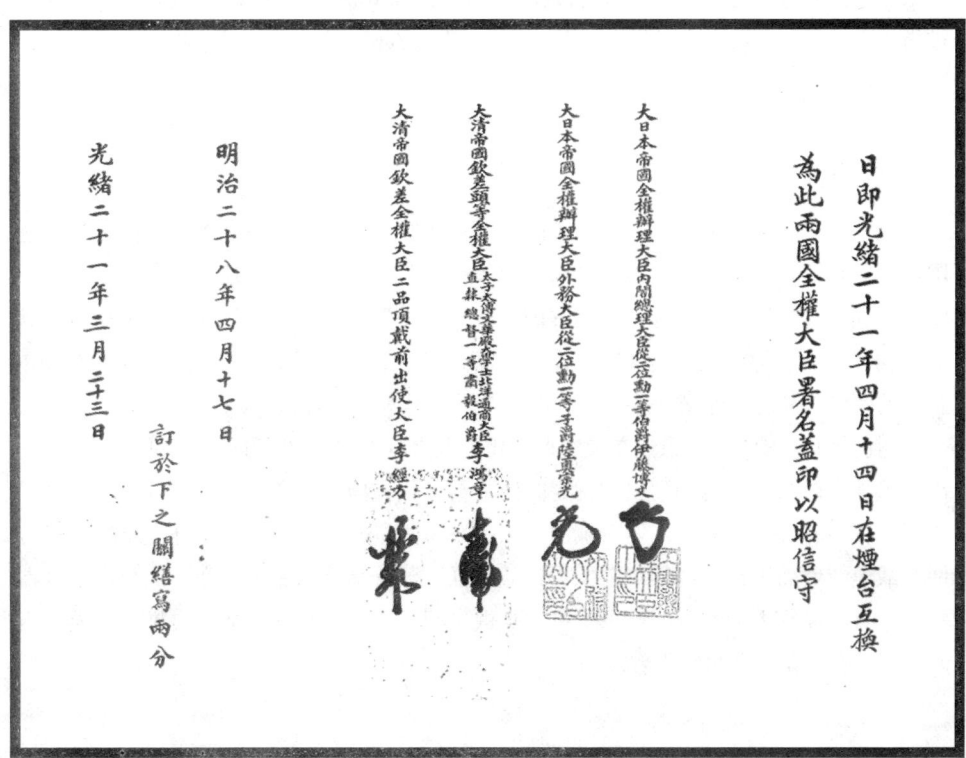

*此《马关条约》批准文本中之文字位置间距与原文略有差异,条约文字确保原文无任何删减。

5　日俄战争

　　明治三十七年(1904)二月八日至明治三十八年(1905)九月五日,日本国和俄国之间,围绕争夺朝鲜半岛的权益,以清国"满洲"南部为主战场,展开了一场旷日持久、牺牲巨大的惨烈战争。这场战争在历史上,日本国命名"日露战争";俄国命名"Русско-японская война";西方国家命名"Russo-Japanese War";中国命名"日俄战争"。

一、战争的性质

　　日俄战争是二十世纪初,代表近代国家"总战力"要素的战争,即一个国家的军事力、经济力、科学力、政治力、思想力、总动员力,在战时体制下表现的综合战争形态。日俄战争不仅仅是日俄两帝国间的战争,也是在帝国主义列强之间,有各同盟国外交关系参与的13个国家70名以上武官观战的国际化战争。战争具有世界多国参与的特征,被历史学者称为"第零次世界大战"(World War Zero),是衍生第一次世界大战模式的全球性战争。

二、战争背景

　　日清战争后,日本取得了在朝鲜的支配权。义和团事变时,俄国趁机占有了在清国满洲的权益。俄国谋求不冻港的南下政策,不仅要控制清国,还将触角伸向朝鲜,触动了朝鲜支配国日本的神经。朝鲜国王表现出显著的脱日亲俄倾向,俄国在清国满洲和朝鲜边境一带构筑蚕食性军事设施,使日本感到了前所未有的压力。两国围绕在朝鲜的政治、经济、外交摩擦不断,进而发展到军事对立的态势。

　　明治维新后的日本,虽然在国家近代化中取得巨大成就,赢得了日清战争的胜利,出兵参加八国联军,得到列强的肯定。但是与近代强国沙俄帝国比较,日本却还是不被国际社会看好的贫穷国。面对俄国强大的军事力量,日本只能采取外交策略,努力回避战争。然而来自俄国的军事压力日益增强,朝鲜高宗两班大臣亦在试图排除日本势力,日本面临丢失朝鲜的严重危机。日俄之间只有通过战争才能一决雄雌,成为当时国际社会公认的必然结果。

三、同盟国模式

正在急速近代化的日本,强调朝鲜半岛必须掌控在本国势力之下,清俄两国势力应该被挡在朝鲜国门之外。因此俄国势力渗透朝鲜,就会构成对日本安全保障的威胁。日清战争的前嫌,俄国人主导了三国干涉,迫使日本将到手的辽东半岛返还给清国,给日本带来巨大耻辱。俄国咄咄逼人的势头,激发起日本国内主张与俄国必战的世论。

然而日本没有与俄国开战的国力,政府内出现了向俄国妥协和联合英国组成同盟的两种分歧意见。日本两组人马分别行动协调,结果俄国拒不接受日本提案,日俄协商交涉失败。而英国从抑制俄国在远东势力的角度考虑,与日本结成同盟。同盟条约战略目的要点是,当日本出现与两个以上国家交战的情况时,英国有义务协同日本参战。旨在制约俄国和清国间缔结的《中俄密约》,达到阻止清国参战的目的。

期待维护自己在东南亚权益的英国,欲借助日本马前卒的力量对抗俄国,在日英同盟的基本框架下,战争中英国给予日本军事和经济上的支持。俄国和法国组成同盟,战争中俄国接受法国资金上的支持。德国皇帝威廉二世和俄国沙皇尼古拉二世之间有亲缘关系,德国在战争中和俄国仅表现出准同盟的支持关系。日俄战争就是在这样多同盟国牵制模式形态下展开的。

四、日俄开战

陆 战

日俄战争著名的陆战有鸭绿江会战、旅顺攻围战、辽阳会战、沙河会战、黑沟台会战、奉天会战。

(1)鸭绿江会战　鸭绿江会战是指日本陆军第一军渡过鸭绿江向清国满洲进军途中,与俄军展开的一系列战斗。在日军近代火炮攻势下俄军匆忙退却,日本陆军顺利渡过鸭绿江。

(2)辽东半岛登陆战　日本陆军第二军在辽东半岛登陆,作战目的是切断南北俄军,使其各自孤立无援,达到各个击破的战略目的。1904年5月,日军在南山和金州城与俄军发生大规模战斗。日军兵力超过俄军一倍,在顽强防卫的俄军阵地前,日军以丧失总兵员10%的代价占领南山,将俄军主力与旅顺要塞防军和太平洋舰队之间的联系切断。6月,为了阻击增援旅顺口的俄军,双方在瓦房店得利寺展开激战,俄军从熊岳城败退。

(3)旅顺攻围战　1898年,俄国租借清国辽东半岛,取得了旅顺天然不冻良港。在旅顺港配备了强大的第一太平洋舰队,修筑了坚固的永久性要塞,可以控制朝鲜周边海域的制海权。要塞内常备守军13,000人,开战时达到44,000人。永久堡垒27座,配备火炮220门。日俄战争开战后,日军决定拿下旅顺要塞。战斗从1904年8月19

日至 1905 年 1 月 1 日止，日军以巨大的伤亡代价取得了胜利，俄军守军最终投降，第一太平洋舰队丧失作战能力。旅顺攻围战中日军战死 16,000 人，战伤 44,000 人；俄军战死 10,000 人，战伤 30,000 人。仅攻占 203 高地作战，日军就战死 5052 人，战伤 11,884 人；俄军战死 5308 人，战伤 12,000 人。

（4）辽阳会战　辽阳会战是日俄战争开战后，两国近代陆军主力首次正面对决的大会战。俄军以 158,000 兵力铺开防御阵地，日军以 125,000 兵力发起进攻，双方共计投入 28 万兵力。双方发生了摩天岭战斗、榆树林子战斗、盖平战斗、大石桥战斗、营口战斗、析木城战斗、占领海城，最终日军完成了在辽阳与俄军会战的态势。1904 年 8 月 24 日至 9 月 4 日间，日俄两军在辽阳附近展开激战，经过 10 日的战斗，俄军全线向奉天退却。参加辽阳会战的日军兵力 134,500 人，死伤 23,533 人；俄军兵力 224,600 人，死伤约 20,000 人。

（5）沙河会战　沙河会战是俄军对日军组织的一次大规模反击战。俄军投入兵力 220,000 人；日军投入兵力 120,000 人。1904 年 10 月 9 日至 10 月 20 日，战斗在奉天南方的沙河展开，两军战斗处于难解难分的胶着状态。日军死伤 20,497 人；俄军死伤 41,346 人。

（6）黑沟台会战　沙河会战后，呈胶着对阵状态的日俄两军，都在天寒地冻中焦虑地等待军需补养。1905 年 1 月 3 日，俄军组织的一支庞大骑兵部队（骑兵 72 个中队、龙骑兵 4 个中队，总计 1 万兵力），奇袭了日军设在营口的后方兵站基地，破坏刚刚上岸的武器弹药、烧毁食料补给，俄军对营口的袭击令日军陷入困境。开战以来，战场局势上俄军一直处于退却，日军却一直在追击。为改变这种被动局面，俄军在黑沟台计划了一场大攻势。1905 年 1 月 25 日，10 万俄军进攻日军阵地，虚弱的日军被动应战。但是日军在援军协同作战下，取得了对等伤亡的战绩。日军参战兵员 53,000 人，伤亡 9300 人；俄军参战兵员 10 万人，伤亡 1 万人。黑沟台会战暴露了俄军的缺陷，当时俄军的军力比较日军仍处强势状态，可是俄军却自认败战，主动向公主岭方向退却。黑沟台会战成为日俄陆战胜负的分水岭。

（7）奉天会战　1905 年 3 月 1 日至 3 月 10 日，日俄两军在奉天（现沈阳），投入总计 60 万兵力，展开了近代世界史上少见的大规模会战。奉天会战日军参战兵员 24 万，俄军参战兵员 36 万，双方打得难解难分，无法彻底战胜对方。日军伤亡 7 万，俄军伤亡 9 万，被俘数万，军队士气低下。俄军总司令被免职，新任统帅就任收拾残局。此时，双方都在焦虑地期待着本国的海军舰队，能在海上取得胜利的战报。

海　战

日俄战争中的日本海军是一支骁勇善战的海上力量。战争中两军对垒的结果，日本几乎消灭了俄国投入战争的海军力量。日俄战争中的海战，主要有仁川湾海战、夜袭旅顺俄舰队战、旅顺口闭塞作战、黄海海战、蔚山湾海战、日本海海战。

（1）仁川湾海战 1904年2月6日，日本正式通知俄国日俄两国断交。联合舰队驶出基地，一路驶向旅顺，一路驶向仁川。前往仁川作战的海军第四战队，装甲巡洋舰1艘、巡洋舰5艘、鱼雷艇8艘，担任护卫陆军部队2200人在仁川登陆的任务。仁川中立127港内，有包括俄舰在内的多国军舰停泊。8日，在完成护送陆军运输船仁川港登陆作业后，9日，仁川湾内日舰向俄舰发出从港内退出的书面通牒，意图诱敌至公海交战。9日中午，两艘俄战舰起锚离开仁川港，与湾内围堵的日舰遭遇。俄舰立即受到攻击。经过1小时战斗，俄舰战死31人，战伤190人。满身疮痍并倾斜的俄舰，被迫返回仁川港。为防止被日军俘获，两舰实施了自沉自爆处理。仁川湾海战拉开了日俄战争的序幕。

（2）夜袭旅顺俄舰队 1904年2月8日夜，日本第一、二、三驱逐队成功突入旅顺港湾。港湾中俄太平洋舰队主力战舰7艘，各类军舰合计16艘呈四列井然停泊。0时28分，日舰向停泊中的俄舰实施鱼雷攻击。驱逐队发射16枚鱼雷，3发重创俄舰3艘。日舰2艘被岸炮击中受损，均从旅顺湾口逃脱，前往仁川集结。俄舰受损并未沉没，被拖入港内，故日方评估战果，认为收获较小。

（3）旅顺口闭塞作战 闭塞作战是消灭停泊在旅顺港内俄国太平洋舰队的计划。日本派遣舰船意图沉没在旅顺港出海口的通道上，企图堵塞俄舰于旅顺港湾内，关起门来打狗。结果三次闭塞作战都以失败告终。1904年2月24日凌晨，第一次闭塞作战实施，接近海岸的5艘老朽船，立即遭到俄军岸炮猛烈轰击，作战失败。3月27日凌晨，第二次闭塞作战，4艘闭塞船很快被俄军岸炮发现并遭到攻击，作战再次失败。5月2日夜，第三次大规模闭塞作战，12艘闭塞船遭遇不良天气和俄军岸炮的攻击，多数官兵战死，旅顺口闭塞作战以失败告终。在第二次闭塞作战时，日本海军的优秀军官广濑武夫为了搜救部下，被俄军炮弹炸死，时年36岁。为表彰广濑武夫的精神，他被海军追封为军神。广濑武夫1897年曾在俄国留学，后在俄罗斯做武官，其开朗的性格和乐观精神极受社交界欢迎。他前后在俄罗斯待了近10年，喜欢俄国文化，甚至和一个俄国女人有一段异国恋情，尽管如此，他坚信日本可以打败俄国。广濑武夫死后，俄国远东舰队为广濑这位战死的敌国军官，举行了俄罗斯海军战死者规格最高的葬礼"海军葬"。

（4）黄海海战 被围困在旅顺港内的俄国太平洋舰队，受命从旅顺港突围，与符拉迪沃斯托克（海参崴）俄舰队会合，由此引发了日军的围堵作战。1904年6月23日，港湾内俄舰出航，立即遭遇日本联合舰队的攻击。处于不利境地的俄舰，无奈立即返回旅顺港。8月，日军第三军联合海军陆战重炮队炮击旅顺港内俄舰船，造成数艘舰船负伤。太平洋舰队司令判断，滞留港内会招致更大的危险，决定舰队大部分舰船尽快离开旅顺港，前往海参崴会合，等待波罗的海舰队的到来。从旅顺港突围的俄舰毫无战意，一路向海参崴方向遁逃，遭到联合舰队的拦截。结果俄舰队突围失败，双方交战中各有伤亡，俄舰队伤亡343人，其中旗舰、2艘巡洋舰、4艘驱逐舰逃亡中立国，其他战舰均避战退回旅顺港内。

（5）蔚山湾海战　海战的起因是以海参崴为基地的俄国舰队，在开战后协同旅顺主力舰队，用游击形式活跃在敌后的补给线，联合舰队积极搜寻决战而不见其踪影。6月5日，日军陆军运兵船遭遇俄舰队偷袭，造成日舰2艘沉没、1艘重伤，近千名后备兵员阵亡。日舰指挥官以浓雾为理由解释跟丢敌舰，引起国会议员"无能"的批判。愤怒的民众向指挥官家里投掷石块，狂呼是俄军间谍。7月，海参崴俄舰竟然大胆在东京湾出没。8月4日凌晨4时25分，联合舰队装甲巡洋舰4艘、防护巡洋舰4艘，在蔚山海域捕捉到3艘俄军装甲巡洋舰。在逃跑和追击交战中，俄舰1艘被击沉，2艘重伤逃回海参崴基地。俄舰队战死185人、负伤374人，另有626人被日军救助。

（6）日本海海战（对马海战）　日俄战争中后期，俄军在清国满洲战场频频失利。沙皇尼古拉二世决定派遣第二、第三太平洋舰队，组成"波罗的海舰队"前往远东与海参崴舰队会合，夺回制海权。俄军作战舰只，战列舰8艘、装甲炮舰3艘、装甲巡洋舰3艘、巡洋舰6艘及其他舰，共38艘。迎战的日本联合舰队战列舰4艘、装甲巡洋舰8艘、巡洋舰15艘及其他舰，共108艘。

1905年5月27~28日，日俄两国海军在日本海的对马海域遭遇，联合舰队司令官东乡平八郎指挥日本舰队，采用了有违常规的T字型战法，以及秘密研制的"下濑火药"炮弹，给予俄国舰队以毁灭性打击。这场决战性大海战，打败了俄国波罗的海远征军舰队。最终日本以舰队主战舰无沉没记录，鱼雷艇沉没3艘、战死117人、负伤583人，而俄国舰队沉没21艘、被俘6艘、战死4830人、负伤6106人的辉煌战绩，赢得了这场举世震惊的大海战。

五、讲和谈判

战场上俄军节节败退，俄国国内厌战情绪蔓延，民众对尼古拉二世的忠诚度开始动摇。反对派在酝酿革命，继而在1905年1月22日发生了"血腥星期日"事件。日俄两国都面临巨大的伤亡，双方都疲惫不堪，缺少续战的信心。1905年8月10日，在美国人的斡旋下，日俄两国坐到了谈判桌前，开始了"朴茨茅斯"讲和谈判。和谈中，日本为增加谈判筹码，在美国人的授意下，占领了俄国的桦太岛[①]。日俄双方经过艰苦谈判，终于在1905年9月5日谈判即将破裂的瞬间，成功缔结《朴茨茅斯和约》，日俄战争落下帷幕。

[①] 桦太岛，即库页岛，俄罗斯名萨哈林岛。本书因以日方史料文献编成，因之不改。

日俄战争，日本人取得了胜利，是近代有色人种国家军队打败白色人种国家军队的胜利，使白种人独霸国际政治舞台的局面被打破。然而日俄战争也使得日本夺走了俄国在清国的利益，继而将清国视为自己的利益范畴，这场战争的结果后来影响了半个世纪中国的历史。

六、日俄战争胜利的逸话

日俄战争开战后，日本面对的第一个问题是战费，没有战争经费就无法把这场战争持续下去，日本毫无疑问就会战败。日本是一个小国，俄国是一个超级大国，俄国拥有完全压倒日本的强大军事力量，没有人会相信日本人可以战胜俄国人。可是，在那个尚未开化的世界，这个小国的国民却拥有令世界赞誉的教育成就，日本85%的国民识字率，远远超过当时俄国25%的国民识字率。日本人相信精神的力量和国民的头脑，一定会赢得这场战争。

战争经费的筹集面临巨大的压力，明治政府小心谨慎地向西方世界展开了战费借债的公关。日本银行的副总裁高桥是清被赋予了这个艰难的使命。开战前一年的12月，日本银行只有1亿6796万日圆（相当于1170万英镑）。日本政府将第一笔战时国债设定了1000万英镑的目标。高桥最先访问了美国，但是徒劳无功，美国人判断日本人绝对不会战胜俄国人。失意的高桥前往的下一站是英国，英国是日本的同盟国，但是在日俄战争中英国宣布中立。高桥在伦敦拼命奔波了一个多月，考虑到日英同盟的友谊，英国银行集团出资500万英镑，年利息6%购买了日本国债。可是距离目标金额还相差一半，懊恼的高桥沮丧万分。一日，英国银行家友人招待高桥参加晚餐会。会上许多人关心日本的事情，提出了许多问题。其中邻席的一位美国银行家询问了日本兵的士气有多高等问题，高桥恭敬地一一作了详细回答。翌日早晨，邀请高桥参加晚餐会的银行家友人来到高桥下榻的酒店，告诉高桥昨日坐在身边的美国银行家愿意购买日本的国债。他是一位出生在德国的犹太裔美国银行家和慈善家，名叫雅各布·希夫。希夫动员了散居在世界各地的犹太人，购买日本的战时国债。希夫的力量使剩下的500万英镑有了着落，高桥沮丧的眉头舒展开了。高桥的回忆录写道，如果那时没有犹太民族的帮助，就是日本将士有再强的超过俄国兵的精神力，日本也无法取得胜利。日俄战争日本的总战费19.8亿日圆，其中8.9亿日圆是外债。可是高桥怎么也搞不懂希夫为什么会主动购买具有巨大风险的外债，当时没有探明真相。以后的一段时间，高桥和希夫成了好朋友，就像家人一样相处，高桥终于明白了希夫的初衷。沙俄帝政时代，俄国人残酷虐待犹太人，让犹太人受尽苦难。希夫同情日本的努力和愿望，称帮助日本赢得这场战争，比金钱更为重要，更重要的原因是希夫代表犹太人，向采取反犹主义行动的沙皇政权复仇。他虽然不能去解救在俄国的犹太人，但是可以通过种种物质手段去拯救苦境中的人们。此后希夫又继续为日本募集公债3回,金额达到7200万英镑。

战费募集成功的日本,联合舰队战斗群在日本海大海战中大胜俄国波罗的海舰队,陆军获得充足的28厘米榴弹炮炮弹,毁灭了俄国太平洋舰队,具有世界上最优性能的30型枪支的购入、量产、配备得到了实现。这次贷款引起全世界的注意,希夫赌赢了日本,赢得了这场战争的胜利。日本政府感恩犹太人的相助,日俄战争的翌年,希夫应日本政府邀请访问了日本,明治天皇在宫中亲切会见希夫,并设宴款待,希夫还被授予一等旭日大绶章,成为第一个获此殊荣的外国人。1904年,英国国王爱德华七世也私下接见了希夫。这笔战争国债的偿付一直延续到昭和时代,昭和天皇称赞希夫是日本民族的大恩人,日本政府在瑞士银行存入黄金,继续忠实履行对犹太人的国债偿还义务。

第一次世界大战前后的那些年间,雅各布·希夫向世界许多国家贷款,但是他下达了禁令,不借钱给俄国人,因为俄国人一贯严厉地镇压犹太人。1917年,希夫向列宁、托洛茨基政权提供2000万美元的资金,支持了推翻沙皇帝政的俄国革命。

历史的定论是,日本银行副总裁高桥是清在伦敦融资时,是偶然遇见希夫,幸运地得到希夫购买日本国债的。然而逸话是,希夫是为了购买日本国债而出现在高桥是清面前的。日俄战争开战前的1904年2月上旬,希夫在宅邸召开了犹太人领袖会议,他告诉大家在72小时之内,日俄间将爆发战争,提起了购买日本国债,支持日本对俄战争的构想。希夫事前就得到了日俄即将开战的情报,专门召集犹太人领袖表达接受日本国债的立场。

5.01 日俄战争开战的前夜,在汉城的德国公使馆召开花园晚宴。公使夫人们心情沉重,一场流血牺牲即将到来。

5.02 日俄两国断交,俄国公使一行乘法国汽船,从横滨出航。此时,日俄间在旅顺港和仁川湾已经处于交战状态。码头上是前往送行的法国、比利时公使馆官员。

5.03 俄国沙皇尼古拉二世检阅即将奔赴战场的步兵连队。高傲的俄军相信一定会打败日本人。俄国的友邦,德国和法国也对俄国寄予厚望,坚信日本人绝对不是对手。

88　明治维新的国度

5.04　日俄两国战端已开,俄国沙皇尼古拉二世(中央者),在大主教的主持下做弥撒,为俄国人的胜战祈祷。

5.05　写真是日俄战争白热化时,集结在奉天的日军各路最高司令长官。从左至右,第一军司令黑木为桢大将、第四军司令官野津道贯大将、参谋总长山县有朋元帅、满洲军总司令官大山严元帅、第二军司令官奥保巩大将、第三军司令官乃木希典大将、满洲军总参谋长儿玉源太郎大将、鸭绿江军司令官川村景明大将。

日俄战争日军进击路线和主要战斗

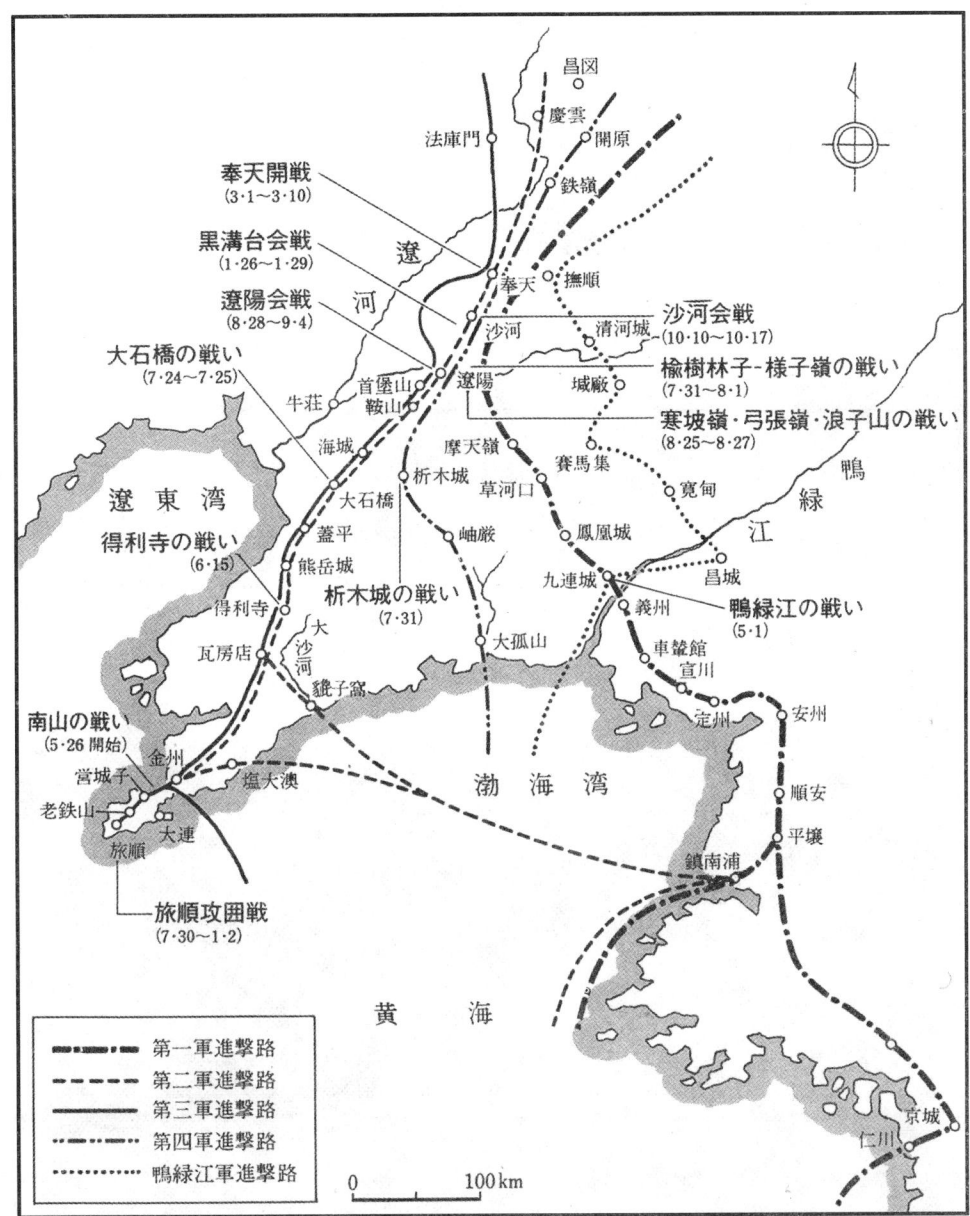

5.06 日俄战争日本陆军的主要战斗：旅顺围攻战、辽阳会战、沙河会战、黑沟台会战、奉天会战；鸭绿江渡河战役、南山战役、得利寺战役、大石桥战役、析木城战役、榆树林子·样子岭战役、寒坡岭·弓张岭·浪子山战役、库页岛登陆战。日本陆军出动五个军：第一军（司令官黑木为桢陆军大将），第二军（司令官奥保巩陆军大将），第三军（司令官乃木希典陆军大将），第四军（司令官野津道贯陆军大将），鸭绿江军（司令官川村景明陆军大将）。日军总兵力30万人、战死55,655人，病死27,192人，负伤153,584人，被俘1800人。俄军总兵力50万人、战死25,331人、战伤死6127人、负伤146,032人、被俘79,000人。日俄双方接受了13国70多名武官随军观战。

5.07 第一军先遣部队在仁川登陆,仅用8小时就完成了登陆作业,部队携带辎重向仁川市内进发。写真是驮马上陆的情形。

5.08 第一军的舟桥部队,正在从平壤向鸭绿江方向进发。舟桥装备可以组合成桥体,应付各种水文条件下的架桥。此种大型舟桥装备,是为鸭绿江渡江作战量身定做的。

5.09 第二军在辽东半岛大连的东北方向80公里处的盐大澳(即今猴儿石)登陆。作战目的是进攻金州俄军部队,切断旅顺俄军与辽阳俄军主力的铁路交通,使东西俄军不能相互呼应,达到孤立旅顺之敌、支持乃木第三军夺取旅顺要塞、歼灭旅顺港内俄国舰队的目的。写真是第二军军用物资登陆作业的情形。

5.10 旅顺要塞原为清国北洋水师军港,日清战争时曾被日军占领。三国干涉还辽后,俄国强租旅顺口作为俄国舰队的基地。1901年,俄军对旅顺防御强化工程全面开始,计划修建从203高地到大孤山的坚固防线,配置25,000人的守备兵力。但战前工程只完成203高地至大孤山港湾侧以内,常驻兵力仅有13,000人。原定于1909年完成的要塞建设,在日俄战争爆发时,还远未完成。写真是俄国在旅顺城头山构筑的永久性坚固防御工事。虽然总体工程远没有完成,但是强大的防御机能已经形成。日军夺取旅顺要塞用了5个月时间,并留下巨大伤亡。

5.11 旅顺要塞主要防御线由8个半永久堡垒、9个中央堡垒组成。其中6个永久炮台、4个角面堡和阵地前沿战壕相连接。后方高地用于支持炮兵阵地。如果主防线被突破,环绕密布的战壕可为抵抗和反击提供依托。海防防御有220门大炮,可以防止敌舰从海上接近要塞。

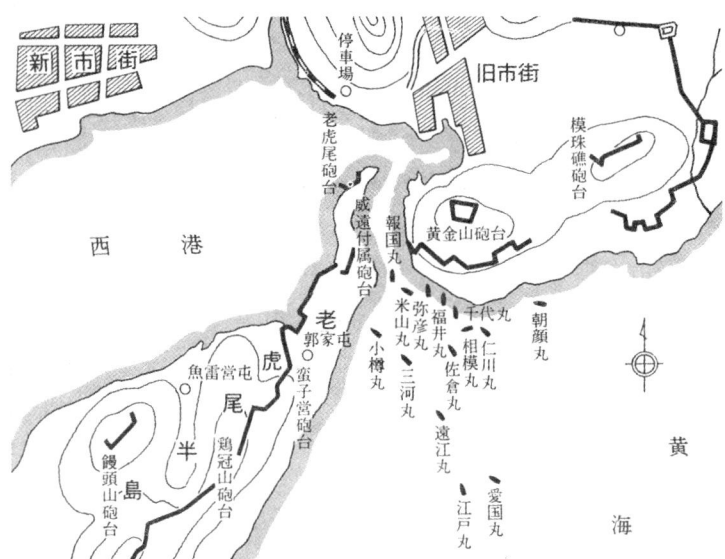

5.12 旅顺港封闭作战是日军企图将港湾的出海口航道用舰船堵塞,关起门来消灭俄国太平洋舰队的作战计划。日本海军实施了三次特别闭塞作战,遭到俄海岸炮的猛烈打击,三次闭塞均未成功,日本闭塞队却损失惨重。整个过程日军沉船21艘,只对俄军舰出海造成影响,并未达到闭塞目的。图为日本海军沉船示意图,没有有效堵塞出海航道。

5.13 黄海海战是日俄海军第一次海上正面冲突。旅顺港内的俄舰队企图突破港外日本舰队的封锁,撤往海参崴。结果俄舰队突围行动失败,除旗舰太子号及2艘巡洋舰和4艘驱逐舰逃往中立国外,大部分退回旅顺港。写真是黄海海战中,日本舰队向俄舰队开炮的情形。

5.14 黄海海战中从旅顺港突围的俄国战舰中有被击沉的、有逃回旅顺港的,也有逃到中立国家的。写真是俄1艘战列舰、3艘驱逐舰逃到德国控制的胶州湾,提尔皮茨中将按照中立国原则,下令解除了战舰的武装。日俄战争结束两年后,德皇在接待到访的沙皇时,把这些战舰作为礼物,送给了尼古拉二世。照片上有清国水兵在港口观看俄国的战舰。

5.15 旅顺之役，日军无谋的"肉弹敢死队"在史上留下壮烈之赞。1904年11月26日，乃木司令官组织敢死队发动第三回旅顺总攻击。3100余名敢死队队员胸前缠上交叉白布标志，取名"白襻队"，执行松树山第四炮台的奇袭作战任务。结果"皇国荣华"的肉弹冲锋给"白襻决死队"带来惨重伤亡，白襻队的决死作战以失败告终。

5.16 203高地是旅顺口要塞的丘陵小山，因海拔203米而得名，日俄战争在此地有过惨绝之战。这座高地之所以重要，是因为站在丘顶即可将旅顺湾内俄国舰队尽收眼底。根据联合舰队参谋秋山真之少佐的建议，该高地是炮击躲在旅顺港中的俄国舰队最佳的战略观测点，根据观测点的指挥可以诱导炮击，一举消灭俄国舰队。围绕争夺203高地，日俄两军都付出了极为惨痛的代价。1904年11月，日军主攻该高地的第七师团，仅仅5天的时间就由15,000人减员至1000人，战事之惨烈震惊日本国内。舆论归咎乃木司令官作战无能，要求将他撤换，剖腹自杀，向国民谢罪。满洲军总参谋长儿玉源太郎介入旅顺战场指挥，重新布置28厘米口径榴弹重炮掩护攻击203高地。12月5日，日军终于以惨重代价攻占203高地，并立即以高地作为观测点指挥重炮，对旅顺湾内的俄国战舰实施炮击，摧毁了俄国太平洋舰队。战后，第三军司令官乃木希典大将因阵亡巨大而心情沉重，为203高地赋诗，并取谐音命名203高地为"尔灵山"。写真是日军士兵在向203高地肉弹式冲锋的壮烈场面。

5.17 旅顺203高地攻坚战,创造了日本战争史上最残酷的记录。无谋的乃木希典司令官强令士兵用肉弹的自杀方式强攻俄军阵地,招致悲惨的失败。写真是双方一时休战收尸的场面,日军敢死队的尸体成堆成片。

5.18 203高地陷落,战壕内布满了俄军战士的尸体。大部分士兵是被日军重炮的炮弹炸死的,死尸遍野,场面悲惨。

5.19 肯德拉切夫中将是日俄战争中,日俄双方都给予极高评价的俄军战将,12月15日战死于鸡冠山堡垒。战后日军为纪念肯德拉切夫中将在战争中的勇猛,为他在战死之所修建了纪念碑。肯德拉切夫中将是一位寡言温厚,善于听取他人意见,亲临阵地指挥不怕牺牲,与将士同甘苦之人。他被部下称呼为"我们的将军",在同僚中也有很高的评价。肯德拉切夫中将是身材高大、肤白的美男子,受到女性们的青睐。施特塞尔中将(肯德拉切夫中将的继任)的夫人对肯德拉切夫中将极有好感,多次诱惑未果,施特塞尔中将曾经请求过幕僚,希望不要让夫人和肯德拉切夫中将单独在一起,留下了一段逸闻趣事。肯德拉切夫中将的纪念碑至今仍然留在旅顺的山上。1905年9月25日,肯德拉切夫中将的遗体被运往圣彼得堡,安葬在亚历山大涅夫斯基修道院。

5.20 旅顺之战日俄双方都伤亡巨大,尤其是争夺203高地时战斗之惨烈,成为史上不可磨灭的话题。俄国人这样形容这场血战:"这不是人与人之间的战斗,而是人与钢铁、燃烧的石油、炸药与尸臭之间的战争。"战后大量的尸体处置成了日俄双方普遍的问题。写真是堆积在旅顺郊外的大量俄军尸体等待埋葬。

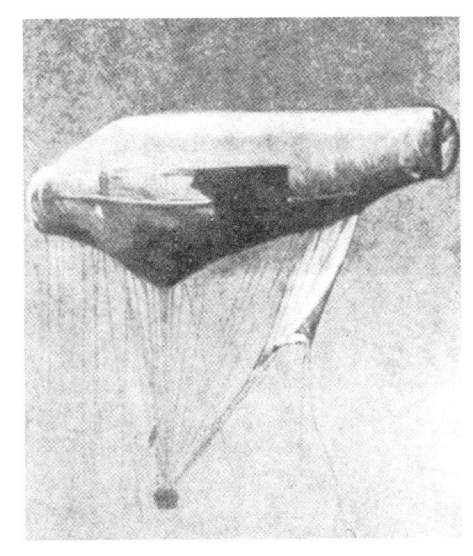

5.21 日俄战争中，日军在战场上有过侦查气球的应用。但是气球目标易受到敌军攻击，在夺取203高地前使用受到限制。夺取203高地后，日军立即在高地上设立了气球观测站，校正28厘米榴弹炮，攻击旅顺湾内的俄舰队。在辽阳作战中，日军也有过气球应用的记录。右侧写真是日本的侦查气球，左侧写真是旅顺战中的气球观测。

5.22 1884年大阪炮兵工厂仿造的意大利28厘米榴弹炮，1887年正式量产化。该炮被用作海防，部署在日本本土，日清战争没有参战。日俄战争期间，日军攻击旅顺要塞受阻，专门从国内调来18门此种海防型榴弹炮，作为攻击203高地的决战武器，共发射炮弹16,940发，为夺取俄军阵地、摧毁旅顺港内俄国太平洋舰队建立功勋。

5.23 日军攻下203高地，立即在高地设立观测点，指挥重炮对旅顺湾内的俄国战舰实施炮击，摧毁了俄国太平洋舰队，为日本海大海战取得全面胜利打下基础。写真是被击毁的俄国战舰，斜倒在港湾内。

5.24 日军攻克旅顺,俄军投降。写真是乃木大将和俄军施特塞尔中将在水师营的一间农舍会见的情形。当时外国新闻记者请求摄影,乃木回答:"给后世留下感到耻辱的写真,对日本武士道来说是不可容忍的。"拒绝了记者的请求。但是同意在会见结束后,双方作为友人,可以拍摄合影照。日俄双方在最初的会见时,都向对方战士的英勇表示敬意。会见结束后,施特塞尔中将把自己的白色爱马赠送给了乃木。中排右起,伊地知参谋长、施特塞尔中将、乃木大将、蕾伊斯参谋长。

5.25 旅顺入城的翌日,1905年1月14日在水师营东面,第三军为阵亡及病殁的将校士兵举行招魂祭奠式。写真是第三军司令官乃木大将在朗读祈文。招魂台是用沙袋临时堆成的,灵柱上书有"第三军战死病殁各位之台",旁侧立牌上书"供物料金千圆大山严"。台前立有一枚28厘米榴弹炮炮弹和松枝、祭品。左侧的僧侣等待为战死者诵经招魂。

5.26 旅顺攻坚战中发挥决定性作用的28厘米榴弹炮,在完成旅顺之役后运往奉天战场,参加奉天的大决战。写真是铁路交通中断,日军用人力拖动巨大的火炮。运输载体是人工临时制作的木质拖车,车轮用圆木代替,仅仅一根炮管就需要几十个人来拖拽前进。

5.27 攻陷旅顺后，日军缴获了俄军大量的伏特加酒。这些酒是作为军需物资运往旅顺的。伏特加属于烈性酒，酒精浓度一般在40度至50度之间。伏特加酒对俄国军人来说是极其重要的军需辅助品，这在国家最高军事委员会也是认同的基本理念。写真是站台上堆积如山的伏特加酒。

5.28 写真是日军后勤支持部队在辽阳战场上的创举。工匠们在车站附近建成了一座拱顶圆体形的巨型低温储藏库，保存战场所需的新鲜食品。车站内还可以见到大量的捆包麻袋、木箱、圆木。写真精细处可见有日军雇佣的清国民夫参与劳作。

5.29 辽河岸边停靠着桅杆林立的清国帆船，码头上堆积大批从船上卸下的军用物资。日军工兵铺设的轻便铁道，从岸边直通西方约200米远处的临时仓库。大量物资的到来，预示着一场大战即将来临。

5.30 沙河会战是俄军对日军组织的一次大规模反击战。俄军投入兵力22万,日军投入兵力12万。战场在奉天南方的沙河,战斗打得难解难分,处于胶着状态。日军死伤20,497人;俄军死伤41,346人。写真是俄国军队正在集结,前景是行军中的步兵连队,中景是炮兵部队和运输车,远景是骑兵大部队扬起的沙尘。

5.31 写真是辽阳之役的战斗中,部署在达连沟村的俄军步兵部队,正在战壕中严阵以待。

5.32 1896年出现了无线电报通信。经过几年的发展,俄国人尝试把无线电报利用到了日俄战争中。1904年4月15日,当日本舰队轰击旅顺港内停泊的战舰时,俄国海军首次使用了人为无线电干扰,严重干扰了日军炮火校射舰的无线电通信。为纪念这一历史事件,俄军将这一天定为"电子战兵日"。写真是奉天会战中,俄陆军在无线电报通信。上图是无线电收发,左图是无线电天线。

5.33 北上的日军第二军,几乎在没有抵抗的情况下,占领了辽阳南部约60公里的海城。写真是海城附近俄军构筑的阵地掩体,此种掩体对炮弹的爆炸能起到有效的防御作用。图片中可以看到日本士兵进入坑式掩体内。

5.34 日俄战争中俄军的气球部队在战场应用活跃,主要是用于高空侦察。当时的气球下面有吊篮,观测员把侦查到的情报,用电话传递给炮兵部队。写真是在辽阳会战中,俄国陆军气球部队在安平宿营地待命的情形。

5.35 奉天之战末期,俄军处于被包围的危险情势之中,司令官库罗帕特金下令向铁岭撤退。撤退时部队失去指挥,又遭到日军炮击,后卫陷入日军包围之中。但此时日军也疲惫不堪,无力追击。俄军主力逃出包围,随后在四平街阵地与日军对峙,直到战争结束。写真是俄军群龙无首,混乱的败退场面。

5.36 日俄战争的奉天战场，俄军处于劣势，不断向后方撤退。为了阻止日军的前进，俄军破坏了位于开原西面约4公里处的清河铁桥。日军工兵部队很快修复了大桥，继续实施对俄军的包围。从写真可见，百年前清国的大铁桥还是颇为壮观的建筑。

5.37 外国记者的绘画《满洲之冬》记述了战场的又一个悲剧场面。俄国侦查小分队在巡逻中，发现了数名日本兵被冻死在野外。当时日俄两军的御寒装备，日军远远不如俄军。日军的保暖被服不能适应清国满洲的严寒气温。严寒、疾病、伤亡正在使日军的战斗力不断下降。事实上，日本也已经无法承受这场战争的延续。

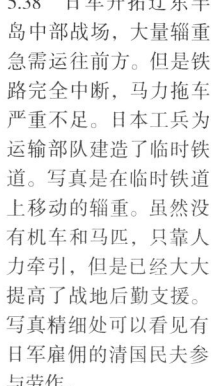

5.38 日军开拓辽东半岛中部战场，大量辎重急需运往前方。但是铁路完全中断，马力拖车严重不足。日本工兵为运输部队建造了临时铁道。写真是在临时铁道上移动的辎重。虽然没有机车和马匹，只靠人力牵引，但是已经大大提高了战地后勤支援。写真精细处可以看见有日军雇佣的清国民夫参与劳作。

5.39 整车整车的年轻人离开了家园，被送往战场，在狂热的战争宣传背景下，日本民众似乎一致认为，只有战争才能拯救国家，只有战争才能保卫国家利益。人们打着太阳旗，不停地呼喊着日本万岁口号，为上战场的年轻人送行。写真是在神户车站，乘军用列车前往宇品港的士兵们在与送行的人们告别。

5.40 日俄战争中旅顺战场传来了胜利的捷报，欢呼的人们并不清楚胜利背后的巨大伤亡。充满激情的士兵们，离开了家乡父老，去为国家奉献。然而这或是一去不复返的悲壮告别。写真是在火车站，人群狂热地呼喊着"大日本帝国万岁"的口号，簇拥着这些年轻人奔赴断头台。

5　日俄战争　103

5.41　作为近代战争，女性已经成为战争中不可忽视的重要力量。写真是随同红十字会从军的俄军女性看护妇。

5.42　活跃在日俄战争前线的日本从军看护妇，她们随同野战部队从事战场医疗活动。

5.43　腥风血雨的战场上不仅仅只有悲痛，也可以看到战士的笑颜。写真是国内派来前线慰问战士的露天歌舞伎剧场。

5.44 表现尚武精神的日本人相扑文化,在战斗的间隙通过举办比赛表演,激励将士的战斗意志。镰仓时代相扑运动已经成为武士训练的一部分。写真是战场相扑比赛的场面,赤身的年轻人跃跃欲试,都期待角力取胜。

5.45 洗澡习惯根植于日本人的生活中,在战斗的间隙,日本兵都会想尽办法洗澡,解除一日的疲劳,振奋精神。下写真中的一幕是日本将校在洗澡,澡盆是清国人家的大缸,此时外面的气温在零下24摄氏度。

5.46 日本国内的女人们,手工制作大量的慰问袋送往前线,鼓励战地出生入死的将士。慰问袋内大多放入小型日用品、小毛巾、肥皂、食品、药品、照片、绘画、护身符等。慰问袋留有姓名、住所、信件。送达方法是寄赠者通过村长交到陆军恤兵部,填写申请书,经过检查认定后,转送到陆军仓库,免费发送。上写真是奈良县的妇人和女孩正在赶制慰问袋的情形。

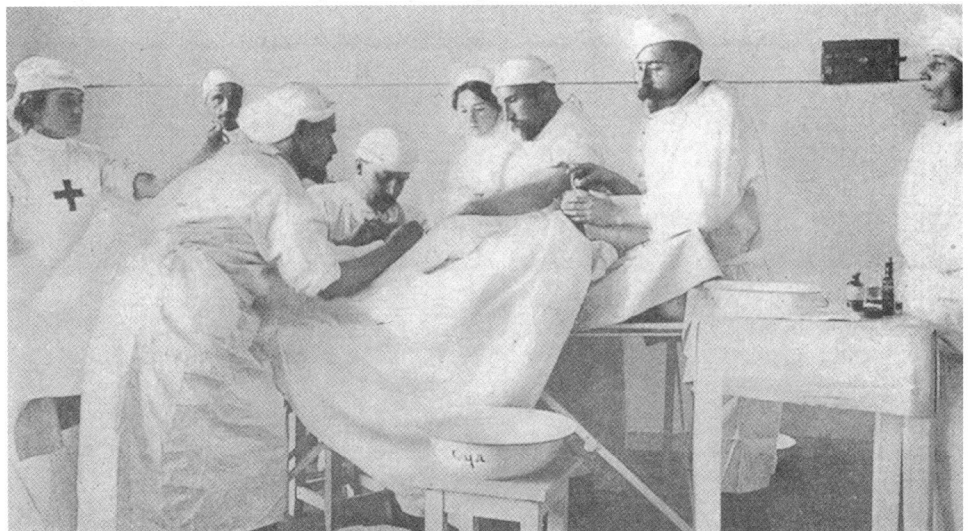

5.47 上图是日军战场伤亡极大，日本赤十字社（红十字会）受命紧急向前线运送医药品。

5.48 中间写真是俄军陆军预备医院正在给从战场抬回来的伤兵做手术。

5.49 沙河战斗战况胶着，难解难分，日俄双方派出代表，在昌图车站北面西沙河附近道路上协商休战。日军代表福岛少将（左侧白衣戴眼镜者），俄军代表奥纳洛夫斯基少将（右侧黑衣背手者）。事实上，双方都相当疲惫，期待休战时间，调整兵力以期再战。

5.50 弗拉基米尔大公妃玛丽亚发起的以贵妇人为主体的集会,定期在夫人家为前线将士举办裁缝会,向前线捐献慰问品。大公妃自己就向前线捐献了1列医院列车。皇后及1000名贵妇人踊跃参加,皇太后也主持有自己的裁缝会。

5.51 英国皇室派遣的奥冰和玛克尔两位女视察使,前往战地凤凰城医院访问,经过数日的考察,视察团对日军的战场救援活动非常满意。写真是两位女使准备乘坐中式轿子离开战地医院的情形。

5.52　明治三十七年（1904）日俄战争爆发，日本全国掀起支持日军作战的热潮。连小学校也配备了军事训练科目。绘画《日本小学校内的战争》描绘了小学生在课间休息时，演绎了一场日俄双方你死我活的战斗场面。学校教师和围观的学生们都在关注双方战斗的胜负。

5.53　《伦敦新闻》刊载的"千人针"图。神户的街头，日本妇女为参加日俄战争上前线的士兵，集体在一枚手帕上缝上几针几线，以表达为前线将士祈祷的心境。千人针是一种用来保佑士兵武运长久，在战场上能够获得幸运垂青的民间信仰。民间男性中还有"千人力"、"千本帜"祈祷的风俗，成为民间鼓舞前线士兵斗志的做法。图绘是妇女们在街头缝绣千人针的场面。

5.54 日俄战争中俄军动员了大量清国人奸细刺探日军情报。同时也抓捕和处死了很多为日军服务的间谍。在这场间谍战中，受到殃及最重的是清国人。写真是被俄军抓获的日本人间谍，右二是俄军雇佣的清国人间谍。战场上的间谍罪，无论俄军还是日军都是非常严重的罪行，通常处以死刑。

5.55 日俄战争中，交战双方也派出了各自的侦察兵，收集对方的军事情报。写真是被日军抓获的俄国侦察兵。照片显示，俄国人虽然装扮成百姓，可是外表长相很难逃过日军的盘查。这幅大个子俘虏和小个子抓捕者的照片，影射了这场战争诙谐的一面，强大的国家未必可以战胜弱小的国家。

5.56 日俄战争期间，战场上活跃着大量日俄间谍，这些间谍为日军和俄军作出了极大贡献。可是间谍们也面临极大的风险，一旦被对方抓获，结局极端严厉。写真是1905年3月20日拍摄的一个处刑场面。被日军抓获的俄军奸细，在开原城外执行斩首刑。犯人是一个清国人，头上缠着辫子，前面已经挖好了埋葬的深坑，周边站满了围观的日本军人和清国人。这个清国人成了这场战争的殉葬品。

5　日俄战争　109

5.57　写真是一个处刑现场，军事法庭正在宣判犯人的罪行。犯人是日军派往西伯利亚刺探俄国军事机密的清国人。战争中日军最希望得到的战略情报是俄军通过西伯利亚铁路线向清国运兵的情况。大量的日军眼线追迹着铁路沿线的动向。然而俄军早已注意到这个秘密，展开了卓有成效的反间谍工作，抓捕了许多为日军服务的清国人间谍。罪行事实一旦成立，就会被以间谍罪判处极刑。

5.58　巴黎日刊报纸《Le Parisien》1906年2月4日号刊载绘画，日俄战争中俄国人处死为日军服务的清国人奸细，罪名是犯人暗杀了俄国战舰"丘贝鲁彼由"号的海军中校。行刑者是山东芝罘清国政府属下的行刑官。

5.59　日俄战争被近代历史学者评价为文明的战争。战争是在国际红十字会以及各国从军武官、新闻记者的监督下进行的。双方对战俘的态度表现得比较宽容。1904年，日本对俄国宣战后颁布了有关俘房的法律十余款，强化了战场俘房纪律。写真是日军士兵在给负伤的俄国士兵喝水的情形。

5.60 收容在长崎的被俘俄军将校，被允许离开监舍逛街。图绘为将校俘虏乘坐人力车，在热闹市街自由观光的情形。

5.61 松山市收容所内的俄军将校级俘虏受到优惠待遇，不但可以自由离开监舍，而且妻子和孩子还允许来日同伴生活。俘虏的日常生活需求还刺激了当地经济的发展。

5.62 日俄战争的俄军俘虏被大量送往日本国收监，收容率最高的松山收容所，合计收监俘虏达6000名，被安置在市公会堂和周边八所寺院。图为松山县县长和县高管，在松山古町站迎接俄军将校的场面。

5.63 姬路收容所的俘虏约2000人，大多来自旅顺，写真是俘虏在监舍厨房准备食物的情形。监舍内有制鞋所、面包制作所、练兵场、预备医院、酒保所、洗涤所、乐队。还举行各种各样的体育活动、文艺活动，丰富了俘虏的生活。

5.64 日俄战争虽然是日本和俄国交恶,可是交恶的地点发生在清国土地上。清国政府宣布"局外中立",在当时的国家情势下,清国除了"局外中立"已别无选择。事实上,清国政府以"局外中立"的方式处理日俄战争,从国家利益的视角看是明智之举。但是清廷许多地方督抚主张"联日拒俄"的呼声很高。代表性的意见主张:"俄胜势必吞并,日胜无非索酬,两害相形,则取其轻。与其畏俄而不许,何如亲日而获成。不助日仍无全理,助日则或有幸望。"几乎清国所有的明智之人都看清了俄国人的战略野心。在列强的干预下,清国政府终于实现了"局外中立"的立场。日本政府虽然明确对外宣布希望清廷中立,但实际上很希望得到清国的支持。

5.65 俄军溃退后,日军进入奉天城,市街恢复平静,市场上开始了往日的生意,大道的远处,可以望见奉天城的城楼。

5.66 这支军队对百姓的态度远超过俄军。写真是跟在进城的日军乐队后面的清国孩子,他们对从来没有见到过的大喇叭感到新奇。

5.67 日俄战争开战前，清国政府声明中立，规定了辽河以西的俄军占领地为日俄作战地带。可是俄军为调动军需，侵入辽东袭击营口，占领新民屯车站和电信局，并修整道路桥梁，运输军需物资。还公开宣布将交战区域延伸至蒙古边界，目的是从蒙古调运作战物资。此举遭到清国的抗议。日军为打破俄军企图，派遣1000名骑兵占领了新民屯市街，同样遭到清国的抗议。为控制这个接近奉天的要道，日军派遣了陆军少佐井户川辰三在新民屯设立军政署，协调军队与地方的关系。井户川上任后立即驱逐了在此地牟取暴利的日本商人，要求凡是希望在此经营的商人必须重新取得牛庄日本领事馆的良民证明。写真是新民屯军政署的大门口。

5.68 写真是俄军俘虏和日军伤兵在一起的一个场面。大家毫不拘束，一起上街。日俄战争中，俄军俘虏的数量巨大，普遍受到了良好的待遇。明治时代日本希望成为国际社会承认的一等国，自己清楚地认识到必须严格遵守国际法则，才能被列强纳为文明国家的一员。照片中的三方，俄军俘虏、日军伤兵、清国小贩，在完全没有敌意的状态下，也许在讨价还价，也许在议论一个商品，清国小贩开心地笑，现场充满了"和平"的气象。

5.69 日俄讲和成功，战争结束，战地部队陆续凯旋归国。写真是在旅顺战中活跃的第三军第一师团，正在进入欢迎仪式的会场，队列在向日比谷公园缓缓行进，两侧站满了热烈欢迎的群众。第一师团是日本的王牌部队，创设于明治二十一年（1888），撤编于昭和二十年（1945），编制25,000人，驻守东京，参加过日清战争、日俄战争、诺门罕战役、太平洋战争。现为陆上自卫队第一师团，兵员6300名。

5.70　1905年9月5日，俄国全权代表谢尔盖·维特伯爵和日本全权代表外务大臣小村寿太郎，在美国总统西奥多·罗斯福的调停下，双方在美国朴茨茅斯海军基地，经过十次会议的艰苦谈判，终于在谈判破裂的前一刻，成功签署了《朴茨茅斯和约》。写真是谈判桌上的两国代表，右中者是日本全权代表小村寿太郎。

5.71　在日俄战争中保持优势的日本，在取得日本海海战的胜利后，已经到达了国力的极限。日本注意到当时与英法列强并肩的美国，拥有国际发言权。遂由日本驻美国公使高平小五郎向美国递交了"中立友谊的周旋"外交文书，得到了美国总统罗斯福的支持，此后日俄和平谈判加速。1905年8月，俄国全权代表谢尔盖·维特伯爵和日本全权代表外务大臣小村寿太郎在美国的朴茨茅斯海军基地开始了讲和会谈。强势的俄国人在失败面前并不认输，期间双方战事不断。双方围绕战后的利益僵持不下，此间俄国国内政治动乱。但是最终还是成功签署了《朴茨茅斯和约》，日俄战争结束。写真是日、美、俄三方代表的历史性镜头。中间为美国总统西奥多·罗斯福，右一为日本驻美国公使高平小五郎，右二为日本全权代表外务大臣小村寿太郎，左一为俄国全权代表谢尔盖·维特伯爵，左二为俄国驻日本公使及驻美国大使曼洛森。

5.72 《朴茨茅斯和约》签署后,日本举国欢腾,在世界近代史上,亚洲国家日本打败了欧洲强国沙俄。日本人有了挤进列强行列的资本。日俄战争结束后不久,明治政府就陆续废除了幕府时期与列强签署的诸多不平等条约。在那个弱肉强食的时代,日本凭借自身实力和豪赌一切的精神,完成了从东方小国向世界强国的转变。日本人开始信奉实力至上的大国沙文主义,从此走上了帝国主义扩张侵略之路,给亚洲邻邦带来了深重的灾难。写真是日本联合舰队击败俄国波罗的海舰队的消息传到东京,举国上下欢喜若狂,奔走相告,庆祝日本这个小国取得的伟大胜利。

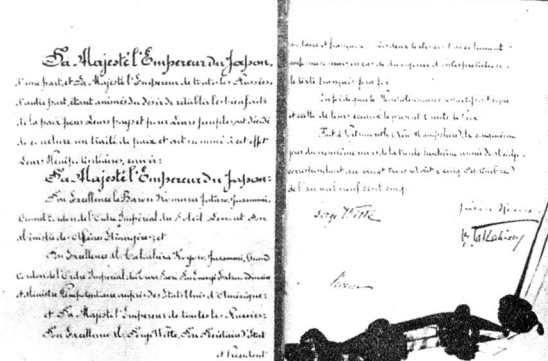

5.73 《日俄战争终战条约》原本图,条约的签订结束了日俄战争。条约日文称:日露讲和条约,中文称:《朴茨茅斯和约》。《朴茨茅斯和约》的签订标志着日本和俄国对清国满洲与朝鲜的重新瓜分。清国和朝鲜成为战争的真正受害国。

5.74 日俄战争导致大量日本士兵客死他乡,而且未在谈判中获得丰厚利益,引发国内反战浪潮,进而转化成暴力事件。图为1905年9月18日《战时画报》第66号刊载的《东京骚乱图》,东京市街的电车被暴乱群众打砸焚烧达15辆之多。

6　日清关系

一、清国观形成

对日本乃至东亚的近代史影响最深的事件，是在清国发生的两次"鸦片战争"。战争改变了东亚的政治格局，西方文明用野蛮的武力方式强行打开锁国的大清国，迫使清国与列强签署了诸多不平等条约。鸦片战争同样震撼了倭邦岛国，日本开始醒悟，同样的命运很快就会降临自己的国家。

嘉永六年（1853），美国东印度舰队抵达江户湾口，威吓江户幕府开国通商。翌年，日美双方在横滨签订了《日米和亲条约》。1858年，日美签订了《日美修好通商条约》，成为历史上日本与西方列强签署的第一个不平等条约。此后，英国、俄国、荷兰等西方列强纷纷效仿美国，先后与日本签订了亲善条约，结束了日本的锁国时代。

敞开国门的日本，招致大量欧美商船进出横滨、长崎等港口，其中也有从清国驶来的商船。当时传承汉唐文化的大清国是日本喜爱的国家，中华是东方文明的纽带，是日本文化的恩师。然而这样一个大国，如今却受到西方列强的践踏蹂躏。为什么泱泱大国会招致这样的命运，日本开始重新认识这个和本国有着相同锁国政策的邻邦，探讨与邻国联盟抵御列强的价值。

文久二年（1862），日本商船"千岁丸"的上海之行，开启了近代日本人对清国了解的第一步。"千岁丸"上海之行的考察，在史上留下了许多随行商人、浪人、武士的记事和著说。代表性的记录有长州藩武士高杉晋作的《游清五录》《航海日录》，长崎商人松田屋伴吉《唐国渡海记》，中牟田之助《上海行日记》，纳富介次郎《上海杂记》，日比野辉宽《赘录》《没鼻笔语》等。这些刊行的作品介绍了幕末和日本明治维新的前夜，日本人对清国大陆最初的认识。

《上海杂记》中这样描述上海的概况：上海古时位于禹贡扬州之地，属吴。吴灭后划入越，越灭后入楚。秦时始置郡县，即会稽郡。至元时设松江府，上海隶属该府，至今无改。其地位于海之上方，通往港口之海口处，曰扬子江。此江甚阔大，距左岸之宽度约三十町，右侧则望无际涯。唯可见三两洲渚而已。但水浅，能行船舰处宽不过一里半而已，且水色浑浊呈泥浆色。沿此江前行十里许，左侧为吴淞江，沿此前行六里许即至上海沪渎城。上海面向黄浦江。

《航海日录》中记述了初入上海港时的感觉:"朝早,川蒸汽船来,引本船,左折溯江,两岸民家风景殆与我邦无异。午前渐到上海港,此支那第一繁津港,欧罗波诸邦商船军舰数千艘停泊,樯花林森,欲埋津口。陆上则诸邦商馆粉壁千尺,殆如城阁,其广大严烈,不可以笔纸尽也。""上海市坊通路之污秽难以言说。小衢间径尤甚,尘粪堆积,无处插足,亦无人清扫。或曰,出市街即为旷野,荒草没路,唯棺椁纵横,或将死尸以草席包裹,四处乱扔。炎暑之时,臭气熏鼻。清国之乱象,由此可知。""每街门悬街名,酒店茶肆,与我邦大同小异,唯恐臭气之甚而已。""支那人尽为外国人之使役。英法之人步行街市,清人皆避旁让道。实上海之地虽属支那,谓英法属地,又可也。"

洋人在上海飞扬跋扈和清国人卑躬屈膝,令同是东亚人的日本人感到惊愕和悲哀。

《游清五录》记载:"上海位于支那南部海隅僻地,为英夷所掠夺,津港虽繁盛,皆因缘于众多之外国人商馆,城外城里亦多外国人商馆,由此繁盛。观支那人之居所,多贫象,其肮脏不洁难以言状,或一年之中皆居船中,唯富有者在外国人商馆内谋事并居住其中。"

"然今之清人,徒以其众多之兵而自夸,却弗知已显衰弱之耻。今至上海兵营而观其状,见其兵卒皆弊衣垢面,徒跣露头,羸弱无力,皆状若乞丐,未见一勇士。若如此,则我一人可敌其五人。若率一万骑兵征彼,则可横扫清国。"

"千岁丸"的上海之行看到了一个破旧的大清国,日本人相信本国的崛起可以像西洋人一样主宰这个衰落的国家。

游历记事第一次向日本社会揭示了日本人对清国大陆的最初认识,对后来日本人清国观的形成产生重要影响。日本决不能像老大帝国那样任人宰割,必须冲出列强支配的包围圈,永远成为一个独立的国家。

二、日清间的暗涌

明治时代给日本变革带来契机,新政府积极推行殖产兴业、富国强兵的国策,力图将国家的影响力伸向海外,加强与清国的关系。明治四年(1871),日清两国签订《日清修好条规》,正式建立了国家间的外交关系,完成了两国间合法往来的国家通行证。这是清日两国近代史上,小国尊敬大国,大国通融小国,签订的第一个对等条约。1875年2月,明治政府开通了上海至横滨间的定期航路,以低廉票价击败了西洋国家的客运,几乎垄断日本各港口通往清国的航线。定居清国的日本人逐年增加,1870年居住上海的日本人只有7人,1875年45人,1880年168人,1885年增至595人。日本想通过移民往来及商业贸易渗入和西方列强的竞争,扩展日本在清国和东亚的影响力。

日清两国围绕朝鲜问题在国际政治舞台上发生过多次角斗,日益加深了两国间的矛盾。1882年，朝鲜国大院君与闵妃之间内斗，挑起了"壬午兵变"。清国政府为平息日本和朝鲜间的紧张关系，将大院君押送清国软禁，日本政府迫使朝鲜政府签订了《济物浦条约》。1884年，朝鲜政治家金玉均等人，秘密组建了资产阶级改良主义政党——开化党。12月4日，开化党策动了王室夺权的政变，史称"甲申政变"。政变一时取得成功，开化党宣布朝鲜脱离与清国的宗藩关系，建立独立国家。结果在朝鲜的袁世凯驻军出兵镇压了政变，清军和日本公使馆警卫队之间发生冲突，日方民众和军人均有伤亡。事件惊动了清日两国政府，为了解决围绕在朝鲜问题上的纠纷，两国分别派遣李鸿章和伊藤博文在天津会谈，签订了《天津条约》。

《天津条约》签订后，日本加速对朝鲜的渗透和扩充军事力量。1886年，清国和日本国对朝鲜的贸易额为83∶17，到了1892年，两国对朝鲜的贸易额达到55∶45，趋于接近的水平。日本在朝鲜贸易急速增长的结果，显示清国在朝鲜的宗主国地位发生动摇，清日两国在朝鲜问题上的矛盾日益深化。为了对抗清国飞速扩张的军事力量，日本陆海军急速扩大军备，国家财政的军费开支年年增加。1881年，军费占国家支出总额的16%，1883年21%，1890年29%，日本的产业政策，加速从殖产兴业向富国强兵方面倾斜。

1886年8月，清国水师提督丁汝昌率领北洋舰队的定远、镇远、济远、威远等7艘战舰，结束在朝鲜海域演习任务后，取道日本，在长崎港维修保养战舰后归国。寄港期间，北洋水兵登岸休息，结果和日本长崎市民发生了致人死伤的冲突事件，史称"长崎事件"。事件的最终调查统计结果，日本方面巡警死亡2人，重轻伤26人。清国方面水兵5人死亡，6人重伤，38人轻伤。事件的次日，两千余日本市民在清国领事馆前抗议示威，引起两国外交纠纷。经过长时间的交涉，最终双方同意用政治协商的方式消除分歧。采纳英国公使向盐田公使提出的不以赔偿金的方式，而是以两国慈善基金的形式，向双方死伤者支付抚恤救济金的方案。长崎事件平息后，天皇颁布敕令："立国之急在我海防，一日不可迟缓。"下令从皇室库存中，拨款30万日圆作为海防捐款。伊藤博文首相、民间大学者福泽谕吉等名流在全国各地游说，贵族、富豪竞相慷慨解囊为海防捐款，半年内海防捐金额超过200万日圆。同时政府还发行海军公债1700万日圆，支持海军军备建设。1891年6月，清国北洋舰队受日本邀请，主力战舰6艘再度访日。清国的海军实力，深深刺痛了日本民族的自尊心。日本政府、军人、知识层、庶民层，一致要求国家加速扩建日本海军。自北洋舰队第二次来访后，日本加速扩张海军，建造了装备32厘米口径巨炮的3艘战舰松岛、桥立、严岛，还进口了英国建造的世界最新锐、最快速的战舰"吉野"号。从北洋舰队初次访日至日清战争爆发，日本每年的军费支出，占国家财政总支出的11.7%。日本仅仅图强8年，海军的战斗实力就超越了清国的海军。

1890年，围绕朝鲜半岛的紧迫情势，清国以日本为假想敌在旅顺扩建要塞，兴建大型船坞和机械工厂，在周围高地构筑永久炮台。1891年，俄国开工兴建横贯西伯利亚铁道，在海参崴开设军港，扩大俄国在远东的军事力量，排除日本在朝鲜的势力。

俄国人企图在朝鲜周边取得不冻港，构建远东的霸主地位。面对大清国军事扩张和北方俄国人的威胁，日本军中长老山县有朋向国会提交了一份军备意见书，指出俄国的西伯利亚铁道计划将在十年后完成，那时日本的假想敌将不是清国而是俄国，日本必须抢在俄国人之前在政治和军事上确保对朝鲜的控制权。因此，日本有必要在清国领地内设立据点，日本需要合适的理由在军事上打击清国的军事力量。

三、国家衰落和崛起

1894年2月，朝鲜全罗道古阜农民不满郡守赵秉甲的酷政，引发农民暴动，在东学教中坚领袖全琫准领导下，民乱从局部地域扩大到整个朝鲜南部。为镇压农民起义，朝鲜朝廷请求清国出兵救援。由于10年前，日清两国签订的《天津条约》中有出兵约束条款，故清国出兵，日本也坚持出兵。两国出兵规模不断升级，引发日清两国的战争危机，最终导致日清战争的爆发。日清战争历时一年零七个月，以清国战败日本胜利的结果告终。清国失去了国土台湾，并要支付巨额战争赔偿。战争的失败加剧了大清帝国的衰退，而日本从此迅速崛起。

1896年，大清国为联俄抵御日本势力对本国的威胁，与俄国秘密签署了《防御同盟条约》（中俄密约），给俄国更多在清国"满洲"的权益，加强了沙俄在远东争夺霸权的实力。日本深感清俄《防御同盟条约》对本国的威胁，加速以俄国为假想敌的军备扩张。

1900年义和团事变，作为联军的一员，日本代表亚洲国家出兵，再次与清国交锋，8000名日军登陆大清国作战。义和团事变清国大败，战争中俄国趁机出兵占领"满洲"全境且拒不退兵。俄国人成为日本的心腹大患，日俄战争的火种从此点燃。

1904年，日俄两国在清国的土地上开战，日俄战争爆发。为制约清俄密约，战前，英国从抑制俄国在远东势力的角度考虑，与日本结成同盟。同盟条约规定，当日本出现与两个以上国家交战的情况，英国将协同日本参战。意图是警告清国保持中立，达到阻止清国参战的目的。日俄战争中日本取得了胜利，从此日本开始了长达40年的对中国"满洲"的经营。

日俄战争终战后，日本抵制列强提出在"满洲"机会均等原则的要求，策划了日俄在"满洲"利益分配的计划。面对外来蛮夷对大清龙兴之地瓜分的危机，清国政府加速开放封禁的"满洲"，鼓励直隶、山东的汉民族移民，增加"满洲"地区的人口密度。1907年，在"满洲"确立了与内地相同的"省府县"行政制度。1880~1910年，"满洲"人口从7,434,000人增长到17,836,000人。同时袁世凯的北洋军部分进驻"满洲"，充实当地的警力和防卫能力，以此抑制日俄的行动。1911年辛亥革命成功，1912年大清王朝终结，中华民国诞生。1917年沙俄帝国终结，日本将沙俄在中国"满洲"的权益收入自己囊中。在此期间，1912年7月30日，日本的一代明君、国家维新的旗手明治天皇驾崩，明治时代终焉。

6 日清关系 119

6.01 长崎县位于日本的西端,是维系日本和亚洲大陆交流的门户。江户时代的锁国体制,对外贸易仅限于清国和荷兰。明治维新脱亚入欧,长崎成为日本人与世界文明交往的窗口。图绘是长崎港湾广景,是能容纳大量舰船的良港。

6.02 1886年8月,清国北洋舰队结束演习任务,取道日本长崎归国,在长崎发生了水师兵勇和日本长崎市民之间的冲突事件。"长崎事件"对清日两国关系的发展产生重要影响。写真是在长崎湾内停泊的"定远"、"镇远"舰。

6.03 讽刺画《长崎事件》（下图），日清两国相互责备对方，西洋人竭力调和。1886年8月，清国水师和日本长崎市民之间发生冲突，数百名清国水兵与警官、住民之间乱斗，双方死伤数人，终以两败俱伤的结果收场。"长崎事件"发展成两国的外交纠纷，双方设置调查委员会，聘请国际资深律师相互指责。在英国人的斡旋下，日清两国于翌年2月签署条约，相互妥协。条约声明，两国政府不希望因此事件成为彼此友谊的障碍，故以和平为大局，采取建立两国慈善基金的形式，向双方死伤者支付抚恤救济金的方案政治解决。长崎事件虽然暂时平息了日清两国间的纠纷，却在日本朝野和国民间滋生强烈反清情绪，加速了日本强力扩张海军的步伐。

6.04 讽刺画《朝鲜王受控于清国》（上图），1882年朝鲜大院君煽动军队叛乱，挑起"壬午兵变"，乱兵焚毁日本公使馆，杀死七名日本军事顾问。应朝鲜国王请求，清军镇压了兵变。兵变后，日本派遣陆海军两个大队开赴朝鲜，抗议朝鲜的无礼行为。清国为平息日本和朝鲜间紧张局势，将大院君押送清国软禁。日本和朝鲜签订《济物浦条约》，日本获得了赔偿和驻兵权。此举引起清国警觉，从本土增调3000兵力向日本施压。"壬午兵变"的结果，加强了清国的宗主国地位。

6.05 讽刺画《枪剑上的串刺》，描绘了日军残暴屠杀旅顺清兵和百姓的场面。日清战争中日本人心目中的清国军队观，直接影响了日本国民清国观的形成。这支无法保卫国土、保护国家百姓的乌合之众，成为日本军队、日本国民的笑柄。

6.06 1895年2月2日，欧美各国转载《画报》杂志报道的照片。这幅"日本军人和他们的摄影艺术家"的写真震撼了西方世界。英国牛津大学著名国际法学教授艾伦特，发表论文《日清战争中的国际法》，谴责日本是"披着文明外衣有着野蛮筋骨的怪兽，旅顺虐杀行径暴露了日本人野蛮本性的真面目。如此自誉'文明国'的日本人，仍需要一个世纪以上的文明进化。"

6.07 在日本长崎的格拉巴宅邸公园，保留着北洋水师定远舰的一具舵轮。英国人格拉巴是明治维新时代的武器商人，娶了日本妻子，定居长崎。格拉巴与日本海军关系甚密，联合舰队司令长官伊东祐亨将一具定远舰的舵轮赠送给他作为纪念。格拉巴将这个巨大的舵轮（直径196.0 cm、材质为非洲柚木）改造成了一个大咖啡台。在舵轮的轮心，环刻着"鹏程万里由之安 故清国军舰定远号舵机"的字样。

6.08 日清战争的胜利，使日本获得了与欧美列强比肩的地位，激发起日本国民的狂热。对大中华文化固有的"赞赏"、"崇敬"心理开始崩溃，隐藏在内心的劣等感，迅速向"差别"、"轻蔑"的意识逆转。一种新型的近代清国观开始形成，大和民族自身的优越感迅速转变成时代思潮的主流。在战争与和平的议论中，日本民众默认了弱肉强食的战争逻辑。从此日本对邻国，开始指手画脚、盛气凌人了。

6.09 义和团事变中,八国联军攻入北京,日军作为联军的主战部队,得到联军的高度赞扬。写真是在北京的日本公使馆。

6.10 写真是八国联军的日军司令长官山口素臣中将,在光绪皇帝卧室隔壁的房间内拍摄的照片。

6　日清关系　123

6.11　日俄战争中，日本黑木第一军在仁川登陆后迅速北上，强渡鸭绿江击败俄军守军，攻入中国境内。日军占领重要据点九连城、凤凰城，取得北方战线的胜利。写真是凤凰城清国地方官员，乘轿情景。

6.12　自义和团事变以来，俄国人自恃武力强大，独霸中国"满洲"的野心日益彰显出来。清国在武力上无力驱逐俄国人，又无法迫使俄军履行外交承诺撤军，只得诉诸列强，将"满洲"问题国际化。俄军在占领区仍然明目张胆地烧杀抢掠，制造惨案，清国居民对俄军恨之入骨。在日俄之间，清国人更倾向于日军赶走俄军。

6.13 日俄战争期间，清军在"满洲"驻有数万人之众。清军不满俄军对"满洲"的蹂躏，反俄情绪高涨，清军自发参与攻击俄军之事，在战争中始终存在。

6.14 日俄战争中俄军无视清国对"满洲"的主权宣示，将"大俄国钦命留守远东大臣"等官衔字样"登之示谕，遍贴华境街衢"，擅自对清国地方居民行使管辖权。还强迫地方官为其拉丁抓夫、准备草料，破坏和违反清国的"局外中立"原则。

6.15 从安东向凤凰城进军的黑木司令长官。

6 日清关系　125

6.16　日俄战争时日军建制中没有设军夫编制,因此清国民夫成为日军现地招募雇佣的重要支持力量。在整个"满洲"战场的军需物资集散地及物资输送队,到处可以看到清国民夫的身影。写真是清国民夫组成的担架队。

6.17　写真是俄军撤退后,辽阳车站内一片混乱,丢下了大量货车车厢和物资。日军招募雇佣当地民夫移动车辆,恢复车站内秩序。从这幅照片中可以一览当时"满洲"地区老百姓的一般生活水平。1904年,辽东半岛的居民主要以山东移民为主,身高体壮。男子的裤子是绑裤脚大裤裆式样;上衣腰间用一根绳子收拢胸襟;辫子露出或藏于帽中;脚上有鞋穿,有袜子穿;整体看去并不贫穷,也可以有饱饭吃。

6.18 义和团之乱中，俄军曾经先后制造了"海兰泡惨案"和"江东六十四屯惨案"，在"满洲"提起俄国人都切齿痛恨。从义和团之乱到日俄战争只有4年，清国百姓没有忘记那些惨案。加之俄军不履行撤军协议，反而扩充驻军，扰民事件频发，甚至肆无忌惮地要求参与"北满"行政管理。日军的到来，使清国百姓有着某种寄托，盼望日军赶走俄军，还自己一个安定的家园。

6.19 南满铁路原是1897年至1903年俄国人修筑的中东铁路南下支线长春至旅顺段的宽轨铁路。日俄战争期间，日本接管俄国式宽轨（1520 mm）铁路后，全面进行狭轨（1067 mm）改造，同时增设通往各地的新线路。1905年日俄《朴茨茅斯和约》规定，以长春宽城子站为界，以南的铁路割归日本，改称南满铁路。为管理南满铁路，1906年11月26日，日本成立了南满洲铁道株式会社，将战时所修改的窄轨轨距再更改为标准轨距（1435 mm）。写真是安奉线标准轨距的通车仪式。1911年，南满铁路全部改造改筑工程完成。

6.20　1907年4月，日本在大连设立了有国家背景的南满洲铁道株式会社。在经营铁道的名义下，推进了日本在"满洲"殖民化统治。写真是大连南满洲铁道株式会社的旧址风貌。

6.21　旅顺是日俄战争激战的舞台，大量的战死者魂丧异邦。为了凭吊阵亡的将士，日本在旅顺白玉山鞍部修建了一座"白玉山纳骨神社"，又名"旅顺招魂社"。写真是当年招魂社的景象，旅顺招魂社的社格属于靖国神社系。

6.22　明治三十九年（1906）九月一日，日本在"满洲"的行政机关关东都督府在旅顺设立，当时的都督府军政色彩浓厚，职责为"管辖关东州，保护管理南满铁路等有关事务"。根据《关东都督府法》，设立了都督府下的关东州高等法院和地方法院，陆军和民政两部，陆军部统率派驻在"满洲"各地的日本军队，民政部掌管关东都督府辖区内除军事事务以外的一切行政事务。写真是原俄军总督府改为日本的关东都督府后的外貌。

6.23　明治四十二年（1909）始建、大正三年（1914）竣工的大连大和酒店，是大连城市中心大广场周边建筑群中的重要建筑之一，建筑风格为欧洲文艺复兴时期的巴洛克基调。南满铁路时代，大和酒店多为军政要人的活动场所。

6.24 明治四十四年（1911），日本的满铁株式会社，在大连郊外沙河口设立了车辆工厂。最初工厂只组装美国制造的机车和维修机车，后来日本国内优秀的铁道技术工作者来到这里，开始制造日本原产的车辆。写真是当时工厂内作业的场面。

6.25 左图是旅顺攻坚战最惨烈的203高地。日军付出巨大伤亡。乃木将军用日本语203的谐音命名为"尔灵山"，建设了一座13米炮弹塔，塔名是乃木书写，并题有28字诗文：尔灵山岂难攀，男子功名期克艰，铁血履山山形改，万人齐仰尔灵山。

6.26 上图是日俄战争后，日本在旅顺白玉山上修建的"表忠塔"。白玉山位于旅顺旧市街的附近，站在白玉山可以鸟瞰全旅顺港湾。左图是旅顺港入口处老虎尾半岛建设的一座锚式纪念碑，纪念日俄战争中，日本海军付出巨大代价的旅顺港封闭作战，三次封锁作战均告失败。

7 日俄关系

一、俄国威胁论

明治时代是日本倾举国之力削弱俄国在远东势力的艰难时代。日俄间最初的对立，是从沙俄帝国推进其南下扩张政策，公然涉足朝鲜半岛事务开始的。俄国在远东的军港，每到寒冬就会结冰封冻，舰队完全失去作战能力。长期以来俄国人发展与日本的友好关系，就是为了在封冻期租用日本的港口。为实现南下扩张的目的，获取朝鲜半岛的不冻港成为沙俄帝国的重要战略目标。俄国涉足朝鲜对日本来说，意味着在自己家门口舞枪弄棒，让日本寝食难安。日本政治界、知识界普遍认为，若要保证国家安全，就必须把朝鲜控制在本国势力范围之下。面对俄国的野心和清国在朝鲜的宗主国地位，日本应该采取各个击破的策略，将两个大国的势力从朝鲜排挤出去。

日本和朝鲜之间，在地理上有一个称作"对马岛"的岛屿，史上日本和朝鲜之间围绕对马岛的归属权有过争议。12世纪，惟宗氏（宗氏）作为大宰府官人来到并定居于对马岛，大宰府经过征讨，平定当地土著人，确立了在对马岛的统治权，成为对马岛的始祖。天正十五年（1587），丰臣秀吉平定九州岛时，宗氏决意归顺称臣。丰臣秀吉两次出征朝鲜，对马岛都是远征军重要的中继基地。

万延二年（1861），俄国海军为对抗英国海军，派遣军舰"保萨道尼克"号在对马岛浅茅湾抛锚进行水文测量。俄舰登陆对马岛占领芋崎，在岛上建设兵营、工厂、练兵场，滞留时间达半年之久。俄国人要求对马岛藩主宗义借给土地长期驻扎，对马藩主势弱，顾虑重重，难以回复，随即禀告了幕府。幕府外国奉行（幕府官职）派遣特使小栗忠顺与俄国交涉，同时英国公使也出面干涉，迫使俄舰退出了对马岛。

明治维新废藩置县后，对马岛改成"严原县"，后归长崎县管辖。对马岛作为国防和贸易的最前线，得到政府的重视，将严原港归属政府管辖。十九世纪八十年代，俄国、英国等列强舰队频繁接近对马岛，令日本感到威胁和不安。在明治维新"殖产兴业"、"富国强兵"的急行路上，政府在对马岛上兴建要塞、堡垒、军港，配置海防大炮和海军舰只，防止列强对对马岛的不轨野心。

二、日俄的宿怨

日清战争中日本打败清国取得战争的胜利，控制了朝鲜，割取了清国的辽东半岛。俄国失去了远东所有的不冻港，国家制定的南下政策和梦想将成为泡影，严峻的现实让俄国深感危机。俄国联合法国、德国，对日本实施了三国干涉。日清战争令日本在经济上、军事上支出巨大，无力再与三个列强进行战争。在列强咄咄逼人限期退兵的通牒下，被迫返还了割让到手的辽东半岛，日俄两国从此结下了敌对的宿怨。

日清战争大清国败在蕞尔小国日本之手，颜面全无，清国采取了联合俄国的力量牵制日本的策略。1896年6月，俄国利用清国无依无靠的心态，和清国秘密签订了《露清密约》，中国史称《中俄密约》。条约承诺当双方遭受外来侵略时，均有义务相互出兵参战。共同防御同盟缔结的必要条件是，清国对俄国开放满洲的权益，俄国在财政上借款帮助清国支付日清战争的对日战争赔款。1898年，俄国获得东清铁路的建设权，清国将辽东半岛的旅顺、大连租借给了俄国，俄国太平洋舰队浩浩荡荡开进了旅顺港。俄国获得远东最优良的海军基地，在旅顺设立了关东州厅长官。俄国人在外交和军事上轻易取得了自由进出"满洲"的通行证。《露清密约》清俄同盟，成为日俄战争的重要诱因之一。

《露清密约》对日本安全构成威胁，俄国依据条约在满洲扩大驻军和扩张权益，清国承认俄国驻清国的役人和警察的治外法权，允许俄国在战时使用清国的港湾。在清国领土内建设东清铁路，名义是双方的共同事业，而实际上从出资到管理全部是俄国单方面实施，清国对俄军的调动和兵站的建设不得妨碍。清国允许大幅降低对俄的关税率，容忍俄国人对密约的扩大解释权，大面积的都市、村镇、矿山、铁道附属地被纳入俄国人的掌控之下。日本政治家评估，俄国人的长远战略表明，一旦"满洲"实现了全面整备，就会回头拿下朝鲜，威胁日本。

1900年，清国发生义和团事变，义和团破坏了俄国人在满洲铺设的东清铁道。俄国借机派遣大量军队，以保护铁路为名占领了"满洲"，制造了数起大量屠杀清国民众的事件。沙俄凶相毕露，变本加厉，拒不执行俄清两国条约的约定，并积极向"满洲"移民，实施长期殖民化政策。日、美、英诸国向俄国提出抗议，要求俄国撤兵，俄国口头上承诺，却继续增强驻军力量，拒不撤兵。沙俄南下政策让英国终于觉悟，俄国在远东的霸权，必将危及英国在远东的利益。1902年，英国放弃了"不结盟政策"的国家孤立主义宣言，与日本结成了"日英同盟"，以图遏制俄国在远东的扩张。

1903年8月，基于日俄力量对比悬殊考虑的日本，向俄国提出了"满韩交换"的妥协案，即朝鲜半岛归日本控制，清国"满洲"归俄国控制。俄国则主张独占"满洲"，要求以北纬39度为界，北侧的朝鲜半岛为俄国势力范围，北纬39度以南为日本势力范围，而且日本的势力范围不可用于军事目的。积极主战的俄国海军和关东州厅长官，对日本妥协案毫无兴趣，尼古拉二世和陆军大臣最终也赞成了不妥协的立场。按照当时的常识来看，强大的俄国完全可以打败日本取得胜利。俄国最终通牒日本，强硬要求将朝鲜半岛的北纬39度以北设为中立地带，禁止用于军事目的。日本朝野愕然，认为俄国的提案是企图将日本海敞开暴露在俄国视野内，朝鲜半岛如果在俄国的控制之下，一旦西伯利亚铁道全线开通，俄军向远东方面调兵遣将就更加容易实现，日本即刻会陷入极其被动的境地。1904年2月6日，日本政府再也不能容忍俄国人的要求，向俄国政府通告断绝国交。同日俄国政府也通告日本政府断绝国交，两国终于走向空前惨烈的日俄战争的对决之中。

三、日俄战争的结局

日本为了彻底排除俄国在远东的威胁，英国为了维护在南亚和在清国的权益，日英两国结成了同盟。日俄战争中，英国在政治上、经济上、军事上给日本全面支持。俄法同盟的法国为俄国投下大量的战争资本，法国坚信凭借俄国人的实力一定会战胜日本人。德国皇帝威廉二世和俄国沙皇尼古拉二世有亲戚关系，德国在情谊上维持与俄国的准同盟立场。开战后不久的1904年4月8日，英国和法国间的关系发生微妙变化，两国签署了《英法协商》条约，此条约是两国长久的夙愿，它结束了历史上两国殖民地政策的宿怨，相互的对立史落下帷幕。日俄战争就是在这样的多同盟国相互牵制的模式下展开的。

从1904年2月8日日俄战争开战，至1905年9月5日日俄战争终结，经过一年半的角斗，日俄双方两败俱伤，再也没有能力持续这场战争。战争末期，美国人出面斡旋两个满身疮痍的国家坐下来讲和谈判，在极其艰难的谈判角逐中，最终签署了《朴茨茅斯和约》，结束了这场残酷的战争。

《朴茨茅斯和约》是日本和俄国对清国与朝鲜的一次重新瓜分的密会。条约规定：（1）俄国承认日本在朝鲜享有政治、军事、经济上的绝对利益，俄国不得阻碍干涉。（2）俄国将从清国取得的旅顺、大连租借地及其附属的一切权益转让给日本。（3）俄国政府将从长春至旅顺段的东清铁路支线及其所属的一切权利、财产，包括煤矿全部转让给日本。（4）日俄两国可在各自管辖的铁路沿线驻军。（5）俄国宣布取消在"满洲"的一切有违机会均等主义的权益。（6）俄国将北纬五十度以南的库页岛及其附近一切岛屿之主权，永远让与日本。

日俄战争中日本的胜利和俄国的惨败，暂时结束了两国围绕朝鲜和清国利益的纠葛。朝鲜利益全部归属日本，俄国势力退至清国东清铁路以北，"满洲"对日本全面开放。

败北的俄国在远东的势力被大大削弱，而胜利的日本不但控制了朝鲜半岛，还取得了经营清国"满洲"的诸多权益。沙俄帝国的南下政策，企图在远东取得永久不冻港的野心，随着日俄战争的失败彻底无望。日俄战争导致俄国经济凋敝，民众生活疾苦，相继发生了"血腥星期日"，战舰波将金号起义等事件，最终，列宁领导的十月革命取得了成功。十月革命推翻了沙俄帝国，建立了苏维埃联盟的社会主义政权。

7.01 甲午战争后,列强对清国展开大规模瓜分。清英签订《租借威海卫专条》,规定将威海卫及附近海面租与英国,租期与俄国租借旅顺、大连之期相同,英国有权在沿海一带构筑炮台、驻扎军队。图为1898年7月16日《伦敦新闻画报》(*Illustrated London News*)所载绘画,占领威海卫的英国军官金库豪鲁上校向清国宣布租借威海卫,并升起英国国旗。

7.02 1898年3月,清国政府与德国签订《胶澳租界条约》,胶州湾及湾内各岛总面积550余平方公里土地租与德国。开创了以"租借"名义强占清国领土的先例。德国的做法刺激了列强瓜分清国的野心,增加了日本的焦虑。写真是1901年德国在远东根据地"青岛",开始大规模建设青岛港的奠基动工仪式。

7.03 俄国在德国成功租借胶州湾后,也向清政府提出租借旅顺、大连的要求。1898年5月,相继签订了《清俄旅大租地条约》和《续约》。为缓和日本对俄国强占旅大的警戒,俄国收缩了在朝鲜半岛的势力,撤走在朝鲜的军事和财政顾问。图为刊载在 Fight in the Far East 的写真,俄国人正在大连兴建大型军事船坞,大量清国苦力投入船坞的建设。

警官津田三藏
大津事件的凶手

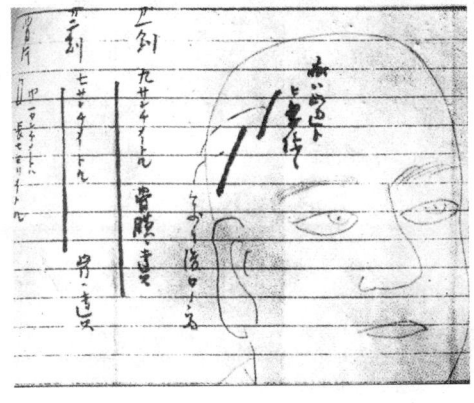

7.04 1886年,俄国提出了修建西伯利亚大铁路的宏伟计划。出于未来国家战略发展的需要,皇太子尼古拉前往亚洲各国旅行考察。5月8日,俄皇太子到达日本长崎后的第四天,发生了一起暗杀未遂事件。尼古拉乘坐的人力车在经过一条街道时,突然遭到一个名叫津田三藏的护卫警察刺杀,尼古拉头部被砍伤,凶手立即被警官制服。事件取当地名,史称"大津事件"。上写真是俄国皇太子尼古拉在长崎登陆时的照片。左图素描是向陆军大臣大山严提交的皇太子伤势报告图。报告记载,头部两处伤口,9厘米伤口到达骨膜,7厘米伤口到达骨部。

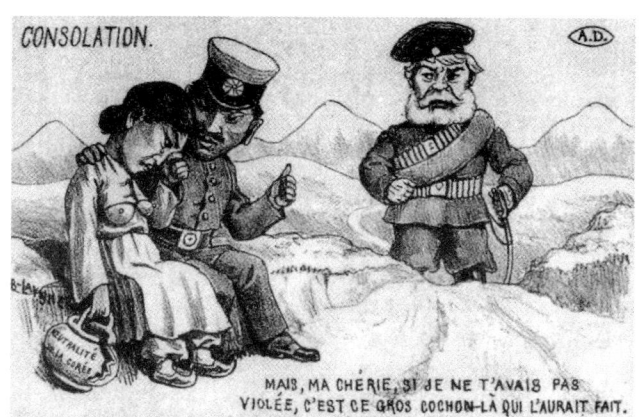

7.05 下图讽刺画《日俄的对决》，围绕在朝鲜和中国"满洲"的利益，日俄两国的决斗意志逐渐明朗化。画中俄国大人坐在"满洲"撤兵的报纸上，怒目圆瞪、手握刀叉、凶相毕露，日本小人站在写着"朝鲜"字样的俄国人大餐盘上毫不示弱。这是一场大人和小人、大国和小国的对决，小日本面对巨大的俄国人表现出敢于挑战的勇气。

7.06 上图讽刺画《女人的醋意》，绘中朝鲜女人的手里拿着一个已经破裂的罐子，上面写着"朝鲜中立"的字样，女人正在哭泣，显出一副遭受蹂躏屈辱的面容。日本兵和朝鲜女人显得亲密接近，远处的俄国兵怒气冲冲，醋意满面，呈现出要为朝鲜女人与日本人决斗的架势。画中日本人说："亲爱的，如果我不入侵帮助你，你就成了那个野蛮混蛋的人了。"绘画绝妙地描绘出，十九世纪末叶日俄两国在朝鲜问题上势不两立的立场。

7.07 漫画《勇敢的斗牛士》描绘了四个国家。俄国牛和日本斗牛士踩在朝鲜的草地上，英国胖子在吆喝日本斗牛士向上冲。

7.08 擂台上的大个子和小个子，俄国巨汉完全藐视小个子；日本小个子并不示弱，叫喊着，有种你就来啊！圈外的观客，法国贵妇人、山姆大叔、英国绅士、德国皇帝、意大利爵士、帐外爬墙头的清国皇帝，大家各怀心事。显然这场较量俄国人占有更多的优势。

7.09 日本天皇（睦仁祐宫）和俄国沙皇（尼古拉二世）在清国人（光绪皇帝）的身上打架。日本天皇拽住俄国沙皇的头发，俄国沙皇掐住明治天皇的脖子，打得难解难分。场面暗示这场搏斗的牺牲者将是清国人。

7.10 CHINA（中国）的国土面临外来的侵略，这个臃肿、故步自封的大国被外国的大炮瞄准着，最终无法逃脱列强的瓜分。讽刺画右炮筒是日本，左炮筒是俄国，清国用右手（朝鲜）盖住日本炮筒，用左手（"满洲"）盖住俄国炮筒。

7.11 日俄战争时,确保巨大的军费是两国维持战争的必要条件。日本作为远东的一个小国,面对俄国巨大的军事力量,世界上几乎所有的国家都不相信日本会取得胜利。漫画中,象征俄国的黑熊和象征日本的猴子已争斗得遍体鳞伤,双方正在向围观的列强乞讨。只有英国支持了日本,而德国和象征法国的妇女正在安抚和支持俄国。

7.12 203高地在日俄战争中具有重要的意义,在这个狭小的空间,日军和俄军都付出了惨重代价。日军在夺取高地后,立即用重炮轰击港口内的俄军舰船和市区的俄军设施,俄太平洋舰队被彻底摧毁。写真是旅顺湾内的俄太平洋舰队的军舰,被日军炮火击中搁浅。黄金山下石油煤炭仓库被炮火击中燃起大火、浓烟蔽日的场面。

7.13 日俄两军在付出巨大伤亡代价后，日军攻克旅顺，俄军投降。乃木大将和俄军施特塞尔中将在水师营会见，相互赞扬了对方将士的勇战精神。乃木将军答应帮助整理俄军将士的墓地，并在203高地上建设了"尔灵塔"。日俄战争终战后，俄国在旅顺郊外建造了一座阵殁将士纪念碑。明治四十一年（1908），俄国军事代表团侍从武官长中将以下20人，代表沙皇尼古拉二世出席了揭幕式。从北京特别请来的俄东正教神父十余人前来慰灵。当日日军代表数十人和家属参加了仪式，乃木将军、大岛将军向墓碑敬献了花圈。写真是当日慰灵式的场面。

7.14 1905年1月22日，3万多名俄国工人聚集在圣彼得堡冬宫广场上，向沙皇呈递一份有关改革社会与政治制度的请愿书。他们要求选举民意代表，要求农业改革、减轻农民沉重的负担，以及实行宗教自由，结果官方下令展开血腥镇压。军队以武力驱散工人，造成1000多人死亡。这一天被称为"圣彼得堡血腥的星期日"。俄国民众的请愿活动，与日本间谍在地下挑唆煽动有直接关联。

8　日朝关系

自古以来，日本和朝鲜作为邻国，彼此间的关系源远流长。历史上，日本曾先后两次遭到中国元朝及其藩属国高丽（朝鲜）联军的侵略，成为受害国。1274年和1281年的两次元日战争，在倭人的不屈抗战和侵略者遭遇风暴的天时地利相助下，皆以元朝和高丽的联军失败告终。元日战争的失败使元帝国的对日扩张受挫，加深了日本人"神风"保佑其国不受外敌侵略的观念，也给日本岛国后来的有志之士，毕生为统一国家一致对外而奋斗的信念带来重要影响。

元日战争给日本民族带来的影响极其深远，因为那是一场面临灭种、灭族、灭国的灾难，堪称日本历史上受到的最大外来威胁。元帝国和高丽国结盟发动的侵略战争，让日本人刻骨铭心地意识到朝鲜地理位置的重要性。朝鲜的地理形态几乎就是连接大陆和岛国的一块跳板，这个如此接近日本的可怕跳板，近千年以来成为日本民族的一块心病。

日本战国时代，一代豪杰丰臣秀吉统一了日本。为巩固政权，他兴建大阪，构筑统帅基地，制定"太阁检地"、"刀狩令"等具有划时代意义的政策，使日本完成了由中世封建社会向近世封建社会的转型。丰臣秀吉一生发动了两次征伐朝鲜的战争，目的是控制朝鲜这块在地理位置上容易威胁日本的跳板，实现占领中国大陆的野心。

文禄元年（1592），为了征服朝鲜，丰臣秀吉以16万大军发动了史称"文禄之役"的战争。在中国明朝军队和朝鲜军联合反击下，日军退败，盘踞釜山与明朝讲和以期再战。文禄五年（1596，庆长元年），日本和明朝和谈破裂，丰臣秀吉再遣14万大军二度征伐朝鲜，史称"庆长之役"。日军攻势不断受阻，被迫退守要塞城郭，被动作战。庆长四年（1599），正在筹划第三次更大规模军事行动的丰臣秀吉因病死去。疲惫不堪的日军再也无人愿意坚持续战，遂隐瞒丰臣秀吉死讯与明军议和，然后从朝鲜撤军。

1603年，经过战国时代动荡的历史变迁，日本改朝换代，进入江户时代。在战国乱世中脱颖而出的德川家康，以征夷大将军身份成为江户幕府的最高掌权者。1607年，日本与朝鲜的关系恢复正常，由往来的朝鲜通信使，维系着江户时期两国间的关系。但是朝鲜是明、清的附属国，对外也效仿大国实行锁国政策，贸易交流只局限清国和日本的对马藩。江户幕府虽然努力改善和朝鲜国的关系，可日本人从来没有忘记史上元军来袭的恐惧，深知朝鲜是影响日本国防安全最重要的国家。

明治元年（1868）日本明治维新，新政府派遣了与朝鲜有300年友好交往的对马藩宗氏，作为亲善使节前往朝鲜，向朝鲜国王递交皇政维新国书，希望与朝鲜建立国交和通商关系。锁国的朝鲜官吏藐视国书，指责用语缺少礼仪、印章使用错误、文字位置不正、天皇之皇字不应该使用等，百般挑剔，拒绝接受国书。朝鲜人认为，明治维新的日本积极开国，引入西洋文化，与日本交流等同于和西洋人同流合污一样，对日本国书的诚意采取了消极对待的态度。维新政府无奈，只能按照朝鲜的外交礼仪修改国书，再度递送以表达诚意。然而日本遭到朝鲜政府的顽固拒绝，屡屡碰壁，两国的交涉拖延了7年的时间。

1840年以后的朝鲜，掌握国家实权的兴宣大院君，借鉴清国被西方列强侵略的教训，采取了更坚定排斥列强的锁国政策。1866年，在朝鲜传教的法国神父卡特利库被朝鲜宫廷迫害追杀，数千名基督教徒被杀害。愤怒的法国舰队为此派出7艘战舰开往朝鲜，占领了江华岛，向朝鲜施加军事压力，引发"丙寅洋扰"事件，大院君不屈膝法国强敌，迫使舰队撤离。1871年，美国借口数年前朝鲜烧毁在大同江上航行的美国商船，派遣六艘军舰侵入朝鲜，并且实施了登陆作战，引发"辛未洋扰"事件。两国经过多次交涉没有取得任何结果，美国舰队只好退出朝鲜返回清国。朝鲜国长期以来的对外政策和天然的地理屏障，成功阻挡了欧美诸国用炮舰外交敲开国门的企图。

明治六年（1873），大院君辞去摄政，将政权移交给年满21岁的儿子李熙（高宗）。高宗王妃闵氏一族趁机篡取了国王的权力。此后宫廷中大院君派和王妃闵氏派的两大势力内斗加剧，在内政外交上各持己见，针锋相对。此时的朝鲜政治腐败，官吏贪污，民众贫困，苦不堪言，脆弱的朝廷面临着不堪一击的危机。朝鲜的锁国政策和国政腐败，引起邻国日本的强烈不满。

明治七年（1874），两国国交准备再开时，日本代表获得了一纸令人惊讶的密文《朝鲜人应对日本人的六条秘诀》。秘诀曰：（1）逊辞。屈己接人，辞气温恭；（2）哀乞。势穷情迫，望人见怜；（3）怨言。失志感慨，激出怨肠；（4）恐吓。将加威胁，先试吓动；（5）闪弄。乘时幸会，翻用机关；（6）变幻。情态无常，眩惑难测。也就是对日交往时，要假装恭敬温顺、低声下气，实则拖延推诿、故弄玄虚。日朝两国国交交涉7年毫无进展，原来朝鲜人竟然如此没有诚意，采用秘诀的立场对待欲友好的日本，从而燃起了日本国内的愤怒之声。"痛愤至骨"、"屈辱"、"非常无礼"、"朝鲜傲慢无礼"、"出兵征讨朝鲜"等激昂之语，在政治家、新闻社、士族、军人、庶民间大肆宣传，燃起了史上谓之"征韩论"的呼声。

明治八年（1875）五月，日本"云扬号"等3艘军舰，侵入釜山港开炮演习示威。九月，"云扬号"再度独自进入江华岛测量海图，遭到江华岛守军的开炮攻击，"云扬号"立即还击，摧毁了江华炮台。十二月，日本全权大使率军舰6艘前往朝鲜，就江华岛开炮事件向朝鲜提出抗议，要求两国缔结通商条约。清国政府不愿看到朝日间对抗，引来欧美列强的干涉，劝告闵氏一族对日开港。

明治九年（1876），日本与朝鲜签订了《日朝修好条规》，史称《江华条约》，日朝两国建立了外交关系。《日朝修好条规》不平等条约中，日本从朝鲜获得开港通商和免税特权，在朝鲜拥有了领事权和裁判权。日本对朝鲜的强权渗透引起了西方列强的关注，1882年，美国效仿日本与朝鲜签订《朝美修好条约》，英、法、德、俄、意、奥、比、荷、丹等国也步美国后尘，与朝鲜签订了类似条约。在江华岛不平等条约的框架下，日本商品享有免税进入朝鲜的特权，严重冲击了朝鲜的国有产业。闵妃亲日派一族主导的朝鲜政府军，招募日本军事顾问改造军队，编制训练新军。军制的改造触动了朝鲜旧军人的利益，招来旧势力的猛烈反击。

明治十五年（1882），大院君在京城煽动军队叛乱，攻入王宫，挑起"壬午兵变"。乱兵焚毁日本公使馆，杀死7名日本军事顾问，公使官员被迫趁夜潜逃回国。应朝鲜国王请求，清国驻朝鲜军队迅速镇压了兵变。兵变发生后，日本派遣陆海军两个大队开赴朝鲜，抗议朝鲜的无礼行为，朝鲜国王派遣全权特使金玉均一行前往日本谢罪。清国政府为了平息日本和朝鲜间的紧张局势，将大院君押送清国软禁。日本政府则迫使朝鲜政府签订了《济物浦条约》，要求朝鲜向日本赔偿55万日圆损害金，允许日本派1000名警卫队驻扎朝鲜，保护日本侨民和公使馆安全。事件虽然就此平息，但是清国高度警觉日本在朝鲜驻军的举措，急速从本土增调3000兵力开进朝鲜，向日本施加压力，两国军队因此形成了对峙之势。"壬午兵变"的结果，导致朝鲜宫廷完全倒向清国的保护，日本在朝鲜处于被冷淡的境地。

明治十七年（1884），从日本归来的朝鲜政治家金玉均等人，在日本的支持下秘密组建了资产阶级改良主义政党开化党。12月4日，开化党策动了挟持国王、企图推翻王室政权的政变，史称"甲申政变"。政变一时取得成功，开化党宣布朝鲜脱离与清国的宗藩关系，建立独立国家。结果政变被清国驻朝特使袁世凯出兵镇压，金玉均等人的政权仅存在三日便告流产，主谋数人被迫逃往日本国避难。政变平息过程中，日方侨民和军人均有伤亡。事件惊动了清日两国政府，为了解决在朝鲜问题上的纠纷，两国分别委派李鸿章和伊藤博文在天津会谈，双方签订了《天津条约》。条约之一项规定，"今后朝鲜国若有重大变乱事件，清日两国如要派兵，须事先相互行文知照。"此一条项为十年后清日两国军队合理出兵朝鲜埋下伏笔。

《天津条约》签订后，日本加速扩充国家的军事力量和对朝鲜的渗透。1886年，清国和日本国对朝鲜的贸易额之比为83：17，到了1892年，两国对朝鲜的贸易额之比达到55：45，趋于接近的水平。日本在朝鲜贸易急速增长的结果，显示清国在朝鲜的宗主国地位发生动摇，清日两国在朝鲜问题上的矛盾日益深化。为了对抗清国飞跃扩展的军事力量，日本国家财政年年增加军费开支，陆海军军备急速扩大。1881年，军费占国家支出总额的16%，1883年21%，1890年29%，日本的国家政策，从殖产兴业向富国强兵方面转移。

明治二十三年（1890），围绕朝鲜半岛的紧迫情势，清国以日本为假想敌在旅顺扩建要塞，兴建大型船坞和机械工厂，在周围高地构筑永久炮台。来自北方俄国人的威胁更是咄咄逼人，1891年，俄国开工兴建横贯西伯利亚铁道，在海参崴开设军港，同年俄国舰队访问日本，展示强大的军事力量。俄国人传递的信息非常明确，就是排除日本在朝鲜的势力，企图取得朝鲜周边的不冻港，确立俄国在远东的霸主地位。在错综复杂的国际背景下，日本军中长老山县有朋向国会提交了一份军备意见书，指出俄国的西伯利亚铁道计划将在十年后完成，那时日本的假想敌将不是清国而是俄国，日本必须抢在俄国人之前在政治和军事上确保对朝鲜的控制权。为达到这个目标，日本有必要在清国领地内设立据点，日本需要合适的理由在军事上打击清国的军事力量。

十九世纪末，朝鲜李氏王朝的宫廷内各种政治力量盘根错节，清国派、日本派、俄国派日益动摇和肢解国家的权力。国政腐败，民众深受官僚权贵的压迫，加上外来势力清日两国，以及列强与朝鲜的不平等条约，使这个原本贫困的国家在内外多重压榨下雪上加霜。朝鲜高宗李熙生性懦弱，国家政务的决策权被王妃闵氏独揽。在闵氏家族的腐败统治下，朝鲜百姓民不聊生，严重的内忧外患正在把李氏王朝推向崩溃的边缘。民众不满贫穷生活的现状，各地不断发生农民反对贪官污吏的抗争，顺应民意的东学教在民间得到广泛呼应。东学教的教义愚昧，但代表了民众渴望生活的基本愿望，在朝鲜的影响不断扩大。1864年，政府镇压东学教，处死了教祖崔济愚。二代教祖崔时亨继承先祖，公开立帜为"教祖申冤"、"驱逐倭洋"抗争官府。1892年，东学教徒要求政府停止对东学教的迫害镇压。1893年，教祖崔时亨亲赴京城向国王直诉教祖冤罪，信徒在各国公使馆附近张贴斥洋标语，引发骚乱。袁世凯请求李鸿章镇压东学异教，派遣"靖远"、"来远"两舰开赴仁川，外来干涉迫使东学教仓皇解散。

明治二十七年（1894）二月，全罗道古阜农民不满郡守赵秉甲的酷政，引发农民暴动，在东学教中坚领袖全琫准领导下，民乱从局部地域扩大到整个朝鲜南部。东学农民军声势浩大，打出"排斥洋倭、惩讨贪官污吏、还我民生"的旗帜，数月间发展到数万人之众。朝廷派兵镇压也遭到惨败，李氏政权的安危迫在眉睫。6月3日，朝鲜政府正式请求清国派兵镇压东学乱党。清国出兵朝鲜的决定，启动了清日两国十年前签订的《天津条约》中两国出兵须事先相互行文知照的约定。获悉清国派兵赴朝的日本，向清国表示"日本历来不承认朝鲜是清国属国。日本政府为应对朝鲜之乱，保护本邦在朝居民安全，也向朝鲜派出若干军队"。日本借口朝鲜的内政改革与清国纠缠，并请出失势的大院君出山建立傀儡政权，宣布解除朝鲜与清国的外交关系和废除条约，请求日本军队驱逐清国驻朝军队，日清战争爆发。

日清战争以清国战败、日本胜利告终，清国在朝鲜高宗三十二年（1895）签订的《马关条约》中，承认朝鲜独立，放弃对朝鲜的宗主权。朝鲜脱离了与清国的宗属国关系，日本获得朝鲜的控制权。朝鲜宫廷的闵妃一族，彻底失去了依附清国的信心。看到俄国人利用"三国干涉"压制日本,取得清国辽东半岛利益的实力,便有意亲近俄国,将俄国势力引入朝鲜与日本对抗。闵妃利用贞洞俱乐部等组织,扩大了俄国及其他西方国家在朝鲜的势力,对日本控制朝鲜的野心构成威胁。

由于亲日派的内务大臣朴泳孝参与甲午改革,翌年被疑谋反,事情败露后朴泳孝再度逃亡日本。闵妃趁机联合俄国驻朝公使发动宫廷政变,解散亲日内阁,成立了亲俄、亲西方的内阁,还下令解散日本训练队,改由亲信洪启薰组建侍卫队保卫宫廷。日本势力屡遭排挤,恼羞成怒的日本人细心策划了闯宫计划,于高宗三十二年八月二十日(1895年10月8日)凌晨,制造了杀害闵妃的事件,史称"乙未事变"。

"乙未事变"后,亲日派的金宏集首相重新得势。亲俄派李范晋逃亡蛰伏于俄国、美国驻朝公使馆内。在这种政治背景下,发生了"俄馆播迁"高宗避难事件。"俄馆播迁"事件是李氏朝鲜第26代国王高宗,在1896年2月11日至1897年2月20日期间,为逃避日本人企图废黜国王的阴谋,逃到俄国公使馆避难,在外国馆内处理国务长达一年的事件。高宗在俄馆内理政,公布了政府新的内阁;亲日派势力、大院君派势力遭到清洗;美国、俄国分别获得在朝鲜的矿山采掘权,铁路敷设权,电灯、电话、电车设置权,森林采伐权等利益。1897年2月20日,避难一年有余的高宗返回王宫,同年10月12日,朝鲜改国号"大韩帝国"。

明治三十七年(1904)日俄战争爆发前,朝鲜国内的日本派系、俄国派系的政治争斗处在持续对峙之中。2月23日,应日方要求,日韩两国签署《日韩议定书》,韩国宣布"日俄战争,韩国局外中立"。战争期间,朝鲜人关注日本的优胜局势,朝鲜大众的亲日独立运动蠢蠢欲动。战后俄国被迫退出朝鲜,日本在朝鲜半岛获得巨大的利益,日本成为韩国的保护国。

明治四十二年(1909)十月二十六日,担任韩国统监之职的原日本首相伊藤博文,在哈尔滨火车站被韩国爱国志士安重根刺杀身亡,事件加速了日本吞并朝鲜的速度。明治四十三年(1910),《日韩合并条约》缔结,大韩帝国灭亡。

伊藤博文遇刺事件之谜

明治四十二年(1909)十月二十六日,伊藤博文公爵在哈尔滨火车站遇刺身亡。伊藤作为带领明治维新的日本走上"大日本帝国"之路的旗手,是首任及四次任内阁总理大臣;是首任及四任枢密院议长;也是首任贵族院议长;首任韩国统监;一生权势显赫,深受明治天皇信赖,最终倒在韩国人安重根的三粒枪弹下,享年69岁。

1909年10月14日,媒体的公开报道,是伊藤博文"赐假"前往"满洲",用两三个月的时间在各地旅游。其实伊藤行程的主要目的,是与俄罗斯财政大臣戈果甫佐夫会见,非正式地与俄罗斯交涉"满洲"、韩国问题。随行者有贵族院议员室田义文、秘书古谷久纲、宫内大臣秘书官汉学诗人森泰二郎、医师小山善等五人。

10月25日晚，伊藤一行抵达长春，满铁总裁中村是公、理事田中清次郎等十余人也加入了随行团组。日本驻哈尔滨总领事川上俊彦为伊藤博文一行举行了欢迎会。晚11时，伊藤一行乘坐东清铁道的特别列车离开长春前往哈尔滨。翌日上午9时，抵达哈尔滨火车站，此时车外寒气逼人，雪花漫天。

在车站等待伊藤的俄罗斯财政大臣戈果甫佐夫来到贵宾车前，通过总领事川上的翻译，伊藤和戈果甫佐夫首次握手会面，双方寒暄问候。戈果甫佐夫指示站前列队的俄国仪仗兵开始阅兵式。伊藤未想到会安排阅兵式，以没有携带阅兵服为由谢绝了戈果甫佐夫的安排。但是由于俄方诚意邀请和热切期望，伊藤最终同意阅兵。

伊藤从整齐的仪仗队前走过，在队列的尽头向俄国、清国官方代表致意。脚跟回转返回走过数步之时，突然遭到从兵列之间方向射来的枪弹。随员森泰秘书官左上臂和背部命中贯穿性枪伤；川上总领事右上臂命中骨折性贯穿枪伤，右胸擦过性枪伤；田中满铁理事左脚尖命中贯穿性枪伤；贵族院议员室田的左小指中弹。伊藤遭受三发致命枪弹，被立即抬至车内。小山医师立即做应急医科处置，给伊藤口中含入白兰地酒促其清醒，伊藤迅速衰弱。当告知伊藤刺客是韩国人时，伊藤只留下一句话"马鹿な奴ぢや"（愚蠢的家伙），便绝命归西了。从被弹到死去，前后只有30分钟，时间是上午10时。

狙击暗杀者韩国人安重根被当场抓获，并被确认为凶手。可是百年以来，围绕伊藤博文的遇刺，存在各种各样版本的解说。据当事人贵族院议员室田的证言，枪击案发时，那个小个子安重根已经被卫兵制服，杀害伊藤的真正凶手另有其人。首先，枪弹是从车站二楼食堂，用法式骑兵步枪斜下射出的，而安重根所持的是勃朗宁式短枪。其次，命中伊藤的三发法式骑兵步枪子弹，第一弹从肩部穿至乳下停止；第二弹从右腕关节穿至脐下停止；第三弹从右手脐侧贯穿腹部飞出。显然第一弹的弹道走向明确说明，除了从楼上射下，别的任何角度都无法射出这样的大角度弹道，而且那里的窗户格子又是斜下狙击绝好的隐蔽场所。从子弹命中的角度来看，也决然不会是从俄国兵臀部高度的缝隙间射出的。

事件后的1909年11月20日，在下关听取裁判所检事调查时，室田在看过安重根照片后，仍然坚持自己原来的观点。认为杀害伊藤的不是这个年青人，而是其他的狙击者。据室田描述：当时伊藤已经转身返回走过数步，此时与室田照面的人是从俄国兵队列缝隙中钻出的刺客，右脚向前踏出，上半身呈前弓弯曲状，右手拿着手枪。那支手枪分明是对着我（室田）的，一发击中右膝盖又伤到小指，三发打穿大衣。安重根使用的是七连发勃朗宁手枪，据说未发射弹剩下一发，也许消灭伊藤的随行官员是暗杀同伙的分工之一。不管怎么说，安重根这样身材矮小的人，从高处斜杀伊藤是根本无法做到的事。因此，双重刺杀说的构图就很清晰了，用法式骑兵步枪杀害伊藤的人应该是俄国人。

刺杀事件的重大疑点显然非常多，但是日本人不得不将事件的可能真相永远葬在最隐秘的黑暗之中，因为事件的追究或会引发日俄外交关系上的重大问题。面对诸多疑惑和恐惧，日本政府决定封口，让这件重大事件低调过去。

对安重根的审判在日本管辖的关东州的地方法院实施。可是安重根的审判权归属问题，在法律的管辖地域上存在着诸多的纠结。事件发生地是在哈尔滨火车站，而哈尔滨车站是俄国东清铁道的管辖地，属于俄国的行政区域。但是俄国方面认定被告是韩国国籍，故放弃了审判权。接下来的审判权归属议论是，事件发生在清国的领土上，而韩国人在清国领土内拥有治外法权，所以审判权归韩国所有。然而，日俄战争以后，韩国和日本两国签署有保护条约，日本掌握韩国的外交权。因此，对安重根的审判权最终归属日本所有，并且适用于日本的刑法。如此牵强附会的解释，在各当事国中涌动着微妙的气氛，脱离嫌疑当然是各国首要考虑的立场，因此审判权归属日本也成为各国乐于接受的合理选择。

日本的审判官很快就下达了判决安重根死刑的决定。之后在安重根罪行的调查中，重点查找犯人的背后关系，却诡秘地轻视对物证的调查。伊藤体内的枪弹是安重根手枪内射出的，还是法式骑兵枪射出的？鉴定的结果从来没有公开发表。小川医师调查书上记载，尸体没有实行解剖手术，而且子弹射入的角度记录也变得模棱两可。事件中包括伊藤和随行者在内，总共被弹几发，脱弹几发，作为事件的物证，都检证得极不明确。伊藤博文到达哈尔滨后发生的遇刺事件，前后活动的经过都被俄国警察拍下了照片。俄国的警察部长将这些照片用一万卢布的高价卖出，但是日本政府选择沉默，拒绝评论这件事。事件过去三十年后的1939年10月，这些照片在日本国内和"满洲"公开，然而伊藤中弹的瞬间场面没有拍到。

事件背景的推测。（1）室田推测事件是俄国人所为，安重根知道这一暗杀计划，并合谋共同参与了行动。安重根和俄国兵同时开枪，制造了这起事件。俄国人暗杀伊藤的主要理由是担心伊藤的对俄政策会影响俄国人在"满洲"的权益。（2）围绕朝鲜和"满洲"问题，日本官僚军人与伊藤间出现重大的对立倾向，杀害伊藤是日本对立势力所为。伊藤的对韩合并政策一直主张缓慢温和的做法。伊藤被暗杀后，军部的激进派急速推进了日韩合并计划。在调查事件的做法上，日本的行为也表现得相当诡秘。（3）多名韩国杀手所为，事件后共逮捕嫌疑犯8人。其中直接参与共谋者禹德淳当日不在现场，对此人的搜查由俄方进行，日方无法获得更多的证据，只判预谋杀人罪3年。事件后，日本驻奉天总领事小池和外相小村寿太郎均报告称伊藤遭到五六名韩国人狙击。以上三点只是各方推论，没有决定性证据，但事件的结果加速了日韩合并的进程是确定的事实。

日本确定安重根是真凶，对日本政府的日韩合并政策是最好的口实。伊藤博文被暗杀10个月后，亦即安重根被处刑5个月后，日韩政府《日韩合并条约》签字，大韩帝国灭亡。

8.01　写真是1905年在美驻韩公使馆内拍摄的各国公使合影。当时日俄两国围绕朝鲜和清国"满洲"利益处于战争之中。写真自右第二人起，依次是德国公使、法国公使、美国公使、清国公使、英国公使、比利时公使。

8.02　1871年，美国以朝鲜烧毁在大同江上航行的美国商船为由，派遣军舰侵入朝鲜，引发"辛未洋扰"事件。写真是美军在草芝镇登陆作战，炮兵破坏了朝鲜草芝镇炮台。战斗中朝鲜军数人战死，美军海军中尉三人战死，十余人负伤。

8.03　写真是"辛未洋扰"事件的广城镇攻防作战中，朝鲜军阵地上士兵阵亡的惨状。美军将俘虏的朝鲜军士兵全员释放，但是通商问题交涉没有结果。守城朝鲜官员以自己官阶太低无法协商为由，拒绝了美军的要求。结果美军无功而返，退出了朝鲜。

8.04 十九世纪末叶的朝鲜，政治腐败，官吏贪污，民众深受官僚权贵的残酷压榨，苦不堪言。这个原本贫困的国家，已滑落到崩溃的边缘。写真是外国记者在平壤用镜头捕捉到的朝鲜权贵出行，招摇过市的场面。

8.05 明治九年（1876），朝鲜与日本签署了《日朝修好条规》，史称《江华条约》。日本从朝鲜获得开港通商和免税特权，在朝鲜拥有了领事权和裁判权。日本对朝鲜的强权渗透引起西方列强的关注，1882年，美国效仿日本与朝鲜签订《朝美修好条约》，英、法、德、俄、意、奥、比、荷、丹等国也步美国后尘，与朝鲜签订了类似条约。写真是日军侵入江华岛，朝鲜地方官妥协投降，集合迎候日本来使。两国大臣在岛内江华府师营庙堂，签署了《江华条约》。

8.06 1881年，闵妃亲日派一族主导的朝鲜政府军，开始招募日本军事顾问改造军队，编制训练新军。军制的改造触动了朝鲜旧军人的利益，招来旧势力的猛烈反击。写真是日本派遣的军事教官陆军少尉堀本礼造，训练西洋式军队的场景。

8.07 东学二代教祖崔时亨继承先祖衣钵,在朝鲜南部重建教团,公开立帜为"教祖申冤"、"驱逐倭洋"抗争官府。1898年,被日军逮捕处刑。

8.08 朝鲜官吏的腐败成为国政崩溃的祸根,民众深受官僚权贵的残酷压榨。上图,儒家学者冒死静坐草席陈情上疏,祈求朝廷拯救日渐崩溃的国家。下图,反抗酷吏的民众被官府投进大狱,佩戴重木锁具等待最酷的处刑。十九世纪末,朝鲜这个原本贫困的国家,已经陷入崩溃的边缘。

8.09 明治十七年(1884)十二月四日,朝鲜开化党在日本势力支持下发动政变,发布了新政纲领并组织内阁。但是新政权仅存在了三天,就被清国袁世凯驻军镇压,金玉均等人被迫逃亡日本。事件的结局,清日两国派重臣李鸿章和伊藤博文在天津签订了《天津条约》。日本争取到在朝鲜的派兵权,动摇了清国在朝鲜的宗主国地位。上写真是政变当日,朝鲜京城新设邮政局庆典的现场。开化党利用庆贺晚宴,在政府官员和外国使节与会之机发动了政变,史称"甲申政变"。右写真是政变前开化党同志的合影。

8.10 东学农民军打出"排斥洋倭、惩讨贪官污吏、还我民生"的旗帜,数月间发展到数万人之众。后遭清军镇压,转入低潮期。清军在日清战争平壤之役中溃败后,东学党农民军再度蜂起,转战全州、泰仁、淳昌等地抗击日军。日军围剿起义军,公州之役失利,全琫准等首领因降者告密而被捕,朝鲜史上规模最大的农民起义失败。图为全琫准被逮捕后移送的场面。

8.11 1894年7月25日,前往朝鲜镇压农民军的清军乘坐英国商船高升号,在丰岛海域与日本海军遭遇。因舰上清军拒绝投降,遭到日舰浪速号攻击。高升号被弹沉没,千余名清军葬身海底。图为高升号被弹沉没的瞬间,海面上落水清军人头涌动,攻击落水者的日军枪弹激起浪花。

8　日朝关系　149

8.12　内乱使朝鲜同时受到两个国家军队介入的压力,朝鲜政府请求各国敦促日清两国尽快撤兵。清国也迫切希望缓解紧张局势,积极展开外交运作,请求西方列强从中周旋,化解战争危机。俄国强硬介入,忠告日本撤军。结果铤而走险的日本选择了战争,清国和日本两国终于走向武力对抗,日清战争爆发。写真是1894年日本赴朝第一军司令部和第三师团在仁川登陆的情形。照片上日军登陆作业繁忙,左侧建筑是日本邮船会社的仁川支店,右侧海边排放的大型物资是日军舟桥部队的铁舟桥材。岸边大量的驮马输送队将物资运出滩头。

8.13　1895年10月8日的"乙未事变"中,日本公使三浦梧楼率领日本浪人冲入朝鲜王宫,在玉壶楼惨杀闵妃,并焚毁其遗体,胁令高宗废她为庶人。日本人的要求遭到高宗的抵抗,11月,高宗为闵妃恢复尊号。1897年,高宗改国号为大韩帝国,自行称帝,将闵妃追谥为明成太皇后,厚葬于洪陵。写真是1897年11月22日为闵妃举行国葬,宫内职人观望行事的场面。

8.14 写真是1904年日俄战争中,朝鲜京城南山麓的一个日军兵站,朝鲜民夫正在给日军部队输送军需物资。冬季的山村已经白雪皑皑,朝鲜男人身穿棉大褂,头戴黑高帽。兵站院内可见披着蒙头盖衣的朝鲜妇女。

8.15 日俄战争时朝鲜政府宣布中立。然而战争伊始,日本不顾朝鲜的中立立场,要求朝鲜支持日军作战,依附和屈从日本国。写真是朝鲜市民尚不知日俄战争朝鲜宫廷的中立立场,便看到日军进入市区的景象,表现出惶恐愕然的神情。

8.16 "俄馆播迁"事件是1896年2月11日,朝鲜高宗李熙率领王族,从日本控制的王宫逃到俄国驻朝公使馆的事件。事件的主导者是李范晋、李完用等朝鲜亲俄派及俄国前驻朝公使韦贝尔。"俄馆播迁"极大地改变了朝鲜国内的政治力量间的对比,亲日政权垮台,亲俄政府随之建立,使日俄两国在朝鲜的权益竞争日益复杂化。"俄馆播迁"事件持续一年,直到1897年2月20日,高宗才从俄国公使馆搬出回宫。"俄馆播迁"事件的背景由来已久,自日清战争以后,朝鲜政体逐渐向君主立宪制过渡,引发了高宗的不满。"乙未事变"中,闵妃在宫中被日本人所杀,令高宗悲痛,视为奇耻大辱,对日本及其代理人亲日内阁恨之入骨。"乙未事变"后,高宗几乎被日本软禁在宫中,处境堪忧。此时的朝鲜亲日政权也内外交困,反对之声高涨。李范晋等亲俄派利用国内政治混乱的状况和高宗父子的反日心理,成功实现了"俄馆播迁"这一宫廷政变。写真二楼中间阳台白衣端坐者为高宗。

8.17 明治三十八年(1905),日俄战争后日本与韩国签订了《乙巳保护条约》,在汉城成立了日本官署"韩国统监府"。统监府行使驻韩日本领事的一切职务,并掌管《乙巳保护条约》的实施。伊藤博文任第一任统监,拥有外交权、觐见皇帝权、内政改革建议权、指挥驻朝日本军队权等各种特权。写真是早期"韩国统监府"的建筑外貌。

8.18　朝鲜历史上最后一个封建王朝（李朝），于1392年建立，到1910年日韩合并为止，传朝27代，建国519年。图为日本皇太子嘉仁亲王（大正天皇）访问韩国，和末代韩国皇太子合影。中间是日本皇太子，右为韩国皇太子李垠，李垠后左为东乡平八郎，后右为桂太郎前首相，前右一是伊藤博文统监。

8.19　写真是首任韩国统监伊藤博文和韩国末代皇太子李垠的合影。李垠（1897～1970），高宗第三子，封英亲王，1907年被册立为兄长纯宗的太子。1907年，伊藤博文将李垠带到日本，送入学习院贵族学校读书。日韩合并后，他降封昌德宫李王世子，享受日本皇族待遇。1920年4月，李垠与梨本宫守正王的女儿方子公主成婚。第二次世界大战日本战败，李垠被取消日本皇族身份，降为平民。1970年5月1日，李垠在韩国去世，享年73岁。大韩民国政府为韩国史上最后的皇太子"懿愍皇太子英亲王李垠殿下"举行了国葬仪式。李垠之妻李方子为继承李垠"一定要对韩国人民赎罪"的遗愿，晚年在韩国设立了明晖园，支持残疾儿童的文化教育。后来又创立了慈惠学校，对智障儿童进行教育，受到韩国和日本政府的高度赞扬。1989年4月30日去世，享年87岁。葬礼遵从旧令，以韩国皇太子妃的地位进行准国葬，追赠韩国国民勋章槿赏（勋一等）。

8.20　1905年，日本与韩国签订了《乙巳保护条约》(《日韩保护条约》)，日本在韩国设置统监府以控制韩国，韩国事实上沦为日本的殖民地。《乙巳保护条约》遭到韩国人的反对，引起了反日的"义兵运动"。1907年7月，日本强迫韩国军队全部解散，抗拒解散的军队加入了义兵运动，义兵人数骤增，拥有了军事指挥员和近代武器。义兵活动采取游击战法，袭击日军和伪政权机构，破坏电信交通，制裁朝奸亲日派，给日本统治者以沉重打击。1907~1911年的义兵运动遍及全国13道240郡，参加义兵作战的人数达14万，袭击活动数千次。义兵运动后来在日军和亲日政府的联合镇压下失败。写真是义兵的武装力量。

8.21　讽刺画《划时代的婚姻》，影射日韩合并的历史悲剧。1910年8月22日，韩国与日本国签订了《日韩合并条约》，标志着朝鲜正式被日本吞并。日韩合并的结果，导致大韩帝国灭亡，朝鲜半岛成为日本领土的一部分。讽刺画中的日本男子正在给朝鲜女子修剪指甲说："剪掉你的指甲，你就不会来抓我啦。"讽刺日本采取解除韩国武装、武力镇压、怀柔政策的手段，削弱朝鲜人的民族抵抗运动。

8.22　1919年1月,朝鲜废帝高宗(李熙)暴卒,风传系日本人所害,由此激起朝鲜民众多年的积愤,成为触发反日运动的导火线。2月8日,朝鲜留日学生在东京发表《二八独立宣言》,号召人民"为自由而溅其热血",得到国内学生的响应。学生和市民们纷纷涌上街头,举行声势浩大的游行,参加人数达30多万。3月中旬,反日浪潮推向全国城乡,工农大众成为主力,暴动民众袭击日本官厅,破坏交通,惩处日本官吏、韩奸、恶霸地主,全国11个府、206郡,200多万人参加示威和暴动。日本朝鲜总督府以武力镇压了运动,被捕者达12,668人,有罪判决者3967人。总督府《朝鲜骚扰事件道别统计表》记载,死亡者357人,负伤者802人。然而真实死亡数字在日韩双方的历史解说中仍存异议。写真是1919年3月,"三一运动"中被处刑的韩国反日民众。

8.23　写真是京釜铁路开通两日后,日军抓捕的3名朝鲜人,以阴谋破坏铁道罪被起诉,于1905年1月3日被公开处刑杀害。1905年是韩国义兵运动达到高潮的一年。日军在韩国设置122处警务分遣所,镇压韩国民众的抗日活动。写真中的3人已经被执行枪决,尸检官在最后确认。

8.24 朝鲜民族主义青年安重根(1879.9.2~1910.3.26),是枪杀伊藤博文的刺客。近代朝鲜史上,被誉为朝鲜民族主义者和爱国主义者。安重根在举事前曾写下诀别诗曰:"丈夫处世兮,其志大矣。时造英雄兮,英雄造时。雄视天下兮,何日成业。东风渐寒兮,壮士义烈。愤慨一去兮,必成目的。鼠窃伊藤兮,岂肯比命。岂度至此兮,事势固然。同胞同胞兮,速成大业。万岁万岁兮,大韩独立。万岁万岁兮,大韩同胞。"安重根被捕后关押在旅顺监狱,期间写下了《安应七历史》《狱中记》《东洋和平论》等著作。然而,遗憾的是伊藤博文生前主张暂缓合并韩国,而安重根刺杀伊藤博文后,却加速了日本吞并韩国的步伐。1910年8月22日,日本迫使韩国签订《日韩合并条约》。10月1日,日本的韩国统监府改为朝鲜总督府,开始对朝鲜长达35年的殖民统治。写真是安重根处刑前2日,两个弟弟(左)和神父(背向)探监的情形,安重根表现出了坦然镇定的神情。

8.25 日俄战争后,日本在韩国设立统监府,伊藤博文任初代统监。1907年7月19日,伊藤博文迫韩国高宗退位,7月24日与新王纯宗订立协定,取得了韩国一切内政大权。伊藤博文对韩国的政策,使他成为韩国人仇恨和刺杀的对象。写真是明治四十二年(1909)十月二十六日,伊藤博文前往清国"满洲"视察和与俄国交涉"满洲"问题。在到达哈尔滨火车站,下车和俄罗斯财政大臣戈果甫佐夫寒暄后的检阅中,遭到隐藏在卫兵身后的韩国青年安重根枪击数弹刺杀身亡。左二致帽檐礼的白须老者即伊藤博文;伸手者是戈果甫佐夫;扶帽檐者是日本驻哈尔滨总领事川上俊彦。

8.26 伊藤博文的遗体移送大连,乘军舰"秋津洲"号运抵横须贺军港。11月4日,在东京日比谷公园举行国葬。葬仪途中潇潇细雨,寒心彻骨,天地同感明治一代伟大的政治家离去。明治的元勋们参列于侧,如同明治终焉的苦涩心境。对伊藤的死最为伤心的莫过于明治天皇,留下了"惜哉,伊藤是朕最合得来的人"的伤感。伊藤博文死后,天皇闻听伊藤家境贫乏,立即召来宫内总管,赐予伊藤夫人梅子御内帑金,指示以后不要让伊藤的家人穷困。明治天皇对伊藤博文的关爱,成为一段历史有名的逸闻。

8.27 明治四十三年(1910)八月二十二日,大韩帝国总理李完用与大日本帝国代表寺内正毅签订了《日韩合并条约》,标志朝鲜正式被日本吞并。此后日本在韩国的统监府改为朝鲜总督府,开始了对朝鲜长达35年的殖民统治。图片是《日韩合并条约》文和印。

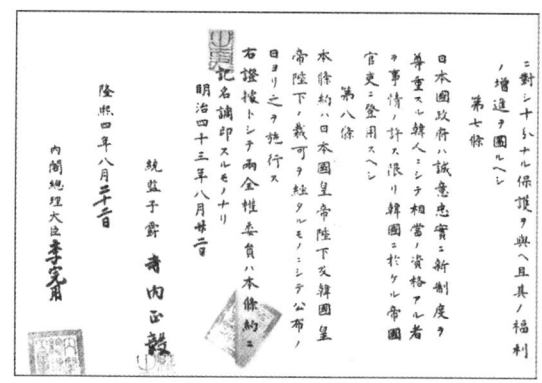

8.28 《朝鲜纪行》记录了日本人在朝鲜京城看到的男女有别的风俗。在儒教的严厉约束下,都市中的女人外出,没有理由是不可以随便露出颜面的。女性不能随意外出,无故不可迈出中门。必须外出时需要用"盖衣"或"长衣"遮住头部。这种衣服带有白色长袖,既可充作披肩还可盖在头上。女人外出禁忌的风俗各国表现各有不同,中国古代和近代的缠足风俗的目的之一,便是"禁足",从生理器官上限制妇女走出家门。写真是日本人拍摄到的朝鲜女性出门时,用盖衣遮住头部的样子。

8.29 朝鲜李氏王朝太祖开国时期建设的景福宫，在壬辰倭乱时被焚毁，成为废墟。1869年，景福宫重建，成为象征国家最高权力的宫殿。1895年，闵妃遇害后，高宗只住在德寿宫，景福宫荒废。1910年，日韩合并后，日本拆毁了景福宫内大部分建筑，并在宫内从1916年6月起至1926年，用10年时间完成了总督府大楼建筑。写真是正在建设中的总督府大楼建筑的现场。右角写真是竣工后的照片。

8.30 二十世纪之初的朝鲜，经历了波澜壮阔的历史大事件。安重根义士暗杀伊藤博文；李在明义士暗杀李完用未遂；抗日义兵发展到38,593人，与日兵交战1738回。此后，日本现任陆军大臣寺内正毅被任命为统监，实施了血腥恐怖的镇压手段。韩国的警察权被剥夺；宪兵警察制度公开实施；政治集会和室外民众集会被禁止；寺内统监上任仅3个月，就完成了《日韩合并条约》。大韩帝国灭亡，改称"朝鲜"；韩国统监府改为朝鲜总督府。写真是1910年7月23日现任陆军大臣兼统监的寺内正毅一行，行进在朝鲜京城的街巷间的情形。

8.31　1904年，韩国热衷于国民教育，扫除文盲。京城初设公共厕所，号召文明。写真是1906年5月1日亲日派闵泳徽创立的徽文义塾开塾的纪念照片。闵泳徽先亲清后亲日，是韩国宫廷内典型贪官，颇为世人不齿。

8.32　朝鲜甲午改革，开始近代教育制度，1906年时全国学校不满40所，以汉书教育为主。伊藤博文任统监时，推进和统制教育，引入算术、历史、理科、修身、日本语教育。二十世纪四十年代，朝鲜各种学校超过1000所。写真是明治末期，仁川内里教会学校例行的军事训练课。

8.33　"壬午兵变"后，日本派遣陆海军两个大队开赴朝鲜，抗议朝鲜的无礼行为。清国政府为了平息日本和朝鲜间的紧张局势，将大院君押送清国软禁。日本和朝鲜签订《济物浦条约》，朝鲜允许日本派1000人的警卫队驻扎朝鲜。写真是1904年常驻韩国的第十三师团的龙山兵营。

8.34 写真是朝鲜京城著名的游廊"新町游廊",日本人把本国的游廊文化带到了朝鲜。这里的游廊妓楼鳞次栉比,到了夜晚,酒舞淫荡通宵达旦。朝鲜"妓生"作为官妓的一种,活跃在游廊街。1895 年甲午改革后妓生的身份得到解放。

8.35 日治时期的汉城南大门中心大道,被称作银行一条街。主要有朝鲜殖产银行、第一银行、朝鲜商业银行、京城电气及朝鲜民族系资本的韩一银行、汉城银行。左侧看见的是朝鲜殖产银行,专营土地改良、农业、工业、水利组合等业务。

8.36 1908 年,为了推进日本农民殖民朝鲜,日本政府在朝鲜设立了东洋拓殖京城支店。初期东拓事业投资有四大支柱:东亚劝业(农业投资)、满蒙毛织(工业投资)、天图轻便铁道(铁路投资)、北满电气(电力投资)。日本人的移民事业受到挫折,但买入土地雇佣朝鲜人耕作,成为朝鲜的最大地主。

8.37　1910年日本吞并朝鲜后，对汉城的市政建设实行了大规模改造。写真是位于龙山的朝鲜总督官邸。

8.38　汉江铁桥是韩国首都汉城的一条铁路桥梁，横跨汉江两岸。1897年开工，1900年7月5日通车。

8.39　日韩合并前，以大韩帝国政府、日本皇室、韩国皇室及个人资本金设立了韩国银行。该行于1902年后发行了大韩帝国第一银行券，获得了韩国公用纸币发行流通的权利，成为事实上在日本统治下的韩国中央银行。日韩合并后的1911年，根据日本的银行法，将韩国银行改称朝鲜银行，简称"鲜银"。写真是朝鲜银行大楼，是设计东京车站的著名设计师辰野金吾设计的作品，带有欧洲风格的建筑。银行前面是一个巨大的华丽广场。

8 日朝关系 161

8.40 1910年的汉城南大门。与南大门相连的城墙已被切断，可供电车通过。电车是美国企业家经营的线路。据说南大门是日本殖民地时代起的名字。朝鲜时代南大门称作"崇礼门"。写真中可见，1910年日韩合并后，日本人开始了大规模城市改造计划，汉城市内已经有了电话和电线杆。

8.41 汉城银行是1903年创业的朝鲜系银行。日韩合并时，朝鲜财界巨擘为了保护朝鲜贵族阶级的财产，设立了汉城银行。写真是日治时期的银行外貌，带有欧洲风格的建筑特色。

8.42 韩国罗南地区，1915年成为一个军事都市，朝鲜军第十九师团驻屯罗南，促进了城市的形成和发展。罗南师团担任朝鲜和东北边境的守备任务。写真是高空气球拍摄的罗南市区的照片。中间的绿地是中央公园，环绕公园道路向四面八方放射状展开。

9　国家纠结

明治时代，日本国际关系中最重要的国家，是英国、俄国、美国、清国、朝鲜，以及法国、德国等国。明治维新以后，日本的精英在缕清国家的发展脉络后，毅然决然选择了"脱亚入欧"的国策。日本明治维新宏伟蓝图的实现，事实上并非一帆风顺。日本不但自身有着无数的国内矛盾需要解决，而且需要理清日本与诸国纠结的恩恩怨怨。明治维新几十年，日本通过政治崛起，"脱亚入欧"；经过与西方列强相互角逐的军事行动找到了自身利益的发展点，成功疏导了葛藤纠结的国际关系。从此日本成为代表东亚黄种人的新型国家，挤入了世界列强的行列。明治维新后的日本，作为近代文明国家，赢得了国际社会的公认。

一、日英近代葛藤

日本和英国间的早期关系，是从1613年英国国王詹姆斯一世给德川家康奉呈国书，要求建立正式国交开始的。同年，英国东印度公司在长崎县北部平户岛开设商馆。1623年，由于英国和荷兰关系恶化，贸易不振，英国商馆被迫关闭，日英关系实质中断。1673年，英国船来航，请求恢复贸易往来，遭到德川幕府的拒绝。

1808年拿破仑战争时，英国船袭击荷兰在长崎出岛的商馆，制造了"荷兰商馆袭击事件"。1825年，江户幕府发布《异国船打払令》，对接近日本沿岸的外国船，实施炮击、驱逐，上陆者予以逮捕。1840年鸦片战争，英国打败清国获得香港权益。1842年，德川幕府撤废《异国船打払令》，回避与列强的直接冲突。

1854年，德川幕府和英国政府缔结不平等条约《日英和亲条约》。1858年，英国与日本签订《日英修好通商条约》，破坏日本关税自主权并迫使日本承认领事裁判权，强化了与日本的不平等条款。1862年，在"尊王攘夷"运动中，萨摩藩主和英国侨民间发生冲突，造成英国人被杀伤的"生麦事件"。事件酿成重大政治问题，进而引发萨英战争。1864年，长州藩在关门海峡炮击洋船引发下关战争，英法海军炮击海防阵地，占领了下关炮台。

1868年明治维新，英国在"戊辰战争"中宣布中立，实质上支持明治新政府，并牵制支持幕府的法国。1870年兵制改革，日本组建英国制式的帝国海军。1872年岩仓使节团访英，修改不平等条约的交涉失败，但是将大量有价值的英国近代文明带回了日本。

日本首条运用英国技术的铁路线诞生；英国路透通讯社在日本开设支局；英国在日本的亚洲协会成立。1886 年发生了"诺曼顿号"沉船事件，英国白人全员安全避难，日本乘客全员死亡。治外法权下的英国领事判决船长无罪，引发日本国民对不平等条约的激愤，要求改正条约的呼声高涨。1894 年签署《日英通商航海条约》，治外法权从不平等条约中废除。日清战争前夜，英国积极协调日清两国纷争，结果斡旋失败，日本取得日清战争的胜利。1900 年清国义和团事变，日本加入八国联军与英军合同对清国作战。

1902 年，日英两国签署《日英同盟条约》，牵制俄、清、朝及列强间关系，完成了日俄战争大环境的整备。1904 年日俄战争爆发，英国支持日本对俄作战，取得战争胜利。1911 年《日英通商航海条约》修正，日本收回关税自主权，日本与列强间不平等条约完全撤废。明治时代，日本视日英关系是最重要的战略伙伴关系。两国的友好关系帮助日本成功实现了明治维新，日本取得了日清战争、日俄战争的全面胜利。日本成为代表亚洲的强国，信心满满地挤进了世界强国的行列。

二、日俄近代葛藤

日俄近代有着友好的、敌对的、复杂的紧密关系，这种多彩的关系起源于俄国人在远东的利益扩张和日本人在北方开拓的历史背景。1701 年，试图向东方扩张的沙俄帝国，在和日本漂流民的接触中，第一次知道日本在远东的存在。1705 年，俄国人在圣彼得堡开设了日本语学习所。1739 年，俄国船试图接近仙台湾，受到德川幕府沿岸海防的警告，俄国人接触失败，退出了日本海域。在此期间，日本人第一次知道，俄国人在远东的真实存在。十八世纪，日俄两国成为邻国关系，特别是日本近海的"虾夷之地"（日本北方诸岛），沙俄势力经常出没。在江户幕府北方开拓政策的刺激下，两国交往逐渐频繁。十九世纪初，幕府坚持锁国政策，拒绝通商，遭到俄国人的攻击，围绕北方诸岛，日俄两国间发生了多次恶性摩擦事件。

十九世纪中叶，俄国国内奴隶（农奴）解放运动呼声高涨，加之克里米亚战争的失败，使得俄国的欧洲南下政策受挫，俄国人再度将视野转向远东。1853 年美国军舰"黑船来航"日本之后，俄国使节也率军舰来航交涉通商。1855 年，两国缔结了《日俄和亲条约》；1858 年，再签《日俄修好通商条约》，两国开始了正式国交。1875 年，日俄两国就桦太岛（库页岛）和千岛群岛等北方领土归属问题进行交涉，签署了两岛交换条约。千岛群岛全部归属日本，两国居民混住的桦太岛全部归属俄国。

明治二十四年（1891）五月，沙俄帝国皇太子尼古拉访问日本，发生了日方警官暗杀未遂事件，皇太子头负重伤。在事件后的紧张国际关系中，俄国皇帝和皇太子优先考虑两国的友好关系，表现了宽宏不计前嫌的态度。日本人在嫌犯死刑问题上展开了激烈争论，政府官员多数主张死刑，最终审判由独立司法判决为无期徒刑。审理过程坚持了大日本帝国宪法的三权分立原则，从此宪法权威精神在国民意识中确立。

1858年，俄国与清国签署《瑷珲条约》，将黑龙江以北约60万平方公里土地划入沙俄帝国的版图，继而又将视野投向了"满洲"南部和朝鲜。1895年，俄国主导了"三国干涉"，迫使日本将到手的辽东半岛返还清国。之后渔翁得利的俄国人与清国私下签署《中俄密约》，获得了大量在清国的利益。1900年清国义和团事变，俄国趁乱派出大批军队控制了"满洲"全境，并在日本控制的朝鲜境内构筑防御阵地。引起日本政府和社会舆论的强烈不满，指责俄国威胁了日本权益，预言日俄间必有一战。

英国人忌嫌俄国人侵食清国利益，日本人忌嫌俄国人侵食朝鲜利益。1902年，日本和英国结成《日英同盟》，1904年日俄战争爆发，日本用巨大的代价险胜。1905年，日俄间签订《朴茨茅斯和约》（日露讲和条约），俄国退出清国"满洲"，日本则全面进军"满洲"。此后，日本为了排除英美在"满洲"的影响力和防止俄国人报复，与俄国签署及数度修订了《日俄协约》，明确两国在"满洲"的势力范围及权益分配原则。1917年俄国十月革命成功，苏维埃政府废除了《日俄协约》，日本势力趁机控制"满洲"全境。

三、日美近代葛藤

嘉永六年（1853），美国东印度舰队佩里将军率领4艘军舰开抵江户湾口，向幕府递交了要求开国通商的国书。这一历史事件被倭人谓之"黑船来航事件"。1854年，佩里率7艘军舰再度来日要求通商，江户幕府妥协。日美双方在横滨缔结了史上第一个条约《日米和亲条约》。安政五年（1859），德川幕府与美国又签署了《日美修好通商条约》。条约规定日本承认美国的领事裁判权，没有独立的关税自主权。但条约规定，当日本与欧洲各国间发生纠纷时，美国承诺有斡旋调停的义务。

《日米和亲条约》缔结批准后，1863年和1864年发生了两次长州藩攘夷派炮轰英、荷、法、美四国舰队的武力冲突事件，史称"下关战争"。各国海军陆战队占领和破坏了炮台，迫使长州藩改变攘夷政策，长州藩一代志士开始积极接近西洋文明。在此期间，美国国内发生了南北战争（1861~1865）；日本国内开始了明治维新（1868）。明治新政府为了撤废幕府签署的不平等条约，1872年派遣了岩仓使节团访问美国，拜见了美国总统格兰特。1878年，日美签订修正条约，美国承认日本的关税自主权。1899年，《日美通商航海条约》缔结，作为治外法权的领事裁判权被撤废。1911年，《日美通商航海条约》改正，完全恢复了日本的关税自主权并撤废日美间不平等条约。

十九世纪末二十世纪初，东亚发生了日清战争和日俄战争。战争中美国政府充当了重要角色，全力斡旋各国间的关系。日清战争时美国保持中立，战前，清国政府曾经通过美国驻清国公使与日本协调以期避免战争未果。战争中，美国派遣武官和新闻记者观战和采访战地报道，向西方世界披露战争实况。战争末，代表美国政府的现任国务卿及前任国务卿、驻清国公使积极出面调解停战和结束战争。日俄战争时美国保持中立，在日本取得辽阳会战、奉天会战、日本海海战胜利的情况下，日本的国力疲悫已达临界点。日本请求美国总统罗斯福出面斡旋，与俄国讲和，罗斯福甚至私下偏袒日本，忠告日本占领俄国的桦太岛取得谈判主动权。在美国人主持下，1905 年 9 月 5 日，在美国缅因州朴茨茅斯海军基地，日俄两国成功签署了《朴茨茅斯和约》，结束了日俄战争。1908 年，美国大白色舰队环绕世界一周，10 月抵达日本，日美两国政府签署了《路特—高平协议》（Root-Takahira Agreement）。两国正式承认 1908 年 11 月现时点的领土现状、清国的独立和领土完整、自由贸易及商业机会均等。美国承认日本在"满洲"的地位，日本承认美国合并夏威夷王国和对菲律宾的管理权。美国默认日本合并韩国和对"满洲"南部的控制，日本默许限制日本人向美国移民。1909 年 12 月，美国提出"满洲"铁道中立化案，欲进军清国"满洲"。翌年 1 月，日俄两国正式宣布反对美国提案，阻止美国人对"满洲"的扩张企图，迫使提案流产。第一次世界大战中及战后，日美关系逐渐恶化。1924 年，美国对日实施"排日移民法"，迎来了日本反美情绪的高潮。

四、日清近代葛藤

1840 年发生在大清帝国的鸦片战争，给江户幕府带来了巨大的冲击，导致在 1842 年，日本数百年的锁国体制面临崩溃的局面。1854 年，美国的"黑船来航事件"打开了日本国门，签订了《日米和亲条约》。此后，幕府与西方国家缔结了诸多不平等条约。幕末政权丧权辱国，国内的政府官吏至一般民众，兴起"尊王攘夷"和"打开国门富国强兵"的运动。萨摩和长州两大地方势力起兵讨幕，1867 年发布"大政奉还"和"王政复古"大号令，宣告幕藩体制终结，迎来了明治维新的新时代。日本和清国的关系，就是在这样的历史背景下开始了多元的接触。

幕末的江户政府为了探索与清国交好，曾经派遣"千岁丸"、"健顺丸"考察清国，试图打开与清国的贸易，遭到清国的拒绝。1870 年，明治政府也向清国提出国交建议，清国也无理会。曾国藩、李鸿章不断向朝廷进言，主张与日通商建立国交，有益于大清朝廷的国家利益。1871 年 7 月，日本的伊达宗城和清国的李鸿章，代表两国签订了《日清修好条规》。此条规中，日清两国政府相互承认彼此的治外法权和领事裁判权，废除了华夷思想为基础的册封、朝贡关系，确立了日清两国间的国交。日本派遣特命全权公使森有礼前往清国北京赴任。

日清近代友好交往的一大史例是"玛利亚卢斯"号事件。1872 年 7 月，从澳门开往秘鲁的秘鲁籍船"玛利亚卢斯"号寄靠横滨港，船内关押着 231 名清国人奴隶。一名跳海逃跑的清国人被英国军舰救助，"奴隶运输船"事件被曝光，英国政府立即要求日本政府救助船上的清国人。当时日本与秘鲁间没有国交关系，但从人道主义和主权独立的立场出发，日本下达了禁止"玛利亚卢斯"号出航的命令，全部清国奴隶下船获得了保护。"玛利亚卢斯"号事件引来了双方一段艰难的官司。船长一方不服起诉，主张运输行为是在履行"移民合同",所谓违反人道的诉讼无效。裁判官认为所谓"移民合同"的内容是属于违反人道的奴隶合同,驳回了船长的请求。船长则指责日本人没有资格冠冕堂皇地高谈奴隶论,日本国自己就存在严重的奴隶合同事情。日本公开的海内外娼妓人身买卖,事实上就是承认游女奴隶的有效性。日本政府在事实面前处于被批判的立场,同年10月,日本政府发布了《艺娼妓解放令》。裁判的结果是清国人解放送回清国,清国政府向日本政府表示谢意。

1884年,朝鲜开化党在日本暗中支持下,发动"甲申政变"夺取了政权。清国驻军出兵成功镇压叛党。翌年,伊藤博文和李鸿章在天津签署了《天津条约》。1886年,清国北洋舰队寄港长崎,发生长崎事件。1894年,朝鲜爆发声势浩大的农民暴动,进而引发日清两国的甲午战争,结果清国战败,日本取得了胜利。

日清战争惨败的大清国为牵制日本,与俄国秘密签订了《中俄密约》,加剧了俄国人对"满洲"的全面渗透。1900年清国爆发义和团事变,俄国人借义和团破坏东清铁道之由,派军占领"满洲",引起了欧美列强尤其是日本人的警觉。围绕在朝鲜和清国的利益,1904年日俄两国断绝国交,爆发了日俄战争。战争中清国宣布中立。日俄战争日本取得了胜利,此后日本对"满洲"的经营和占领,与清国和"中华民国"结下了新的恩怨。

五、日朝近代葛藤

清国鸦片战争后,掌握朝鲜国家实权的兴宣大院君,以西方列强对清国的侵略为教训,采取了更加坚定的排斥列强的锁国政策。1866年,排斥外国传教士和屠杀基督教徒,引发"丙寅洋扰"事件,法国舰队入侵江华岛。1871年,朝鲜烧毁美国商船,美国军舰入侵朝鲜,引发"辛未洋扰"事件。

1868年日本新政府成立,欲与朝鲜修好建立国交,但屡屡碰壁,遭到朝鲜的顽固拒绝。1873年,朝鲜大院君辞去摄政,其子李熙亲政。但王妃闵氏一族篡权,加剧了大院君派和王妃闵氏派之间的内斗。1874年,日朝两国交涉再开未果,日本国内"征韩论"鼎沸。1875年,日本"云扬号"军舰侵入江华岛,遭到江华岛守军开炮攻击,结果"云扬号"还击,摧毁并占领了江华炮台。宗主国清国政府不愿看到朝日间对抗引来欧美列强干涉,劝告朝鲜对日开港。1876年,日本与朝鲜签署了《日朝修好条规》不平等条约。1882年,美国也与朝鲜签订《朝美修好条约》。步美国后尘,英、法、德、俄、意、奥、比、荷、丹等国也与朝鲜签订了类似条约。

1882年,大院君在京城煽动军队叛乱,攻入王宫,挑起"壬午兵变",乱兵焚毁日本公使馆,杀死7名日本军事顾问,清国驻朝鲜军队迅速镇压了兵变。"壬午兵变"引来日军入境抗议,日本迫使朝鲜签订了《济物浦条约》。1884年,受日本支持的朝鲜政治家金玉均等人，秘密组建了资产阶级改良主义政党开化党，策动"甲申政变"，政变被清国驻朝军队镇压。事件惊动了清日两国政府，分别委派李鸿章和伊藤博文在天津会谈，双方签订了《天津条约》。

1892年，东学教徒要求朝廷停止对东学教的迫害镇压，并由此引发大规模动乱。清国派兵赴朝镇压东学运动，迫东学教解散。日本政府和民间，高度关注邻国朝鲜发生的动乱。

1894年，朝鲜全罗道古阜农民不满地方官酷政，引发农民暴动，很快乱从局部地域扩大到整个朝鲜南部。农民起义军在东学党领导下声势浩大，数月间发展到数万人之众。朝廷派兵镇压遭到惨败，朝鲜政府再次请求清国派兵镇压东学农民军。1894年，清国出兵朝鲜，日本以保护在朝居民安全为由，也向朝鲜派出军队。两国政治、军事对峙的结果，引发日清战争。1895年清国战败，两国签下《马关条约》。

1895年10月8日，在日本官方策动下，日本浪人闯入朝鲜王宫，杀害闵妃，制造了"乙未事变"。1896年发生"俄馆播迁"事件，高宗避难俄国公使馆长达1年。支持国王的美国、俄国分别获得在朝鲜的大量利益，日本势力遭到排挤。1897年，高宗返回王宫，同年朝鲜改国号"大韩帝国"。

1904年日俄战争爆发，日韩两国签署《日韩议定书》，韩国宣布局外中立。战争结果日本胜利，俄国放弃在朝鲜半岛的权利，韩国成为日本的傀儡国。1909年10月26日，担任韩国统监的伊藤博文被韩国人安重根刺杀，事件导致日本加速吞并韩国。1910年《日韩合并条约》缔结，大韩帝国灭亡。

六、租　界

日本的租界称作"外国人居留地"，指日本承诺的拥有治外法权的外国人居留区域。著名的居留地有：筑地居留地、横滨居留地、川口居留地、神户居留地、长崎居留地、箱馆（函馆）居留地、新潟居留地。明治三十二年（1899），日本与列强修订了条约，废除了外国人居留地。

居留地诞生

江户锁国的时代和幕末时期，曾在长崎设置了"出岛"和"唐人屋敷"，属于一种最早的外国人居留地。出岛居住的是荷兰人，唐人屋敷居住的是清国人，当时规定这些外国人不能离开居住地，不能自由进入长崎市街。安政五年（1858）日美签订《日美修好通商条约》后，英国、法国、俄国、荷兰随之与幕府签订修好条约，总称"安政五国条约"。条约开放函馆市、横滨市、长崎市、神户市、新潟市五个港口，承认外国人的居住和贸易往来的权利。居留地的外国人允许在方圆40公里内自由旅行。条约承认居留地拥有领事裁判权，居留地内的外国人须遵守日本的行政权。但在实际上，为了回避与诸国间的麻烦，实行的是治外法权。关税以外的租役概不征收，外国商人的外出，须配备日本人护卫。日本商人和外国商人交易，限定在居留地内进行。

居留地贸易

函馆、横滨、长崎开港后不久，出现了奇妙的淘金热。当时世界的金银比价1∶15，而日本的比价1∶5，也就是说，日本的金价便宜，银价昂贵。结果清国通过条约港，用银换金，在清国内大发横财。幕府发现事态，改革通货制度时，日本的黄金已经大量流失，出现了严重的通货膨胀。幕末时，武器和军舰是日本的主要输入品，武器买卖在长崎活跃。到了明治时期，近代化兵器和机械仍然是日本的主要输入品。而日本的海外输出品，则以日本茶、生丝为主。由于贸易结算只能用金银，政府大力发展制丝和茶叶产业换取外汇，这些产品的出口交易，大多数是在居留地内完成的。

居留地文化

开港的居留地成为西洋文明开化的据点，西洋式的街道、酒店、教会、洋馆，时髦象征的西式文化在这块土地上诞生。居留地外国人的娱乐多种多样，竞马、网球、壁球、板球、棒球等运动，让日本人接触到了新奇的西洋娱乐文化。西洋文化很快被日本人所接受和传播。

居留地和华侨

明治时代，横滨、长崎、神户的居留地内，出现了华人街区，并发展成三大中华街。当初来日的西洋商人多进入中华居留地，找清国人陪同和日本人做买卖。从神户进出的华侨较多是富裕的贸易商，而从横滨进出的华侨大部分从事饮食业买卖，中华街的面积不断扩大。日本和清国各地开港后，开通了定期航路，进入日本的清国商人日益增多。

居留地的终止

居留地集中了大量外国人，减少了与日本人的纷争，有利于政府的管理。但是不平等条约中的治外法权、领事裁判权，是国家独立所不能容忍的。在列强对居留地的维持经费不断攀高的背景下，1876年，列强将长崎居留地返还日本政府。1877年，日本恢复了在横滨居留地的行政权。明治政府为改正不平等条约、废除居留地作出了长期不懈的努力。1899年，条约改正实施，各地居留地一并被日本政府收回，居留地时代终结。居留地时代，神户港凌驾于上海、香港之上，成为东亚最大的港口。居留地返还日本后，日本政府许可外国人在内地居住，解除外国人的旅行限制。横滨、神户在政府管辖下，旧居留地仍然是对外贸易的交易中心。

9.01 1897年讽刺画《列强俱乐部》。日英的蜜月中，日本取得了日清战争的胜利。日本作为新兴强国，进入了列强俱乐部。在列强眼中，日本是个身穿洋装，脚踏木屐，细细眼缝下露出一排利齿的十足乡下佬。列强中惊异者、疑惑者、傲慢者皆有之，各个心思复杂，感叹今日的日本在国际社会的影响力已经不能低估了。

9.02 日本海上力量的进步令西方列强刮目相看。与清国军备竞赛以来，经过十年图强，在日清开战前日本海军的军舰已经达到可以与清国舰队匹敌的数量。炮舰28艘，吨位57,631吨；水雷艇24艘，吨位1475吨，合计舰艇52艘，总吨位59,106吨。绘中的清国人眉头紧锁，若有所思。

9.03 《鹬蚌相争》图，日清围绕在邻国朝鲜的利益，展开了政治、经济、外交上的争斗。清国虽然是老牌帝国，掌握朝鲜的命脉，但是气盛的日本人绝不甘拜下风。在两强相争的背后，俄国人密切窥视清日两国的动向，鹬蚌相争必有一失，俄国人绝不能放过这个渔翁得利的大餐。图中，日清渔翁垂竿下诱惑的是朝鲜鱼，清国大佬在巧妙投放美味诱饵。

9.04 1898年，清国与德国签订《胶澳租借条约》，租期99年，允许德国修建胶济铁路；有权开采铁路两旁30华里内的一切矿产资源。日俄战争后，德国加快了对清国的经济扩张。讽刺画中的清国人，就像一个受气的乡巴佬，在委屈中任人宰割。

9.05 日清战争和日俄战争后，列强加快了对清国的瓜分，英国于1907年和1910年两次贷款津浦铁路，额度达1220万英镑。1908年动工，1911年完成铺轨。英国控制津浦铁路全长达1009.5公里。讽刺画中的清国人欲说不能，无胆争辩，只能受人欺辱。

9.06 讽刺画《养育权的争夺》描绘了日俄战争前，日俄两国争夺朝鲜半岛的情势。日清战争胜利后，日本获得朝鲜的控制权。可是取得清国"满洲"控制权的俄国，对朝鲜的野心日益增强。残垣断壁后的英国密切观望复杂的远东局势，被套在小儿学步器内的朝鲜，在日俄两国拉扯下，艰难前行。

G.B Le péril jaune - Cauchemar Européen

9.07 日清战争后日本取得在清国的巨大利益，令西方列强极度不安。德国皇帝威廉二世提出"黄祸论"，呼吁欧洲各国对公然扩张的日本国施加压力。讽刺画《欧洲的噩梦》，描绘了十九世纪末，欧洲国家的巨头在对日本明治维新的支持中，衍生出复杂的警觉心情。漫画中的天空，弥漫着黄色沙尘，暗示东方黄色人种的日本人，正如噩梦般袭扰欧洲权贵们的美梦。

9.08 19世纪末，德国皇帝威廉二世亲自构思了一幅《黄祸图》，画成油画送给了俄国沙皇。日清战争后，随着远东日本的崛起，引起西方的警觉，出现了大量关于"黄祸论"的文章和专著。西方认为日本的发展和崛起，将给西方文明带来灾难和毁灭。漫画《黄祸图》描绘了德国皇帝威廉二世，在勾画一幅警示欧洲列强、警惕黄祸到来的图画。

9.09　日本对朝鲜的军事介入，把清国拖入战争的泥潭，朝鲜成为清日角逐的舞台。垣后的俄国密切注视这场战争。日清战争实质上是多国利益的争夺战，清国成为战争最大的输家。

9.10　讽刺画《满洲》描绘日清战争后清国、日本、俄国三国间的关系。俄国人为强化在"满洲"的利益，与清国急速接近。而日本警告清国，俄国人企图对"满洲"不轨。清国在日清战争中败战，心里对日本充满仇恨，可引来的俄国人更是狼子野心。画中象征清国的女子，左右暧昧，心思复杂，三角关系微妙。

9.11　讽刺画《在远东的英国人》，为了对抗南下的俄国人，英国和日本形成联盟关系，在政经各方面成为日本的后盾。后方的美国密切窥视事态的动向。画内音："不要害怕，我就在你的后面。"英国人将恐惑的日本人推向傲慢的俄国人面前。

9.12 讽刺画《黄祸袭来》。德国皇帝提出黄祸论，警告西方世界，表面上被压抑的亚洲黄色人，正在形成巨大的力量与西方抗衡。赢得日清战争胜利的"日本拿破仑"，正在率领亚洲人向西方进军。拉车的清国人、印度人、朝鲜人等各国各民族，在日本人的指挥下，正在走出亚洲，远征西方。德国皇帝认为，阻止黄祸蔓延的最好办法，就是鼓励俄国人南下。

9.13 讽刺画《角力》，日本天皇与象征俄国的北极熊角力。这场你死我活的角力受到各国的极大关注。几乎没有人相信，日本能够战胜俄国。但也有人认为，拥有85%世界最高识字率的日本人，所具备的国民头脑和国民精神力，一定会超过25%识字率的俄国。列强从敢于和比自己强大数倍的庞然大物角力的勇气中，看到了东方人的崛起。

9.14 讽刺画《远东的事情》描绘了日清战争后，列强在远东问题上的心态和立场。清国妇女拿出密信，分别交与俄、德、法，意欲牵制日英同盟在远东的影响力，结果加速了列强对清国的瓜分。英国颇为失意，窗外的日本人、韩国人密切关注事态的发展。大大的问号，给这封密信留下了神秘的色彩。

9.15 讽刺画《熊和狂吠之犬》，描绘俄国熊怀抱着"满洲"和朝鲜，自以为得意，不想被日本狗狠狠咬住了腿脚。身后的英国、美国在静静观望两国间的争斗。恼怒的俄国熊放出狠话："给我滚开，你个讨厌的家伙。"

9.16 日俄战争两败俱伤，美国出面调停，秘密建议日本迅速占领桦太岛，使谈判的天平向日本方面倾斜。漫画讽刺日俄两国犹如提线木偶，被美国操纵着握手言和。

9.17 日俄战争中日俄两国的较量也可以说是联合势力的对抗。俄国的盟国法国财大气粗，还有德国人撑腰。日本的盟国英国是日本的后盾，还有美国的好意。列强势力的交错参与，使这场战争有了特殊的意义。所以说日俄战争是第零次世界大战，是第一次世界大战的预热。绘中的法国女郎和英国绅士都表现出不惧对方的底气，而日本和俄国则剑拔弩张，仗势欲战，精神紧张。

9.18 日俄战争时战费不足是日本最致命的要害。向毫无战争利益的国家出售国债，在没有任何战争胜利保障的状况下，不会有哪个国家会冒险购买日本国债。这幅漫画形象地描绘了当时的情形。日本派出的代表是日本银行副总裁高桥是清，在国债募集过程中遇到了重重困难，西方世界几乎没有人愿意借钱给日本。在绝望的关头，美国银行家和慈善家、美国犹太人领袖雅各布·希夫伸出了援手，号召全美犹太人接受了日本的国债。雅各布·希夫融资的理由，是报复沙俄的反犹主义。融资的成功使日本赢得了战争胜利。

9.19 法国女郎问俄国女郎："你不想和比尔跳舞吗？"俄国女郎："如果他不会踩到我脚趾头上的话，我觉得我应该非常想去。"法国女郎："噢，他不会的，他已经有了很大的进步，我觉得他很可爱。"日俄战争的失败让俄国人失去了自尊心，此时的比尔先生正在和日本女郎缠绵。

9.20 在世界各国的关注下，日俄战争的大戏开幕。各中立国都在盘算自己的心事。唯独清国人神情紧张、气愤、无奈、沮丧，因为两国的大戏是在自己国家的土地上展开的。

176　明治维新的国度

9.21　日清战争结束后，日本在俄、德、法三国干涉下，被迫将辽东半岛返还清国。事件加深了日本和干涉国间的矛盾。为了对抗俄、德、法三国同盟，日本也加入到英国、美国的阵营，形成了新三国同盟的对抗势力。讽刺画《新三国同盟》描绘了新生的后起之秀和老牌帝国间，政治、经济、国际地位不协调的画面，日本小学生尚需培养壮大，才能与列强并驾齐驱。

9.22 幕末时,《日美通商条约》签订,神奈川开港,大量西洋人进入日本。列强纷纷在各自的租界内兴建房屋建筑,开发房地产。租界内经济活跃,促进了当地经济的发展。写真是从山手的视角观看横滨租界内的景象。租界面对的港湾内,停泊着各国的军舰和商船,日本的主权在对外不平等条约束缚下受到侵犯。

9.23 写真是明治九年(1876)拍摄的神户租借地开设8年后,海岸大道最东端正在建设的西洋建筑。建筑从左一数是德国人库乔商会、卡比商会(现在的神户市立博物馆)、东洋银行(英国系)、伊利斯商会(德国系),正面空地是1864年日本海军鼻祖胜海州开设的神户海军操练所(废所)。

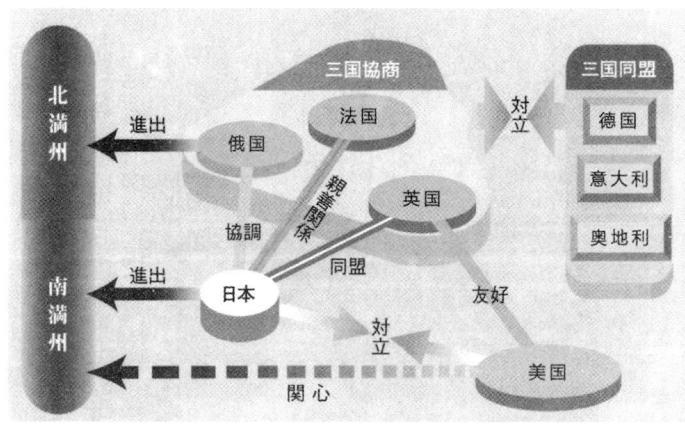

9.24 明治三十三年(1900)前后的国际关系示意图。围绕中近东和非洲的殖民地问题,英国和德国间的矛盾激化。日俄战争后,德、意、奥组成三国同盟,与英、法、俄协商国形成两大对立阵营,日本是协商国阵营的支持国。在远东,日本和俄国间相互协调,控制清国"南满洲"和"北满洲"。美国日益关注"南满洲"利益,开始与日本出现对立立场。围绕朝鲜和清国争夺的远东,成为当时最危险的地带,一场充满火药味的日俄大战即将到来。

9.25 横滨的本町大街,高耸旗杆飘扬美国国旗的建筑院落,是美国领事馆。道路对面有脚手架的建筑,是明治七年(1874)竣工的邮便局,一派近代化街道的景象。

9.26 幕末时期,横滨的里町在开港前只是一个寂静、不为外界所知的贫困小渔村,渔民们每日挤在破旧的木板房内生活。变成租界后,这里发生了巨大的变化。

9.27 1873年，美国马卡斯商会在租界横滨山下町93番设立了一家美国综合商社。随着业务的扩大，商社雇佣了大量日本人在租界工厂内做工，同时也雇佣了清国人帮助他们开拓清国市场，将日本货输往清国。写真是1919年商会的职工在工厂大门口的合影。

9.28 十九世纪，西方纺织工业飞速发展，生丝需求量日益增大，日本和清国成为欧美发达国家生丝原料收购的主要国家之一。1910年，日本生丝出口量10,462吨，占世界生丝出口总额的3/4，是清国的6倍。生丝的出口，为日本换取了大量外汇。写真是在外国商馆内囤积的大量准备出港的生丝原料。

9.29 1859年横滨港开港之时，横滨市建成了外国人居留地，一些服务于欧美商社及银行的中国人与欧美人一起往来于中日之间。横滨与上海、香港之间开设了定期的船路航班之后，一些中国贸易商也开始往来中日之间，并在居留地的山下町周围建造了关帝庙、中华会馆、中华学校等。写真是1910年旧历五月十三日关羽祭日（一说关羽祭日在六月二十四日），在中华街举行的舞狮子。

9.30 明治时代，政府垄断制作衣服的产业，建造了绢制作工厂，绢的产量开始增加。日本的开港让西洋人接触到绢织物产品，并展开了大规模绢制品的出口。日本的绢线和绢制品的出口额，占据了世界出口额的最大比例，以至于世界上的人们认为日本是绢的原产国。写真是英国租界内绢制品出口前做最终检验的情景。

9.31 1891年，日本的绿茶出口量达到2.4万吨，茶叶出口在日本的出口产品中仅次于生丝。由于西洋人对日本绿茶有特殊的喜好，出口量日益扩大。日本与列强间的不平等条约，加速了茶叶贸易的发展，工厂干脆开到了租界内。写真是1906年租界内外国商行茶叶再制车间内女工作业的场景。

9.32 明治维新急需大量英语人才，1872年，租界内设立了高岛英语学校，培养可以与西洋人交往的外语人才。著名的美国长老教会教育者JH.巴拉兄弟在此受聘任教。写真是学校的校舍，构造呈四面围合而成的两层建筑。写真中间是横滨火车站的乘车站台。

9　国家纠结　181

9.33　日本的遣唐僧从中国带回了茶叶的种子，日本由此开始了茶叶的种植。日本的蒸青绿茶工艺受到中国茶文化的启发。明治维新后，日本发明了"宇治制法"，其蒸茶技术在全国推广，并受到西洋人的喜好。明治时代，日本茶的出口量超过了中国茶和印度红茶，1891年达到2.4万吨。写真是明治二十年前后在神户租界92番馆，斐利亚商会的茶叶工厂里，日本女工作业的情形。

9.34　明治时代，日本茶主要输往美国。而输入神户茶叶的美国大户是租界内的美西商会。写真是明治二十年前后，日本的茶商向美国商户提供各种茶叶产品，美国商人在进行质量检查的场面。双方根据茶叶质量在用算盘进行价格交涉。

9.35　神户租界121番是德国的商行。从海外进口织物、毛毯、药品、洋纸、机械、杂货，出口花、白蜡、竹材、竹笼、地毯。商行内除了3位负责人外，其余60人全部是日本人。写真是明治中期，德国特拉甘普商会大型仓库内堆积的部分货物。

182　明治维新的国度

9.36　明治时期英国驻日本公使馆。

9.37　明治时期美国驻日本公使馆。

9.38　明治时期法国驻日本公使馆。

9.39　明治时期俄国驻日本公使馆。

9.40　明治时期荷兰国驻日本公使馆。

9.41　明治时期德国驻日本公使馆。

9.42　明治时期意大利国驻日本公使馆。

9.43　明治时期奥匈帝国驻日本公使馆。

9.44 明治时期大清国驻日本公使馆。

9.45 明治时期韩国驻日本公使馆。

9.46 明治四十三年（1910）初，是日本最平安顺利的时期，此时的日本与俄国达成妥协；与英美国家维持友好关系；韩国被合并成殖民地，是日本的全胜期。在这幅1910年8月20日的伦敦新闻图片中，记载了一些国家的皇帝和国家人口。国际关系图的中央是代表西方世界的领袖大英帝国，国家人口41,776,827人。清国作为世界的大国，拥有407,253,030人；欧洲3.9亿人；韩国1000万人；俄国155,433,300人；日本49,581,928人。

10　民权反战

　　日本的自由民权运动，是明治时代推动的社会性政治运动。史上通常所说的自由民权运动，始于明治七年（1874）政府提出的"民选议院设立建白书"。此后萨长藩阀要求政府在政治上实施全面改革，制定宪法、开设议会、减轻地租、改正不平等条约、保障言论自由和集会自由。直至1890年帝国议会成立，自由民权运动在政府、民间广泛热议，在法律的保护下展开。

　　明治六年（1873），日本庶民派思想政治家板垣退助，因朝鲜拒绝与日本修好之故，率先提出了"征韩论"的主张，引导舆论对朝鲜国激进和仇视。赴欧美考察回归的岩仓使节团从国际关系大环境的视野考虑，力主稳健慎重应对。为此，稳健派与激进派之间展开了论战，导致政府内大规模人事动荡。板垣退助、西乡隆盛等600余名官僚被迫辞官，上演了一场"明治六年政变"或称"征韩论政变"的政治事件。

　　以此次政治事件为契机，推动了自由民权运动的展开。明治七年（1874），依照"五条御誓文"精神，"爱国公党"、"立志社"等宣扬自由民权的民间党派组织相继成立，翌年又在全国范围内成立了"爱国社"。一些宣扬自由民权的组织，打着"士族民权"的招牌，甚至用暴力行动为士族阶级的失势喊冤叫屈，遭到政府的严厉镇压。1875年，政府公布"谗谤律"、"新闻纸条例"。1878年，"爱国社"再度兴起，呼吁开设国会、改正地租，民权运动得到士族、农民的广泛支持。1880年，政府发布"集会条例"，限制言论的绝对自由。

　　明治十四年（1881），自由民权运动潮流中，社会展开了宪法制定论的热议。政府内部的政治大腕，对确定国家宪法中国体采用何国模式发生争执。伊藤博文支持德国式的普鲁士宪政，维护天皇大权主义的体制。大隈重信主张英国式的议院内阁制宪政，建立资产阶级议会民主精神的国家体制。两种意见形成两派势力，在近代国家体制构想的争执中，引发了"明治十四年政变"，政府多数派否决了大隈重信的宪政主张，以反政府的阴谋论罢免其官职。最终在宪法中确立了以君主大权续存的普鲁士宪政的国家模式，作为日本近代国家的体制原则。

　　"明治十四年政变"后，政府内主张自由民权运动的声音受到打击，政府强化了对不同意见的压制，巩固了以伊藤博文为中心的政府派阀。1882年，政变下野的大隈重信，组建了"立宪改进党"，并成为党首。在政府压制反对派的背景下，日本全国各地频繁发生反对压制民主的激化事件，如1881年秋田事件，1882年福岛、岐阜事件，1883年高田事件，1884年群马、加波山、秩父、饭田、名古屋事件，1886年静冈事件等，都是要求自由民权的群众运动。

明治十九年（1886），自由民权运动的"大同团结运动"再掀热潮。中江兆民、德富苏峰等人的思想学说活跃，引导舆论对民权表现出更多关注。1887年，井上馨基于欧化主义的外交政策，提出外交政策转换、言论集会自由、地租轻减的要求。面对政府内外的自由民权主张，政府制定了保安条例，吸收改进党大隈重信进入内阁，使激进的民权运动趋于沉静。在民权运动背景下，1889年诞生了《大日本帝国宪法》，全国实施了第一次总选举，成功召开了帝国议会。

明治时代，日本进行了三次对外战争，既给日本带来了荣耀，也给日本带来巨大损失。围绕战争的主题，政府和民间有过各种各样主张战争和反对战争的议论。明治时代著名的基督教思想家、文学家内村鉴三，曾经是赞赏正义战争论者。战争结束后，他反省了战争，发表《战争废止论》，抨击"战争的利益是强盗的利益，盗来的利益将永远的利益。盗窃者的道德，为了盗窃而堕落，会用数倍的利益去偿还自己的罪恶，此乃世之大愚。日清战争，日本两亿的暴富和一万生命阵亡的代价，朝鲜的独立、支那的瓜分、日本国民负担的增加，将东洋之国带入了危险的境地。战争之国乃未开化之国、野蛮之国，犯有杀戮大罪之人的胜利，没有永远的利益。"

日清战争和日俄战争开战前，政府给予新闻媒体、报纸杂志充分的自由言论，"开战否"、"非战否"两种对立的议论交战得如火如荼。可是政府一旦决定战争，国家就坚决强制要求民众回到现实中履行战争义务，国民便失去了指责政府和战争的权利。战争状态下，日本采用了法国国家宪兵制模式，在戒严令下对一般国民行使言论管制权。民众的自由言论受到限制，反政府的新闻报道被取缔，日本因战争迎来了钳制言论自由的时代。战争是国家行为，面对战争国民没有民权可言，只能义无反顾地接受国家赋予的战争义务，为战争去死，奉献一切。

日俄战争后，全国各新闻社、通讯社的记者首次团结起来，要求取消禁止新闻发布的法规；废除公判前预审记事的禁止条例；全面制止新闻报道中的体罚；修改新闻报道法令。新闻界的自由民权运动，促进了国家一系列的改革。然而战时言论管制机制，事实上在历次战争中都在严格实施，一直延续到1945年日本在第二次世界大战败战为止。

日本是近代以来数次战争的发起国，但是战争的受害者永远是民众，任何胜利或失败的国家，都为之付出了民众的血泪。战争中反战、厌战、避战、惧战的情绪在民间蔓延，许多青年人为躲避兵役，采取了自残的极端行为。日俄战争中，当大量军人战死沙场时，这种情绪达到了高潮。国民为战争承受牺牲和赋税，战争将国民拖入死亡的深渊。日俄战争时国家特别增税3.2亿日圆、国债6.7亿日圆、外债8亿日圆，总战费18亿日圆。为国家从军的士兵109万，战死8.8万人，战伤、疾病40万人。这对只有5000万人口的国家而言，的确是难以承受的牺牲和悲哀。

战争中的民众，女人们强颜欢笑，割发送夫上战场，牺牲的丈夫在怀中留下妻子一缕黑发的眷恋。1895年松井升所画《军人的遗物》，1895年彼克（笔名美好）画《陆军将校妻儿别》，1904年满谷国四郎所画《军人之妻》，每幅绘画都深刻揭示了民众对战争的憎恨和反战情绪。战争导致男儿大量阵亡，"未亡人"的再婚成为舆论的话题。然而社会的主流认识，却赋予女人"若对为国捐躯的丈夫思念，就不应该再婚"的苛酷选择和压抑。

日俄战争中日本付出巨大的牺牲赢得了战争胜利。然而，当日本政府和俄国政府签署了《朴茨茅斯和约》，日本没有得到战争赔偿时，激发了国内反政府运动，群众发起废除《朴茨茅斯和约》，继续战争的过激举动。日本国内军国主义团体利用群众对战争期间米价上涨、增加税收的不满，煽动战争，狂热反对媾和。9月5日，在黑龙会、靖和问题同志会的发动下，3万东京市民集会日比谷公园，要求废止和约，继续对俄作战。与会群众和试图阻挠大会的警察发生冲突。会后，群众袭击《国民新闻》报社、内务大臣府邸、基督教会、警察署和市内电车，烧毁警察岗亭和派出所，暴动持续到次日，甚至蔓延到横滨、神户一带，全国各地都出现了反对媾和运动的暴乱。政府发布"戒严令"，出动军队。事件中伤约500人、死17人、被捕者约1700人，其中308人被起诉，87人被判刑。事实上，参加暴乱的大多数人，是对物价飞涨和重税盘剥不满的工匠、职工、脚夫、车夫等城市各业劳动群众。

明治维新的时代，日本国民迈进了追求自由民权的国度，民权推进了国家进步和文明的快速发展。维新国家赋予民众的民权，重要的政治含义是君主立宪国家的民众，不再是"臣民"，而是"国民"的理念。明治国家的民众为争取做真正意义上的国民，作出了不懈的努力，那里的国民在维新的国度里，获得了封建制度下从未有过的民权悦意。明治维新对"民"改造的最大贡献，莫过于将"民"永远脱离出"草民"、"人民"、"臣民"的理念，让国民成为国家为我、我为国家的近代国家主义献身者。日本国民在民权的理解、争取、获得的维新过程中，同样走过了漫长的路程，付出了极大的代价。

10.01　明治维新自由民权运动掀起高潮，为了向大众宣传民主和自由，明治十四年（1881）在筑地木挽町建设落成了一座可以容纳1500余人的演说会场"明治会堂"。图绘是明治会堂演说的场面，场内上下两层座无虚席，演说者振臂激昂，听众聚精会神。国民迎接新时代的到来，关心作为国民应有的民主和自由权利。

10.02　明治维新国家的民众要求民权、自由，在许多公共场所自发举办演讲会宣传思想。在政府治安管制条例的干涉下，巡警有时会直接冲入会场终止讲演。1888年《自由新闻画报》刊载巡警终止讲演的情形。满场听众场面沸腾，抗议警察干涉自由发言权。早期的明治维新，日本民众经历了要求和争取民权、自由的历史阶段。

10.03　女性从政是明治维新时期，文明进步的重要表现。然而女性从政在日本经历了艰难的历史阶段。明治二十三年（1890），政府发布《集会及政社法》，规定禁止女性参加政治集会。"妇人演说图"表现了妇人演说的情形。讲演题目《虽说是女子，努力的结果可以超过男子》。当时比较著名的政谈演说女性有岸田俊子、福田英子等思想家。

10.04 讽刺画《警察的口罩》。早期明治维新的新闻自由并非一帆风顺,报社发表新闻必须通过警方审查才可以。绘画的场面是各报社的编辑,带着各自的新闻原稿在接受审查官的训斥。警官给他们带上捂住嘴巴的口罩,禁止他们发表意见。窗外探头者,嘲笑明治宪法主张的民权是虚伪的谎言。

10.05 讽刺画《再多说一句就……》。1887年10月,后藤象二郎组织的"大同团结运动"在日本引起共鸣。为了政治独裁的需要,政府对宣传媒体采取了严厉管制。画中人的喉咙被套上"绞杀器",警官在一点点收紧绞索套说:"你再胡说一句,小命就没有了!"新闻自由实际上受到了官方的严厉限制。

10.06　1882 年前后，民权家们经常为讨论改进政党在饮食店聚会，政府为监视民运人士的举动，雇佣艺伎偷听民权家的密谈信息，进而采取镇压措施。《土阳新闻》揭露，端着酒壶的艺伎，正在偷听室内人物的谈话，作为政府密探监视反对党和民运人士的活动。

10.07　1893 年 *The Graphic* 杂志绘画。描绘明治二十年至三十一年"保安条例"实施期间，许多主张平等、自由、民权的人士被警方抓捕和流放。画中是民运人士正在被警察押送离开东京，前往远方的荒凉之所。民运人士的不公、苦涩、无奈和警察同情的神情，被含蓄地表现出来。

10.08　讽刺画《民权自由的牺牲者》。井上馨是第一次伊藤博文内阁的外务大臣、第二次伊藤内阁的内务大臣、驻朝鲜公使。他是"脱亚入欧"战略的主导者，也是官商勾结、贪官污吏的典型代表。他主导修改欧美不平等条约，主张欧化推进政策，历时 8 年，以失败告终。绘画描绘了因秘密出版批判井上馨条约改正案的小册子，出版业者遭到警方抓捕入狱的情景。

10.09 明治维新使得民权、自由、独立的理念开始在岛国社会启蒙，政府养成了通过报纸媒体表达思想和新闻的方式。民主化的推进，引导民众开始公开对政府的执政进行批评。1875年，政府发布新闻报纸条例规则，对批评政府的言论和行为施行限制和处罚。政府同时赞助替政府说话的报纸在媒体上与其他报刊论战。漫画《新闻战士的笔伐》，展示各报社编辑们以笔为矛，用报纸当盾，在报刊上相互口诛笔伐的事情，反映民权自由在维新文明的呐喊中形成。

10.10 1895年发表的绘画《陆军将校妻儿别》，描绘日清战争中，在广岛宇品港即将出征的军人与家属别离的场面。将校、妻子、儿子的表情，描绘得淋漓尽致、寓意深刻。正所谓：行役在战场，相见未有期。抚额一长叹，泪为生别兹。今后汝乃吾家之梁柱，要好生照顾母亲。此绘画被誉为传递悲怨战争的反战作品。

10.11 日本近代著名画家石井柏亭的作品《未亡人的悲哀》，揭示了战争给民众带来的苦难和悲怨。战争导致男儿大量阵亡，"未亡人"的再婚成为舆论关注的话题。然而社会的主流认识，却赋予女人"若对为国捐躯的丈夫思念，就不应该再婚"的更残酷的精神压抑。

10.12 讽刺画《旅顺战后的日本军》，日俄战争虽然取得了胜利，但是胜利的代价是大量的兵员损失和大量的借金（公债、外国债）堆积而成的。战争中反战、厌战、避战、惧战的情绪在民间蔓延。日俄战争中大量军人战死沙场，这种情绪达到了高潮。国民为战争承受牺牲和赋税，战争将国民拖入死亡的深渊。日俄战争国家特别增税 3.2 亿日圆、国债 6.7 亿日圆、外债 8 亿日圆，总战费 18 亿日圆。为国家从军的士兵 109 万，战死 8.8 万人，战伤、疾病 40 万人。这对只有 5000 万人口的国家而言，是一场深重的灾难和悲哀。

10.13 27岁的庶民女子"畠山勇子"，在"大津事件"后，为挽救日俄两国间危机，在京都府门前自刃身亡。她的爱国反战情操令尼古拉感动，挽救了日俄双方的紧张关系，受到本国和欧美列强的高度赞扬。

10.14 日俄战争造成大量的日本士兵阵亡,日本国内的反战浪潮急速增高。日俄签订《朴茨茅斯和约》,日本除领土和外国权益外没有得到战争赔偿,加剧了国内反政府运动。图为愤怒的民众用门板抬着负伤者,在政府门前集会抗议的情形。

10.15 《朴茨茅斯和约》签署的当天,失望的日本民众聚集在东京日比谷公园召开国民大会,要求废弃该条约。参会者与警察发生了冲突,民众猛烈地袭击了公园附近的内相官邸,发生了日比谷烧打事件。骚乱持续了3天,从东京迅速波及到日本各地,全国为之震荡。暴乱最终被政府军镇压。写真是暴乱中被民众破坏的街头电话亭。

10.16 1904年，日俄战争开战，日军接连苦战，大量阵亡，虽然在奉天会战以及日本海海战中取得了胜利，但是日本的作战能力已经达到了极限，俄国国内革命运动兴起，两国均陷入难以持续作战状态。经美国介入斡旋，两国于1905年9月缔结《朴茨茅斯和约》。日本国内军国主义团体利用群众对战争期间米价上涨、增加税收的不满，煽动战争狂热，反对媾和。9月5日，在黑龙会、靖和问题同志会的发动下，3万东京市民集会日比谷公园，要求废止和约，继续对俄作战。狂热的市民捣毁《国民新闻》报社，放火焚烧内务大臣官邸和多个警察署。政府宣布东京戒严，出动近卫师团镇压。写真是在市街巡逻的日本正规军步兵队列。

10.17 9月5日，在国权派团体主持下，在东京日比谷公园召开了反对媾和国民大会。与会群众和试图阻挠大会的警察发生冲突。会后，群众袭击《国民新闻》报社、内务大臣府邸、基督教会、警察署和市内电车，烧毁警察岗亭和派出所，暴动持续到次日。政府发布"戒严令"，出动军队镇压。事件中伤约500人、死17人、被捕者约1700人，有308人被起诉，87人被判刑。暴动蔓延到横滨、神户一带，在全国各地都出现了反对媾和运动的暴乱。图绘是暴乱群众在焚烧电车的情形。

11　国民教育

一、日本前古的教育

奈良时代（公元8世纪），日本派遣大量留学僧作为遣唐使，西渡大唐学得了唐朝的明法道（律令）、文章道（汉诗文），将各个领域的中国文化带回了本国。

平安时代（公元8世纪末），日本国内汉文学兴起，日本人编纂的诗文集大量登场。日本人开始改造国语，发明日本文字"平假名"、"片假名"，与汉字混合而成的"和歌"、"和文"迅速发展。

镰仓时代（公元12世纪），日本在教育中引入了日本语。南北朝时期（公元14世纪），《朱子学》、《源氏物语》、《古今和歌集》等经典文学受到广泛关注，日本文化的独立性、日本语言的自主性形成主流。

室町时代（公元15世纪），国家的古典文化教育在战乱中受到冲击，但在庶民中"艺道"、"趣味道"、"人间道"等武家阶级的文化产物兴起，教育在民间出现繁盛局面。公元16世纪，基督教传来，传教士为了布教的便利，带来了西方特色的文明启蒙教育。

二、江户教育的特色

江户时代（公元17世纪），是日本史上教育最发达的时期。幕府推进的教育形式，是受制于武士、百姓、町人的身份制度，自发性的自习自学教育方式。随着社会安定，经济发展，诞生了面向大众的以"文学"、"艺能"为特征的庶民化国学。外来的儒学、自然科学、古典学研究，逐渐融入了日本的教育。对自由人性的追求，辞藻华丽的市井文学，俳谐、小说、脚本；绘画的浮世绘、风俗画；歌舞的歌舞伎、女形等大众喜爱的艺术形式在庶民中广泛流行。

儒学教育对日本政治的成长发挥了重要作用，社会重视忠孝礼仪，儒学融入"文治"、"政治"，在意识形态上稳固了封建社会幕藩政权的思想基础。江户时代末期（公元19世纪），幕府财政困难，严重危及体制的稳定，武士阶级的生活水平急剧下降。诸藩决议实施教育改革，武士阶级为维持生计涉足经商，大量教育机构如"寺子屋"、"手习所"、"乡学"、"家塾"、"私塾"、"藩学"涌现，奠定了明治时代学校教育的基础。

江户中期以降，日本的古典研究发达，学者们致力于研究日本人自古以来的精神。对古来精神的追求和倡导，后来发展成日本人引以为自豪的国粹主义精神。新理论的思想家不断涌现，动摇了幕藩体制的意识形态。世经论中，熊泽蕃山所著《大学或问》，对武士归农论和参勤交代（江户幕府要求各藩藩主以人质形式定期前往江户）展开批判；本多利明《经世秘策》提出了与外国交易有益于岛国开发的富国策略；佐藤信渊《经济要录》主张绝对统一国家论，积极支持到海外发展的势头。农业论者，大藏永常《交易国产考》论述农家的利益与国家的利益。尊王论者，蒲生君平在《山陵志》中最先提出了尊崇天皇的思想。海防开国论者，工藤平助《赤虾夷风说考》建议开发虾夷蛮地（北海道一带），扩展国家疆域。林子平《海国兵谈》全面论及国家海防的重要性。学者广泛的研究和治国的高见，一定程度上融入到教育之中。幕藩政府没有坐视精英们理论与观点的表达，一些大胆直言的理论家被处罪，史称"蛮社之狱"。

江户时代，幕府坚持锁国政策，却和荷兰国保持着长久的交往。幕府唯一批准的具有洋夷色彩的教育，就是被称作"兰学"的荷兰自然科学。到了江户幕末，以传播西洋各国科学为中心的日本自然科学领域的教育，得到了较为迅速的发展。这是因为幕府限制外来意识形态学问的流入，外来学问只停留在实用的自然科学领域。在这个时期，外来的语言学、医学、物理学、天文学、测地学、化学、植物学等，开阔了岛国日本人的视野。

江户幕末"黑船来航"，西洋人惊异于日本人的教育水平，城市一般市民的入学率超过七成，尤其女子入学率极高。初等教育的普及，结束了上层阶级对教育的垄断，庶民也能阅读各种出版物。幕末日本民众的识字率达到60%~70%，而当时的欧洲民众识字率仅20%~60%，法国甚至未满10%。日本教育普及程度之高，令发达的西洋诸国惊叹不已。江户时代教育的兴起，是基于大众对文化繁荣的需求，以及幕府为巩固封建制度宣传其政治理念的策略。国家对庶民文化的期待，着眼于对幕府制度的理解，贯彻文书形式的法令，商业上的交易，土地买卖，金钱借贷时的基础知识。因此早期日本人推行的教育，实际上被束缚在相对狭隘的实用范畴之内。尽管如此，江户时代的教育培育了国民的读写和计数能力，是明治时代以后日本超过亚洲诸国，迅速完成国家近代化的重要因素。日本的教育学者评价说："江户时代的教育为明治教育的再生和发展打下了良好基础。"

三、明治的教育维新

幕末和明治维新初期，安政元年（1854），外交军事要员专修的"洋学所"成立，1863年扩充为"开成所"（后为东京大学）。安政五年（1858），福泽谕吉开设"兰学塾"（后为庆应义塾）。福泽谕吉《劝学篇》、中村正直《西国立志论》、中江兆民《民约译解》、森有礼《明六社》等体现近代思想的学术著作受到关注，确立了明治普及教育的思想基础。近代思想的国民教育普及论，对近代国家的形成起到了重要作用，日本人开始懂得教育的含义。明治维新的政治家们清醒地认识到，教育不仅仅是民间个体对文化的追求，更是维新国家的民众必须共享的战略储备行为。明治新政府将教育政策，从民间自由主义教育形式，整编成中央集权的国家主义教育形式。政府公布了学制、教育义务化、普及女子教育等措施，民间教育被国家教育统括，确立了国家长期战略性教育责任制。

明治维新后，政府将从封建社会延续下来的、具有阶级特色的教育制度，一律统一为国家的国民教育制度，传统的藩校、乡校、寺子屋转变成明治小学校。可是，明治初期正是国家草创的艰难时期，政府自身尚处在权力基础没有稳固、经济能力也非常薄弱的阶段。政府只能在推进教育过程中征收学费，学费的征收，成为教育普及的巨大障碍。以农业为国家经济基础的日本，乡村、渔村的大部分儿童，事实上已经成为维持家计、继承祖上劳力的预备军。在他们的意识中，上学并不是绝对需要的事情。明治初期，日本民众对上学非渴望的短见，使全民自主就学率趋于低下。

明治五年（1872），政府制定了面向教育普及的《学校制度法》，确定了普及国民初等义务教育方针。政府强力推进小学校教育，敦促儿童家长接受国民教育启蒙，减少孩童作为家庭劳力的负担，缩短帮助父母劳作的时间，让子女接受小学教育。明治初期，政府推进的义务教育，旨在提高国民的识字率，但全国的就学率仅达到30%。由于当时国家财力有限，免费义务教育力不从心，一般教育仍然需要交付学费，因此政府推进的义务教育计划效果并不显著。

明治六年（1873）以前，日本采用法国的"学区制"模式，在全国分成八大学区。每个大学区有大学1所，并辖32个中学区；每中学区有中学1所，并辖210个小学区；每小学区有小学1所。亦即全国8所大学、256所中学、53,760所小学。明治六年（1873）改成七大学区。"学制"为基础的学校制度，确立了以全体国民为对象的初等义务教育。政府强力推进小学教育的举措，减少了孩童作为家庭劳力帮助父母劳动的时间，遭到家长的抵制。小学教育的普及成为政府亟待解决的重要课题。

明治政府全力推进普及教育的同时，展开了对残疾人的特殊教育。明治十一年（1878），京都设立了第一所"盲哑院"；1880年，东京开设了"训盲院"；1894年，面向智障、肢体残疾儿童设立了"精薄儿"教育设施。但是公立、私立、地方公共团体的盲聋哑教育设施与西洋国家比较，仍处于相对落后的阶段。

日清战争以后，国民的爱国心形成，国民的国家意识受到空前鼓舞，普通小学的就学率急速上升。明治三十三年（1900），政府利用日清战争的赔款，对全国入校小学生实现学费全额免除制度。但此举并未改变贫民家庭的适龄入学子女作为家庭重要劳力的现状，义务教育的就学率仍然较低。为此，地方政府向适龄儿童颁发校徽和入学铭牌，监督不登校的学童。学校将入学学生分成8个等级进行表彰和批评，甚至采用威胁强制手段，迫使学龄儿童入学。到 1915 年，全国小学入学率超过 90%，庶民学龄期子女的就学实现了普及。

明治维新国民教育的成功，源于国家教育方针的确立和教育法的制定。从日本明治时期国家颁布的教育法规，不难看出政府对教育的重视，以及以法为本、循序渐进、脚踏实地的教育务实精神。

明治元年（1868），《五条御誓文》发布，誓言"国家求知识于世界"论；

明治四年（1871），文部省设立；

明治五年（1872），学制公布；

明治十二年（1879），东京学士会院规则公布、教育令发布；

明治十三年（1880），教育令改正公布；

明治十九年（1886），帝国大学令发布、师范学校令发布、学校令公布；

明治二十年（1887），学位令发布；

明治二十一年（1888），官立大学、官立高等学校制定；

明治二十三年（1890），教育敕语公布；

明治二十七年（1894），高等学校令公布；

明治三十一年（1898），高等女学校令公布、私立学校令公布、图书馆令公布；

明治三十三年（1900），小学校令全面修订；

明治三十六年（1903），国定教科书制度、专门学校令发布；

明治四十年（1907），小学校令修订。

明治维新教育政策的确立，使学术发展空前跃进。欧美近代科学和技术，被拥有基础教育水平的日本人大量采用和吸收。政府广泛雇佣各行各业的西洋优秀人才进入本国帮助建设，许多研究机构相继成立，具有世界水平的研究成果不断发表。在经济学、医学、药学、工学、物理学、地震学、化学、植物学界，涌现出一批批优秀的科学家和技术人才。教育维新的成果，使日本有能力精细消化西方国家在兵器、船舶、医术等领域的先进技术，成就了日本军事的崛起。然而，随着西洋文化的涌入与大和民族文化保护意识发生冲突，顽固的封建残余和资本主义共存的社会矛盾日益凸现。日本国家主义、国粹主义、民族主义、国民主义的民族意识蠢蠢欲动，舆论中出现对欧美政策批判的倾向，偏激的大和精神和极端的唯我独尊主义思想抬头。

四、明治的教科书

日本教科书的历史可以追溯到平安时代（794~1192），从中国传来的"汉书"和日本的"和歌"，曾经是当时最具代表性的传统教育内容。江户时代，随着庶民文化的兴起和邮递事业的发达，一种称作"往来物"的实用教科书登场。"往来物"是民间往来邮寄的书信，优秀的书信汇编成册就成了"手书范本"。《永乐庭训往来》就是以汉文为主的教科书鼻祖，极受武士阶级和庶民的欢迎。《商卖往来》、《农民往来》是商业信息的手书范本，因其实用性，在生意场上很受商人的青睐。以女性为对象的"往来物"颇为有名，女大学教文库中的教训往来物《女大学》、《实语教》、《女今川》，在女子中广泛流行。书中满载对女子的说教，以及女子为人处世的道理和心得体会。

明治时代的政治和社会发生了变化，教育制度也随之有了极大转变。教科书的内容、体裁、教育方式都发生了变化。为了近代国家的建设，政府急需快速引入西洋知识，教育界随之出现了各种各样新式风格的教科书。为适应近代学校的教育，教材成为当务之急。文部省统筹规划了近代教育制度，教科书逐渐由各小学自行编印，统归到文部省统一编辑发行。明治五年（1872）政府公布学制，遵照四民平等、国民皆学的原则，国家小学教育参考了德、美、英、法等9国的教育制度。在教学上引入近代欧美新教材内容的过渡期，日本小学还是采用早期本国学者所著的启蒙书籍作为教材，如福泽谕吉的《西洋事情》等，即被用作小学文史教材。

明治"学制"公布以后，开始了集团型小学统一教学。最初的小学教科书，教师选用《小学教方筌蹄》、《小学教授校本》等师范性教材，授课采用《五十音图》、《单语音图》、《连语图》挂图，采取由浅入深的快速入门教学法。配给学生的代表性教材有《小学算术》、《小学读本》等各种科目的教材。明治初期，小学教材中存在大量西洋教科书的翻译本，诸如理科《洛氏天文学》、《初学人身穷理》、《地理论略》；文科《勉强示蒙》、《童子谕》等。代表性的教科书有中村正直翻译的《西国立志编》、《训蒙话草》等教育刊行物，内容包括许多外国伟人的训教和名言。《小学读本》是当时最为普及的教科书，其中包括大量西方著名作家的作品，文中插入很多异国风情的绘画，深入浅出，趣意盎然。总体而言，明治初期日本本国风格的教科书编写尚不成熟，较多采用西洋教科书的内容和风格，在日本教育史上被称作"翻译教科书"的时代。

明治时代为实现国家近代化目标，政府在教育中大量吸收西方近代科学知识，小学教育出现重视理科的倾向。设置了许多新学科，如算术《笔算题丛》、化学《小学化学书》、理科《牙氏初学须知》、物理《小学人身穷理》、世界史《万国史略》、世界地理《万国地志略》等。这些西方学科的许多内容对教师来说也是新事物，教师边学边教，努力与小学生共同理解和想象那些大千世界，西洋人国度里的新奇事。

教科书在政府文部省和师范学校主持下编辑出版，各地方自治体也参与教材的编辑出版。明治七年至十年，几乎所有府县的小学，都使用了地方自治体出版的地方志教科书。此举有利于小学生在学习全国地理时，先行学好身边的地理知识。小学普及教育的其他内容还有，家政学（家庭科）《经济小学家政要旨》，体操《体操书》，画学（美术）《西画指南》、《小学普通画学本》，习字《小学习字本》，唱歌《教育唱歌集》。最令历史学家注目的是明治教材中，普及大量的小学修身教材。如《教学大旨》、《小学修身训》、《小学生徒心得》、《修身女性》、《修身教场》，等等。这些教材出现的背景，源自社会对明治教育偏重西洋化智育的批评，主张重视德育的儒教主义。《小学修身训》开篇云："孝乃德之本"、"父母之恩如大山"、"父母之惠似大海"，教导学生尊敬教师如尊敬父母。在吸收西洋文明的同时，明治政府更有意识地重视"德"的教育。如此形式的教育科目和教材，培养出的小学生从小就修习了儒教的"德行"，兼备了西方的活跃思想和独立性格。从明治初期到中期，实施的都是文部省对各校教材的检定制度。明治三十五年（1902），政府发现教科书采用委员会中的知事，议员，小学、中学师范学校校长存在严重的受贿问题，事关40余道府县200余名公务人员。由此引发了震惊教育界的"教科书疑狱事件"，事件中，116人受到受贿罪、贪污罪的处罚。翌年，政府颁布了教科书国定化法案，正式引入国定教科书，由中央政府文部省统管全国小学教科书。

五、教育与国家

明治教育的哲学

明治政府重视教育的思想基础，把教育与国家理念紧密结合在一起。明治时期，日本人对教育有着各种各样哲学的议论和主张，在那个时代，教育维新的思想已经深刻影响到国家的上层建筑。舆论如是说："教育是思想，教育的本质是国家，议论教育本身就是谈论国家。""教育的思想基础是宪法，教育实施的根据是宪法。宪法是建国的理念，亦即国家根本的哲学。国家的根本哲学就是建国的目的，因此国家的理念如果不基础于教育，就会失去建国的目的。""日本国策中的国家理念，是个人主义、自由主义、民主主义和共和主义，民主主义的国家理念不能没有思想。在国家形态中，思想是国家体制的重要部分。而每一个个体思想的形成，是教育建国的极端环节。""爱国心的教育，不单纯是狭隘的国家主义、全体主义、军国主义、独裁主义，而是国家的民主主义。从历史观的视角，世界上各国的独立和革命，无数的自由民主信仰者前仆后继，为了实现一个信念牺牲了宝贵生命，最终才得到梦寐的民主国家。因此，发自内心世界的爱国心，比强要的国家主义、全体主义、军国主义、独裁主义，具有更强大的精神动力。""教育是民主国家弘扬正确爱国心的基础手段，对爱国心的逆向歪曲，国家的教育就会走向歧途。""在民主主义社会，自尊心和自信心的奠定，是教育的根本目的之一。有了自信就能维护自尊。"明治教育把树立自信和自尊，作为爱国心的基础教育，使这个岛国的全体国民增强了并肩于列强的信心，进而加速了近代国家的崛起。

国家教育者的培养

明治维新的时代，如果说国家重视普及教育，那么国家更重视教育者的培养。有了良师就会造就出优秀的后生，让他们成为小到家庭，中到社会，大到国家的优秀分子。

维新国家给予教育者应有的社会地位，明治四十年（1907），帝国教育会、东京府教育会、东京市教育会，共同主办全国教育家大集会，表彰追颂日本的六大教育家，共勉教育界同仁。大木乔任（文部卿）为制定近代学制作出贡献；森有礼（文部大臣）为明六社发起人，在实施学制改革中贡献杰出；近藤真琴创立"攻玉塾"，在数学、工学、航海术领域十分活跃；中村正直创立"同人社"，翻译出版介绍西方文明思想的《西国立志编》等著作；新岛襄创立"同人社"，在英语、基督教等领域有诸多建树；福泽谕吉创立"庆应义塾"，在法学、经济学等领域贡献卓著，是明治维新时期最具远见卓识的思想家。明治时的日本人崇尚先知，认知世上的圣人和哲学家，耶稣基督、佛陀、穆罕默德、孔子、苏格拉底、柏拉图、亚里士多德都是伟大的教师。教育论者指出，"人们在论及长者时，实际上就是在谈论教育者。长者的言论和行为，每时每刻都在影响着周围，因为他是'人生'的楷模。失败的教育者会误人子弟，迟滞社会和国家的进步。"

明治政府的教育维新最先从教育者的培养入手，明治五年（1872）小学师范学校在昌平校内开校；翌年（1873）改称东京师范学校，之后大阪、宫城也效仿设立了师范学校。模范师范学校进一步推动全国各地设立本地的师范学校。明治八年（1875），东京女子师范学校创立，主要目的是培养女性教师。这些女教师将作为骨干，派往全国各地的师范学校，培养更多的教师人才，以适应《学制》普及教育的目标。当时录取的学生大多数是有文化的士族子女，他们为培养明治维新急速近代化所需的人才作出了极大贡献。明治十九年（1886），首任文部大臣森有礼发布《师范学校令》，对师范教育实行了国家统一的改革，保障了明治教育的正确发展。各府县的师范学校成为最受关注的官方圣地，师范学校教师的地位超过了其他行业。

明治维新的国家教育，推行的不是顶尖英才教育，而是国民的一般普及教育。国家执政者清楚地看到，全体国民才是近代国家建设的基础，只有让庞大的基础土壤获得知识的滋润，才能成长出参天大树。国家因此注重培养一代又一代致力于普及国民一般教育的师资力量。政府为普及教育不但提供最优惠的政策，在力所能及的财力条件下为教师、校舍给予了最大限度的支持。明治国家的教育者作为"恩师"和国家的"公仆"受到全社会的尊敬，他们像传说中圣人和哲学家那样，在现实生活中为岛国民众摆脱知识贫困作出了平凡却又伟大的贡献，为国家培养出一代代的优秀国民。

六、教育与战争

明治政府的教育，在普及国民读写知识、计算能力、正确礼仪以及对世界文明的理解上起到了重要作用。但是近代教育在政府的政治主张和历史认知的框架下，贯彻了思想统治的强制立场。其中日本强制推行的皇国洗脑教育，对国民战争观的形成产生决定性影响。

明治政府推进富国强兵政策，意识到实现既定方针必须强化中央集权，而实现中央集权只能从教育下手。明治十四年（1881），政府在小学基础教育的教则纲领中，规定了日本史的历史教育。1886年发布小学校令、中学校令，制定了教科书检定规则。教科书检定的重要意义，在于监督各学校编制的教科书，是否贯彻了政府主张的思想和历史认识。教科书检定的严密实施一直续到日清战争。1889年，《大日本帝国宪法》发布，近代国家政治框架形成。1890年，《教育敕语》颁布，天皇作为国民精神上的神，在所有学校设立了天皇御真影（肖像）供奉的奉安殿。每到四大节祝贺仪式时，教职员和学生全体集合面对御真影施最敬礼，奉读《教育敕语》。放学途经奉安殿时必须服装整洁行最敬礼。《教育敕语》灌输的是历代天皇的古训，从精神上开导在日清战争时期成长为青年的士兵。那个时代青少年最关心的话题，是成为战至最后一滴血的勇敢战士。教科书、军歌、报纸、书籍、舞台，教育内容都是围绕战争忠勇的美谈。这个时期日本的一般民众都坚信，日清战争是正义的战争。明治的教育普及，在某种意义上成为为战争服务的工具和手段。

明治政府早期推行的教育，最大困难是教育经费短缺，国家没有能力普及免费教育。日清战争胜利，日本获得巨额战争赔偿金。政府拿出1000万日圆（占赔款总额的2.8%）设立教育基金，将战争赔偿金直接用于教育事业。当时的1000万日圆可以建造17座八幡制铁所那样巨大的钢铁企业，极大改善和促进了国家教育目标的实现。教育获得人材，人才赢得战争，战争得到赔偿。如此逻辑的教育谋略，在日本教育史中表现得淋漓尽致。

1903年，小学校国定教科书制度公布，教科书检定制度改变为国定教材，由文部省主编。主要科目有修身、国语读本、地理、日本历史，使皇国史观的教育进一步具体化，为日俄战争奠定了精神武装的基础。在残酷的日俄战争中，在战场上为天皇尽忠的将士，广濑中佐、橘中佐、乃木将军，成为青少年坚实刚健、忠君爱国的楷模，燃起了为天皇而死的疯狂信念。日本对台湾的占领，对韩国的合并，伪"满洲国"的建立，展开了对殖民地民族实施奴化教育的政策。教育的原点仍然是从《教育敕语》开始，宣扬忠于天皇的皇民教育。

纵观日本五十年的战争历史，考察日本走过的军国之路，日本实现国民普及教育，同时也普及了天皇至上的军国主义洗脑教育。日本将皇国教育统合到为战争服务的谋略取得了成功，这种教育杂质的强行"灌输"，在日本所发起的历次战争中暴露无遗，给近邻国家带来了无尽的灾难。国民的教育普及，虽然标志着国家教育政策的成功，但不能表明教育内容完全的先进性。日本人在赞美明治维新时代的成功教育和国家崛起的同时，不能不反省"成功教育"的背后隐藏的龌龊。日本的教育史证明了这样一个事实，国家教育应该着眼于本民族的知识普及和改观，建设国家和发展自身的文明，并且将教育产生的光和热惠与世界，这样的国家教育才是人类期待的成功教育。明治天皇的本意确曾如此，但封成神的天皇，只能是无能为力的精神领袖。用知识武装起来的军人国家，像一匹无约束的狂暴烈马，将国家拖入了自焚自灭的泥沼。

11.01 明治天皇发布《教育敕语》，奠定了日本国家教育发展的大纲。全文曰："朕惟我皇祖皇宗，肇国宏远，树德深厚。我臣民，克忠克孝，亿兆一心，世济厥美。此我国体之精华，而教育之渊源，亦实存乎此。尔臣民，孝于父母，友于兄弟，夫妇相和，朋友相信，恭俭持己，博爱及众，修学习业，以启发智能，成就德器。进广公益，开世务，常重国宪，遵国法，一旦缓急，则义勇奉公，以扶翼天壤无穷之皇运。如是，不独为朕之忠良臣民，亦足以显彰尔祖先之遗风矣。斯道也，实我皇祖皇宗之遗训，而子孙臣民，所宜俱遵守焉。通之古今不谬，施之中外不悖。朕与尔臣民，拳拳服膺，庶几咸一其德。"原文发布于明治二十三年（1890）十月三十日。

11.02 江户幕末时期面向庶民的教育机构之一"乡学校"。乡学校的规模介于藩学校和寺子屋之间，设立的主体是各地藩主和领主，经济上得到藩主的支持。是明治政府将民间教育转变为国家教育的前期教育机构之一。图为冈山县圣庙内的闲谷学校。

11.03 近世纪珠算传来日本，《日本风土记》（1573~1580）中，有关于珠算的最早记载。珠算的普及是从明治五年（1872）政府颁布《学制》后，小学校全面实施珠算教育开始的。算盘是日本百姓生计中应用最普遍的计算工具，把来自中国的珠算文化发扬得尽善至美。绘画《算盘》描绘幕末期，珠算尚未普及时，学习珠算和拥有一副算盘，对贫穷者来说还是一件奢侈的梦想。在商家较多地区的寺子屋，珠算教育是主要学习的科目。绘画中三个商家的女儿拿着算盘回家，左侧女孩怀端一具唐伞，远处有家长前来迎接孩子放学。

11.04 江户时期的教育机构"藩学校"。幕府为了巩固武士阶级的地位,藩政再兴,强制或半强制地要求藩士(武士)子弟入学接受教育。藩学校的教育内容以儒学为主,幕末时期转向富国强兵教育,采用洋学和洋式训练等教学方法。图为松代文武藩学校的校舍。

11.05 江户幕末和明治初期,日本各地分布一种称作"寺子屋"的教育机构,因多设在寺庙,故称"寺子屋"。寺子屋是明治政府将民间教育转变为国家小学校教育、散在民间的主力教育机构。教育以习字为主,教科书各种各样,学习风气也各有风貌。漫画《寺子屋》描绘了教室内,无奈的老师和顽皮无秩序的学生在一起的混乱场面。

11.06 "寺子屋"类似中国的"私塾",也有面向少数人的教育。写真是女师匠经营的"寺子屋",在指导两名学生习字。

11.07 明治五年(1872)入山村小学校。

11.08 明治二十年(1887)安田寻常小学校。

11.09 明治二十一年(1888)忠泊寻常小学校。

11.10 明治二十三年(1890)边户寻常小学校。

11.11 明治二十三年(1890)濑底寻常小学校。

11.12 明治二十三年(1890)嘉艺寻常小学校。

11.13 明治二十六年(1893)国头高等小学校。

11.14 明治二十八年(1895)久边寻常小学校。

11.15 明治二十八年（1895）稻岭寻常小学校。

11.16 明治二十八年（1895）天铭寻常小学校。

11.17 明治三十三年（1900）本部寻常小学校。

11.18 明治三十四年（1901）羽地寻常小学校。

11.19 明治三十五年（1902）大宜味寻常小学校。

11.20 明治三十五年（1902）恩纳寻常小学校。

11.21 明治三十五年（1902）久志寻常小学校。

11.22 明治三十九年（1906）屋我地寻常小学校。

11.23 明治六年（1873）开校的模仿西洋建筑风格建设的长野县松本市开智学校校舍（现为纪念馆），总建筑费用的七成是当地居民集资而得。在明治政府颁布《学制》确立在全国各地兴办西式教育后，创立了这所小学校。1880年，明治天皇伉俪在巡幸松本市时，曾到访过开智学校。这座有140年历史的学校，是明治维新文明开化的象征和产物。

11.24 1875年，为了培养国际航路的船舶人材，在政府财政支持下，设立了三菱商船学校。1882年改称东京商船学校。学生入学的当日，即会被任命为海军预备生加入兵籍，成为征兵的对象。毕业生通常在民间船舶公司就职，继续专攻航海专业者，授予海军预备少尉军衔，有事时即有入伍义务。学校也培养师资人才，满足日本航海业人才的需求。右写真是东京商船学校的风景。

11.25 左写真是东京丰岛师范学校的校舍，1908年创设。1943年改称东京第二师范学校。1945年美军空袭时被焚毁。

11.26 左下写真是鸟取师范学校的校舍，1882年设立，1898年改称鸟取县师范学校。

11.27 右下写真是秋田师范学校的校舍，1878年创立。1909年男女校分离，1943年男女校合并为官立秋田师范学校。

11.28 1873年创立的枥木师范学校的校舍，早期归属官立东京师范学校管辖，故校名"官立东京师范学校"，1874年改称枥木师范学校。校舍具有欧式风格的典型特征。

11.29 1876年创设的青山师范学校的校舍，早期归属官立东京师范学校管辖，故校名"官立东京师范学校"，后改称青山师范学校。

11.30 福岛女子师范学校的校舍，1878年，福岛1、2、3号师范学校合并为福岛师范学校。1923年成立福岛县女子师范学校，举行男女分离仪式。福岛师范学校为男校，福岛县女子师范学校为女校。

11.31 静冈师范学校1875年创设，1887年改称静冈县寻常师范学校，1914年改称静冈县静冈师范学校。尖塔顶建筑具有欧式风格的典型特征。

11.32 高等师范学校的前身,是明治五年(1872)成立的"师范学校"。1873年,全国七大学区设立官方师范学校时,改称"东京师范学校"。1886年,政府发布"师范学校令"后,改称"高等师范学校"。1890年女子部独立出,成立"女子高等师范学校"。高等师范学校是明治政府的教师培养机构,主要是培养中学教员。按照《学制》规定,中学教员必须有大学文凭才能任教。教师需要通过国家资格检定,发放教师任教许可证书才能从事教师职业。在这所学校里,培育出跨越明治、大正、昭和三代的诸多优秀人才和著名人物。左写真是明治中期的高等师范学校。

11.33 京都女子师范学校,1908年分离独立。

11.34 奈良师范学校,1898年由前身师范学校改称。

11.35 神户师范学校,1877年由前师范学校统合设立。

11.36 东京师范学校,1873年创建。

11.37 熊本师范学校,1876年由前校统合改称。

11.38 岐阜师范学校,1876年由前校统合改称。

11.39 明治时期官立的教育机构"开成学校",创办于明治元年(1868),1877 年与东京医学校统合,组成东京大学,雇佣欧美人教师,采用英、德、法三种语言授课。明治维新早期的旗手中,有多人毕业于开成学校。写真是 1873 年竣工的开成学校外观。

11.40 东京理科大学前身为"东京物理讲习所",由 21 位东京帝国大学毕业的青年理学学士,在普及理学是国运发展的基础信念下,于 1881 年创立。1883 年,该机构更名为"东京物理学校"。1949 年更名为"东京理科大学",成为集教育与研究于一身的学府。写真是 1885 年竣工的东京理科大学的校舍。

11.41 明治十八年(1885),专门为华族女子教育开办的华族女学校。明治政府面向华族"大名、公家"子女为对象的教育,投入了较大的精力。学校教育注重"德育",培养拥有素质、正直信条的女性。华族女学校的前身是 1877 年创立的学习院,1918 年华族女学校更名为"女子学习院"。写真是 1889 年落成的华族女学校景致。

11.42 明治四年（1871）工部省创办的工学寮校舍，1877年改称工部大学。1885年工部省撤销后，移交文部省管辖，1886年改称帝国大学工科大学（东京大学工学部）。广角写真是宽阔豪华的工科大学校园内风景。

11.43 早稻田大学创立于明治十五年（1882），前身是大隈重信创办的东京专门学校。1902年改称早稻田大学，1920年成为大学令框架下的大学。写真是明治后期拍摄的早稻田大学校园景象，左侧白基铜像是大隈重信的立像。

11.44 在伊藤博文倡导下，明治十九年（1886），由当时政界、财界、官界有力者组成的女子教育奖励创立委员会，北白川宫能久亲王为会长的诸名人，创办了东京女学馆。学馆主旨培养能与外国对等交流的、国际化的、知性丰富的、有品行的女性。写真是东京女学馆创办时期的校舍远景。

11 国民教育　211

11.45　庆应义塾大学是福泽谕吉奉藩命于安政五年（1858）创设的以兰学塾为基础的大学。庆应义塾的"义"，是为公共社会尽心尽力之意。历史上庆应义塾大学涌现出了众多的优秀人材，为国家的进步作出贡献。写真是明治四十五年（1912）竣工，有欧式风格的庆应义塾纪念图书馆。

11.46　学习院最早源于1847年由仁孝天皇在京都御所内以朝廷贵族为对象而下赐的教育机构。明治维新后，学校于1876年改名为华族学校，又于第二年改名为学习院。日俄战争后的1907年，乃木希典任该院院长直至为天皇殉死。写真是明治后期的学习院远景，右下是乃木题写的校训：崇皇国之懿风，履圣人之至道，不通国典何以养正，不读圣经何以修身，明辨之，务行之。

11.47　东京大学是日本的国立大学，明治十年（1877）原东京开成学校和东京医学校合并成"东京大学"。1897年，伴随京都帝国大学的创设，东京大学改称"东京帝国大学"。昭和二十二年（1947），日本国战败，东京帝国大学又改回原称"东京大学"。东京大学是日本最高学府的象征，从这里毕业的学生曾有首相、大臣等重量级政治人物，还有诸多官员、科学家、文学家、艺术家、名商巨贾等名人。写真是明治三十七年（1904）东京帝国大学的本乡路赤门，曾是大名藩主加贺藩前田家的大门。

11.48　明治维新颁布的《学制》，是日本近代女子教育正规化的开端。政府首次将女子教育以法条的形式编入法规，正式将女子教育纳入国家总体大纲。此后日本近代女子教育系统开始形成，初等教育、中等教育、女子师范教育日益普及。在国家主义教育思想引导下，明治中后期开始推进职业教育和女子高等教育，使日本女性开始由"家庭人"向"社会人"转化，诸多女性活动家和女子教育家出现于社会和政治舞台。图为明治时期小学高年级女生上习字课的情形。

11.49　明治维新时期，国家主张全民教育，政府在全日本推行初等教育，提高国民的识字率和计算能力。珠算教育是教育普及的重要科目之一，对学童的将来，无论是农民、工人、商人、军人，还是各行各业需要自食其力的人，都有重要意义。写真是明治初期日本小学校，男学生上珠算课的情形。

11.50 江户末期,日本通过荷兰贸易商引进了"幻灯"。明治时代,这种奇妙的视觉媒体,在学校教育中,作为一种教具和教材,展现出卓越的效能。在文化生活中的锦影绘、幻灯故事会,也给市井百姓的生活带来乐趣。绘画《幻灯》记录了明治十三年(1880),各府县的师范学校,都配装了这种用石油灯驱动投影的教学用具,在学校教育现场中发挥了重要作用。

11.51 德、智、体教育是学校综合教育的方针。音乐是其中的重要内容。明治五年(1872)《学制》中规定了音乐的科目。1907年文部省发布《寻常小学读本唱歌》教科书,音乐成为教育大纲中的必修课。写真是1890年音乐课的课堂风景,左侧的老师穿着洋服,弹着古式钢琴,教授小学生歌唱。

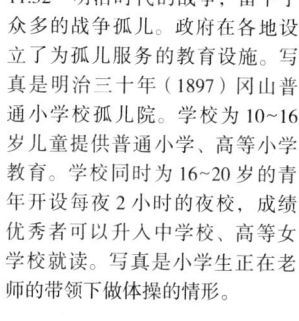

11.52 明治时代的战争，留下了众多的战争孤儿。政府在各地设立了为孤儿服务的教育设施。写真是明治三十年（1897）冈山普通小学校孤儿院。学校为10~16岁儿童提供普通小学、高等小学教育。学校同时为16~20岁的青年开设每夜2小时的夜校，成绩优秀者可以升入中学校、高等女学校就读。写真是小学生正在老师的带领下做体操的情形。

11.53 冈山孤儿院的师生配备比例，小学校教师4人、学生114人。夜校教师3人、学生28人。右写真是大龄孤儿在夜校学习的场面。

11.54 明治二十四年（1891）八月，根据国家劳动教育规则，学校内设置理发部。部内配备专业理发师1名，理发助理儿童2名。服务对象是学校内的儿童和学校来客。左写真所示，学校理发馆如同市井理发馆一样专业。

11.55 孤儿学校的餐食标准，平均每人每日5合（760克）米麦混合食粮。菜肉副食标准为一日1钱。早餐时间5点半、午餐12点、晚餐17点。女子组的大龄女生需要照顾年幼的女生。衣裤一年一套，同时也接受社会捐献或旧衣物。写真是孤儿学校吃饭的场面。

11　国民教育　215

11.56　明治二十二年（1889），京都市立的聋哑学校，是专门为聋哑儿童提供的教育场所。

11.57　明治十一年（1878）设立的"京都盲哑院"，对视觉障碍、听力障碍的儿童进行理疗训练。图为教师正在和学生练习发音的授课中。

11.58　明治二十一年（1888）文部省直辖的"训盲哑院"，1909年改称东京盲学校，翌年正式命名为"东京聋哑学校"。现代作为特别支持学校，变更为"筑波大学附属听觉特别支持学校"。

11.59　京都盲哑院面向成人的教育，为视听障碍者提供回归社会的基础。右写真是盲哑院音乐教室授课的情形。学员在使用各种乐器演奏。

11.60　明治十三年（1880）京都设立的"乐善会训盲院"，学校为盲人学生开设了按摩、导引、针灸等职业教育课程。

11.61 写真是明治三十三年（1900），东京的一所小学校，举行例行的春季运动会。出场的小运动员抬着比赛用道具，在老师的引导下进入比赛场地。学生和家长们在操场的外围观摩助威。每年例行的春季、秋季运动会是教育大纲中规定的教育科目。

11.62 明治维新以降，柔术练习者逐渐减少。东京开成学校出身的学习院讲师嘉纳治五郎，以护身技为中心，开发出一种以关节技和绞身技为特色的捕手术，进而发展成一种修身法、练体法、胜负法，再加入精神的修行，成为对人教育的一种手段，取名"柔道"。写真是明治中等学校学生在练习柔道的场面。

11.63 明治欧化主义教育中，新时代女性形体的改善，受到学校教育的重视。1897年学校女子体育有网球、台球、篮球等科目。1901年又规定每周有身体矫正术、徒手体操、哑铃体操等健身运动。图为女大学生在做新式体操。

11.64 明治九年（1876）美国人气颇高的运动"棒球"传入日本，被日本人翻译成"野球"。从此野球成为日本青年人热爱的体育运动。写真是1909年早稻田大学的大运动场举办的野球比赛场面，吸引了校内外球迷的踊跃观赏。

11.65 德智体全面发展是明治教育的基本宗旨。1872年《学制》颁布，学校有"体术"课；1879年教育令颁布有"体操"课；1883年修订征兵令有"步兵操练"课；1886年帝国大学令、师范学校令、小学校令、中学校令公布，学校体育普通体操和兵式体操同时实施。写真是中学校的学生在上体操课。

11.66 1911年，东京女子高等师范学校女生在做体操。当时发明的体操多种多样，被广泛推广。

11.67 1877年，枥木县模范女学校女生在做体操。单杠式体操锻炼臂力和腿力，是增强耐力和爆发力的运动。

11.68 明治二十年前后，各地小学校开始实施4月入学、3月卒业制度，毕业生授予修了证书（毕业证书）。成绩评价分5段"善、能、可、未、否"，以及"学业"、"行状"、"认定"3等级的综合评定。学年末，学校将成绩通知表交付学生父母。写真是长野县开智小学校内，老师和学生家长恳谈的情形。明治时代父兄恳谈会，体现了国家教育的优势，以及家庭教育和学校教育携手的近代化特征，奠定了现代学校PTA制度的基础。

11.69 写真是明治初期的小学校授课场面，当时小学生没有椅子，跪在地面上课。图上可见小学生的年龄参差不齐，混合在一起上课。这间地处日本桥（东京繁华地段）的公立小学校，已经算条件很好的学校。画面的中间老师在讲解算术，右侧老师在演示珠算，左侧老师在示范算式。

11.70 明治四十二年（1909）神户市凑川小学的相册，保存的当时学校教育的场面。写真是寻常五学年的学生在老师的带领下，在野外实地教学的情形。明治时代的野外教育方式一直延续到现代，野外授课和远足体会大自然的授课，成为学校教育的重要部分。

11.71 明治时期的女子专门学校，不但教授女学生智育、德育，而且重视未来家庭生活的基本技能。女学生必须掌握缝纫、烹饪、洗涤、家庭内礼仪，培养明治倡导的贤妻良母。写真是女学生在上料理烹饪课，在老师的指导下实习烹饪的情形。

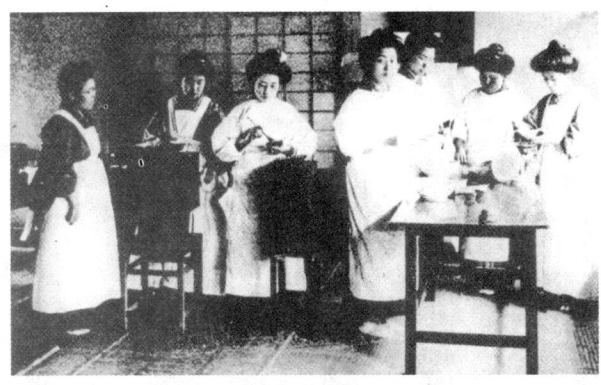

11.72 明治维新时代，传统的贞操观开始发生本质变化。社会要求女性成为有知识的贤妻良母，同时女性解放、女性走向社会的运动，让女性大众迎来了新时代下的新女性形象。写真是明治十九年（1886），共立女子职业学校裁缝授课场景。洋式裁缝科目，使用近代足蹬式缝纫机教学。学校科目还有编织科、刺绣科、造花科、图画科等。实用科目的学习，为女子走向职业社会提供了重要的技能。

11.73 明治十九年（1886），日本诞生了最初的女子高等教育学校"日本女子大学校"。1906年大学新设教育学部。写真是教育学部的女学生在做动物实验的情景。授课更趋于重视实物、实地、实作的教学方法。

11.74 明治三十年（1897），当时学校的女学生已经开始流行西洋式女子的时髦装束。女子学校授课场景的写真中可见，女学生的和服下摆明显增宽，更便于新女性的行走活动。发型改变成长柳结发式，头发扎蝴蝶结，佩戴三角披肩。明治三十年前后，学校的校则开明地规定了女学生登校服装、发型、携带物，使学校风气更趋于欧化。作为新女性，女学生率先结束了早期"桃瓣型"、"银杏回卷型"、"前发刘海式"，穿着和式服装，系结高胸宽带的古老式样。

11.75 智障儿童的教育是明治政府教育基准的重要部分。每年对新入学的智障儿童进行测试，经过认定的智障儿童，学校施以特殊的教育科目和方法。作为全民教育的原则，政府相继颁布了面向智障儿童的教育法令。写真是课堂上，教师采用一种"练心器"的装置，锻炼智障学生的注意力。

11.76 日本人传承了汉唐文化的毛笔字，并受到教育的重视。写真是寻常六学年的学生在上毛笔习字课。

11.77 绘画在日本史上有重要地位，图画因此在近代教育中受到重视。写真是高等科一学年生在上图画课。

11.78 女子高等科一学年生在上裁缝课，女性习得裁缝手艺被视为优良家庭主妇的重要资质。

11.79 神户商业学校的授课情景，学生在学习用英文打字机书写国际商务文件，教学完全采用英文授课。

11.80　明治二十年（1887）东京府设立的唯一官立音乐专门学校，是培养音乐教员、音乐家、音乐鉴赏家的学校，直属文部省大臣官房管辖。以西洋音乐教育为中心，曾设预科、本科、研究科、师范科、专科，修学年限3年。

11.81　明治二十年（1887）东京府设立的唯一官立美术专门学校，最初是以保护日本美术为目的，逐渐转向西洋画、图案、雕塑、雕刻、金工、铸造、漆工的西洋美术教育，修学年限5年。写真是2年级生在上裸体绘画课。

11.82　东京大学医学部的前身是德川幕府的种痘所，1877年创办成东京大学，并且开设了病理学专业。1883年，曾留下了27岁男性确定为心脏瓣膜病症的病理解剖学记录。病理学教室的专业范畴，主要是研究、教育、诊疗的三大支柱。病理解剖学人材的培育在癌症治疗领域发挥了重要作用。写真是明治三十三年（1900），东京大学医学部病理学教室的授课场景。学生每人一台显微镜，在观察细胞，分析病理。

11.83　明治维新初期，在政府西洋化和富国强兵政策影响下，急速引进了以物理学为中心的自然科学技术教育。因此在小学、中学，设立了物理、化学、生理的科目（个别科目）。明治十九年（1886）根据小学令，小学校废除个别科目，改为"理科"科目。中学以上仍然维持个别科目教育。写真是1902年东京女子高等师范学校的女生在上物理实验课的情形。

11.84　明治维新的富国强兵政策，使得日本产业发展需要大量的金属材料。在引进外国技术和金属商品的同时，大学也展开了金属材料方面的研究，为战争所需特殊材料的生产制造，作出了杰出贡献。写真是1900年帝国大学工学实验所，学生在教授的指导下，正在进行金属材料实验的场景。

11.85　日本陆军造兵厂是陆军中央机关直属单位，专门为作战部队提供武器弹药的企业。新式装备离不开新材料、新设计和各种性能试验。这就需要企业和大学联手开发新产品。写真是1900年工科大学造兵学教室的实验室，主要担负为军方研究开发枪炮技术的课题。所在大学的学生成为研究工作的骨干力量。

明治国度的彩色记忆

Fig. 01　1853年，美国东印度舰队佩里将军，率四艘军舰进入江户湾，要求幕府开国通商。倭国人谓之"黑船来航事件"。1854年，佩里再率七艘军舰直入横滨湾海面，以武力迫日通商。江户幕府妥协，日美缔结了《日米和亲条约》，事件促使日本开国。名画《佩里提督神奈川上陆》描绘了美国海军陆战队登陆神奈川久里浜的壮观场面。

Fig. 02　明治元年（1868），不满"王政复古"措施的德川庆喜，率领旧幕府军1.5万人与政府军5000人开战，史称"戊辰战争"。幕府军不敌政府军的近代武器装备而溃败。名画《伏见鸟羽》是政府军与旧幕府军于伏见、鸟羽激战的场面。

Fig.03 明治四年（1871），"废藩置县令"发布后，琉球被划归鹿儿岛管辖。1872年7月，琉球王尚泰遣尚健作为特使，率30名使节前往日本，拜见天皇献上贡物。天皇亲赐敕语，封尚泰为琉球藩主，给予华族待遇，并在东京赐予相当于3万日圆的豪宅。尚健一行于同年10月从东京出发归藩。此后，琉球藩被撤废，改称冲绳县，琉球列岛行政归属鹿儿岛管辖。名画《琉球藩设置》，表现的是1873年3月3日，尚健特使一行抵达冲绳岛那霸港的情景，受到琉球王的隆重迎接，远处聚满了观望的百姓。

Fig. 04 明治二十二年（1889）2月11日，在新落成的宫殿，举行了《大日本帝国宪法》的颁布大典。大典之日，内大臣三条实美、内阁总理大臣黑田清隆、枢密院议长伊藤博文以下百官威仪肃正，参集于正殿大厅。天皇率领皇族、大臣、文武百官，参拜宫中三殿，郑重宣布宪法。内大臣三条实美恭恭敬敬将宪法呈上，天皇赐敕语后，亲手将宪法授予黑田清隆总理大臣。同日，差遣敕使前往伊势神宫，神武、孝明御陵，向先祖奉告发布《大日本帝国宪法》。《大日本帝国宪法》亦称"钦定宪法"。日本成为东亚第一个拥有近代宪法的立宪君主制国家。与宪法一同颁布的法典还有皇室家族法（皇室典范）、议院法、贵族院令、众议院议员选举法、会计法等重要法令。日本宪法于1890年11月29日第一届帝国议会召开的当日正式实施。名画《宪法发布式》记录了宪法发布日，隆重庄严的历史场面。明治天皇正在将宪法授予内阁总理大臣黑田清隆。当日皇后殿下亦参列于侧。

Fig. 05 　明治二十七年（1894），日清战争爆发，日本联合舰队和清国北洋海军在黄海遭遇，爆发大海战。名画《日清役黄海海战》记录了当时海战的情景。悬挂黄色龙旗的是清国定远舰。悬挂日章旗的是日舰比叡号，比叡舰脱离舰队序列闯入北洋海军阵营中，遭到清国舰队的攻击。混战中比叡舰奋力逃出包围。黄海海战北洋海军损失战舰 5 艘，舰队退缩威海卫刘公岛港大本营，日本取得制海权。

Fig.06 名画《旅顺战后的搜索》，揭露了日清战争中，日军在旅顺市街展开无差别虐杀的情形。日本《中央新闻》社从军记者记载：市街中心向南延伸三条街道——东新街、中新街、西新街，遍地是被杀死的清国人的尸体。图中的几名日本兵正在进入一家店铺搜查藏匿的清兵，店老板惊恐万分，战战兢兢，门外躺倒着已经被杀死的清国人。

Fig. 07 名画《下关媾和谈判》表现的是日清战争后大清国李鸿章特使在下关"春帆楼"与大日本国特使伊藤博文媾和谈判的情形。前排右侧红椅靠背者李鸿章、左一李经芳、左二马建忠、右一罗丰禄、右二伍廷芳。后排右端为总理伊藤博文、外务大臣陆奥宗光。1895年4月17日,日清双方签署了《马关条约》。内容主要包括:(1)银货赔偿:战费两亿五千万两库平银;辽东半岛赎回金三千万两库平银。(2)国土割让:台湾、澎湖列岛。(3)通商贸易:开放与其他列强相同的口岸。(4)宗主国权利:清国放弃对朝鲜的宗主国地位,承认朝鲜国独立。

Fig. 08 1895年皇室献画中的名画《念想》,生动描绘出日清战争中阵亡将校的妻子和孩子们的悲痛心境,表现出一股反战情绪。绘画解说:在华丽的胜利背后,还有这样悲怜的牺牲者。可舆论宣传却为美化对外战争,赋予绘画新的解说:阵亡军人妻子的严峻面容呈现痛苦的神情,但那是一种化悲痛为力量的觉醒。母亲给孩子们读父亲留下的遗书,是在向军国之子谆谆训诫和鼓励他们勇往直前的教诲,表现出军人未亡人轩昂自若的气节。

Fig. 09 明治三十年(1897)的名画《林大尉战死》，描绘了日清战争平壤会战的激战场面。战斗中清军蜂拥向日军阵地喊杀过来，林大尉阵亡前将家书撕得粉碎，身旁数名士兵倒在血泊之中。此幅作品因得到明治天皇赞赏而名声大作。

Fig. 10 名画《军人之妻》，描绘了明治三十七年(1904)日俄战争中，夫君战死疆场后妻子的悲痛心境。画中的未亡人，眼中饱含泪水，双手捧着夫君的军刀和军服。在无言的凝视中，把对战争的悲怨、仇恨、无奈，静静地传递给了人们。日俄战争大量军人阵亡，战争未亡人大量出现，成为严峻的社会问题。日俄战争期间，日本国内不断出现类似表现反战情绪的作品和绘画，倾诉对战争的不满和对战争罪恶的抨击。

Fig. 11 名画《广岛大本营军务亲裁》，描绘了明治二十七年（1894），日清战争开战后，明治天皇亲临广岛大本营亲裁军务，统帅军机的场面。在远离皇宫近8个月期间，天皇寝食均在司令部简易木造二层小楼中的一室内。生活简朴，日夜辛劳，时时关心远征清国的将士，广岛大本营成为全体国民的敬仰之地。绘画表现的是：在深夜的烛光下，天皇在展开的地图前，仔细听取参谋次长川上操六报告战况的情形。右者是冈泽侍从武官。

Fig. 12 明治十四年（1881）九月，明治天皇巡幸北海道各地。途经秋田县，视察了"院内银矿"。银矿是政府投资开发兴建，从采矿到炼制，全部采用西洋技术的企业。当日天皇观看了坑夫、坑女的作业情形，并参观了选矿所、制矿所、熔银所等处的作业场面，鼓励大力发展矿业。名画《山形秋田巡幸矿山御览》中，天皇亲临5号坑口，坑道由圆木支撑，黑暗中的照明是油灯烛光。随行的属下，为天皇安全极度惶恐。

Fig. 13 靖国神社的"靖国"原意乃"和平定国"之意,神社内是祭祀明治维新时期在战争中的军人亡殁者。随着近代日本军国主义的崛起,和平定国的初衷演变成激励战争的精神支柱和象征。名画《靖国神社行幸》描绘了明治二十八年(1895)十二月十六日至十八日,日本国内连续三日在靖国神社举行的临时大祭,将日清战争中阵亡将士的灵柱(记名小木牌)13,619柱,送入神社合祀,慰勉在天亡灵。以后的历届战争,都有阵亡将士的灵柱送进神社合祀。北清战争1256柱、日俄战争88,429柱、日本侵华战争191,250柱、太平洋战争2,133,915柱。总计2,466,532柱。

Fig. 14　1909年10月26日，朝鲜爱国志士安重根刺杀了伊藤博文。刺杀事件为日本加速合并韩国提供了口实。写真是1909年在东京日比谷公园为日本一代政治家伊藤博文举行国葬之礼的情形。伊藤博文享年69岁。

Fig. 15　名画《凯旋观舰式》描绘了1905年10月23日，天皇亲往横滨湾举行凯旋观舰式，祝贺日本海军取得日俄海战的全面胜利。天皇陛下（中）、东乡平八郎（右），左一山本海军大臣、皇太子殿下、伊东海军军令部部长。

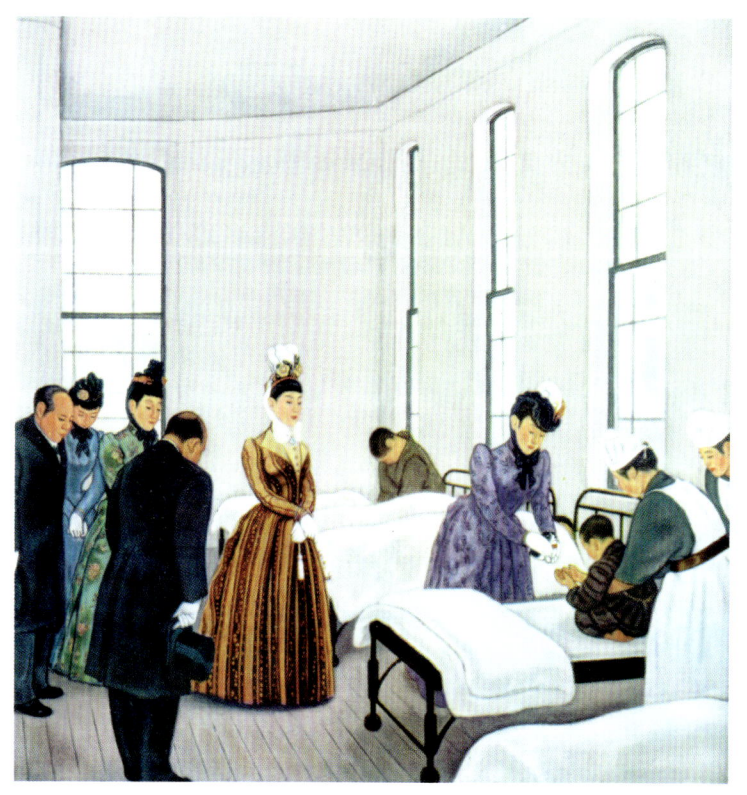

Fig. 16 明治皇后仁慈而富有爱心，令国民敬仰。明治二十年（1887），皇后提议将有志共立病院改称东京慈惠医院。5月9日亲临医院为开院式剪彩，并巡览了各病室，向患者表达怜悯和慰问。此后，皇后每年都赐下皇室私有财产，冬季为患者赐予被服，为年少患者赐予玩具和糕点。医院职员和患者深为皇后的仁慈感激涕零。皇后亲临病院慰问患者达25次之多。名画《东京慈惠医院行启》描绘了明治皇后亲临医院，巡览各病室慰问患者的情形。金黄衣者是皇后，紫色衣者是有栖川炽仁亲王殿下妃董子。

Fig. 17 天皇和皇后非常关心国家的农业，经常视察农业生产，勉励农耕事业。名画《皇后宫田植御览》描绘了明治八年（1875）六月十八日降雨的午后，正值农户田植劳作的时间，宫中女官们随同皇后殿下，来到水田前，仔细观察农夫插秧的劳作场面。当日皇后殿下赐予农夫宫中的糕点，慰勉日日劳作的辛苦。白色伞下站立者是皇后殿下。

Fig. 18 明治四十五年（1912）七月十八日，明治天皇因糖尿病并发尿毒症陷入昏睡状态，来自全国各地的男女老少，集聚在皇宫前的二重桥外，仰天祈祷神明，伏地悲泪保佑天皇康复。各地国民纷纷前往神社佛寺，为天皇祈愿平安。7月30日0时43分天皇崩御，日本一代明君与世长辞，终年60岁。名画《不豫》，描绘了明治天皇病危时，男女老幼在皇居广场前祈愿的情景。

Fig. 19 富冈制丝所是明治初期，政府引进法国技术建设的大型国营企业。名画《富冈制丝场行启》，描绘了1873年6月24日，皇后殿下（白衣）陪同皇太后殿下（绿衣）视察制丝工厂的情形。皇后和皇太后仔细观看了煮茧女工的操作，鼓励大力发展蚕丝业，还亲自在宫中设立养蚕所，身体力行亲自养蚕。

Fig. 20 明治时代日本的海运是最早参与和世界强国竞争的产业。日清、日俄战争的特需，促进了本国造船业的飞跃和拥有国外航线。写真是明治时期横滨大栈桥乘客登船的情形，大栈桥最多可同时停泊4艘大型客船。

Fig. 21　写真是明治十三年（1880），日本农村的孩童在玩"石子格"游戏的民间风俗镜头。场面中有很多男孩和女孩，还有背小孩的女孩，大人们在一旁围观。这一极自然反映乡间气息的画面，被评论家们誉为摄影珍品。

Fig. 22　写真是明治时代横滨开设的面向外国人的高级游廊"神风楼"，光顾的客人大多是西洋或清国商人。常驻妓院的游女超过百名以上，据记载，按规矩外国人只能挑选"罗纱缅"蒙面的游女。写真中的妙龄游女窗窗满盈。

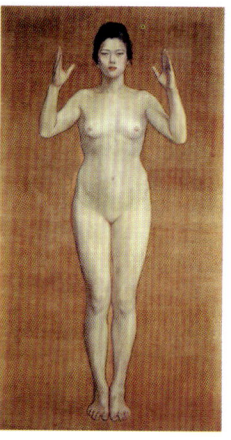
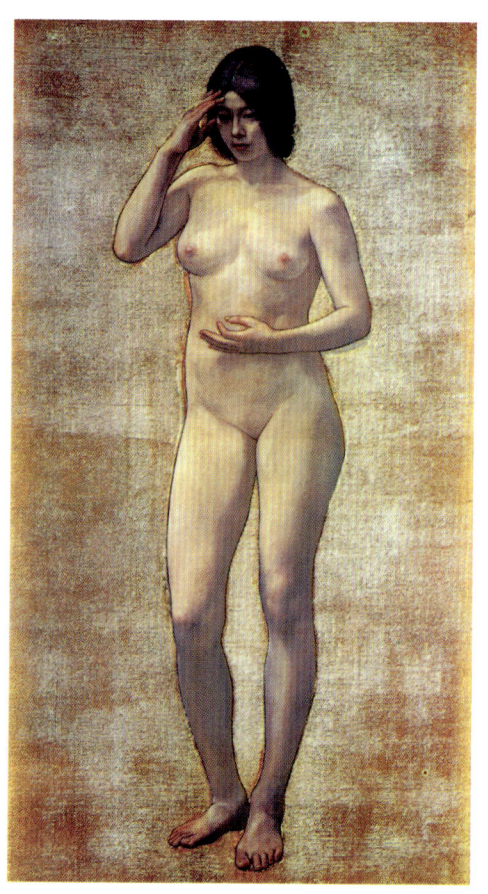

Fig. 23 1895年，黑田清辉留学时代的裸妇作品《朝妆》在第四届国内劝业博览会上展出，引起社会舆论轩然大波，媒体赞否两论争论不休，指责有违风纪。当时明治官方处于取缔裸体画的时代。身为美术家的黑田没有退屈，作为对日本洋画界和社会的启蒙，黑田深感自己的历史责任。1900年，黑田再创新作"Etude de Femme"（裸妇习作），在巴黎万国博览会出展，获得银质奖。绘画以日本女性为模特，创作了"智""感""情"三幅裸画："智"裸妇（右），"感"裸妇（中），"情"裸妇（左）。作品深层探索了裸妇的理想形式，喻示画家三派象征的理想主义（智）、印象主义（感）、写实主义（情）的深意。作品最终获得官方特别展室的展示认可，但下半身用布遮掩。黑田清辉的裸妇作品，对日本近代裸体美术教育产生深远影响。

Fig. 24 写真是明治二十三年（1890）西洋人拍摄的富士山。色彩是着色后形成的。从寂静的湖水和山顶白冠的倒影中，可以感受到百年前富士山的美丽和她的皎洁，以及它在日本人心中的地位。故有日本诗人留下："万古天风吹不断，青空一朵玉芙蓉"；"玉扇倒悬东海天，富士白雪映朝阳"等赞美富士山的美妙诗句。

11.86 明治四十一年（1908）东京帝国大学法学科的授课场景。大课堂讲座有多达300名听讲的学生。从学校毕业的学生，大多成为政府的司法官、行政官、辩护士或在民间大企业就职。

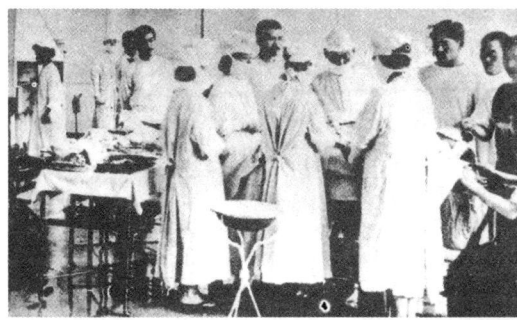

11.87 明治时代的看护妇（护士）是比较体面和受到尊重的职业。取得看护妇资格必须经过看护妇养成所学习毕业。考看护妇养成所，必须是高等女子学校毕业才有资格，而且竞争很激烈，对身高容貌都有要求。左写真是1910年医科大学妇产科手术中的医师和看护妇。

11.88 右写真是1908年东京慈惠会医学校临床教学的情景。讲台上有患者模特、教授、教授助手、看护妇，通过实际操作让学生能够直观理解。1921年在昭宪皇太后关心下，医学校扩建成东京慈惠会医科大学，成为著名医科大学。

11.89 写真是明治末期东京水产学校的学生下海捕捞实习的场面。当时的教育要求学生不仅要学习水产学理论，更需要掌握水产方面的实际经验。出海回归的学生正在扛着渔网上岸，完成了一日的现场学习。

11.90 东京日比谷图书馆创设于明治四十一年（1908），是为了提高市民文化水平所建。1945年美军空袭，藏书烧失达20万册。

11.91 明治三十九年（1906）竣工的"帝国图书馆"，具有欧洲文艺复兴时期的建筑风格，全高30米。二楼是目录室、特别阅览室、妇人阅览室；三楼是可以容纳300人的普通阅览室；书库藏书50万册。现为国际儿童图书馆。

11.92 国民教育的一环是图书馆的应用。明治五年（1872）政府开设"书籍馆"，以后"东京书籍馆"、"东京府书籍馆"、"东京图书馆"、"东京教育博物馆"、"帝国图书馆"、"国立国会图书馆"相继建成。写真是"书籍馆"的汤岛圣堂大成殿，正殿中央为阅览室，两侧是书籍陈列处。

11.93 明治时期"帝国图书馆"内的普通阅览室内景。读者首先在入口处购买阅览券，前台交换阅览证。参考书为开架式，一般图书为闭架式。读者从目录选出图书名后，交与馆内管理员，由管理员搜调该图书借给读者。室内为了换气采光，设计成可开启式大窗。为防火灾，汽灯高悬，电灯低垂。明治年间阅读风气盛行，国民成为知识的拥有者。

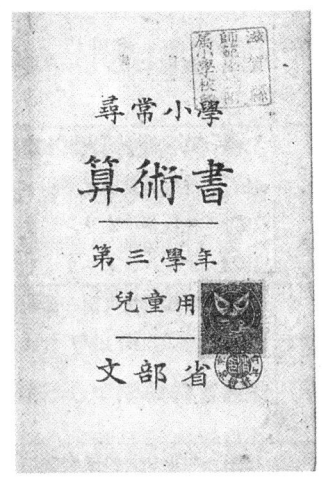

11.95 明治中期文部省统一编写的寻常小学地理书统一教材。

11.94 滋贺县师范学校附属小学算术教材。

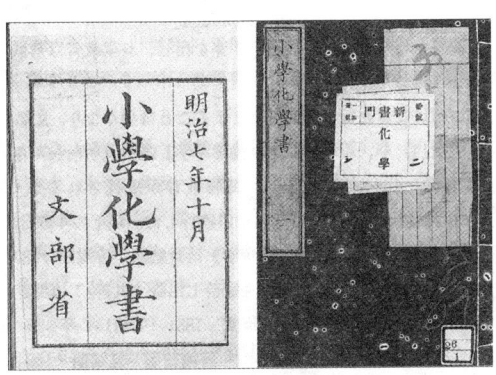

11.96 明治七年（1874）文部省编写的小学化学书，其中介绍了人周围的物质和状态，物质受热后状态的变化，水溶液的性质等内容。

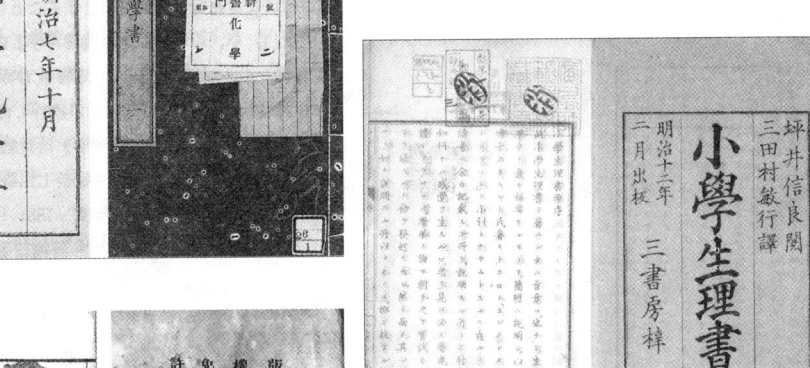

11.97 明治十二年（1879）翻译西洋小学生理教科书。

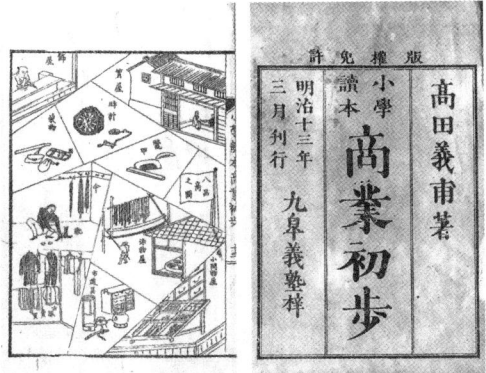
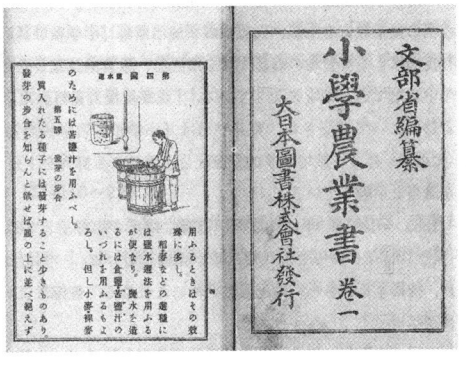

11.98 明治十三年（1880）小学商业教科书《商业初步》。

11.99 明治十三年（1880）小学农业教科书，其中教授小学生稻谷生长的过程。图绘是介绍稻麦种子的盐水优选法。

11.100 明治初期初等小学珠算教科书，珠算是小学生的必修课。

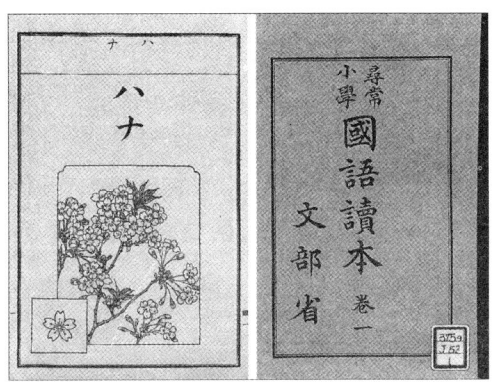

11.101 文部省编辑的寻常小学国语统一教材读本。

11.102 明治八年文部省刊行师范学校编辑的日本略史。

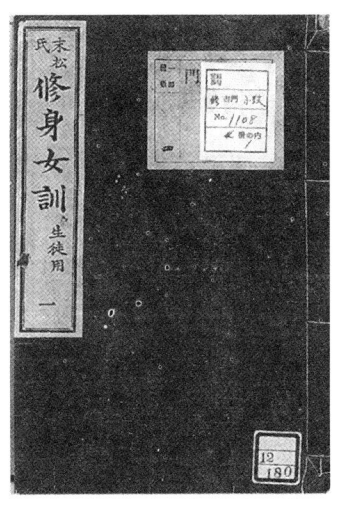

11.103 明治二十五年女性道德教材《修身女训》，强调贤妻良母式教育。

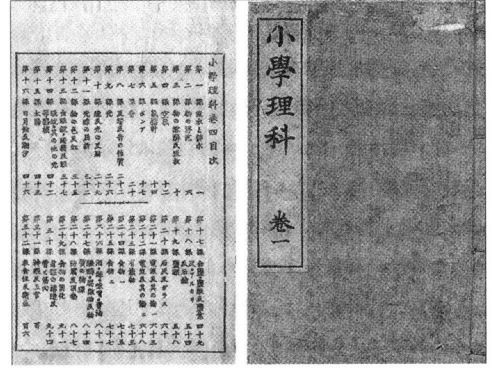

11.104 明治二十四年（1891）小学理科列入日本《小学校教则大纲》，当时教学侧重于自然可见物的实验和观察。

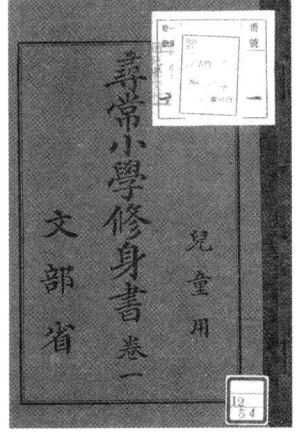

11.105 文部省刊行的寻常小学修身书。修身相当于现代的道德教育。教科书大多是翻译欧美的伦理书，是以福泽谕吉将Moral Science译成"修身论"源起的。当时的小学低年级教授"修身口授"，小学授"修身"，中学授"修身学"。

11　国民教育　227

11.106　明治时代是音乐歌唱发达的时代，教育大纲中的音乐科目从小学开始就有教授。各种音乐课教材和唱歌读本应运而出。写真是明治前期的小学音乐教材。

11.107　明治前期，日本教育采用了西洋方法，通过直观的图绘使学生快速记住单词。这种方法在当时普遍贯彻到了小学地理、社会、文化的教育中。

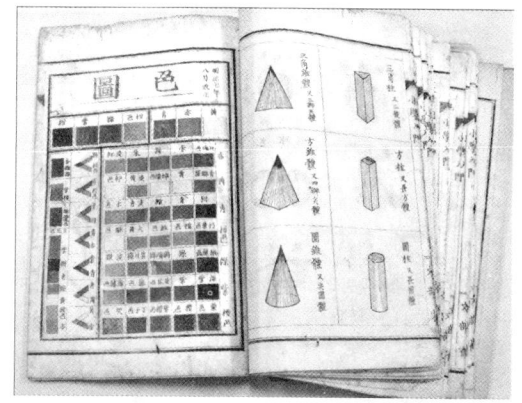

11.108　明治初期，各学校各自独立翻译西洋小学教科书，其中有讲述"立体"、"颜色"的内容。教科书中的色谱图是由浅至深的颜色印刷图。

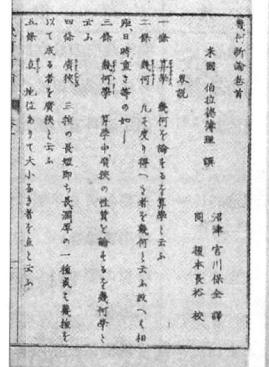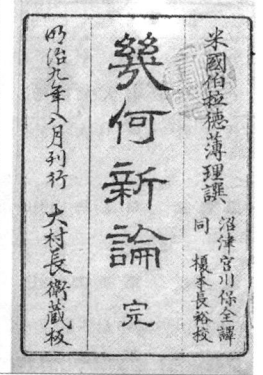

11.109　明治九年（1876）翻译美国的教科书《几何新论》。介绍了美国人的数学概念，引导日本人的算数概念向几何空间跃进。

11.110　明治初期，各府县为了提高就学率，以及结合本地域的实情展开教育，编写了许多本地区版的小学教科书。图为1874年以樱木雕刻木版印刷的小学教材。

11.111 明治五年(1872)小学"往来物"教科书中的彩绘《地球上五人种》。奇想画家趣味描绘世界上五大人种：白种人、黄种人、棕色人、赤色人、黑色人，面对日本女性。解说文曰："五人种相互杂交，其种混合，形成新的品种。结果已经不知本来纯粹之面目。教育世界乃大同之原理。"

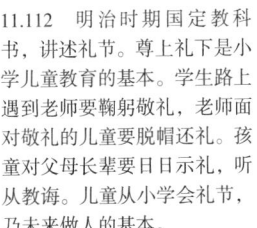

11.112 明治时期国定教科书，讲述礼节。尊上礼下是小学儿童教育的基本。学生路上遇到老师要鞠躬敬礼，老师面对敬礼的儿童要脱帽还礼。孩童对父母长辈要日日示礼，听从教诲。儿童从小学会礼节，乃未来做人的基本。

11.113 明治小学引进动物知识的教育。日本古代的动物文化来自中国大陆，诸如十二支图中的动物传说，又如千年鹤、万年龟、凤凰麒麟等珍奇。明治维新文明开化，政府投重金从海外引进珍奇动物，并在小学教科书中插绘，激发学童对动物的兴趣。明治二十年(1887)，正在日本巡演的意大利马戏团，将团内老虎产下的两只幼虎，转让给了日本动物园。小老虎被命名为"神田之虎"，在东京市民中引起巨大反响。图为明治二十七年(1894)上野动物园。

11.114 明治时期，主张培养贤妻良母。文部大臣森有礼从国家的立场，强调母亲负有教育子女的责任。家庭作为国家构成的最小单位，母亲应该严守贞操节义，做贤妻良母的女性。图绘是为母亲编辑的修身教材挂图。

11.115 明治年间翻译的德国医学博士的著作，对妊娠、分娩、小儿养育、疾病看护、精神教育加以详细说明的实用教材。是专门为母亲提供的读物。

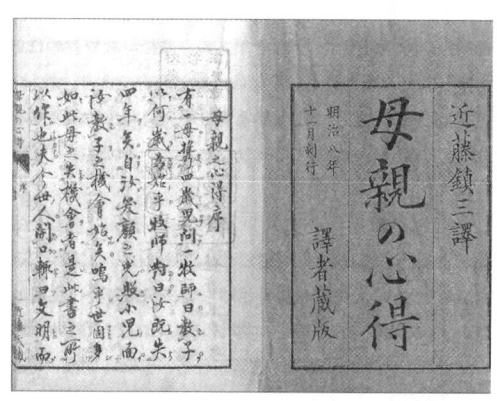

11.116 图为明治六年面向普通民众发行的《公用文章》习字教材，介绍撰写公文的规则、写法、严谨性等技巧。尤其对汉字在法律公文用法上，给予指导和详细解说。

 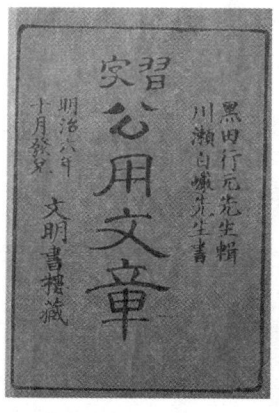

11.117 明治二十五年（1887），文部省公布教科书检定改正条例，对教科书泛滥的检定基准进一步强化。同年9月，文部省又规定小学教科书分学生用和教师用两种类型。文部省的做法遭到不满和唏嘘，右讽刺画《小妾也候补》影射教科书会社，为了得到检定氏（文部省）的采用，要打扮得"颇有色相"，迎合文部省的胃口来获得通过。

教科＼級	読物	算術	習字	書取	作文	問答	復読	諸科復習	休操
第一級	万国史略 巻一・二	容易ナル分数 〈小学算術書〉	容易ナル手紙	草書 〈手紙ノ文〉	ノ文	万国地誌略	博物図 万国史略 万国地誌図	既習教材の総復習	同
第二級	日本史略 万国地誌略 巻二	四則合法 〈小学算術書〉	容易ナル手紙	草書 〈手紙ノ文〉	ノ文	日本史略 万国地誌略	暗射地図		同
第三級	日本史略 万国地誌略 巻一	小除算法 〈小学算術書〉	草書	前数ニ同ジ	前数ニ同ジ	日本史略	日本地誌略		同
第四級	小学読本 日本地誌略 巻二	〈小学算術書〉乗算法	行書	前数ニ同ジ	前数ニ同ジ		地球儀 日本地誌略		同
第五級	小学読本 日本地誌略 巻一	減算法 〈小学算術書〉	〈習字本〉	単語中ノ二字又ハ三字ヲ句題トス			地球儀 日本地誌略		同
第六級	小学読本 巻三	加算法 〈小学算術書〉	習字本	中小ノ読本ノ句			形体 休学初歩 地球儀 地理初歩		同
第七級	小学読本 巻一・二	乗算九々 羅馬数字	習字本	単語			人体ノ部分 通常物ノ色ト形		同
第八級	濁音単語五十音図 半濁音単語五十音図 加用数字図	加用数字 算用数字 乗算九々	習字本 仮名字	単語			諸色 用ノ方 買		休操図

11.118 明治中期小学校学生成绩采点科目表。小学科目显示，明治维新时期，日本的教育方向非常鲜明。从小学教育开始就引导学生要放眼世界，了解世界各国的地理、历史、文化，知道本国的进化史。教育重视课外读物和体育锻炼。维护汉字的尊严、美感、日本式汉文。算术技法作为日本人日常生活必会技能，受到重视和教育。

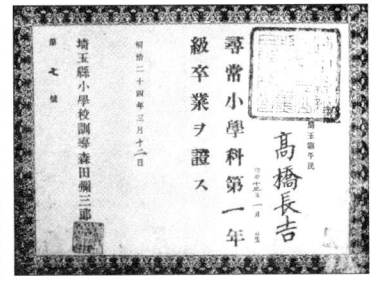

11.119　1891年寻常小学校一年级毕业证书。

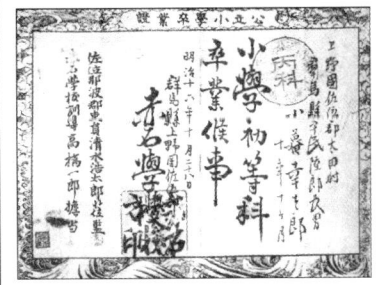

11.120　1883年小学初等科毕业证书。

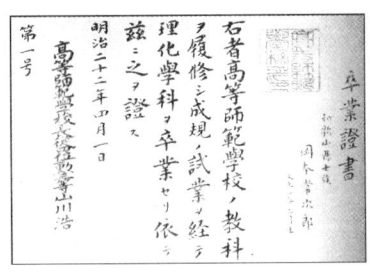

11.121　1889年高等师范学校毕业证书。

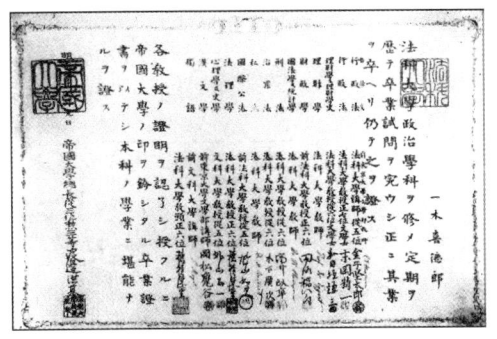

11.122　1892年法科大学政治学科毕业证书。

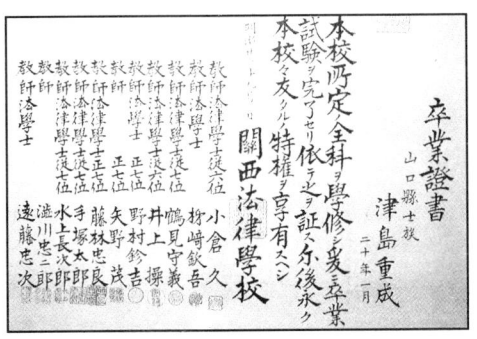

11.123　1887年法律学校毕业证书。

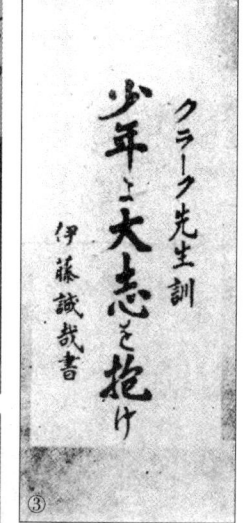

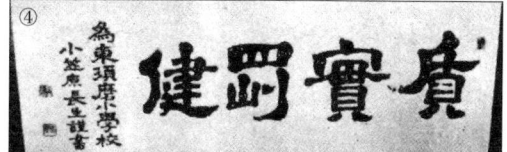
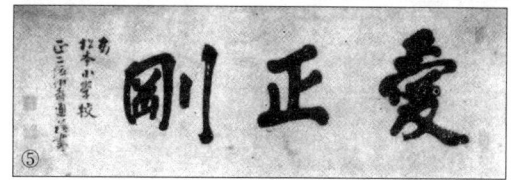

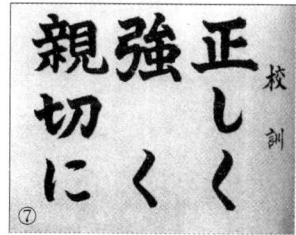

11.124　明治教育贯彻了严格的理念教育。各学校制定了本校特有的"校训"，将其作为"座右铭"影响学生精神、意识的形成。"校训"大多数是在学校创立时，反映学校教育目标的新理念、新精神的做法，采用伟人、哲学家、首任校长训示的语言，成为日后学校发展特色的原动力。明治时代的校训中，就有引用中国南宋文学家、哲学家文天祥的"忠孝"作为校训，校训曰："上事于君，下交于友，内外一诚，终能长久。敬父如天，敬母如地，汝之子孙，亦复如是"，成为在校学生的座右铭。

①校训：信仰 牺牲 奉仕　　⑤校训：爱 正 刚
②校训：璧不磨不为辉　　　⑥校训：忠义
③校训：少年要胸有大志　　⑦校训：正确 强力 亲切
④校训：质实 刚健　　　　　⑧校训：忠孝

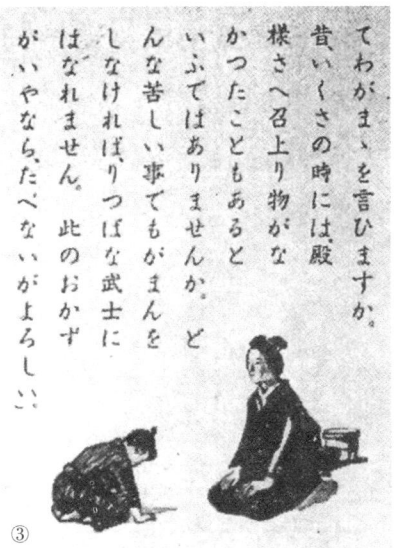

11.125 在日清战争、日俄战争高昂的国家主义背景下，日本的儒教教育复活。教科书中强调精神和修炼主义，强调勤勉力行的精神和毅力，提倡磨炼坚韧的意志。明治坊间口诵的格言，"万事乃精神"，"精神有之万事则成"，"忍耐艰难汝成玉"。全体教育贯彻了对明治精神的强力灌输。明治时代的师范学校涌现出大批具有高度修身卓见、意志坚定的教师人才。
①修身教材：寒冬中，父以冰水教儿体验寒冷。
②修身教材：勤劳、慈惠、贤母的家教。
③修身教材：武士的家教，人前不可任性。
④教养作法：高等二年级女生训练修身礼法。
⑤教养作法：至诚教养，聆听《教育敕语》奏读。
⑥教养作法：女子师范学校训练未来的"教师"。

11.126 明治二十三年（1890）《教育敕语》下赐，天皇作为国民精神上的神，御真影（肖像）在所有学校设立的奉安殿郑重供奉。右图是日本国内保留的奉安殿遗迹；左图是台湾保留的日治时期的奉安殿遗迹。

11.127 明治时期，模仿欧美的幼儿教育，每日确保4小时以上的保育时间。保育内容也照搬模仿欧洲。当时的幼儿园，主要面向富裕阶层、上流社会的子女。幼儿的教育中采用比较保守性的敬语。明治中期以后，幼儿园才得到广泛普及。写真是幼儿在做户外游戏的课目。

11.128 1840年，德国人福罗贝尔创立了史上第一所幼儿园，旨在对6岁以下的幼儿展开教育。保育宗旨强调，母亲不但是孩子的养育者，也是负有重大使命的教育者。在明治维新欧化政策推进下，日本引入了欧美国先进的幼儿园典范。明治九年（1876），东京女子师范学校创设了第一所官立幼儿园。写真是1908年明治幼儿教育的现场。保育者正在为儿童作日课。

11.129 江户幕末,日本一代有志之士前往欧美各国学习先进的文明。右图为文久三年(1863),第二批赴欧洲使节团,途经埃及金字塔时的留影。第一批赴欧洲使节团,明治维新的旗手福泽谕吉也曾在这里停留。

11.130 明治四年(1871),从士族阶级中选出的五位优秀女子,作为第一批女子留洋学生前往美国。她们后来成为日本女子教育的开拓者。写真是五女子在美国的留影。右起依次为:山川舍松、津田梅子、吉益亮子、上田悌子、永井繁子。

11.131 江户幕末,作为讨幕运动中心的长州藩政治家辈出,成为掌控日本政治的"长州阀"势力。写真中的年轻人,是文久三年(1863),攘夷派长州藩士五杰在英国伦敦的合影。右起为:伊藤博文、山尾庸三、野村弥吉、远藤勤助、井上闻多。

11.132 明治六年(1873),政府从欧美招聘医学教师,培养日本急需的人才。当时有知识的日本学生大多数是藩士和藩士子弟。政府对新政后脱离幕藩体制的武士,给予进一步的培养。在医学、工业技术领域,培养出一代传播西洋文明的优秀人才。写真是教师和武士学生们的合影。

11.133　森有礼是日本明治初期的政治家、外交家、教育家，明治维新的重臣。1885年任文部大臣，致力于日本的教育改革。在任期间废止了原《教育令》，颁布《学校令》、《帝国大学令》、《师范学校令》、《小学校令》，确立了日本教育体制的基础。1875年，森有礼作为日本驻华公使派往清国，曾与清朝大臣李鸿章有过多次交谈。漫画是在批评森有礼将教育和学校服从于国家的教育理念。

11.134　明治维新《学制》发布，确立了普及小学教育是国家人才养成的基础概念。过去那种"学问是士人以上之事，农工商妇女乃学问之外"的观念，遭到彻底批判。如《学制》所云，从今以后无论民、华、士族、农、工、商、妇、女子，邑内不学者无户，家内不学者无孝。遵循这个原则，普及初等小学教育是人民必行义务。小学教育全体国民就学一律平等，即"国民皆学"的学校制度。福泽谕吉主张，学问是独立之财本，一身独立则一国独立，论述了近代国家，学问、个人、国家的相互关系。明治政府将近代教育思想，融入到国家教育制度中，真正触及了近代文明的先端。右图是明治时期日本学校教育体系的构成图。

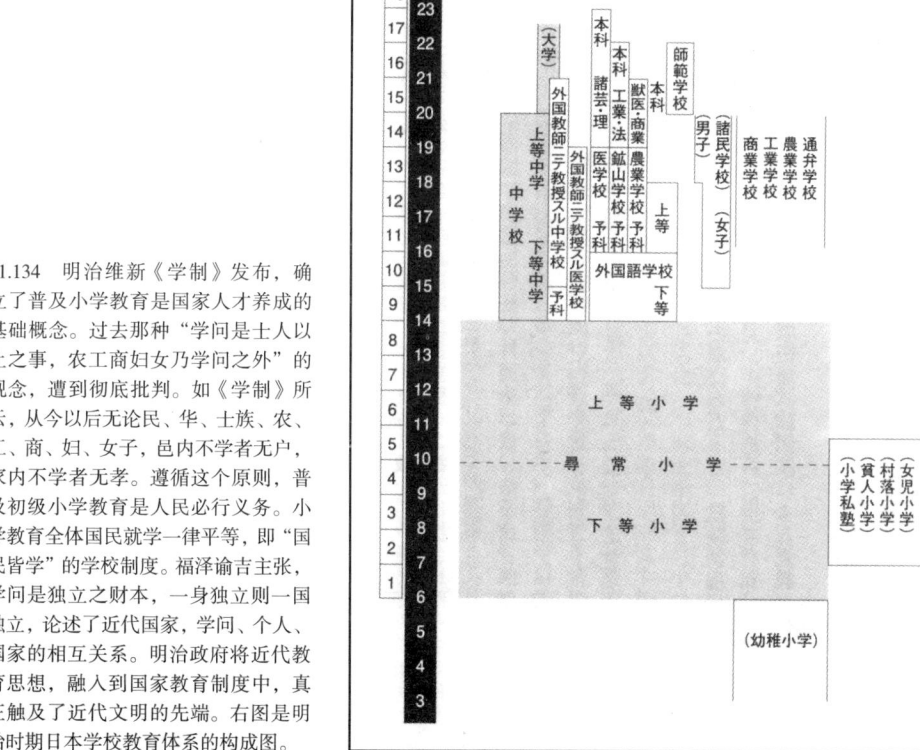

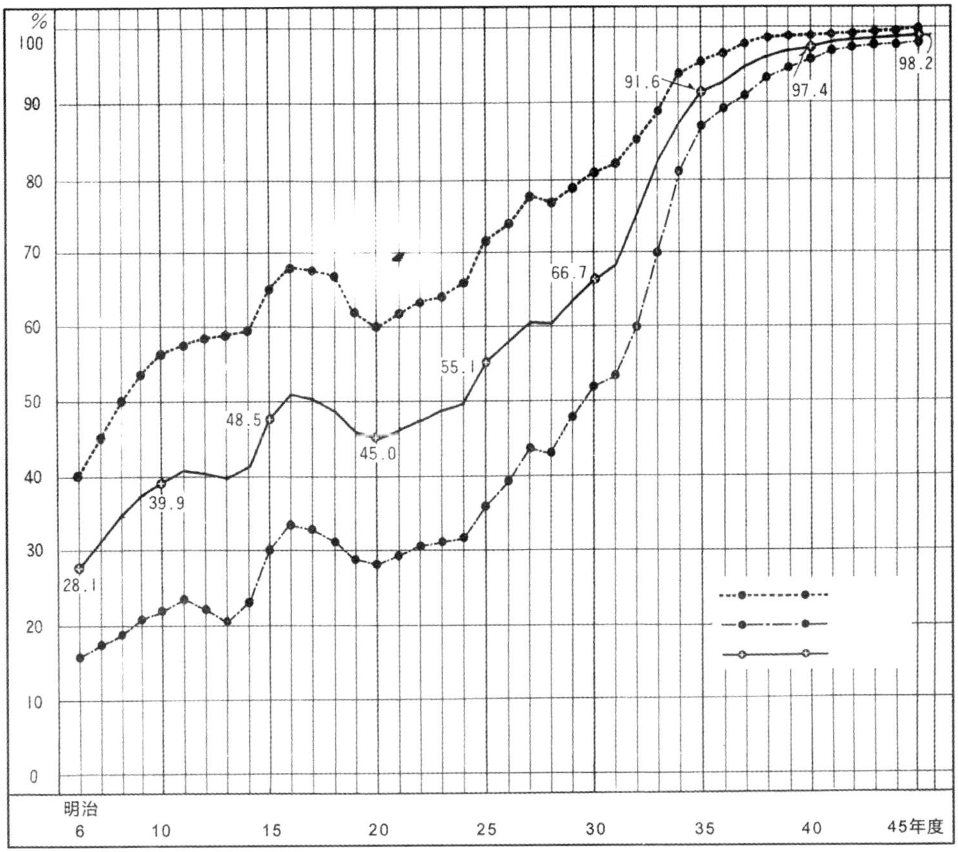

%
100
90
80
70
60
50
40
30
20
10
0
91.6
97.4
98.2
66.7
55.1
48.5
45.0
39.9
28.1
明治
6
10
15
20
25
30
35
40
45年度

11.135 明治初期，国民对近代教育理解不足，就学率很低。经济不佳的背景下，就学率低迷。日清战争后，就学率连年上升，日俄战争时期，日本的平均就学率达到了 95% 以上。明治末年，日本完成了全民教育的普及。

社會教育
● 勤勞教育 · 師徒教育
● 勤勞教育
● 鍛煉教育
● 灌輸教育
● 社會主義 · 同和 · 生活綴方教育運動
國家教育方針
教育學
教育方法
● 近代教育
● 品性陶冶
● 教授方法
● 訓練管理
● 明治初期西洋教育運動
外國教育思想

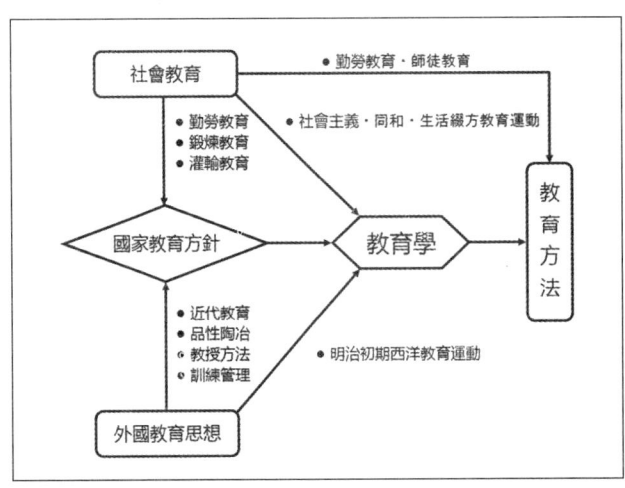

11.136 明治二十年（1887），东京大学聘请德国教育家豪斯库雷特传授教育学理论。从伦理学的角度教授教育目的；从心理学的角度教授教育方法。德国高等教育学的传入，加强了重视德育的倾向，受到日本教育界的欢迎。教育法到明治三十年左右在全国普及。受其影响，日本人编著的《实用教育学及教授法》、《科学的教育学精义》中，品性陶冶、五道念、五段教授法在教育界流行。由于儒教解释与个人主义间观念的冲突，教授法最终衰退。外国教育思想对日本国家教育政策改革产生积极的影响，特别是当时风格保守的德国教育学。

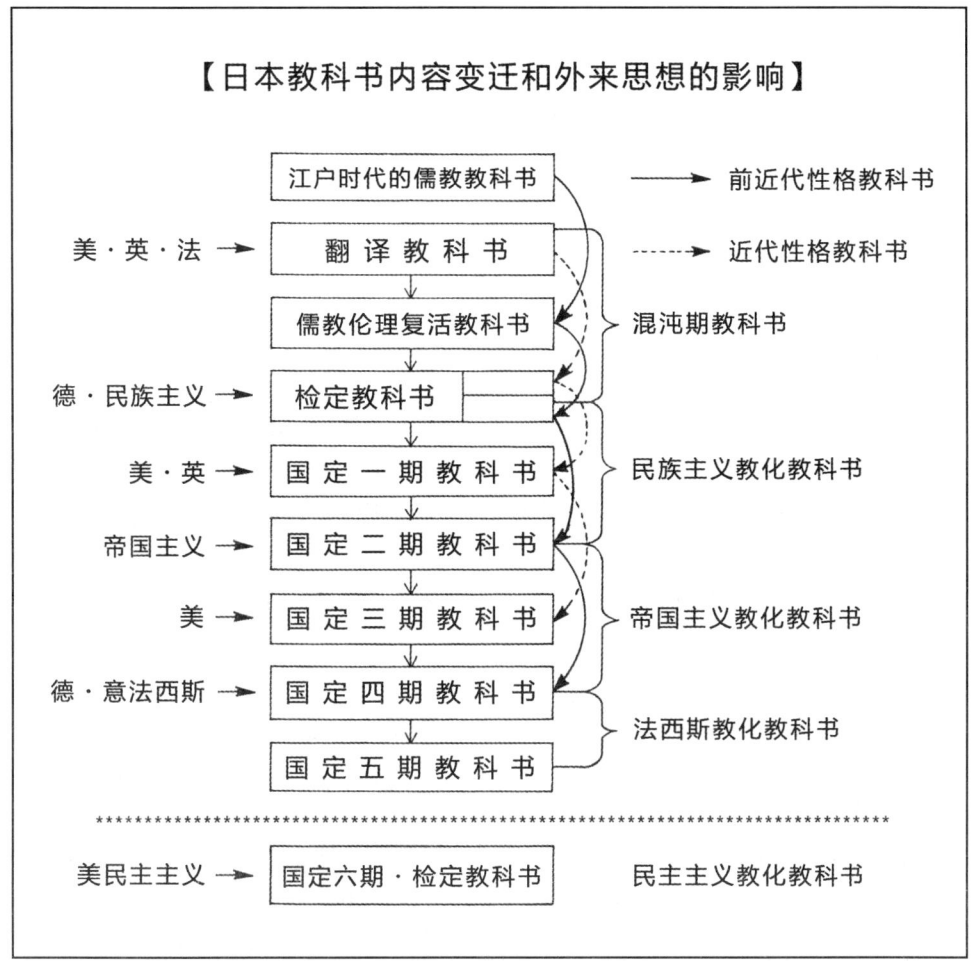

11.137 明治维新以来,受西洋文化的影响,日本人开始意识到自身文化的后进性。为快速达到先进国家的文化水平,政府在教科书中强力引入了外来思想教育的内容。日本近代教育在接受外来文化时,根据本国国情和西方各国思想意识的变化,在各个历史时期不断修正引进的教育内容。考察近现代日本教科书史的变迁可见,在外来思想文化的影响下,日本经历了民族主义教化、帝国主义教化、法西斯教化、民主主义教化的演变过程。

12 富国强兵

一、富国强兵理念的形成

"富国强兵"的概念源于中国春秋战国时代,古代诸侯在战乱中曾经采用过"强兵富国"的国家战略。《商君书》提到:"兵不强,不可以催敌;国不富,不可以养兵。"古往今来,几乎所有希望独立和建立霸权的国家,都懂得战争的胜利依赖经济实力的道理。而实现称霸的野心,强兵则是富国的根本保障。

日本早期富国强兵的提起,始于江户时代中期太宰春台所著《经济录》中的"霸者之说"。主张若要维持国家的发展,富国强兵绝不可欠。江户末期,顽固的锁国政策引发了日本与西方列强间的冲突。日本敢于与列强多次交手,但武力对抗的失败,暴露出自身经济和军事力量的显著差距,最终导致幕府被迫与列强签署诸多不平等条约。幕末的日本,面对列强的入侵,国内各界提出了各种通过强兵维持国权的思想。攘夷派主张富国强兵对抗列强;开国派主张振兴海外贸易富国强兵;公家主张宣扬皇威富国强兵;学者大谈富国论、强兵论、士道论富国强兵。岛国的舆论,无论开国派还是攘夷派,无论学者还是庶民,思维中强兵可以富国的理念开始启蒙。

明治政府成立后,国家维新的主题沿革了幕末富国强兵的主张。在思想意识上,积极引进西洋文明,推进文明开化;经济上,实施地租改正和殖产兴业以期富强国力;军事上,推行征兵制、改革军制、增强军备以图强兵。明治时代全面推行富国强兵政策的结果,大大增强了综合国力,积累了与列强谈判和废除不平等条约的筹码。日清战争、日俄战争的胜利,让日本国民尝到了甜头,看到了"富国强兵"理论和实践的正确性。日本急速引进西洋文明与欧美列强为伍,废弃未开化的过去,从强化本国的经济能力和军事实力着手,实现了"强国"的梦想。日本这种"富国强兵"、"弱肉强食"的历史观,在日本国民意识中定格。

二、富国强兵的历史借鉴

中国春秋战国时期,是奴隶制崩溃,封建制确立的大变革时代。封建经济的发展,加强了新兴地主阶级在经济和政治舞台上的实力,纷纷要求政治改革,发展经济,建立地主阶级统治。在这个背景下，秦王嬴政（秦始皇）吸收了商鞅变法的智慧，强力推行"强兵富国"的理念，使秦国从七分天下的诸国中脱颖而出，最终实现了平定六国、统一中原的霸权梦想。商鞅变法实现强国的根本法则，一是政治制度改革；二是经济制度改革。

富国强兵改革政治制度的主要施策

（1）奖励军功。"有功者受上爵，私斗者处刑罚"。国家根据军功的大小授予爵位，官吏从有军功爵位的人中选用。战功重赏之下，秦国军队的战斗力大大增强，在对外战争中扭转了长期以来庸弱的局面。

（2）废除"世卿世禄制"，鼓励宗室贵族建立军功。秦国规定"宗室非有军功论，不得为属籍。有功者显荣，无功者虽富无所芬华"。依军功大小论贵族身份高低之策，冷淡了旧贵族阶层，故有"商鞅相秦十余年，宗室贵戚多怨声"之说。

（3）改革户籍制度，实行连坐制。为加强封建专制的统治，秦国实行都、乡、邑、聚居民的统一管理。居民以五家为"伍"、十家为"什"，将什、伍作为基层行政单位。按照户籍造册登记，责令基层单位实行连坐，相互监督。

（4）推行县制。政治方面的重大改革是"集小都、乡、邑、聚为县"，以县为地方行政单位，废除分封制。县设县令以主县政，设县丞以辅佐县令，设县尉以掌管军事，县下辖若干都、乡、邑、聚，县的设置把领主在领邑内的政治特权收归中央。豪门贵族在地方的权力被削弱，巩固了中央集权的统治。

（5）制定秦国法律，确立国家章法。始皇帝从"事皆决于法"的思想出发，编写、修改、增补了一套较为缜密的《秦律》颁行于全国。故史上云："明法度，定律令，皆以始皇起。"

（6）推行"燔诗书"政策，排除不同政见者，制造焚书坑儒事件。暴政虽客观上维持了秦朝的统治，但也加速了大秦王朝政权的灭亡。

富国强兵改革经济制度的主要施策

（1）废井田、开阡陌。古记载，商鞅变法"为田，开阡陌封疆，而赋税平"。"决裂阡陌，教民耕战。"废除奴隶制和土地国有制，实行土地私有制。法律上废除井田制度，允许百姓开荒，自由买卖土地，使国家资源得到有效开发。

（2）重农抑商、奖励耕织。商鞅推行重农抑商的政策，以农业为"本业"，以商业为"末业"。多生产粮食和布帛者可免除本人劳役和赋税，同时推行小家庭政策，鼓励人口增殖。

（3）统一度量衡。秦国实行统一标准的度量衡器，严格执行不得违犯，保证国家的赋税收入。新标准度量准则，给百姓从事经济文化活动提供了方便；统一了赋税和俸禄标准；消除了地方割据势力的影响。度量衡的统一为秦始皇统一中国打下了良好基础。

中国春秋战国时代的富国强兵历史经典,对明治维新推行的富国强兵政策有过极大启示。明治政府实际采取的富国强兵政策,与商鞅变法的做法有诸多相似之处和独特之处。例如全面推行国家维新政策,废藩置县,推行中央政权一元化,实施土地改革,改正地租,统一税制,统一货币制度,发布征兵令,大力普及全民教育,创设国家新法(民法、商法、刑法),完善殖产兴业的政策和市场环境,引进西洋近代化产业,等等。明治维新的改革特色中,更多地吸收了近代西方文明国家的民主主义思想,让草民、臣民的"民"成为国家一分子的"国民",将个人的富裕与国家的富裕联系在一起。这些富国的措施,奠定了强兵的基础,实现了强大国家的目的。

三、富国强兵的施策

明治政府比其他亚洲国家都更迫切地希望摆脱西方列强对本国的干涉,急于成为一个完全独立的国家。日本急速推进富国强兵政策,整备国家政治基础,就是希望改变国家面貌,让列强认同日本是文明国阵营的一员,进而挤入欧洲强国的圈子。为了达到富国强兵的目的,明治政府颁布了宪法,建立了新型国家的政治框架,在日本国民心中树立了天皇至上的精神支柱。明治政府对江户幕府锁国政策造成的落后产业体系进行了彻底改造,给国民提供了更多的商业机会,引导国民摆脱穷困走上富裕之路。政府内以工部省、内务省为中心的机构,运用国家资本金引进外国技术,主导了官营矿山、官营制丝厂、官营纺织所、官营军事等领域的工业发展,带动了民间对西方技术的广泛兴趣。明治政府发出崛起的口号,"若育强兵,国家必富",被既定为国家发展的总体方针。

明治政府诞生于列强扩张的时代,这个时代是弱肉强食战争的时代。倘若闭关锁国甘居守旧,不与列强为伍,就有被列强殖民和吞并的危险。为此,明治政府选择了富国强兵的战略,在强兵方面,政府全力组建一支可以与欧美比肩的国家军队。1873年,政府发布了《征兵令》,规定无论士族平民,年满20岁以上的男子都有履行兵役的义务,改变了战争的天职只属于武士的惯例。征兵令之下的平民被赋予了参加战斗的国家义务,义不容辞地接受为国家而战的军事训练。政府引进西洋军队制度,装备近代化兵器,聘请外国军人训练军队,将诸藩的军事基础,统筹成一支模仿列强的军事力量。

明治政府在强兵方略上做了大量的基础工作。(1)兵役制度,(2)武器装备,(3)交通运输,(4)兵站体系,(5)通信系统,(6)医疗体制,(7)军情系统,(8)军事媒体,(9)军事科技,(10)军夫支援体制等。凡是与强兵有关的领域,都进行了一丝不苟的认真研究和财政投入。

明治二十七年(1894),日清战争的前夜,日本的国家兵源动员力量已经达到陆军7个师团240,616人，军夫154,000人。陆军移动炮械294门，单兵枪械装备达到100%。海军军舰拥有能与清国舰队匹敌的数量。炮舰28艘，57,631吨；水雷艇24艘，1475吨，合计舰艇52艘，总吨位59,106吨。全国铁路交通运输线全长3200公里。后勤支持构建了一整套完整的海陆物流兵站体系。军队编制中配置了欧洲式的医疗体系，战场救援机制在许多方面甚至超过欧洲军队。国家情报部门重视情报战的价值，在收集敌国的政治、经济、军事情报方面，拥有卓越的灵敏度和效率。国家给予媒体极大自由度，媒体的灵活运用成为战争机器的重要部分。日本特色的15万准军事力量的军夫大军，在战争中表现卓著，令西方列强为之震撼。

明治三十七年（1904）日俄战争，日本的国家战争动员力量达到1,088,996人，陆军12个师团，战争中再增4个师团。海军建成了以战列舰6艘、装甲巡洋舰6艘为基干的"六六舰队"，成为远东海域最强的海上力量。日清战争遭遇三国干涉后，日本卧薪尝胆仅十年，在武器军械、兵站体系、军事情报、战场医疗、野战通信、媒体运作、战争国际法等方面都有了巨大的飞跃，日本已经完全有信心和能力与老牌列强一论高低。心有余悸的西洋人面对日本人谦逊的笑颜，捉摸不透他们背后的野心，后生可畏之心让列强敬而远之，耿耿于怀，"黄祸论"从此在欧美圈蔓延。

四、富国强兵与战争

明治政府富国强兵的结果，给日本在国际上带来荣耀，给国家经济带来繁荣。日本军国主义的膨胀，加速了向周边国家扩张侵略的野心，给邻国带来了苦难。明治时代的日清战争、义和团事变、日俄战争，三场战争都发生在清国的土地上。在那个弱肉强食、没有国际准则的野蛮时代，战争被制造战争的野心家视为天经地义的事情。当富国强兵的大厦建起时，它的影子下映出了条条草菅人命的血色运河。

日清战争是近代日本史上第一次品尝到富国强兵甜头的对外战争。战争胜利的结果全面动员起国民对战争的热情，军国主义的形成一发不可收拾。当时市井间记录这样的情形，"日清战争、连战连胜、军队万岁、军人守护神，军人的地位如日中天"。天皇体制的社会基础一举扩大，天皇为地位低下的军卒赢得了从未有过的荣光，天皇成为受全军爱戴的陆海军大元帅。日本军事体制和天皇制根干的形成，在日本人心目中确立了富国强兵至上的理念。

日本思想家福泽谕吉，在《日清战争是文明和野蛮的战争》社论中标榜："日本是以世界文明进步为目的展开的战争，战争不是人与人、国与国之战，而是一场信仰的较量。"日本在亚洲国家率先理解文明世界的理念，力图彻底摆脱独裁国家制度和野蛮文化，日清战争因此成为日本迈入文明国行列的起点。1886年，日本加入国际红十字条约组织，1887年加入《巴黎宣言》，在日清战争中的表现让欧美国家相信，日本已经成为代表亚洲崛起的文明国。

富国强兵的战争实践，标志日本近代军事技术进入变革和飞跃的阶段。明治维新下的军队，从英国学到了先进的海军，从德国学到了先进的陆军。明治政府创建的陆军战胜了大清国陆军，后来成为世界上最骁勇善战的战斗体。黄海海战的胜利被公认是世界海战史上近代舰队作战的典范。日本舰队的作战思想和军人素质，在十年后的日俄大海战中得到再次验证，日本舰队在对马海峡一举摧毁了庞大的俄国波罗的海舰队。

富国强兵的历史规律是恐怖的，它的终极体现就是战争。在战争与和平的课题中，日本国民默认了弱肉强食的战争逻辑。当日本以国际优等生的形象，挤入欧美列强的行列，敢于与强者比高低时，醉心于强兵快感中的国民，企望战争赢得利益的狂热已经一发不可收拾。从日清战争开始，日本军队全面确立了在国家体制中的地位，军部政治称霸的构造形成。军人的荣誉超越了一切至上的权利，引导日本陷入半个世纪的战争泥沼。1894 年日清战争；1900 年义和团事变，八国联军出兵；1904 年日俄战争；1914 年日德战争（第一次世界大战日英同盟）；1918 年西伯利亚出兵（五国联军干涉俄国革命的七年战争）；1937 年侵华战争；1941 年太平洋战争；50 年战争历史给卷入战争的各国人民带来深重灾难。

富国强兵的概念在客观上是行得通的思维方式，但是富国强兵的目的极易变质，导致丧失理智，走上战争的极端。明治维新孕育的一群骄横跋扈的军人，用残酷的战争玷污了明治维新的初衷。日本人用自己的血肉之躯，铸成的这座富国强兵的大厦，终于在第二次世界大战中崩溃。1945 年 8 月 15 日，日本成为战败国，逆人类文明意愿而行的日本，终于在自身的实践中证明了富国强兵的战争暴力，必将葬身于自己的逻辑。

12.01 明治六年(1873),黑田清隆向太政官提出了"屯田制"建议。1874年,政府确定了"屯田兵例则"。1875年,军队进入北海道开始屯田。为对抗来自俄国的压力,屯田体制经历了各种各样的改革。在富国强兵政策推动下,1889~1893年政府数次修订法令,确定了增设20个中队屯田兵的计划。期间实现了"兵村",从兵员中选举设置了"兵村会",兵员中引入兵役制度。北海道人口不断增加,农业得到极大发展,屯田兵又整合创设了第七师团。1904年,随着国家军队整合的需要,屯田兵制度被废止。写真记录了屯田兵时代北海道大地兵营的风貌,在一片片辽阔的正在开垦的处女地上,并列着相同式样的建筑群落,映照出奇特的集体生活景象。

12.02 明治六年(1873),屯田兵制度实施。屯田兵是国家战争储备的重要一环,既能守卫开拓边疆,又能训练部队,可以做到完全的自给自足,达到自力更生的效果。三十年的开垦计划获得了成功,移民人口大增,促进了边疆的繁荣。明治三十七年(1904),屯田兵制度被废止。写真是屯田兵的营地。

12.03 写真是东京炮兵工厂分厂的门前。东京炮兵工厂主要生产枪械和弹药,直属陆军大臣管辖,内设相关教育机构。

12.04 日清战争后,日本运用清国的战争赔款,从德国引进全套炼钢设备和技术,由国家投资兴建了大型制铁所"八幡制铁"。"八幡制铁"不仅为后来的日俄战争提供了大量军用物资,也为整个日本军工和重工业发展奠定了稳固的基础。写真是明治四十三年前后的工厂全景。

12.05 大阪炮兵工厂拥有数千名工人,厂方制定"职工规则、职工惩戒规则、职工过怠金概则",强化企业管理,向战斗部队提供大量国产近代化优质炮械。明治十六年(1883),大阪炮厂聘请意大利技术顾问指导完成了第一门国产青铜铸造炮。1886年,国产火炮陆续装备陆军野战部队。日清战争时期主要生产性能优异的7.5厘米口径山野炮,俗称"七厘山炮"。写真是炮厂内车床车间的场面。

12.06 1889年，陆军发布野战教范条例，提出炮兵是战场"主兵"的概念。炮兵作为未来战争的"战斗骨干"开始在军事思想中定位，推动了炮兵兵种空前发展。日本陆军的"七厘野炮"，是陆军火力最强的火炮。日清战争由于朝鲜道路崎岖，野炮没有发挥预想的作战优势，而可以拆装的马驮式山炮，表现出优秀的机动性。图为大阪炮厂量产的野炮炮车。

12.07 1884年大阪炮兵工厂仿造的意大利28厘米榴弹炮，1887年正式量产化。该炮部署在日本本土海防炮台，日清战争没有参战。日俄战争期间，日军攻击旅顺要塞受阻，专门从国内调来18门此种海防型榴弹炮，作为攻击203高地的决战武器，共发射炮弹16,940发，为夺取俄军阵地、摧毁旅顺港内俄国太平洋舰队建立功勋。

12.08 1896年后的日本炮兵和步兵部队的训练场面。当时军服实施了改制，区分"冬夏正略"4种式样。士官和士卒的通常军服，夏装是白色。写真是训练场上身穿新式服装的士兵在操练的情形。

12.09 明治二十二年（1889），在英国技师的帮助下建造了横滨船渠，船渠内有两个船坞，可以同时修理和建造两艘舰船。在这里建有明治维新船舶工业技术象征的、运行在北美航线的大型客船"冰川丸"、"秩父丸"，海军轻巡洋舰"那珂"、"白雪"，航空母舰"龙骧"等战舰。写真是1906年的船坞。打开闸门，海水会涌进船坞内，船就可以开进船坞。然后关闭闸门抽出海水，整个船体就会暴露出来，可以清理船体表面的吸附物和进行日常维修。现在船坞遗迹被列为国家的重要文化遗产加以保护。

12.10 明治十年（1877）五月，日本成功研究出军用气球，组成了气球部队。西南战争中，被萨藩军包围的熊本城，曾经计划利用气球救援的作战方案。1904年日俄战争的旅顺攻坚战中，气球部队在203高地实施弹着点校准，为全歼太平洋舰队作出贡献。写真是日本首次成功放飞的吊筐式气球。

12.11 明治四十四年（1911），军用气球研究会进口西洋发动机，制造了首架飞船（飞艇）。飞船下装有吊舟。10月25日首次飞行，高度60米，距离4.5公里，滞空时间10分钟。27日，飞行高度100米，距离32公里，滞空时间41分钟。军方开发飞船，目的是在未来的战争中应用。写真是飞船首飞的壮观场景。

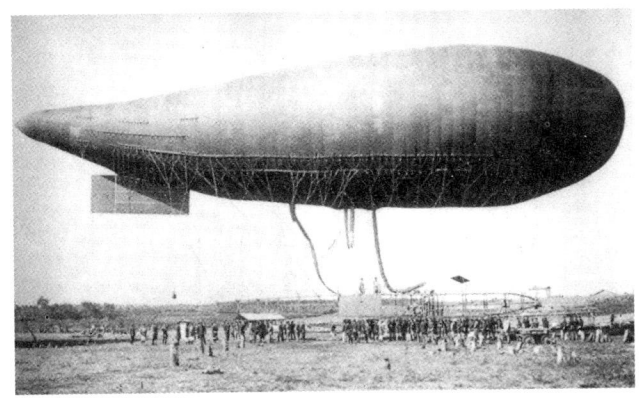

12.13 1904年日俄战争中，日本气球部队在侦查俄军布防，为炮击俄舰队作出贡献。写真是吊篮式气球放飞训练的场景。

12.12 气球的野战意义在陆军得到重视。陆军第一师团特设气球队，归属电信教导大队。队员145名、马9匹，每年各工兵大队分派5名士官，前往气球队接受气球兵教育。写真是1907年"自由号"气球放飞的训练场面。

12.14 1913年，气球队改编成气球中队，临时兵舍设在所泽飞行试验场一隅。气球部队经常在野外实施放飞训练。写真是双翼飞机和飞船同时滞空的珍稀镜头。营房大门挂牌"气球队"。

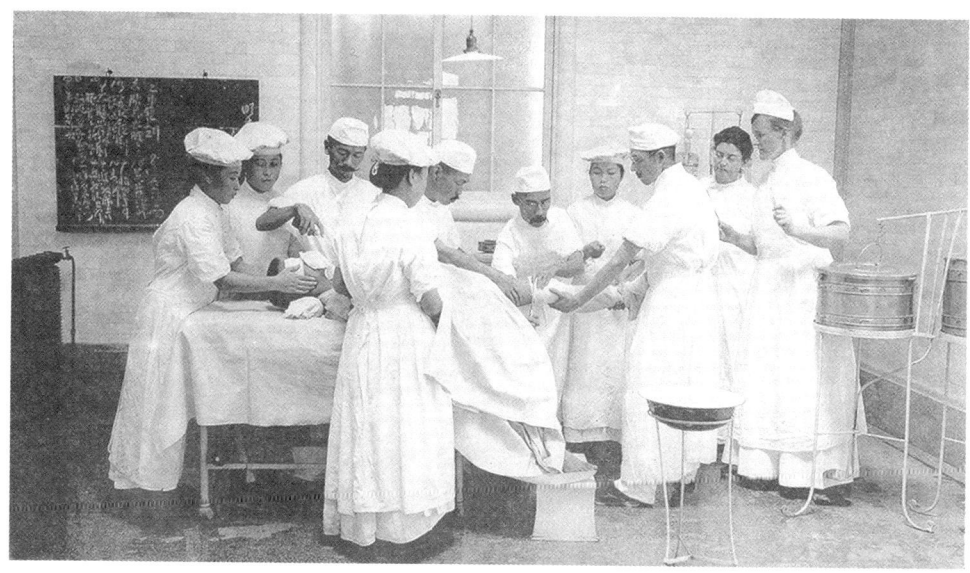

12.15　明治维新时期的医疗,在西洋医疗技术的影响下有了迅速进步,各种欧美式教学给日本提供了大量优秀的医师、看护妇。大量医护人才的出现,满足了战争医疗的需求。日清战争时日本实施了女性从军看护妇制度。日本红十字会看护妇首次被陆海军医院召集,媒体宣传报道这是"日本妇女从军的壮举",激励日本国民开始认知和接受看护妇这个新生事物。写真是在西洋医师指导下,实施现场手术教学的场景。

12.16　明治十八年(1885),首任文部大臣森有礼为推进明治维新富国强兵政策,在教育上引入了"兵式操练"令,中学师范学校男生的兵式操练被义务化。一年后,东京师范学校的女生也编入兵式操练科目,日本女性作为保卫本土的作战力量,也被要求参加军事训练。图为英国武官在观摩女性射击训练的情形。

12.17　明治元年（1868），日本效仿当时世界上最强大的近代英国海军，于1870年在广岛县江田岛市创设了一所旨在培养优秀海军军官的江田岛海军兵学校。教育方针要求学员进行系统的军事理论学习和艰苦的军事技术训练，精神上灌输效忠天皇和"武士道精神"。学校在日本海军史上培养出诸多高级将领和优秀士官。昭和二十年（1945）日本败战，11月30日废校。写真是明治二十年（1887）前后的江田岛海军兵学校鸟瞰全景。学校主建筑前是宽广的运动场，侧方是宽阔的海面，适合学员进行各种军事科目的教学和训练。

12.18　明治二十四年（1891），在强兵的舆论浪潮中，政府通过预算案，向英国订购了当时世界最先进的防护巡洋舰，命名"吉野"号。吉野舰航速达到23节，完全装备速射炮，在与清国北洋海军的海战中表现十分活跃。

12.19 明治七年（1874）十月，日本陆军士官学校开校，早期教育制度为法国制式。师资主要聘请的是法国陆军的军事教官。不同兵科有不同的修学年限，步兵、骑兵两年，1876年增至三年。炮兵、工兵最初三年，1876年增至四年，1881年增至五年。士官学员毕业生1285名，共计11期。写真是1874年日本陆军士官学校开校时的学校本馆。

12.20 为实现富国强兵的目标，军方最关注军事人材的培养。日本陆军大学校是培养陆军高级参谋将校的最高学府。明治十五年（1882）创设，师资主要是法国教官。1884年，参谋本部长山县有朋和陆军卿大山严决定改用德意志帝国陆军大学的模式，招聘了一批像梅克鲁那样的德国优秀教官。陆军大学校首任校长是儿玉源太郎步兵大佐。写真是早期陆军大学校的大门口。

12.21 明治二十一年（1888），根据第55号敕令，制定海军大学校官制，同年在东京筑地开校，是培养日本海军高级将校的教育机构，简称"海大"。首任校长是海军省军务局长井上馨少将；第二任是伊东祐亨少将（日清战争海军司令长官）；第九任是东乡平八郎少将（日俄战争时任海军司令长官）。写真是学校前的小码头。

12.22 明治十九年(1886)，参谋本部内分设海军部和陆军部，分别掌管海军和陆军的军令。1888年分别改为海军参谋本部和陆军参谋本部。1889年陆军参谋本部长改称参谋总长，设置海军参谋部（1893年改称海军军令部）负责海军军令。1893年海军军令部条例规定，陆军参谋本部和海军军令部，在和平时期是对等的，战时海军军令权属于陆军参谋总长。写真是1899年竣工的日军参谋本部。

12.23 陆军省是第二次世界大战前，日本行政机构中的一个部门。1903年以降主管军事兵器、军马、军务、人事、整备、兵务、经理、医务、法务、技术、研究、航空等业务。写真是明治十一年（1878）竣工的陆军省。

12.24 海军省是大日本帝国海军的军事行政机构，是日本内阁中的一个省，海军大臣由天皇任命。1872年海军省从兵部省独立出来，《大日本帝国宪法》实行后，军令由天皇的直属机构主管。1893年设置了海军军令部作为海军的最高军令机关。海军省成为主管海军政策、军备、人事、教育等事务的机关。写真是明治二十七年(1894)竣工的海军省。

12.25 明治十三年（1880）日本海军开设水雷练习所，1893 年改编成海军水雷学校，是培养水雷（鱼雷、机雷、爆雷）指挥官、技术官的学校。对从初级士官到海军将校，实施海军综合技能技术的教育。山本五十六就是该校第 32 期毕业生。1903 年开始无线电技术生的培养。写真是 1907 年学员操练的情景。

12.26 横须贺是日本的重要军港。明治时期，居住在横须贺的市民 40% 是和海军有关系的人。山林原野以外的 30% 土地，都是军方的财产。明治四十年（1907），横须贺市甚至选出了海军出身的市长。写真是横须贺的逸见波止场，当军舰离港归港时，海军军人、海军家属就会站在逸见波止场迎送。

12.27 日清战争后，为了对抗俄国在远东的扩张，日本加速增强海军力量，实现了六六舰队计划（战列舰 6 艘、装甲巡洋舰 6 艘），其中旗舰"三笠"号从英国进口，排水量 15,140 吨、全长 131.7 米、15,000 马力、巡航速度 18 节、4 门双联装 30.5 厘米主炮、14 门 15.2 厘米速射炮。写真是"三笠"号水兵在进行速射炮实弹演习训练。作战参谋在观察记录炮击效果。

12　富国强兵　253

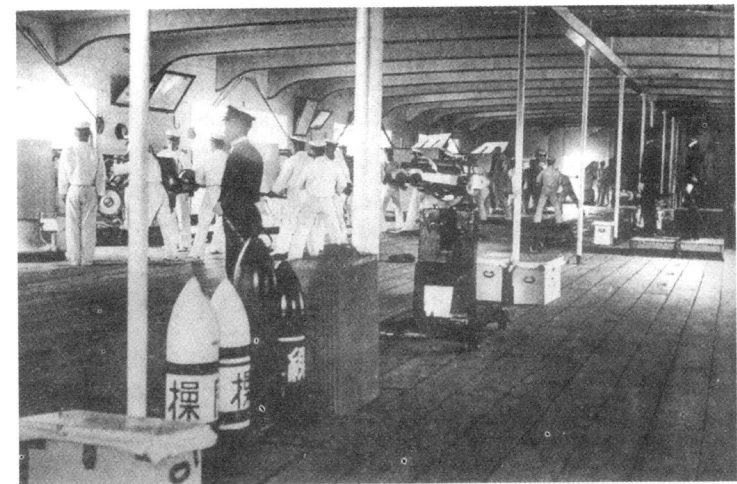

12.28　明治时代的军舰通常会在一艘舰上搭载多种类型舰炮。战斗时每门炮都处于独立瞄准炮击的状态。命中率除了依赖大炮的性能外，还要靠指挥者和瞄准手的技能。由于大炮的性能都不是很高，一般依靠舰炮数量和发射弹数，提高弹着的几率。而瞄准手修正弹着点经常是100米单位误差的矫正量。写真是指挥官在指挥舰炮水兵操练的情形。

12.29　明治二十七年（1888），陆军设立了乘马学校，1898年改称陆军骑兵实施学校，1917年改称陆军骑兵学校，是日本陆军培养骑兵的唯一学校。学校采用欧式训练方法，使日本骑兵成为一支骁勇善战的劲旅，在日俄战争中打败了号称强大的哥萨克骑兵。写真是1874年日本陆军骑兵士官学校的训马教场的内景。

12.30　明治四十四年开工，大正二年（1913）竣工的气球库，是日本首个钢铁骨架构造的、专为"雄飞"号飞船建造的机库。1913年，10架飞机和雄飞号飞船一同参加了大正天皇即位典礼。左上写真是"雄飞"号飞船进入机库的情形。现场通过人工拉拽缆绳调整飞船姿态进入库内。

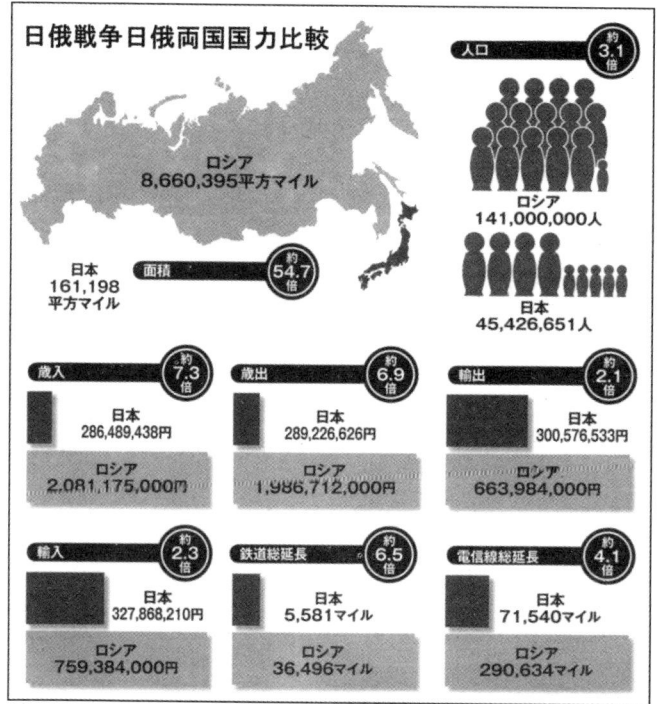

12.31 日本和俄国的综合国力比较图。国力之比令国际政治家、经济家、军事家、历史学家为之茫然。日本这样一个小国，一个尚处在贫困线的国家，竟然把令欧洲惧怕的俄国人打败。是什么让他们取得这样的战绩？历史留下了一个大大的问号。当人们还在解读这些疑问或赞美日本明治政府的空前业绩时，一个从魔法瓶钻出的恶魔出现在世人面前，它就是从明治军队蜕化变质的昭和军队。

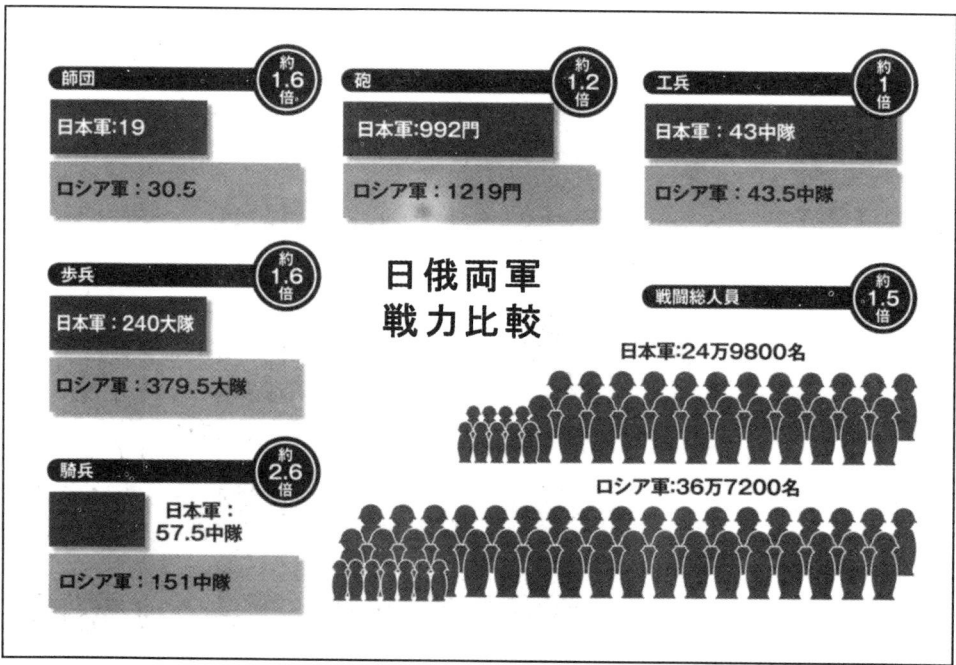

12.32 日俄战争中日本付出了巨大的伤亡，但从日俄两军战力比较可见，日本的胜利让全世界口服心服。正如德国皇帝威廉二世预见的"黄祸"时代已经真正到来那样，面对如此好战能战的国家，西方列强从此再无美梦可做。

12.33 观兵式（阅兵式）是向国家元首展示军队的力量，向国内外展示国家威严，由士兵实施的军队仪式。十九世纪后期，几乎所有国家都热衷于进行阅兵式。大日本帝国陆军的"观兵式"分阅兵式和分列式，军队接受天皇、皇族、元帅、陆军大臣、参谋总长、教育总监、军司令官、陆军大将、特命检阅使等将官的检阅。日本海军的观兵式，相当于"观舰式"。写真是明治四十四年（1911）日本陆军观兵式的场面。

12.34 日俄战争的胜利，再一次证明日本富国强兵的国策无比正确。日军凯旋回国，在东京青山练兵场举行了壮观的阅兵式。明治天皇观看了阅兵，各兵种方队通过了天皇的视线。观兵式结束，军队和兵权归还天皇。在皇居（皇宫）的广场上排满了缴获的各式各样俄军战利品。写真是气球部队的气球在高空500米处拍摄的阅兵现场照片。

12.35 明治四十一年（1908），作为海军历史教育的一环，海军建设了一座"海军参考馆"。馆内汇集了日本有史以来的海军战史资料、人物传记、武器装备，对下一代海军军人的教育起到积极作用。写真是海军参考馆远望。

12.36 海军参考馆是陈列日清战争、日俄战争时缴获敌国战利品的展览馆。这里既是海军军人的教育场所，也面向市民开放，进行富国强兵的教育。写真是日俄战争馆展室内的展品。海军参考馆在关东大地震时起火被焚毁。

13　殖产兴业

一、明治维新的产业革命

产业革命是十八世纪后半期，英国技术革新引导的产业结构变化，以及由此带来的经济振兴。产业革命的概念，早期出自于马克思、恩格斯文献中的共产主义理论。产业革命支持的产业资本、产业资本家，通过工厂经营的财富积累，形成了金融资本。产业革命的基础是技术革命，是在资本主义经济体制下，财富积累的"资本"和农业革命产生的剩余劳动力，在城市产业环境下吸收，爆发出的生产力飞跃的变革过程。十九世纪后半期的日本，学得了欧洲的经济革命理论，通过"技术革新"、"资本积蓄"、"都市劳动力增大"的经济杠杆，推动了国家的产业革命。

日本产业革命的代名词是殖产兴业，是明治政府"富国强兵"国家战略的重要组成部分。明治开国之初，欧美各国已经追随老牌资本主义国家英国产业革命的模式，确立了本国资本主义经济格局。日本在外来文明的冲击下，深刻醒悟到自身的弊端。从幕末至明治初期就开始着手，引入和吸收西方文明，改革本国的产业结构。

日本的产业革命经历了两个时期。第一次产业革命，发生在日清战争前后，中心产业是制丝、棉纺织业等轻工业。第二次产业革命，发生在日俄战争前后，中心产业是钢铁、机械制造、造船、动力等重工业。日本产业革命的特色，是在殖产兴业政策下，以取得能够对抗西方国家的经济实力为目标的产业革命。政府优先解决的课题是，通过引进欧美先进技术，提高生产力，增加海外输出，减少西方舶来品对本国市场的冲击。在殖产兴业政策的强力支持下，明治政府主导了赶超欧美诸国的国家动员，实施了四大产业维新的举措。

（1）明治三年（1870），政府内成立了两个行政指导机构。一个是工部省指导重工业（首任工部卿是伊藤博文）；一个是内务省指导轻工业（首任内务卿是大久保利通）。十九世纪七十年代中期，日本掀起了全面引进欧美产业技术的热潮。但早期引入的产业以轻工业为主，重工业发展比较缓慢。日清战争后，政府用战争赔偿金作为财源，才开始大力投入重工业的发展。

（2）设立官营模范工厂，以官营推动民营。明治五年（1872），政府第一座官营"富冈制丝厂"诞生，工厂设备采用法国机器。在国家尚不富有的情况下，用重金聘请西洋专门人才,体现了政府引入欧美先进技术推动产业革命的坚定决心。雇佣的法国技师指导100余名士族家庭出身的女工学习纺织技术并开工生产。当时工厂的女工中年薪最高者只有25日圆,而法国技师年薪达到2700日圆,是女工薪水100倍以上。这些学成出徒的优秀女工,后来在其他企业成了技术骨干。1877年新町纺绩厂建立,带动了诸多民间纺织企业诞生。经过十数年图强,日本的纺织产量超过了西洋制品的进口量,优良廉价的产品大量出口海外。十九世纪九十年代,纤维产业的出口额,占日本产业比例的50%,制造工业的生产额,占国家产业比例的40%。

(3)军事工业的产业振兴。明治维新政府接管了旧幕府直营的佐渡、生野矿山、横须贺军事工厂等企业,注入官方资本,实现了官方经营。明治三十四年(1901),日本首座西洋式制铁所"官营八幡制铁所"诞生,宣告了重工业勃兴时代的到来。在官营的带动下,日本制铁所、釜石制铁所等民间重工企业也相继建成。官民对重工业的投入,奠定了国家钢铁产量的基础。1905年,池贝铁工所成功仿制美国车床,金属加工技术大幅跃进。同时期日本造船技术向世界水平突进。明治末年,工厂电力的动力源也急速普及。军事部门对兵器工业产品的大量需求,带动了日本重工业的快速发展。1894年日清战争时,日本国内铁产量1.9万吨,进口13.4万吨。1908年达到产铁14.5万吨,产钢9.9万吨。相较于对外战争的需求,国内铁钢的自给率仍然很低,大量不足必须依靠从英、德、美等国进口。

(4)政府开发北海道,派遣开拓使,军队实施屯田兵制度。明治六年(1873),日本军队开进北海道等偏远地区。屯田兵作为国家战争储备的重要一环,既能开垦偏远地区,又能守卫国土边疆,偏远地还是部队军事训练的广阔练兵场,丰富的资源满足了军队的自给自足。明治政府三十年的边疆开拓计划获得了成功,内地向北海道等偏远地区移民人口大幅增加。政府开发北海道的战略举措,不但振兴了当地的产业经济,重要的是达到了抑制俄国人在远东扩张的战略目的。

二、产业革命下的民生实态

殖产兴业政策背景下的产业革命,加速了日本资本主义的发展。三井、三菱、住友、安田四大财阀形成,鼎力支持了国家的经济。产业资本家获得了大量的政治特权和地位,强化了财阀左右国家政策的能力。产业结构下的资本主义发展,加大了阶级间的差距。资方付给劳动者微薄的薪水赢得产业的发达,使二者间的阶级矛盾日益深化。劳动者的劳动条件恶劣、劳动时间过长、薪水标准低廉、工业引起公害,给产业革命带来了严重的社会问题。煤矿惨案、矿中毒事件、纺织工厂罢工、劳资争议等事件和运动,使同情劳工的社会主义思想在日本迅速蔓延。

日本第一次产业革命的日清战争前后,国内处于经济萧条的恐慌之中。民众生活困苦,劳动力过剩,动摇着新兴国家的根基。报刊文章中经常使用"最黑暗的东京","贫天、地饥、寒窟"一类的词汇描述劳动阶级的生活实态，指责明治维新新型资本主义国家，正处在深刻的阶级矛盾之中。国家支持日本廉价商品海外出口的战略，是以酷刻压低劳动者工资取得低成本为代价的。廉价商品冲击和掠夺了邻国市场，政府实行的政策加速了国内外经济和国际政治矛盾。明治二十三年（1890），国内发生自然灾害，导致米价暴腾，引发北陆米粮暴动事件。政府坚持低工资水平，采取从朝鲜进口廉价米粮安定国内需求，鼓励过剩人口向朝鲜移民的政策。政府放纵日本妓女向海外输出，过剩的娼妓大军涌向南洋、欧美、清国等地，在那里到处可以看到日本人众多的娼街。

民生统计数据显示，支撑日本经济的织物、生丝、棉纺、陶瓷、洋火产业，底层工人生活艰难。爱知县是与东京、大阪齐肩的工业基地，集聚了国内数万名劳动者。纺织工业劳动者的待遇在所有行业中最具代表性，业界内女子就业者占劳动者的60%以上，劳动条件和劳动强度极端苛刻。织物工厂员工每日劳动时间12~16小时；制丝工厂11~17小时。97%以上的员工在工厂住宿，每日凌晨四点开工，工人除了劳动就是睡眠，长时间劳动所得薪水却非常微薄。按照技男、技女、工男、工女的技术能力，制丝工厂日薪平均5~25钱；织物工厂5~15钱；住宿费日额5~7钱；按此收入支出，见习工几乎呈无收入状态。大多数工厂员工契约规定，工作未满一年者不给工资，甚至有五年无工资的恶质企业，这类残酷剥削的现象在当时日本全国仅仅是冰山一角。

三、产业革命和社会主义启蒙

回顾历史，任何国家的产业革命都伴随不同程度的社会动荡，日本也不例外。明治维新这样的大规模社会变革，影响到各个领域的产业，触及上到贵族下到百姓的利益。产业革命活跃了资本的流通，给资本家盘剥劳动者提供了机会和权利。维新改革带来的阵痛，加剧了社会的不平等和贫富差距，加大了社会问题的产生率。日本国内诞生了维护民生民权，反对地主、资本家的社会主义启蒙思想。明治十四年（1881）发生了秩父农民暴动事件；1882年都市部自由民权运动中，诞生了"东洋社会党"、"车会党"。日清战争后，国内工厂从2800家增加到7700家，劳动者从29万人增加到44万人。"劳动问题"引发的"社会问题"急速显现。都市工人不满资本家对廉价劳力的榨取，劳动者成立了劳工组织，展开了社会主义倾向的运动，公开批评地主资本家的掠夺。然而明治政府不能容忍社会主义思想在民众中蔓延，警告社会主义革命会把国家带入极端的、暴力的、无政府主义的动乱之中，危害国家的根本。

明治三十三年（1900）政府公布了《治安警察法》，取缔劳动者的请愿运动，社会主义运动被打压。政府制造了"大逆事件"，诬陷主张民主自由的社会主义者企图刺杀天皇，阴谋暴乱，以此借口大肆逮捕民主人士。结果幸德秋水等24人被宣判死刑，日本的社会主义运动在政府严厉镇压下走向低潮。日本产业革命启蒙了社会主义，资本主义最终把社会主义扼杀在摇篮之中。

13.01 明治初期，日本仍然是一个地地道道的农业国。在政府殖产兴业的既定方针下，制定了有利于农家的政策，但也增加了农民的税收负担。各地农民抗议政府的税收政策，遭到政府的镇压。写真是农家借助牛力在田间犁地的劳作情形。

13.02 水稻种植技术传入日本是在绳纹时代后期。最初是在九州岛开始种植，所以一直以来九州岛被认为是日本水稻的诞生地，此后水稻普及到日本各地。水稻种植的重要一环是灌溉，日本人改造了中国人的龙骨水车为足踏式水车，十八世纪中叶开始在日本迅速普及。朝鲜通信使曾在回国报告书中，对日本农民利用足踏式水车灌溉的方法赞赏有加。写真是1890年，农民在往田地里汲水的情形，左面的木杆是稳定身体用的扶手。

13.03 写真是1880年农家收获后分离稻谷壳的情形。农家使用的这种"千石簸箕"是通过比重法来分离米和谷壳。稻米和谷壳从上端入口倒入，经过一个斜面，由于米和谷壳的重量不同，二者从不同的出口处漏出，米和谷壳就被分离了。千石簸箕作为一种效率较高的农具，江户中期以降，在日本农村已经得到了普及。

13 殖产兴业　261

13.04　养蚕业是国家的重要产业，蚕茧是丝织业的原料。政府制定了丝织品出口奖励的政策，各地养蚕业得到迅速发展。写真是养蚕人家正在劳作的情形。

13.05　写真是蚕茧抽丝工厂女工作业的情形。将蚕茧浸在热水中，用手抽丝，然后卷绕于丝筐上。作业女工必须手疾眼快，才能保住这份辛苦的工作。

13.06　日本茶不仅是日本人喜欢之物，也是明治时期日本与欧美贸易的主要货品之一。日本的多山地带分布了大量的茶场。右写真是茶农在采茶作业的情形。

13.07　渔业是国家的重要产业，早期的渔业因为渔船小，捕鱼主要局限在近海。从事渔业的人称渔夫，只能在规定的渔场内捕鱼。写真是渔夫在合力拉上沉重的一网鱼。

262 明治维新的国度

13.08 明治维新为振兴落后的纺织工业，政府引进法国蒸汽丝织机，雇佣法国技师，在盛产蚕茧的富冈县建造了官办大型纺织工厂。企业招募了数百名女工，进行技术培训和劳动。这些技术熟练的女工，日后在全国各地的纺织工厂成为业务骨干。写真是当时的洋式厂房和最先进的法国纺织机器。

13.09 早期的日本国产织机精度低，实际应用存在很多问题。经过与工业大学共同研究和考察欧美纺织工厂，高效型自动织机才研制成功。写真是1905年丰田钟纺自动织机试验工厂车间的一角。

13.10 写真是1880年日本家庭使用的进化式混合纺织机。手摇纺车操作时，需一手摇动纺车，一手从事纺纱工作。画面是一家夫妇正在合力从事手工纺织的情形。在蒸汽纺织机出现以前，手摇纺车的纺织是日本最普及的小手工业纺织方式。

13.11　写真是代表明治时代日本纺织工业的龙头企业大阪纺绩株式会社的大楼外观。大阪纺绩是日本最初的大型纺织会社，是现代东洋纺织株式会社的前身。蒸汽动力机驱动纺锤 10,500 锭，企业劳动者 300 人。厂房装备了电灯设备，昼夜两班轮班交替作业。大阪纺绩无论从经营规模、技术水准、资金来源，还是从对日本近代棉纺织业发展的促进作用上，都有其独特的重要位置。在大阪纺织的带动下，日本掀起了纺织工业的高潮。

13.12　明治新政府为了阻止俄国的南下政策，1869 年在北海道设置了开拓使。1876 年，日本政府的开拓使在北海道札幌市创建了开拓使麦酒酿造所，从外国招募了酿酒技师，兴建了可以生产 30 多种酒类的官营工厂。其中用本土栽培的原料制作的啤酒，成为最受日本人欢迎的酒饮料。10 年后，日本国产啤酒已超过进口啤酒的数量。写真是 1903 年 11 月新建开工的札幌啤酒工厂，会社名称来自于工厂生产的"冷制札幌啤酒"。

13.13 写真是明治十年（1877）二月，京都和大阪间开通的铁道桥，全长344.4米。设计者是英国人 J. England、架设者是尚恩（T. Shann）。桥体是从英国进口，日本现场组装建造的。图中可见英国工程师的身影和日本工人的工作情形。这座被誉为日本最早的铁道铁桥"长柄桥"，沟通了两座城市间经济文化的往来。

13.14 明治初期，随着北海道偏远地区的开发和建设，铁路建设也受到政府的重视。明治八年（1875），美国工程师在丰平河上设计建造了一座标志着近代工艺特色的木构洋式弓形桥梁"丰平桥"。1877年，冰雪解冻引发的洪水冲毁了丰平桥，此后丰平桥经历了数次重建。写真是1875年2月24日拍摄的丰平桥架设场景。

13.15 横滨港大规模扩港工程始于1888年。为了扩充海外航路，政府计划将横滨港打造成可以连接铁路、公路、大栈桥的日本第一大海港。英国和荷兰都有意得到这项工程，虽然政府倾向荷兰案，但考虑到与英国的外交关系，最终采用了英国案。写真是横滨海关正在兴建新码头。

13.16 明治时期，在英国等先进国的帮助下，日本铁道产业的经营和蒸汽机车技术逐渐国产化，加速了日本铁道网的发展。明治二十六年（1893），日本的齿轨铁道（即在两条铁轨中间加增2组或3组有齿铁轨）成功铺设。列车在爬坡时，机车齿和铁轨齿吻合，可以提高机车的安全性和爬坡性能。写真是横川至轻井泽之间大坡度路线上，火车在齿轨铁道上行驶的情形。

13.17 铁道马车是在轨道上奔走的运输工具，1836年首次出现在美国纽约市内的公共交通路面上。此后，陆续在巴黎（1854）、伦敦（1861）、柏林（1865）等都市中普及。明治十五年（1882）六月，日本成立东京马车铁道会社，陆续开通了新桥至日本桥、上野、浅草、浅草桥间的往返公交。写真是在新桥站前等候乘客的铁道马车。

13.18 明治二十三年（1890），东京和横滨间架设了商务用电话线，史上称之为"电话元年"。当时的电话价格非常昂贵，但在殖产兴业、经济活跃的背景下，仅3年就从最初只有197家用户增加到3000家用户，电话事业出现急速发展的势头。电信局在递信省小学校高等科招收女子电话接线员，条件是未婚、无家事、有笔算能力的女性，经过严格训练后投入电话交换业务中。写真是1893年接线员工作时的情形，当时工作人员的发型、着装皆很随意，不作规范要求。

13.19　明治五年（1872）日本创办的瓦斯局，是在法国技师帮助下完成的日本首座煤气工厂，主要为横滨地区的煤气灯提供煤气。明治十八年（1885）东京府以民办为主力，创办了东京煤气公司。由于日清战争、日俄战争，煤气需求量大增，东京煤气公司的规模得以不断扩张，全面支持了战争。煤气事业的大力发展，也促进了民间的照明福利。写真是东京瓦斯局煤气工厂的大型圆筒储气罐。

13.20　明治初期，洋纸传来日本。日本最初的纸来自中国大陆，后改良成"和纸"。但是日本纸比进口西洋纸成本高，质量差，机械印刷强度低。明治维新迎来新式纸张的黎明，1872年起，仅东京就创立了7家造纸会社。图为明治七年（1874）三田制纸所的造纸工厂。

13.21　在殖产兴业政策刺激下，东海道交通量大增。1874年，当地村民自发结成开山队开始挖掘"宇津谷"隧道。1876年，全长207米、高3.5米、宽3.3米的隧道建成，日本史上第一条收费隧道诞生。11月3日天长节，天皇徒步通过了隧道。写真为明治二十年（1887）前后的"宇津谷"隧道入口，为了解决隧道内的照明问题，在隧道的东西入口处安装了日光反射镜。

13.22 日清战争胜利的日本于1896年开始建造官营制铁所，1901年八幡制铁所第一高炉点火。从官营时代至日铁时代，八幡制铁所为日本对外战争提供了大量钢板类、条钢类、兵器特殊钢等多品种钢材。写真是八幡制铁所全景。

13.23 明治二十年（1887）前后，为迎合北海道殖产兴业的需求，政府大量役使囚犯参加建设。繁重苛酷的劳动和悲惨的生活待遇，给劳动者带来巨大的痛苦。写真是囚犯们采石劳动的场面。

13.24 1550年，栃木县发现"足尾铜山"，铜作为当时钱币材料受到重视和大规模开采。明治十四年（1881）开始，足尾铜山被指定为军需军用矿山。写真是1891年足尾铜山的矿山坑道口向外运送铜矿的场面。

13.25 明治中期，日本开发了数处铁矿石矿山，在矿山地出现了矿夫街、矿夫村，聚集了大量贫困的矿山采掘劳动者。矿山地也建设了熔矿炉、矿石分离工厂。写真是 1909 年神冈矿山采用的 SW 式浮游选矿的矿石分离设备。

13.26 官营八幡制铁所的 4000 吨水压机在锻造钢材，经过水压机的锻造工序，钢铁的物理特性可以得到改善，得以在更广泛的领域内应用。写真是锻压机正在锻造舰载火炮筒用的特殊钢材。

13.27 写真是 4000 吨水压锻造机锻造出的用于大炮、战车、机车等各种用途的大型钢块，正在被装载到铁轨板车上，运往加工厂车削加工。

13.28 百吨码头起重机可以将重型货物通过码头铁道运往指定的位置。图为码头固定式百吨起重机正在将加工完毕的30厘米重型炮炮身吊向运输船，运往造船厂加工。

13.29 1875年，日本第一家官营水泥会社成立。1881年，小野田民营水泥工厂诞生，月产量230吨。写真是小野田水泥工厂的砖窑炉生产线。

13.30 官营"八幡制铁所"的主要设备从德国进口，1901年投入运营。但日本从清国和朝鲜购入的煤炭和铁矿石，不适用于这种进口高炉。制铁所面临设备技术改良和经营赤字的问题。日俄战争后，八幡制铁所的雇工达1万人以上，直到1910年经营才开始进入盈利期。写真是明治三十四年（1901），伊藤博文（中央）出席八幡制铁所的熔矿炉落成仪式的留影。

13.31 在大舰重炮的时代,大炮的口径是制胜的关键因素之一,各国争相发展大炮等重型武器。但百年前加工重型大炮的炮管,面临诸多的技术难题。日本人从德国、英国那里学来了高精度镗孔加工技术,使日本的军工科技达到了较高的水平。写真是机械加工车间在做炮身横孔加工,此工序需要使用精密钻孔设备和铣孔设备来完成。

13.32 写真是海军大型军舰定制的大炮炮身的加工作业。炮筒内的来复线加工,可以使弹头离膛后旋转前进,不易翻滚,保持良好的飞行姿态和精度,比滑膛枪炮精度高,射程远,多用于远程火器中。日本可以完成这种重型炮管的精密加工,标志着机械加工水平的高度进步。

13.33 浅野造船所是横滨市的一家民间造船所,创办于明治二十九年(1896),最初是靠横滨瓦斯事业、深川水泥事业发迹的大企业。后进军造船事业,趁着战争的机遇日益壮大。随着战争的结束,渐趋低迷。写真是浅野造船所的制铁部平炉出钢的场面。

13.34　明治三十四年（1901），八幡制铁所的制钢工厂，投产了两座 10 吨转炉。转炉主要用于生产碳钢、合金钢及铜和镍的冶炼。1891 年，法国特罗佩纳发明了侧面吹风的酸性侧吹转炉炼钢法，在铸钢厂得到广泛应用。

13.35　日清战争后，日本为推进富国强兵、殖产兴业政策，在 1896 年兴建官营制铁所，1901 年八幡制铁所第一座高炉点火。从官营时代至日铁时代，八幡制铁所为日本对外战争提供了大量用于武器装备的多品种钢材。写真是 1912 年八幡制铁所的中央汽罐场，为发电机和高炉送风提供动力源的烟囱群，夜间远望景象犹如火山熔岩一般壮观。

13.36 写真是日本从英国进口的蒸汽发动机与直流发电机连接的设备。输出的直流电主要用于电车直流电动机、电解、电镀、电冶炼等工业领域。明治时代，日本工业和民用的直流电需求量急速增加。

13.37 明治四十一年（1908），日本向西方国家贷款50万英镑，利用山中湖水源实现水利发电。生产15,000千瓦55,000伏高压电流向东京送电成功，受到各界关注。写真是驹桥发电所设施。

13.38 写真是明治三十八年（1905）竣工的千住火力发电所（北丰岛郡南千住町南川堤内），发电输出7460千瓦。这座划时代的大发电所，开始向市街铁道电车提供动力源。

13　殖产兴业

13.39　明治十八年（1885），三菱造船所租借饱之浦机械工厂土地设施25年，长崎造船所开始起步。写真是当时湾内的情形。

13.40　明治维新结束了江户时代禁止建造大船的历史，开始引进和吸收西洋造船技术。明治末期，日本已能独立进行船体设计和制造。写真是明治三十五年（1902）第一船渠立神船台打桩前的鸟瞰图。

13.41　幕末美国"黑船来航"的危机使日本认识到加强海防的重要性。明治政府开始大力发展造船工业。到第二次世界大战时，日本已经成为造船大国。写真是明治三十年（1897）川崎造船所即将下水的客货两用船"伊予丸"。

13.42 东京车站是明治时期规划的最大火车站，作为中央车站可以联通全国的四面八方。1903年，政府在各国优秀设计师中，选定了日本建筑权威辰野金吾，辰野葛西建筑事务所苦战8年，1910年完成了最终设计。从明治四十一年（1908）开始施工，到1914年12月20日正式投入使用，历经6年的时光，总工费407.1210万日圆。东京站占地18万平方米，建筑呈近代欧式风格。建成后的东京车站，成为日本铁道的重要枢纽。东京站是明治维新铁道事业辉煌成就的象征，标志着殖产兴业的一个里程碑。车站位置正对着天皇的居所，故最初命名中央停车场，后在舆论建议下改名为"东京站"。左写真是东京车站初期建设的场面。上写真是大正三年（1914）11月完工的东京站。

13.43 明治二十八年，送电技术的进步，使火力发电进入快速成长期。写真是输送最高电压2000伏的送电用电线杆。1907年，水力发电技术开发，实现了长距离高压送电，通过铁塔送电，达到55,000伏，电气事业进入成熟期。

13.44 写真是明治三十年（1897）野田酱油酿造场工人，操作樱式压榨机的情形。

13.45　札幌啤酒酿造发酵釜是直径 4 米的巨大圆形德国制造纯铜釜，具有良好的热传递效率，采用 100% 麦芽，传统的德国酿造法，粉碎、糊化、糖化，获得较高浓度的啤酒。写真是札幌啤酒工厂的酿造车间。

13.46　台湾有种植甘蔗的悠久历史。日本统治时期的 1902 年，总督府颁布《糖业奖励规则》，积极发展糖业。日俄战争后，日本财团纷纷来台投资设立新式制糖厂。新兴大型糖厂，几乎都由日本财团掌控，台湾原始的制糖业，无法与新式的机械制糖竞争，纷纷被迫歇业或被新式糖厂兼并。写真是 1901 年日本在台湾创立的制糖所，使用英国制造的榨糖设备，压榨能力达到 1 万公斤 / 小时。

13.47　日清制粉创建于明治三十三年（1900），最初的社名是"馆林制粉"，当时仅仅是面粉加工的工厂，1908 年改称"日清制粉"。日清制粉后来发展成制粉、食品、饲料、医药等多领域开拓的大型企业。写真是 1900 年代的馆林制粉工厂的厂房。

13.48 1891年的浓尾大地震，证明了水泥建筑物的坚固，此后又逢战争的展开，水泥供不应求，水泥工业得到了第一次飞跃性发展。1903年浅野水泥东京工厂引进了近代技术水泥回转窑，迎来了水泥工业的第二次高速发展。但水泥业的发展，在公害上引发诸多的问题和纠纷。写真是浅野水泥工厂的生产景象。

13.49 大日本麦酒株式会社于1906年由大阪麦酒、日本麦酒及札幌麦酒三家公司共同组建。1903年，德国资本在青岛设立啤酒厂，1916年被大日本麦酒株式会社收购，更名"大日本麦酒株式会社青岛工场"，战后改名为"青岛啤酒厂"。写真是1907年神户町的大日本麦酒工厂鸟瞰。

13.50 浅野水泥会社的创建者浅野总一郎，在殖产兴业大发展的形势下，于明治三十八年（1905）又在横滨设立了精制外国原油的南北石油横滨制油所。写真是南北石油会社的工厂外景。

13.51 日本的火柴创业时代是1875~1887年间。1888~1920年是日本火柴业飞跃的时代，大量的火柴出口到海外。日本出口到中国的火柴，1886~1895年10.4亿盒，1896~1905年29.2亿盒，1906~1915年40.9亿盒，达到最高峰。之后日本在清国的火柴占有量开始大幅减少。写真是1911年神户的火柴工厂女工劳作的场景。当时欧美已经实现了火柴机械化生产，日本还是手工作业。

13.52 明治四十四年（1911），神户市为了扩大居民的用水量，在英国技师的帮助下，开始勘察建设蓄水池，在两山之间建造大坝。当时的储水量达到了11,612,338立方米，水库回水长15公里。用水量的增加，缓解了传染病传播的风险。写真是日本最早的重力式水泥大坝的建设场面。

13.53 明治中期，从海上观望六甲山是一座座光秃秃的山头。明治三十五年（1902），基于水源培育和防灾的需要，政府开始推行大规模植树事业。写真梯田状的山梁是1903年修建的植林田，翌年，这里已经长出排排小树。植林后10年，光秃秃的山头已经被73万株茂密的大树覆盖。现代日本的植被覆盖面积，达到了国土面积的70%，但是每伐一棵树都将受到政府的严格监督。

13.54 古河矿业开创于明治八年（1875），1877年着手足尾铜矿的开发。1884年成为日本最大的产铜矿山，奠定了古河财阀的基础，继而推动了企业向多领域进军。写真是1906年古河矿业会社熔铜所内的作业场景。

13.55 明治时代，日本桥一带的市井街道发生了巨大变化，成为日本近代化标志性的街道景观之一。写真是1911年日本桥整洁的街道上行驶了电车，两侧排列密密麻麻的电线杆，西洋风格的建筑给这条街道增添了近代化风情。

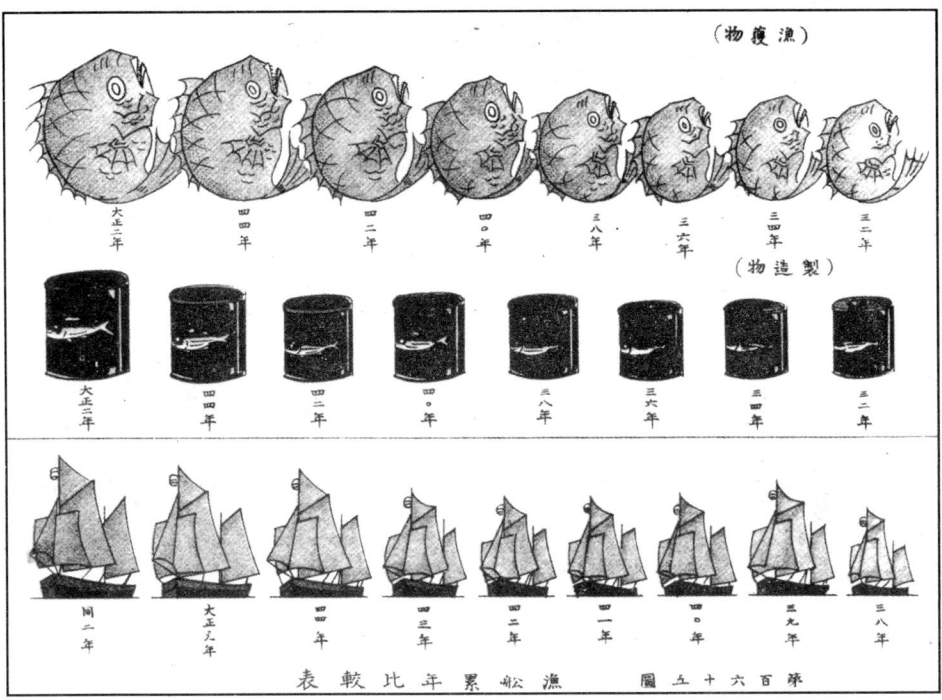
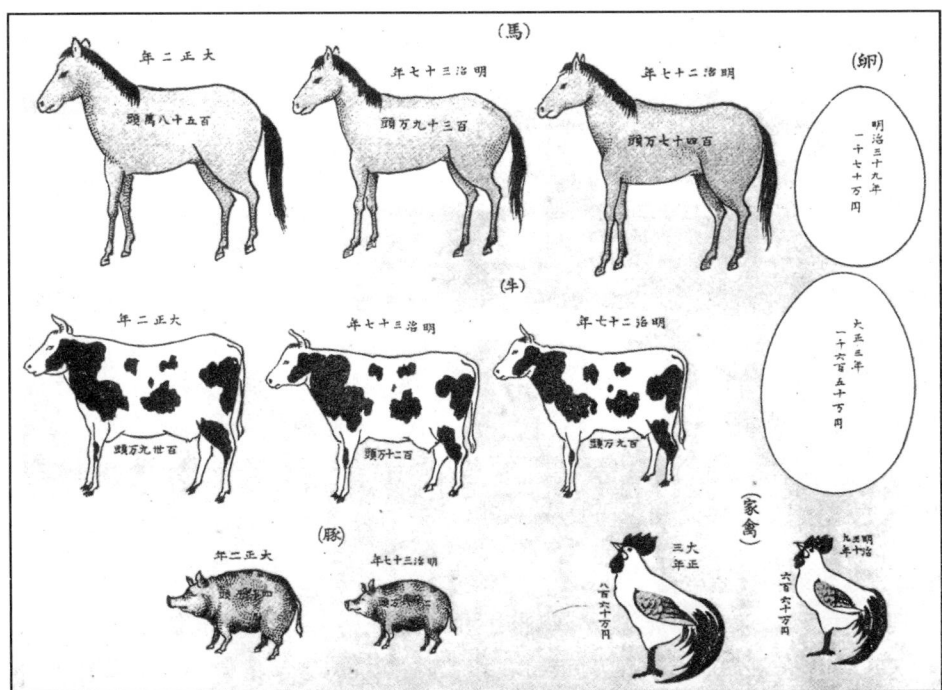

13.56 明治时代至大正时代，水产食品和肉类食品生产供给量变化图。随着船舶量的增加，渔获量和水产食品量随之增加。猪、牛、马、鸡、蛋的消费量也年年增加。但是消费几乎都集中在都市，农村国民的生活水平仍然低下。

14 交通运输

为适应产业革命的需要，明治政府模仿欧美资本主义国家的发展模式，对旧式交通运输体系，实施了全面改造。明治元年（1868），当时欧美诸国的产业革命已经完成，工业化的基点从马车时代和运河时代，跃进到了新型铁道的时代。铁道和蒸汽机技术的应用，不但在欧洲、北美，而且席卷了列强殖民属地的亚洲、非洲、拉丁美洲的广阔地域。仅英国殖民地印度，铁路里程就达到了5000公里。此时在江户幕府封建制度统治下的日本，大河桥梁、车辆的使用却受到严格限制，内陆的交通运输只能依靠牛马和人力。明治政府深感与世界的巨大差距，决意扭转国家交通运输的落后局面。

一、明治振兴期的交通运输

明治初期的交通运输

明治初期的新政府，为确保政权的独立和稳定，对德川幕府势力展开了征讨，为此发动了"戊辰战争"。大规模军事行动的随行兵器、弹药、粮食、兵员的输送，只能沿用幕末落后的交通运输资源。混乱的交通现状，迫使政府采取"宿泊助乡"、"人马继立"的措施，结果仍然不能解决交通运输中暴露出的各种各样问题和弊端。政府终于认识到，由政府统一规划改造全国性的交通运输体系势在必行。

明治五年（1872）七月，东京设立了陆运元会社，以东海道三都（东京、大阪、京都）为中心，在各地街道河岸联网，建立"飞脚问屋"，经营公私书信、货币、货物等输送业务。政府给予陆运元会社各种特权，马车作为长距离运输手段广泛运用。1873年太政官宣布，允许加盟陆运元会社的私人公司参与运输业务。一时间3480家各类运输业务公司，雨后春笋般在全国范围内出现。1875年，在全国运输业务联网获得成功的陆运元会社，更名"国通运会社"，将铁道货运也统括进来。

殖产兴业政策和交通运输

明治六年（1873），规划殖产兴业政策的大久保利通，作为岩仓使节团副使赴欧美考察。回国后在政府内部政治斗争中，击败西乡隆盛等人，掌握了政府权力中枢。大久保集结政府内务、大藏、工部三省官吏机构，全力推行欧美资本主义模式的近代化，同时着手解决影响经济发展的交通运输课题。

全国运输机构的改革，首先从扩建道路、疏通河运、筑修港口、敷设铁路的土木事业着手，充实交通运输基础设施。使得内陆铁路、陆路交通和运河、海口，联结成交通运输的网络。明治十一年（1878），政府发行"起业公债"，支持了交通运输改革的计划。

交通运输改革面临的最大问题，是明治政府如何排除列强染指和控制交通运输事业的企图，避免国家无法真正的政治独立。明治初年，围绕东京至横滨之间的铁道建设问题，日本在与美国的交涉中取得了自筑自营权益；明治八年（1875）后，政府扶植民营三菱汽船会社扩展内航及海航事业，与外国汽船公司展开竞争，成功地将外国海运势力排挤了出去，阻止了列强用雄厚的外国资本，在产业上对日本殖民化的企图。政府推进的殖产兴业政策建立了全国运输体系，陆运有"国通运"，海运有"三菱会社"，确保了明治初期交通运输的本土化。

企业勃兴期的交通运输

明治十一年至十八年（1878~1885），殖产兴业政策迎来了一个大的转换期。西南战争后，通货膨胀对策失败，国内自由民权运动高涨。1878年，殖产兴业政策强力推进者大久保利通被暗杀。1881年，政府内人事整肃，大隈重信被罢免，强力推行通货紧缩政策。政治动荡中的政府调整了财政政策，采取了缩小规模和企业兼并，将各项官营事业卖给民间的策略。明治政府背负产业革命"企业失败者"的罪名，开始将重点投向民营企业。政府整顿财政的策略获得了成功，开创了经济安定、企业振兴的局面。十九世纪八十年代后半期，民间交通运输投资意愿高涨，国内交通运输产业的发展出现新高潮。

二、明治时期海运的振兴

海运的国家意识

殖产兴业政策的观念转变，直接关系到海上交通运输领域，货运、客运、邮运备受关注。政府为了维护国家海上运输的主权，对本国海运采取了一系列强力的保护政策。政府统合了幕府和诸藩的船舶，参与经济振兴事业。当时幕府拥有各类船舶40余艘，其中西式军舰9艘、西式汽船19艘、西式帆船6艘、本国造12艘。诸藩拥有西式汽船57艘、西式帆船37艘，共94艘。其中运输船80余艘，普遍吨位小、速度低下，美国太平洋邮船会社趁机垄断了日本大部分海上运输业。外国运输业在日本横行，极大刺激了明治新政府。海上航路依赖外国，对国家经济和国防极为不利，海运事业成为政府亟待解决的问题。明治二年（1869）新政府宣布，为振兴日本的海运，鼓励和奖励团体、个人购买外国船舶，刺激了民间参与海运事业的积极性。日本最初的汽船会社"通商会社"成立，开通了东京、横滨、神户、大阪的航路，参与海运市场竞争。此后海上货运、客运、邮运事业的竞争，在各地风风火火地展开。实力雄厚的通商会社之后改称三菱商会、三菱会社，1874 年远征台湾之际，担负了运输兵员、军需的重要作用。最终，三菱会社在政府的支持下，迫使最大的竞争对手——美国太平洋邮船会社——退出日本沿岸的航运业。

海运的公平竞争

明治十年（1877），三菱会社参与西南战争，为政府军提供海上运输支持，功绩显著。逐渐形成了三菱会社在海运领域独霸的局面，在业界受到广泛批评和指责。1882 年，力挺三菱会社的大隈重信下台，政府调整了殖产兴业政策，三菱会社的业务受到政府的强制干涉和监督。政府禁止三菱会社从事海运以外的事业，抑制其在船舶增备、改良、航线、航期、运费的发号施令权。新政策给民间海运事业的再生带来机遇，东京风帆会社、北海道运输会社、越中风帆船会社合并，设立半官半民色彩的共同运输会社与三菱会社展开竞争，打破垄断企业独霸天下的局面。1884 年，以大阪为中心的中小船主企业，合并为大阪商船会社参与行业竞争。三菱会社、共同运输会社在竞争中落败，于明治十八年（1885）合并为日本邮船会社。在公平竞争的政策环境下，海运界诸多的民间新企业诞生，推动了国家海运事业的大发展。

三、明治时期铁道的振兴

铁道事业的振兴

民间资本带动铁道事业的振兴，最值得瞩目的是铁道企业振兴的成功。明治十四年（1881），政府同意民间集资创立日本铁道会社，打破了铁道官营的惯例，开创了民间资本对铁道事业振兴的发端。从明治十六年（1883）上野至熊谷间通车开始，直到 1891 年上野至青森通车为止，8 年的时间，铁道线路贯通了大半个日本。期间的明治十八年（1885）东京山手线开通，使得全国各地的生丝、绢织物、土产品，都能通过铁道线输送到横滨港发往世界各地。日本铁道会社的成功，不但使收益大幅飞跃，也带动了民间投资铁道建设的热潮。1887 年政府颁布私立铁道建设条例，从法律上确定私铁敷设的合法性。1892 年政府颁布铁道敷设法，铁道交通运输业经过重新整顿，迎来了真正的辉煌时代。

战争对铁道事业的贡献

日本铁道最初的战争应用，是从 1878 年的内战"西南战争"中开始的。当时国内开通的铁道，只限京浜之间、京阪神之间。政府军有效利用了这些铁道资源，在军队集结、调动、港口输送等作战任务中发挥了积极作用。

明治政府对近代战争中铁道重要性的认识源于德国人的启发。明治二十九年（1896），东京陆军士官学校内创设了铁道大队，1897 年铁道大队开始营运。明治三十三年（1900）义和团事变，日军作为八国联军成员出兵清国，铁道大队表现十分活跃，证明了近代战争中铁道运用的重要性。

1894年日清战争爆发时，日本国有、民营铁道的总运营里程已经达到3200公里，拥有火车头417辆，客车1550辆、货车5583辆。铁道对日军兵员及军需物资的输送发挥了重要作用，支持了明治时代日本的第一次对外战争。

明治三十七年（1904）日俄战争爆发，战争的规模远远超过日清战争。日本国内铁道累计运送军队130万人、马20万匹、货物320万吨，军列行驶里程达260万公里。铁道和各出海港口连接，有效保障了货船的海外投送能力。在海外，铁道大队在朝鲜京义线、清国"满洲"安丰线的活动，为输送28厘米大炮，歼灭旅顺港俄国太平洋舰队，发挥了重要作用。

铁道国有化的实施

铁道在战争中的作用，显示出铁道国有化对大规模战争的军事输送有着举足轻重的战略意义。日俄战争后，为了促进经济复苏，保障近代输送手段的补给线，政府主导了铁道国有化的进程。明治三十八年（1905），政府铁道局提出了铁道国有化法案，遭到民间资本的反对。但是，政府在众议院、贵族院强行通过了铁道国有化法案。明治三十九年（1906），铁道国有化法正式颁行。

铁道国有化兼并了17家民营铁道会社，东京、青森、神户、下关、门司、熊本、长崎的铁道，一举统合在国有化框架下，由官设铁道改名为国有铁道。全国铁道总长4500公里，火车头1118辆、客车3067辆、货车20,884辆。铁道工作人员48,409人，公债总额456,195,000日圆。政府铁道国有化的结果，是在道路疏通、降低运费、统一设备、提升效率、设施标准化等方面得到明显改善，实现了铁道国有化的目标。

明治时代日本铁路的公里数，1872年国有铁道29.0公里；1882年国有铁道274.9公里；1883年民营铁道101.4公里；1892年国有铁道983.5公里、民营铁道2124.4公里；1902年国有铁道2071.5公里、民营铁道4843.1公里；1907年国有铁道7153.2公里、民营铁道717.3公里；1912年国有铁道8395.9公里、民营铁道3029.2公里。

四、明治汽车工业的振兴

明治汽车的登场

汽车首次出现在日本，是明治三十一年（1898），法国人M.特布雷来日时带来的一辆法国藩哈德牌汽车，目的是寻找日本企业家合资建立钢铁、汽车、军需制品的工厂，最终无功而返。1900年，皇太子殿下大婚，旅居旧金山的日本人团体募金购得美国制汽车一辆，赠送皇太子殿下。1901年，横滨的法国系贸易公司布露鲁兄弟商会，为扩展日本市场，从欧美购得汽油汽车、蒸汽汽车、电动汽车各一辆登陆日本，之后又引入美国制造的多种牌子的汽车展销。最初有兴趣的是三井吴服店，以配送商品业务为目的，委托马达商会向布露鲁兄弟商会订购了法国制造的库勒门特商用卡车，1903 年，第一辆商用卡车在日本岛国登场。

法国卡车表现得非常优秀，9 个月的使用后，马达商会和三井吴服店共同在《时事新报》上刊登广告。马达商会证言："当商会销售的汽车，实用上确实保证，特此证明。"三井吴服店："从马达商会购入的吴服配送汽车，经过 9 个月使用证明，在实用上成绩良好，实乃文明之利器是也。"

明治汽车的应用

明治三十九年（1906）十月二日，内阁印刷局的技师在卡车上安装了臂吊，将其成功改造为一辆自动搬运车，并于 1907 年取得了实用新案的发明专利，得到了世界的赞誉。多摩川砂石采集会社购得专利，成立了专利汽车制造运输会社。继三井吴服店之后，1907 年《报知新闻》社购买了用于配送报纸的卡车，并在报纸首页陈述了汽车的意义："新闻报道敏捷，发送配达迅速，是我公司日思夜想最期待之梦。现在终于有了几辆汽车和几百辆的搬运车，可以用最快的速度搬运我们想做的事情。我们第一辆的实践，是世界第一的美国底特律市凯迪拉克公司生产的汽车，那是最令人信赖、推进人类文明进步的机构。我们坚信随着今后的大发展，定能让世界刮目相看。"《报知新闻》当时的发行量达 38 万份，对汽车的宣传阵势，唤起了人们对汽车的关注。

明治四十五年（1912），明治屋会社为打开麒麟啤酒的销售局面，使用了帝国运输自动车会社的卡车。会社将卡车蒙皮装饰了明治屋的宣传广告，开往全国各地，起到了极大的宣传效果。啤酒的销售额也大大增长。此后，巨大啤酒瓶车体式样的宣传车也出现在公众的面前。

国产汽车创作的雄心

外国汽车的出现，引起日本人的极大好奇心。日本人在较短的时间内完成了从进口汽车到仿造汽车，再到制造国产汽车的过程。明治三十一年（1898）汽车登上岛国；1900 年皇太子殿下大婚，日本获赠第一辆汽车；1901 年外国人带来汽油汽车、蒸汽汽车、电动汽车，汽车再度登陆日本；1903 年日本企业进口西洋商用卡车。1904 年日本开始仿造汽车，电气技师山羽虎夫完成日本第一辆"山羽式蒸汽汽车"。1907 年吉田真太郎研制成了日本第一辆"国产吉田式汽油汽车"，并试造了 10 辆。1909 年大阪的岛津楢藏成功制造第一辆摩托车。1911 年东京府麻布区创设快进汽车工厂，研发出了纯国产的汽车发动机。汽车的效用日益受到政府的重视，大正元年（1912），大正天皇首度在即位典礼上乘坐汽车检阅部队，当时全国已经保有汽车 521 辆。进入大正时期和昭和时期，日本的汽车事业突飞猛进。二十世纪六十年代以降，日本汽车出口世界各地，八十年代日本汽车产量达到世界第一，实现了汽车大国的梦想。

14.01　江户时代，"东海道"是联结江户（东京）和京都、大阪的主要道路。从江户幕府执政开始，为了维持政权的统一，大将军德川家康就规划制定了5条大道、3座大桥、53间宿站的路线。其中一条就是"东海道"线。每一宿站都常备人夫100人、马100匹（百人百匹制），专为往来的幕府要人、大名提供交通运输服务。普通百姓出行和货物运输方式都非常落后。写真是外国人拍摄的当时"东海道"路上百姓交通的情形。

14.02　明治维新初期，外国人的马车运输方式传入了日本，无论贵族官僚还是百姓都可以使用这一先进的交通工具。图绘是在横滨的街道上，人们乘坐马力公交车的情形。这种马车即便是铁道时代，在交通不便的地域也长期使用。绘中大小轮子的马车有着西洋车的风格，乘员10人，马车所到之处都可以听到车童发出的揽客号角声。

14.03 明治末期，日本的铁路交通虽然有了长足的发展，但是汽车运输尚没有普及，货物从产地到火车站的运输方式仍然相当原始。写真是明治末期拍摄的天童宿站运输粮米的车辆。1俵米（1草袋）60公斤，车载荷重约1.5吨，车轮前小后大，轮体非充气橡胶轮，而是木制的包裹铁皮的硬实轮子，马匹负重可想而知。

14.04 人力车是日本近代重要的城市交通工具之一。最早有美国人发明之说，而日本人认定是本国在明治元年的发明。人力车出现后的1872年，东京市内原有1万台驾笼轿子几乎在一夜间消失，被急增的4万辆人力车取代。1876年，仅东京的人力车就有25,038辆。十九世纪末，日本的人力车突破20万辆，并在亚洲各国普及。图为日本典型的两人乘人力车。

14　交通运输　287

14.05　日本的马车铁道始于明治十五年（1882），最初诞生的是"东京马车铁道"。此后马车铁道南至冲绳，北至北海道，在全国普及。随着电车的登场，马车铁道迅速衰退。"东京马车铁道"变成"东京电车铁道"。日本最后运行的马车铁道，一直持续到昭和三十年（1955）。写真是东京银座大道上运营的铁道马车和人力车。

14.06　铁道马车曾经受到广泛好评，可是路面损坏，沿线粪尿问题和马匹草料问题日益突出。此后欧洲各国用有轨电车取代了马车铁道，日本也作出了用有轨电车取代马车铁道的决定。写真是东京马车铁道最后的情景。

288　明治维新的国度

14.07　明治三十六年（1903），铁道马车被电车取代。写真是1910年东京银座大道上行驶的多辆有轨电车。左面尖顶的欧洲风格建筑，是1899年建造的新桥"帝国博品馆劝工厂"。其有钟表的建筑外观备受好评。

14.08　行人、汽车、人力车、自行车交织在丸之内三菱炼瓦街的大街上。这条地处马场先门，代表近代商务先驱的大街，预示着明治末期城市交通的新时代即将到来。写真右侧深红色砖瓦大楼是三菱1号馆。

14.09 写真是明治后期,位于大阪中之岛的政府大楼的雄伟景象。建筑物前行驶着大阪市电气局开设的从花园桥至筑港栈桥间的有轨有线电车。

14.10 写真是横滨电气铁道开设的从神奈川至大江桥间的有轨有线电车。电车正在通过路面涵洞,涵洞上面是另外一条轨道电车路线。明治时期,日本的城市交通进入了极其发达的阶段。

14.11 明治四十五年(1912),东京中央线首次开设了妇人专用车厢。在早晨通勤、通学时间,妇人专用电车为女性提供了方便。反映了当时国民观念中对男女同乘同挤的排斥性。写真是1920年神户市的妇人专用车厢,配置了花朵装饰,车体醒目标注"御妇人专用电车"。妇人专用车厢的文化一直延至现代。

290　明治维新的国度

14.12　明治时代铁路事业发展迅速，出现了私铁和官铁的竞争局面。私铁为了击败官铁，无论客运还是货运，都打出了比官铁更优惠的价格。还向旅客提供扇子、热毛巾，甚至茶水和盒饭，对抗官铁。明治四十年（1907），政府采取铁道国有化政策，收回了私铁。写真是明治末期爱知县火车站的站台。

14.13　明治七年（1874）五月关西铁道会社成立，大阪和神户之间的铁路运营开始。1877年京都大阪之间铁路运营开通，将大阪和京都连接了起来。写真是大阪和神户之间的铁路隧道，火车轨道是往复式双轨，其中右侧轨道正在建设中。

14.14　写真是明治二十八年（1895）建设完成的关西铁道长良川铁桥。沿途的山川河谷之中，共架设了12座铁桥，贯穿了12个涵洞。

14.15　明治十三年（1880），北海道首家官营铁道——幌内铁道开始运营，从美国引进的"义经"、"辨庆"号机车投入使用。翌年 8 月 30 日，明治天皇乘坐"义经"号牵引的"开拓使"号客车，视察了北海道。写真是 1880 年 10 月 24 日，在幌内铁道试运行的"辨庆"号机车，正在通过新建的木构交叉支撑铁道桥。

14.16　明治末期发行的明信片，记录了京都附近的鸭川铁桥上行进中的旅客列车。列车行驶的前方是逢阪山方向，为了增加列车爬山的力量，在列车的尾部增加了一个火车头，辅助推动列车前进，形成两头推拉的壮观景象。

14.17 日俄战争后,日本制定了日本、中国"满洲"、朝鲜、俄国,进而通往欧洲的宏伟铁道扩张计划。明治四十五年(1912)六月,日本在新桥至下关之间,开通了最初的特急列车,两车站之间运行时间缩短到25小时。图为设置在列车后部的展望车,可以一览远方的景色。

14.18 明治三十四年(1901)的客运火车的餐车。餐车整洁干净,配备舒适的照明、风扇、暖气等设备。写真是乘客在餐车内用餐的情景。

14.19 明治时期,在一些缺乏铁路投资的地方,有过"人车铁道"的历史。由于建设费、人工费、运行费等成本较低,易于操作,人车铁道在客货两方运输中都长期活跃。写真是明治二十八年(1895)伊豆至相模人车铁道的运行情形。每车配备两人,一人牵拉,一人后推。

14.20 "春洋丸"大型远洋客轮，明治四十四年（1911）由日本三菱长崎建造竣工，运营于北美航路。排水 13,377 吨、20,053 马力、航速 20 节。是日本本国建造的优秀客轮，在太平洋航路与欧美海上客运展开了角逐。

14.21 日本邮船的欧洲定期航路开设。明治二十九年，"土佐丸"从横滨港首航出帆，标志着日本海运事业的快速发展。写真的左船是正准备出航的土佐丸号，船上悬挂万国旗，此船由英国制造，排水量5402 吨，船长由英国人担任。前来参观的身着和服、头戴高帽的绅士，反映出时人的服装风俗。

14.22 本州经津轻海峡通北海道的海上航班"松前丸"号，排水 3400 吨，可载客 900~1000 人，摆渡 25 节车厢的火车，船内配备了无线电电报、食堂、吸烟室、卧室等设施。写真是明治末期"松前丸"号待命出航的情形。

14.23 往来本州和北海道的航线配备有4艘大型客船，"松前丸"、"翔凤丸"、"津轻丸"、"飞鸾丸"，排水量均是3400吨。当时的津轻海峡归津轻要塞司令部管辖。写真是客轮前往函馆港起航的情景，码头上站满了送行的人。

14.24 航行于本州和北海道之间的轮渡是客货机能兼备的船舶，而且可以运载火车。本州的火车开进船舱内，到达北海道后，火车再开出入轨。航船返回本州时，再把装满货物的火车运回。写真是在航行中的"轻津丸"号，露在船尾的火车头，耸立着十余米高的烟囱，颇为壮观。

14.25 往来于本州青森和北海道函馆的4艘客船内，都有装备豪华的餐厅。提供各种等级的饮食服务。明治末期的餐厅菜单中有洋定食（西式套餐）、和定食（日式套餐）、乡土料理、酒类等。普通百姓可以自带干粮，船上提供饮用水。客船单程航行时间4小时余。写真是船内餐厅一角。

14.26 明治三十九年（1906），日本三菱长崎建造竣工的大型远洋客轮"常陆丸"，船主是日本邮船会社，航运于欧洲航路。当时的欧洲航路十分景气。写真是船内的大餐厅，长条餐桌的两侧是可转动的高级固定座椅。

14.27 日本桥川流域的水运，从江户时代到近代，是繁荣内陆经济、运输、文化的重要水路。河的两岸分布着多个码头，通过支流河道，从各地汇集了大量商品，活跃了当地的经济。写真是从丰国桥向吉田桥眺望的景象，装满货物的小船正在顺着河道航行。

14.28 明治三十六年（1903），三井吴服店为配送商品订购了日本史上第一辆商用卡车。三井吴服店和马达商会在广告上赞誉汽车是"文明的利器"，唤起了日本人对汽车的关注。写真是三井吴服店第一辆商用卡车在行驶的情形。

14.29　1872年陆运元会社成立，1875年改称国内通运株式会社，现代称日本通运株式会社。写真是1903年国内通运株式会社进口的西洋运输车队，汽车式样有箱体卡车、小货车、挡板卡车，车体上涂装会社的社标。

14.30　明治四十五年（1912），日本自动车合资会社成立，承包邮政货物的运送。写真是新桥站邮政车队的车库内，已经卸下大量邮件等待周转的情形。使用汽车运输邮件，大大提高了邮递的速度。

14.31　写真是大阪中央邮政局卡车队运送邮件出发的情形。车头上都悬挂邮车的标志。当时日本较多进口法国的汽车，方向盘在左侧。为防止抛锚，都配有备胎。

14.32 写真是帝国运输自动车会社的卡车车队正在装载东洋商会的自行车。帝国运输自动车会社创立于1908年,资本金50万日圆,进口法国1.5吨卡车11辆。可是在当时用汽车运输货物高价奢侈,几乎没有客源。直到递信省在年初年末的繁忙时节,与会社签下邮件运输协议,才打开了汽车运输的局面。

14.33 明治屋会社在明治四十五年(1912),为打开麒麟啤酒的销售局面,使用了帝国运输自动车会社的卡车。卡车蒙皮装饰了明治屋的宣传广告,走遍全国,起到了极大的宣传效果。啤酒的销售额也大大增长。此后,巨大啤酒瓶车体式样的宣传车也出现在公众的面前。写真是运送麒麟啤酒的汽车行驶在山间路上。

14.34 明治时代汽车的出现,给世间带来新感想。它的用途不仅仅在交通、载客、载货、游乐,还在抗灾救援中发挥了巨大作用,让人们真正认识到汽车存在的意义。写真是明治四十三年(1910)台风袭击东京造成特大洪水,卡车开往受灾地向受灾群众运送舟船的情形。

15　通信事业

一、日本通信的沿革

日本的古代通信记录，最早可以追溯到圣德皇太子给中国隋炀帝的书信。日本通信制度的形成，始于飞鸟时代的孝德天皇二年（646）大化改新的政治改革。诏书中有在近畿内设置"驿马"、"传马"，专门用于传递官家文书的内容。大宝律令（701）确立了"驿制"制度，驿马信使佩带"驿铃"作为标志，沿驿站快马交替接力传递文书。平安时代普通使者称"驿使"，传递紧急文书之使者称"飞驿"、"脚力"。

镰仓时代的文治元年（1185），幕府制定了"驿路法"，连接了镰仓（位于今神奈川县）和京都间的通信。随着商业上的需求，民间出现了早马（骑马送信）、飞脚（徒步飞脚送信）的通信商务，远地邮资的支付可以用通信汇兑方式结算。

室町战国时代，早马通信制度被废止。诸大名在自己的领地内制定"传马"制度，用于公用物资的搬运和通信。织田信长政权在自己势力范围内修缮道路，重新启用飞脚通信。丰臣秀吉统一日本后，在全国范围内制定了新的交通政策，修整陆路和海路，推出了"传马"、"邮船"的通信方式，大面积活跃了各地的信息流通。

江户时代是经济昌盛、教育进步的时代，民间较高的识字率使得城市居民习字和书信文化趋于发达，促进了书信邮寄输送业的成长。飞脚业内衍生出"继飞脚"、"大名飞脚"、"町飞脚"、"七里飞脚"、"三度飞脚"、"定飞脚"等信件寄送的商业机构，推出了各种各样的便民服务。江户末期的安政元年（1854），美国东印度舰队司令长官佩里来日，与德川幕府缔结了《日米和亲条约》，佩里将军赠送给德川幕府一台摩尔斯电报机。从此电报机通信开启了日本人近代的电信事业。

明治时代的通信事业，是明治维新的重要象征。日本的通信事业由"邮政通信"、"电报通信"、"电话通信"三大服务业鼎力构成，在近代各个历史时期都发挥出不逊于西洋通信事业的水平和作用。明治通信事业的快速发展活跃了市场经济，加快了媒体新闻报道的鲜活性，推动了殖产兴业、富国强兵的国家方针大计。

二、邮政（邮便）通信

江户幕府体制下，驿站制度的基础设施，如通信、交通、运输等，并非用于民众，而是为特权阶层设立的。为了维持特权阶级的利益，公共通信的发展受到了限制。幕末的内乱、物价暴涨，导致驿站经营出现危机。明治元年（1868）政府颁布站递规则；明治四年（1871）发布创立陆运会社许可，东海道各站陆运会社相继创立，废止了为特权阶级服务的驿站制度。象征日本近代化的邮便制度始于明治四年（1871），作为驿站制度改革的一环，新式邮便制度在东京、京都、大阪之间展开业务。新式邮便制度的特征是在江户时代的飞脚、驿站制度基础上进行的过渡性改革。1872年邮便规则修订，邮便在全国范围实施，各省、府、县设立"邮便脚夫"传递公文。1873年民营飞脚业务被废止，全国邮费统一制度实施，摆脱了复杂的邮费体系，使邮便更加简易、便利、迅速。1874年政府公布《日美邮便交换条约》，以前的邮便站点全部改称"邮便局"，向近代邮便迈进了一大步。

明治四年（1871），政府统合了诸藩的船舶，由中央政府支配。翌年拨出十余艘官有船舶，成立了"日本国邮便蒸汽船会社"。日本国邮便蒸汽船会社的出现，标志着政府和美国太平洋邮便蒸汽船会社对抗的雄心。会社的业务包括邮便货物递送，一般客货运输，以及向国家运送贡米，航路遍及全国。但在竞争中，随着三菱会社崛起、自身船舶的老朽化、美国太平洋邮便蒸汽船会社的经营发展，1875年，日本国邮便蒸汽船会社被迫退出竞争激烈的主要航路，转向冲绳方面的航路。

明治初期是江户时代幕藩体制向近代国家中央集权体制过渡的时期，各地方行政区划在较短时期内发生了很大变化，各府县行政维持的公用通信制度，也随之发生了变迁。1880~1885年是日本邮便重要的转换期，邮费大幅下降，官民来往邮件送达基本普及。明治十三年（1880），"地方邮便制度"施行，使日本全国邮便实现了点线结合的网络机制。邮便局达到5651个，一般邮件突破1亿件。1885年全国集配区域调整，邮便局被削减至4100个，1889年再削减至3600个。邮便局数量减少，邮件数量反而有较高的增长，1905年全国普通邮件突破12亿件。日本在近代邮便制度框架下制定的邮便政策：（1）政府掌管低额的全国统一邮费，（2）全国范围内设立集配邮便网，（3）邮费的预付制度，（4）邮便使用的平等性。大幅推进了明治政府邮便通信体制的维新改革和社会政治经济的活跃，促进了近代邮便制度的形成。

日本邮便制度近代化，最值得关注的成果是邮便体系在对外战争中的成功应用。军事邮便制度是近代战争理念的一大进步，日本不但吸收了欧洲军事邮便的经验，而且成功地把军事邮便与军事储金结合起来，充实了战争财源，起到了全民支持战争的实质效果。

明治二十七年（1894）六月十四日，明治天皇发布战时邮便敕令，启动战时邮便机制。此后陆军大臣发布军事邮便规则，递信大臣发布邮便实施规则及野战邮便实施规则，为战场邮便设立相关法则。依照《万国邮便条约》规定，海外派遣的军队、军舰、军衙、军属的邮件，军队官兵和国内家属间的私件，均按照军事邮件处理，一律免税投递。军中个人发出的私信不设上限，传送配达方式采用由军夫担任、士兵辅助的方式，同时雇佣朝鲜和清国民夫运送。日清战争时，日军从实施新谕令日起至1896年3月台湾战争结束为止，集信件数5,226,481件，配达件数6,823,144件，合计12,049,625件（包括反复配达次数）。其中私用信件总计4,647,897件，占全军邮件的88.9%。各战地平均每日发出的信件数，朝鲜国6738件、清国大陆14,851件、清国台湾12,332件。1894年12月7日，日本《野战邮便为替》敕令颁布，战时海外参战人员的薪水支给可以依法得到妥善管理。"野战邮便为替"也称作"野战邮便储金"，利用者在战地流动邮便局开设野战储金账本，通过兑换"野战邮便为替印"，个人储金能方便送给国内留守的家人。邮便和储金制度成为国家五十年战争的重要支柱，形成了国家经营的最大官方银行。邮便储金制度产生于日清战争，成功于日清战争，体制一直延续至百年后的现代，发展成邮便、储蓄、保险三位一体的关系到国民民生金融利益的国家机构。

三、有线电报通信

近代日本的有线电报通信事业起步较早，江户幕末"黑船来航"时，美国东印度舰队司令长官佩里赠送给德川幕府一台摩尔斯电报机。日本人从此知道电报机在通信领域中的神奇功效。明治二年（1869），日本从法国进口了指压式电报机，开通了东京至横滨间的电报业务。电报通信的引进改善了设在东京筑地的税关和横滨裁判所间的联络，进出口商品的外贸业务效率得到了极大提高。1871年丹麦大北电信公司（Great Northern Telecom）完成了俄国海参崴、日本长崎、清国上海间的海底电缆敷设。日本和欧洲之间经由印度洋和西伯利亚，联通了两条国际通信线路。1872年，日本在关门海峡自主铺设了第一条海底电缆，并与国内电信网对接成功。1873年，日本国产电报机试验成功，东京至长崎间的电报业务开始运营，沟通了明治维新日本与欧洲文明的交流。明治政府电报事业发展的另一个目标，是用于军事目的。1882年12月，日本在九州长崎肥前国呼子横穿对马海峡，敷设了一条通往朝鲜釜山的海底电缆，线路从朝鲜京城经义州进入"满洲"境内与清国电信网联通，这条电报线在日清战争中发挥了重要作用。

电报通信技术的进步，推进了新闻媒体产业的迅速发展。信息通过海底电缆与各国通信系统接驳，让世界更多地知道了日本明治维新的巨大变化。电报通信的技术储备，帮助日本在远隔千里的战争中取得作战主动权。日清战争时，日军新架设和修复的有线电报线路距离，朝鲜807.3公里，清国大陆1379.7公里，清国台湾360.9公里，合计全长2547.9公里。其中新架设线路，朝鲜614.8公里，清国大陆1087.9公里，清国台湾 286.4 公里；改修线路，朝鲜 192.5 公里，清国大陆 291.8 公里，清国台湾 74.4 公里，为明治政府赢得第一次对外战争的胜利奠定了基础。

四、电话通信

明治十年（1877）十一月，日本从美国进口了电话机和电话交换机。1878 年，日本成功仿制出两台贝尔电话机，由于性能不佳，没有在实际中应用。1883 年，电信局长石井在清国参观了上海市内电话局，震动极大，向政府建议拓展电话事业。因为日本的政、军、财界的巨头经常在热海温泉疗养地度过周末，1889 年东京至热海间架设了第一条电话线，开始了日本最初的商用电话试验。明治二十三年（1890），东京和横滨间架设了商务用电话线，史上称之为"电话元年"。由于电话价格非常昂贵，只有 197 户使用者。然而反对电话的人在坊间传播谣言惑众，称当时正在东京流行的霍乱病会通过电线传输传染。3 年后申请电话业务的用户达到 3000 户，电话事业出现急速发展势头。电信局在递信省小学校高等科招收女子电话接线员，条件是未婚、无家事、有笔算能力的女性，经过严格训练后投入电话交换业务中。当时市场物价 1 升米（1.4 公斤）7~8 钱、1 杯咖啡 1.5 钱、1 个月寄宿金 4 日圆、东京至横滨 58 分钟单程火车票 45 钱。而电话年租金，东京 40 日圆、横滨 35 日圆，5 分钟电话 15 钱，显然电话费价格高昂。1895 年日清战争后，战场电话通信的重要性开始得到重视。1896 年在工业振兴政策驱动下，电话通信在商业交易中呈现极大需求，电话热潮再燃，预约等待的用户多达 4000 户，引发电话民营的强烈呼声。

明治三十年（1897）前后，电话事业急速发展，在东京的街道上到处可以看到覆盖在头顶之上的电话线，4 毫米直径的裸体铜线纵横交错、密如蛛网。为了让庶民也用上电话，明治三十三年（1900），日本史上首部公共电话诞生。最初的公共电话设在东京新桥和上野的火车站内，电信局和电话交换局也开设了公共电话窗口。尽管如此，大多数人还是使用邮便和电报通信，大都市每日都可以看到繁忙的邮递配送景象。虽然电报没有电话来得快捷，需要将文字变成电信号传输，再由电信号变换成文字配达。但是电报比书信快，且可以留下文字记录或商业证据。因此从明治二年（1869）至昭和中期，电报通信一直被广泛应用。明治三十二年（1899），东京至大阪间的长途电话开通，两大都市 600 公里间可以直通对话，让市民兴奋不已。可是通话金额十分昂贵，每 5 分钟 1.6 日圆，可以买 15 升（20 公斤）大米。

明治三十六年（1903），日本实施第一次电话扩张计划，有线电话入网用户达到 32,150 户。由于日俄战争军事优先的需要，明治三十七年（1904）开工，1905 年竣工的长途电话线完成。这条从东京至佐世保间长达 1536 公里的电话线，是当时世界上第二长距离的电话线。据记载，通话质量犹如蚊子哭泣的声音，有的人需要两个听筒才能听清对方的声音。日俄战争后的1906年，全国电话申请入网者达77,760户，开通43,266户。明治末期，有线电话在全国爆炸性普及。政府的第二次电话扩张计划实施，新入网者达138,600户，电话交换局增设923所，电话线总长79,000公里。电话用户的快速增加，人工手动交换机接线已经无法满足需求，日本开始引进自动电话交换机技术，交换系统从步进式、机械开关式到电磁继电器式。明治四十五年（1912），在富国强兵、文明开化之路上奔驰的电话事业取得辉煌的成就，全国申请开通电话用户301,218户、已入网开通181,881户、迟滞安装119,337户。东京的电话申请户70,480户、开通36,632户，开通率52%。而明治四十五年的次年大正二年（1913），东京府的人口统计是2,809,600人。

五、无线电通信

明治二十年（1887）前后，日本国内有线电通信蓬勃发展，无线通信也较早投入了实验性研究。明治二十一年（1888）电波频率的实验在世界上受到关注，可是无线通信实用化一直到1890年出现感度良好的电磁波检波器后，才有了实质性的进展。日清战争日本取得了胜利，却遭到三国列强的干涉，被迫将辽东半岛还给了清国。从此日本海军以俄国海军为假想敌，加速了实战无线电通信的研究。当时俄国在旅顺、仁川、海参崴间的海底电缆通信联络经常发生故障。日俄战前，俄国军舰上装备的无线电发报机也没有处于实战应用状态，俄国海军无线电技术明显落后于日本。1897年，日本海军在东京月岛报告了数年无线电信通信实验的成果，无线电的有效性和实用性从此被广泛认知。

日本史上有名的无线电机是明治三十六年（1903），日本海军装备的国产三六式、三四式无线电发报机。日俄战争前，联合舰队的战列舰、巡洋舰、驱逐舰，均装备了这种无线电设备。三四式无线电发报机的通信距离只能达到70海里，可是当时舰队的行动范围，通信距离需要达到80海里以上。由于日本的无线电发报机关键零件"诱导线圈"尚不过关，不能量产，英国进口零件的价格又十分高昂，结果日本采用了德国西门子公司的继电器改良方案，诱导线圈的国产化取得成功，通信距离达到200海里。1905年5月27日凌晨2时45分，改装巡洋舰"信浓丸"发现了俄国波罗的海舰队，立即发送无线电信号报告敌情。"严岛"舰收到电报，再中转给联合舰队旗舰"三笠"舰。司令长官东乡平八郎将敌情报告给大本营后，发出舰队出击歼灭敌舰的命令。日俄战争中，日本军舰搭载的无线电发报机在舰队间的联络及海上巡逻联络上效果显著。仁川湾海战、夜袭旅顺俄舰队、旅顺口闭塞作战、黄海海战、蔚山湾海战、日本海海战中，无线电联络和海底电缆的有线电联络并用，为日本取得海战的胜利作出了贡献。

明治三十九年（1906），第一次国际无线电通信会议召开，无线电通信受到世界范围的瞩目，会议确定了人道救援的共享信息 SOS 信号。1908 年，铫子无线电信局开局，开启了船舶和沿岸间的公共无线电电信业务。1912 年，日本人鸟泻、横山、北村，发明了用三个人名字命名的 TYK 无线电话，向世界提供了首部实用型无线电话。

六、手旗通信

日本近代史上，存在过一种称作"旗振通信"的特殊通信方法，并有过实用的历史。江户时代的宽保三年（1743），全国各地食粮都是根据统一米价基准进行商业买卖的，米价行情必须以最快的速度传播到各个地域。为了传递米价行情，时人参考了旗语通信方法，用有颜色的小旗在两个相距较远的站点，通过摆动旗语传递米价信息。庆应元年（1865），英国、法国、荷兰国的军舰进入日本的兵库湾，多国海军之间使用旗语通信，引起幕府的重视。此后旗语通信开始盛行，作为一种职业在明治初期得到新政府的承认。旗语通信随着电报电话的开通，完成了它的历史使命。大正七年（1918）旗语完全废止。

日本陆军、海军的旗语通信兵，在战争中留下了实战的记录。1893 年，日本海军用日语假名编辑旗语，命名"海军手旗信号法"，在日清战争中发挥了作用。信号兵直立，手持两小旗，按照旗语规定的动作振摆小旗，可以传递简单和长文信息。明治三十八年（1905）日俄战争的日本海海战记录中，就有大量的手旗记载。当电报通信故障时，原始的旗语通信、光点灭通信仍然是摆脱困境的必要通信手段，被国际认定和采用。

15.01 飞脚制度始于镰仓时代,原意是使者、信使之意。江户时代,飞脚成为一种职业,指从事邮递信件、转运货物的业者。京都与镰仓之间,快马七日快递通信,谓之镰仓飞脚、六波罗飞脚、关东飞脚。江户时代民间较高的识字率使得居民习字和书信文化发达,促进了书信邮寄业的成长。飞脚行业内甚至出现了"继飞脚"、"大名飞脚"、"町飞脚"、"七里飞脚"、"三度飞脚"、"定飞脚"等商业机构。图中的飞脚夫,无论烈日寒暑都会往来于递信路上,飞脚夫大多肌肉强健,脚力迅速,杆头捆绑的是客户委托速达的邮件。

15.02 明治六年(1873),邮便马车投入邮便运输业务。当时的邮便马车都佩挂邮便标识的小旗"邮便御用",由于邮件数量还比较有限,马车的空席可以用于适当载客。绘画是大阪天神桥南诘邮便马车会社的广告。

15.03 江户时代,车站和车站之间交接邮件的宿场称为"站递",相当于中国历史上的驿站。其建设和营运费用是幕府财政的重要支出,专供传递文书者或来往官吏中途住宿、补给、换马。早期的公文和军情,主要依靠人力步递,明治维新后,新政府活用了江户时代的资源,并开始配用马车传递邮件。图为邮便马车进入宿场的情形。

15.04 在日本递信省设立前，东京邮便局是邮便行政的中心。右图是明治十年前后东京邮便局营业窗口的情形。其中有老人、青年人，有男人、女人；有日本人、洋人、清国人。右侧小柜门是租用的存放私人信件的"私信箱"，左面是卖邮票和发送挂号信件的窗口。墙上悬挂邮便局规则和邮便业务的价格表。左下图是明治初期运送邮件的人车便（人力车）、马车便。

15.05 明治五年（1872），日本在全国推广邮便业务，大量邮筒的需求提到日程上来。一种称作"邮便箱"的角柱形邮筒随之诞生，邮筒亦称"黑涂柱箱"，高123厘米、长宽各24.2厘米。邮便箱经历了黑色、绿色、红色的演变过程。日本语的"邮便箱"字形接近"垂便箱"，故曾引起此乃"公共便所"的笑话，在市井杂志上成为幽默笑谈。图为明治五年（1872），日本最早的"邮便箱"柱形邮筒。

日本的邮便制度始于明治三年（1870），同年十一月二十八日采用铜版雕刻技术印刷了最初的邮票。最初的邮票使用较薄的和纸印刷，且没有齿孔，也存在和发行过印反的邮票。1973年在美国发现一枚使用过的错印"竜文切手"邮票，估价额达3500万日圆。图为日本最早的48文钱的"竜文切手"邮票。发行额面48文、100文、200文、500文四种。

15.06 明治铁道邮便车内的工作情形，车厢内职员进行邮件分类分装，并将邮件分发到沿途各火车站。

15.07 明治二十七年（1894）日清战争爆发，明治政府为战场邮便设立相关法则。依照《万国邮便条约》规定，海外派遣的军队、军舰、军衙、军属的邮件，军队官兵和国内家属间的私件，均按照军事邮件处理，一律免税投递。军中个人发出的私信不设上限，传送配达方式采用由军夫担任、士兵辅助的方式，同时雇佣朝鲜和清国民夫运送。战争期间的军用集信和配达件数合计12,049,625件。图为辽南战场，日本邮便军夫和清国民夫在邮便袋前的合影。

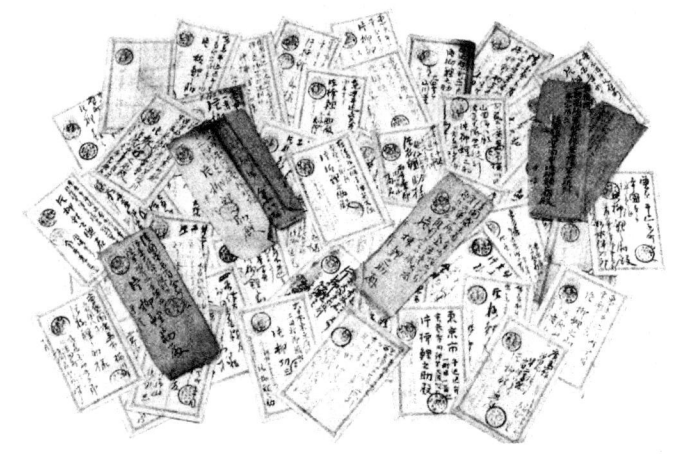

15.08 军事邮便制度是近代战争理念的一大进步，日清战争中，日军模仿近代欧洲军队的"军事邮便"取得了成功。士兵的邮件成为新闻报道最具人气的素材。军事邮件使战场事态明朗化，激发了国民声援战争的热情。图为日清战争中，士兵与国内家属往来的信件，信封上盖有信件在各地中转时记录的圆形章印。

15.09 明治四十一年（1908），东京的邮便汽车投入运营。当时的运输车还没有车棚，比较简陋。邮件装入专用的邮件袋内，送往火车站，汇集到邮便列车车辆内，由火车送往四面八方。

15.10 明治二十五年（1892），"东京邮便电信局"设立，位于日本桥四日市。东京邮便电信局的建筑，保留了希腊风格的圆柱浮雕和彩色玻璃窗。从一楼到三楼的结构展现了欧洲文艺复兴时期的风格，被誉为近代西洋式建筑的代表作。建筑物内部，有描绘邮便事业的详细画卷。邮便电信局的主要业务是邮件和电信，并分管递信管理局的部分业务。写真是1892年4月新落成的东京邮便电信局大楼。

15.11 图为明治四年至昭和四年，各种类别的邮便物品，明信片、信件、报纸、杂志、商品样本等。明治二十七年（1894）日清战争、明治三十七年（1904）日俄战争，急速推进了邮品的数量增长。值得关注的是明信片的数量，远远超过其他邮件的数量。在日本邮件文化中，明信片因其具有简易、低额、快捷的特性，深受民众的欢迎。明治时代后的大正时代、昭和时代，日本邮便事业更是一日千里，高速发展。

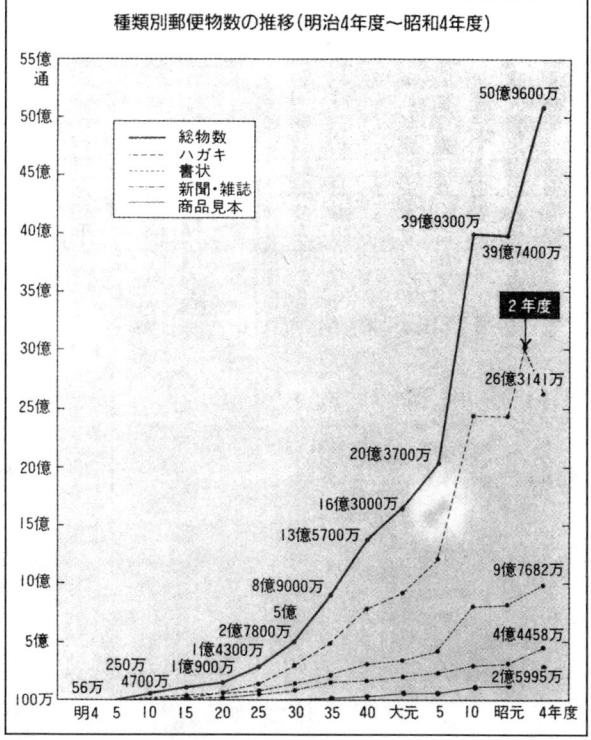

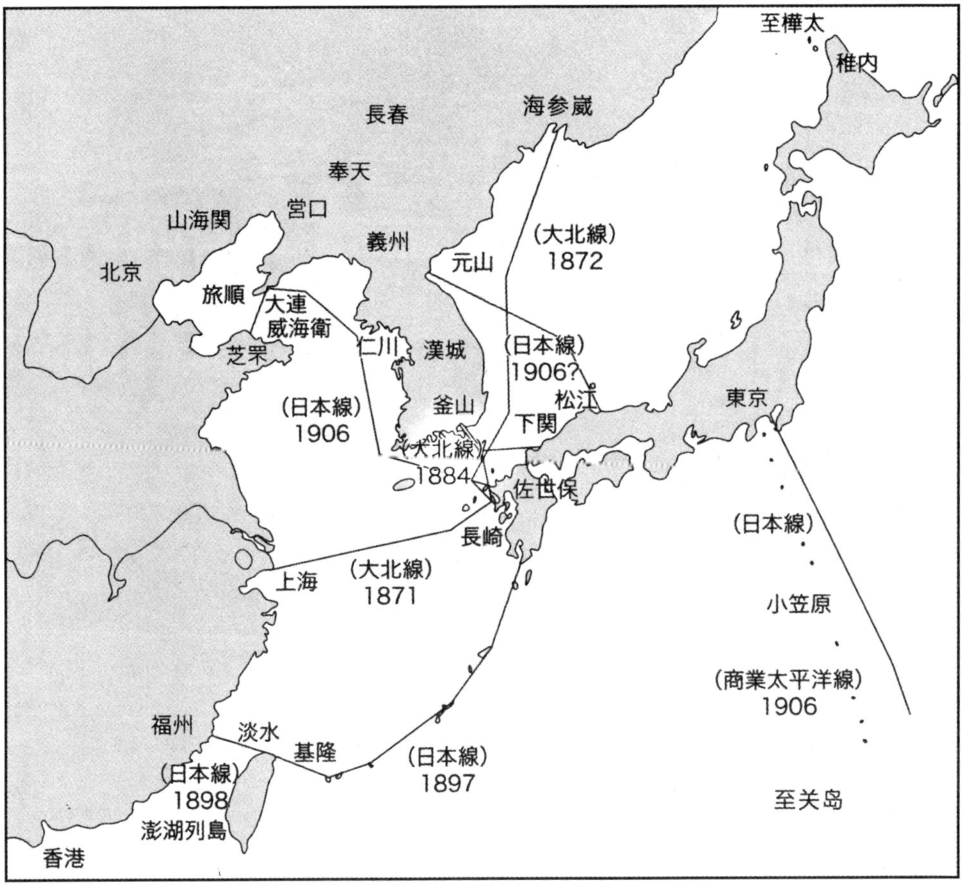

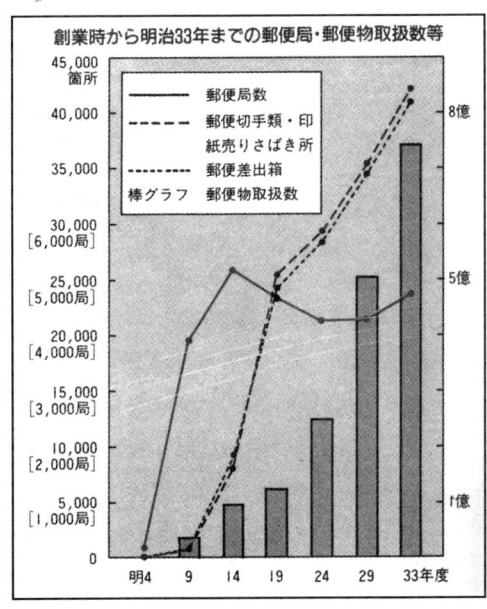

15.12 明治末期，日本已经开通了通往海参崴、元山、釜山、大连、芝罘（烟台）、上海、台湾的海底电缆。电信通过海底电缆与各国通信系统接驳，让世界知道了日本明治维新的变貌。

15.13 日本近代邮便政策采取了（1）政府掌管低额的全国统一邮费、（2）全国范围内设立集配邮便网、（3）邮费的预付制度、（4）邮便利用的平等性等方针，大幅推进了明治政府邮便通信体制的维新改革和社会、政治、经济的活跃。1885年和1889年，政府两度大幅削减邮便局的数量，邮局数量的减少，不但未给邮便业务带来负面影响，反而促进邮递量明显增长。

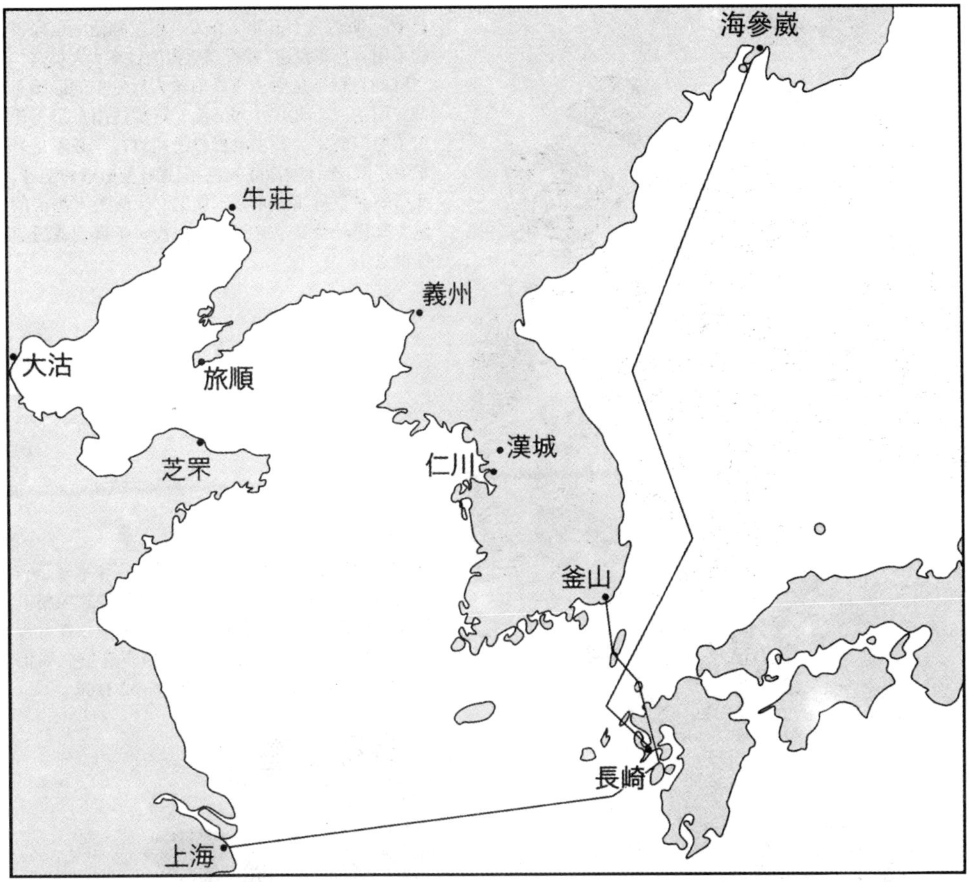

15.14 明治十五年（1882）至明治十九年（1886），日本建成了通往海参崴、上海、釜山三条海底电缆。海底电缆通信扩展了日本的视野，加速了明治维新对外开放的步伐。图为日本三条海底电缆的配置图。

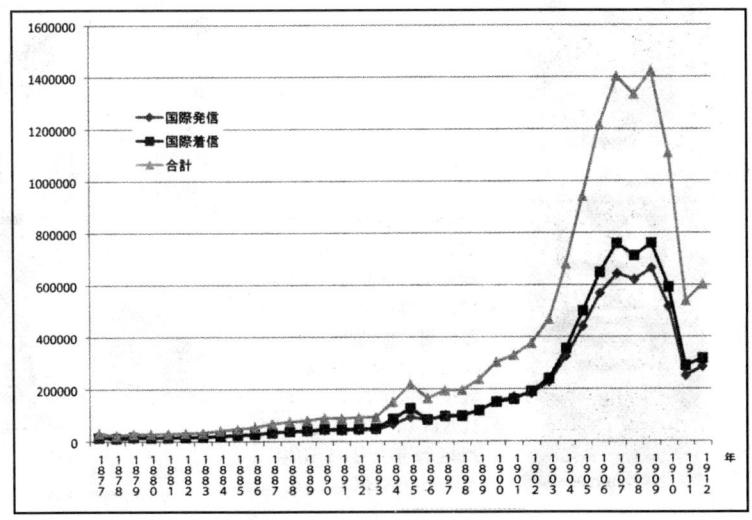

15.15 明治时期日本国国际电报收发状况的统计。日清战争时日本国际通信的电报收发量出现了一个小峰值。日俄战争前后的数年间，战争的规模扩大化，通信技术急速发展，信息需求量大增，国际收发量呈高峰值。

15.16 明治二十五年（1892）东京邮便电信局首次采用自行车投递，使投送电报的效率大大提高。当时的自行车是引进西洋前轮大后轮小的原始车型。明治三十九年（1906），对邮便用自行车作出了专门规定，要求电报投送用自行车必须是坚牢耐用型，车体喷涂红颜色，配置邮便徽章和编号。此后邮便自行车在东京、横滨、大阪等大都市的地方邮便局普及，并且由电报投送扩展到普通信件投送。

15.17 明治早期的邮递员，除了斗笠和木屐是和式风格外，制服、信背包、墨镜都是洋式风格。制服的左臂和袖口绣有邮差职员的标记。在自行车配送邮件之前，邮递员都是徒步送信。明治四十年（1907），邮递员的月薪是12日圆。

15.18 写真是日本最早的公共电话，正面是一面镜子，右侧是电话摇柄，左侧是听筒，下方是话筒。摇动摇柄接通交换局后，由交换职员转接到指定的客户。现代NTT（日本电信电话）指定每年9月11日为"公众电话日"。

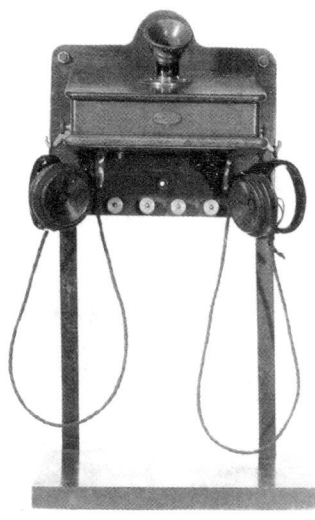

15.20　1887年东京至热海间的长距离电话通话试验成功，采用了从英国进口的早期立式电话机。

15.19　图绘是明治年间日本人打公共电话的情景，台上放有电话号码簿，亭壁上贴有电话通话费用表，悬挂的本子是电话入网的申请簿。电话接通后，手握的听筒放在耳部，嘴部对准话筒就可以通话了。

15.21　1878年，日本仿制电话机成功，作为高档奢侈品在民间流行。图为1890年12月电话局内交换机前的女性接线生工作的场景。电话交换室设在东京有乐町，采用比利时制造的单线式交换机。

15.22　1890年电话开通时东京只有155条线路，横滨有42条线路。20年后，仅东京的电话线路就达到了32,557条。写真是明治四十四年(1911)横滨电话局内部，女子电话接线员作业的情形。

15.23 明治三十年前后，电话事业急速发展，在东京的街道上到处可以看到架设在头顶之上的电话线，4毫米直径的裸露铜线纵横交错、密如蛛网，甚至发生过小鸟在电线上构筑鸟巢的趣闻。

15.24 明治二年（1869），东京至横滨之间开始架设电线。从东京筑地的税关到横滨的裁判所约32公里，竖立电线杆593根，实现了日本最早的实用化电信。当时民间对"电信"并不完全理解，谣传为是涂了处女血的天主教魔法，武士们相信在电线上挂上信件就会传到远方等怪奇的传说。写真是1872年沿东京至横滨之间的铁道线大森附近，在外国专家的帮助下架设新电线杆的情形，此时的电线杆间距已经明显拉大。

15.25 电信实用的成功，推进了明治三年（1870）大阪至神户、1873年东京至长崎、1875年青森至函馆的电信事业的发展。明治维新不到十年，日本就完成了贯穿列岛的电信网络。明治三十年前后，城市中开始了电话线地下化事业，大大减少了主要街道路面电话线和电话柱的数量，整合了都市街道的环境。

15.26 明治二十三年（1890）十二月，东京至横滨之间设立了电话局，日本的电话业务正式开始。最初的公共电话设置在电话局内，市民需要到电话局内接打电话。1900 年在新桥火车站设置了公共电话。当时的公共电话称作"自动电话"，硬币投入后可以接通总机的接线员，请求接通对方电话。图为日本最早的公共电话机，设置在六角锥形的电话亭内。

15.27 1905 年日俄战争结束，战场电话通信的重要性开始受到重视。1906 年在工业振兴政策推动下，电话通信在商业交易中呈现极大需求。电话热潮再燃，办理电话业务的预约达 4000 份之多，引发电话民营的强烈呼声。

15.28 1900 年在新桥和上野火车站候车室、站长室前设置了公共电话。同年六角锥形箱式普通电话亭也在车站增设，方便了普通百姓。写真是 1900 年在东京"京桥"一侧设置的六角锥形自动式公共电话亭。

15.29　电信局在递信省小学校高等科招收女子电话接线员，条件是未婚、无家事、有笔算能力，经过严格训练后投入电话交换业务中。日俄战争中，电话成为军事上优先发展的事业。战后的1906年，全国电话申请加入者达77,760户，开通43,266户。明治末期，有线电话在全国爆炸性普及。图为电话交换局内部的作业场面。

15.30　明治时代日本各都市的市中心，到处是电线杆林立，被戏称为"电线杆立国"。当时日本的电气和通信的输送，只能采用占用道路的方法。可是电线杆林立，缩小了道路空间，成为市街杂乱的要因。这在当时的欧美各国是没有的现象。写真是明治三十三年（1900）冬季，横滨雪地中远望的电线杆。左侧是通信用电线杆，右侧是火力发电的输电杆，电线杆都是用树干制成，可见当时的树木采伐量非常巨大。

15.31　明治四十三年（1910）位于东京银座的"递信省"大楼建成。雄伟的建筑，刻意引入了欧洲文艺复兴时期的建筑风格，被舆论夸誉为东洋第一的建筑。建筑总面积11,075平方米，内部设有递信局、储金局、通信博物馆。关东大地震时，建筑倒塌被焚毁。写真是建成当时的外观，建筑外围有河流和小船往来通行。

15.32　江户时代,日本没有邮便制度,所谓邮便也只是飞脚。明治时代后,前岛密等人创建了日本国内的邮便制度,国内邮便开始走上营运正轨。但是海外邮件的收发尚不能实现。美、英、法三国,在各自的领事馆内设立了邮局,使用本国的邮票开展邮便业务。可是海外寄给日本人的外国邮件,无法到达收件人手中,邮件被退回给寄信人。明治六年(1873)《日美邮便条约》缔结,1875年开始经营收发海外邮件的业务,自此美国关闭了领事馆内的本国邮局。1877年日本加入万国邮便联盟,可以更广泛地与世界各国开展邮便业务。1879~1880年,英国、法国也先后取消了领事馆内的本国邮局。从此外国邮件完全由日本邮局负责收发服务。写真是横滨港的邮政局,建在横滨火车站附近,由知名美国建筑家布理简斯设计,首任邮便课长由西方人担任。

15.33　日本在明治二十年前后,已投入无线通信研究。日清战争后,日本海军以俄国海军为假想敌,加速了无线电通信的研究。1904年日俄战争爆发,日本军舰搭载的无线电发报在舰队间的联络及海上巡逻通信方面效果显著。在与俄国海军海战中,无线电联络和海底电缆的有线电联络并用,为日本取得海战的决定性胜利作出了贡献。右上写真是日俄战争时日本海军使用的国产无线电收发报机。右下是日本1897年制作的第一台无线电试验机,有效通信距离1海里。上写真是日本仿造的摩尔斯电报机。

16 科技振兴

一、技术维新的政策

十九世纪后半期,明治政府的脱亚入欧政策,推动了国家产业近代化,使整个社会踏入一个技术进步的时代。在"殖产兴业"、"富国强兵"兴起的政经背景下,日本人对接受西洋新技术有着巨大的期待和市场。

政府在技术引进和技术自立政策上,尤其注重技术层面的五个要素:(1)原料和材料,(2)器具和机械,(3)技能者(普通技工)和技术者(高级技师),(4)技术经营,(5)制品对技术需求的组合。

政府在技术引进和技术政策的实施上,采取五个阶段的发展计划:(1)学习操作技术,(2)引进机械设备的使用和维护,(3)修理和改良,(4)设计和企画,(5)技术国产化。

政府重视技术领域内,国民意识的加强和技术管理,提出了五个技术维新的主题:(1)明确国家的职责,(2)政府决策要取得国民的同意并保障基本人权,(3)建立国民的技术体系,(4)国民型技术者(服务于国家的技术者)的培养,⑤技术的公共管理(实现对各类技术的统合管理)。

政府在技术思想的把握和政策的推进上,采取坚定、灵活、规范的科学态度,使科技振兴在各行各业获得成功。国家发展的起步依赖科学技术的提高,然而完全脱离本国传统技术构成的社会经济圈,接受不同文化技术构成的社会经济模式,遭到了日本狭隘的国粹主义和固有保守文化的抵抗。

明治政府在引入西洋技术的实践中,实行了两条腿走路的方针。(1)摆脱古来贫弱的传统技术,直接引进优秀的西洋技术进行组合,如纺织、冶金、铁炮、陶瓷、军器,进而快速达到或接近国际认定的技术水平。(2)有选择地接受西洋技术的影响,合理融入到传统的日本文化中去,如农业、渔业、建筑等产业技术领域,形成自身文化和异国文化杂交的、带有日本风格特色的技术。

二、产业技术振兴

明治维新伊始,新政府追崇西洋诸国产业革命的潮流,迎来了铁道跃进的时代。

当时日本国内落后的物流状况严重阻碍了经济的发展,引进西方国家的道路、桥梁、铁路、车辆技术势在必行。明治二年(1869),日本兴建新桥至横滨的第一条铁道,采用了英国的技术。在决定铁轨制式时,由于日本国力贫乏,无力承担国际标准轨幅(1.435米)的预算建设费,只能选用造价较便宜的英国在殖民地通用的窄轨幅(1.067米)制式。全部蒸汽机车从英国进口,并高薪聘请英国人驾驶。1874~1877年,大阪至神户、大阪至京都铁路开通,横贯河川的桥梁、钻山的隧道,全部是英国的技术并由英国工程师督建。1880年,北海道铁道建成,采用的是美国铁道车辆技术并由工程师督建。1889年,九州铁道通车,采用了德国的铁道技术。西洋铁道技术的引进和吸收,激发了日本人自建车辆和铺设铁道的信心。1893年,在英国工程师帮助下,日本仿造出首台国产机车。1902年,日本达到了有能力仿造和量产英国最新型机车的水平。

江户时代的锁国政策下,幕府发布了"大船建造禁止令",限制了日本造船技术和海运业的发展长达220余年。美国"黑船来航"事件三个月后的1853年9月,大船建造禁止令解除。1855年,安政东海大地震的海啸,颠覆了一艘来航的俄国军舰"迪阿娜"号。获救滞留日本的400余名俄国官兵为了返回祖国,由俄国造船技师指导日本工匠,建造了一艘洋式双桅大帆船,日本人第一次在洋式大船建造中吸取到了经验。同年,幕府为习得荷兰人大船建造和铸炮制造技术,在长崎开设了"海军传习所"。1865年,横须贺海军工厂在法国技师指导下开始建造金属材料的大船。1890年,日本首艘国产全钢铁材质的军舰、1609吨排水量的"八重山"号建成下水。1896年,政府颁布"造船奖励法"、"航海奖励法",一举开辟了国内外多条新航路。1898年,三菱长崎造船所自主建造完成了全长135.6米、6172吨级的大型客船"常陆丸"。

明治时代早期,日本经济发展最卓有成就的领域是纤维产业。近代工业基础的机械、原料、技术的引进,仰赖纺织品出口换取的外汇。明治初期,西洋棉布大量涌入日本,摧毁了日本手工纺织业。政府决定引进西洋棉花原料和纺织机械,官方营建工厂,移植西洋纺织工业技术设备,以期抗衡西洋进口纺织品。官营工厂的成功带动了许多民间资本参与纺织业,1897年日本的棉线出口额超过了进口额。日本的绢业也改良了原始的养蚕技术,增加了产量,制丝业引进西洋技术并且在全国范围内普及,生丝产品也开始出口海外。明治四十三年(1910),丰田佐吉发明了完全自主知识产权的丰田自动织机,为1924年性能领先世界的丰田自动织机的诞生奠定了基础。纺织业界的技术改造和人才培养,使纺织机械的国产化突飞猛进,西洋织机进口量锐减,国产织机出现大幅出口的局面。

十七世纪,日本曾是金、银、铜等贵金属的开采和出口国,以后随着资源的匮乏,产出量急剧减少。而煤炭的开采和产量一直未能形成规模。明治维新后,矿产的开发成为明治政府急切掌控的产业,因为货币制造要用金银,蒸汽机运行需要煤炭。1873年,政府发布《日本坑法》,明确规定矿物为国家所有,禁止外国人经营矿山。政府把矿山完全收为国有,从外国招募技术专家,对矿山进行技术改造和开发。政府还设立工部大学作为工学技术高等教育机构,培养专门技术人才,逐步取代了外国技术人员。政府吸收西洋技术变相驱逐西洋人的策略获得了成效。

三、军事技术振兴

战争推动了技术的发展,技术的发展支持了战争,发生在明治时代的数次对外战争是近代技术较量的战争。日本在与清国、俄国的交手中,无论在军事理念或作战战术、硬件技术或软件技术上均有独特风格。硬件技术层面评估,日本的武器装备水平紧随西洋列强之后,仿制或自制武器均扬长避短,具有优良的实用性和很高的国产率。软件技术层面评估,日本汲取西洋兵器的精华,参透近代西洋人的用兵技法,结合东方大陆传承的孙子兵法,在日清战争和日俄战争中创造了震惊世界的军事奇迹。

枪 炮

明治十三年(1880),东京兵工厂参考法国库拉 M1874 和荷兰堡蒙 M1871 步枪的综合性能,制造出日本国产十三年式"村田式"步枪。1894 年,在村田单发步枪的基础上又完成了二十二年式连发步枪的研制。日清战争中,村田式步枪是日军的主战枪械,其优良性能在实战中得到士兵的良好评价。明治三十年(1897),近代国产连发步枪开发成功,命名"三十年式"步枪。三十年式步枪的启示,源于日清战争中清军部分装备的德国造毛瑟步枪(1895 年清国仿制成功,命名汉阳造八八式步枪),具备高初速和优良的命中率。日本三十年式步枪在德国毛瑟步枪的基础上研制成功,1903 年装备全军野战部队,作为日军主力兵器参加了日俄战争。

明治近代产业中的重工业革命,促进钢铁制造技术快速发展。铸铁大炮、炮身来复线穿孔、后装式填弹的炮械技术全部实现了实用化。1883 年,日本七厘米国产青铜铸造山炮和野炮研制成功,1886 年山野炮作为重火力,装备了全国野战炮兵部队。1894 年,陆军装备的山野炮在日清战争中战果显赫。同期日本火炮技术发展迅速,先后研制出九厘米臼炮、九厘米加农炮、十二厘米加农炮、十五厘米臼炮、十九厘米加农炮、二十四厘米加农炮、二十八厘米榴弹炮等。其中二十八厘米榴弹炮在日俄战争中为摧毁旅顺港内的俄国太平洋舰队立下卓越功绩。

舰 船

幕末"黑船来航"事件的历史教训,让日本改革家反省了二百年来锁国的弊端,痛感日本作为被海洋包围的岛国,却没有称霸海洋的力量。明治维新时期,日本开始全面整备国家的海军力量,向列强学习海军。日本不仅学习强国的造船、动力、火力、通信等技术,更重要的是学习近代海洋国家的建国思想、海洋战略、海战战术。

日清战争时,日本联合舰队在火力上采用了速射炮配置技术,以密集的火力优势对清国舰队实施饱和攻击,取得了黄海海战的胜利。日俄战争中,日本使用了秘密研发的下濑炮弹。下濑炮弹内装填一种特殊敏感的炸药，7800米/秒猛烈爆炸引起的化学反应，能产生3000度以上高温冲击波和瞬间分解为3000片以上弹片的威力，对敌舰表面构造破坏性极大。爆炸的炮弹像酒精一样引起难以扑灭的大火，同时产生对人体有害的化学物质。日俄战争时下濑炮弹投入实战，给予俄国波罗的海舰队以致命打击。

1895年，意大利人玛可尼发明了无线电，这一情报传到日本，立即受到高度重视，在第二年便开始了无线电试验。明治三十年（1897）无线电通信试验获得成功，1898年无线电通信在陆海军投入军事应用研究，尤其海军的关心度极高。当时海军向英国订购了战列舰"敷岛"号，意欲购买无线电收发报机，最终在高昂的价格面前退却，军方决定国内自主研发。1900年无线电试验研究在海军大臣关注下展开，1901年具有150公里通信能力的无线电机研制成功。1903年海军开发的无线电机，通信距离达到了370公里。日俄战争中，日本联合舰队的战列舰、巡洋舰、哨戒舰的无线电装备率达到100%；海防舰、炮舰装备率达到88%；驱逐舰达到85%，舰队全体的无线电装备率达到世界最高水平，超过英国海军80%的装备率，而俄国海军只达到30%的装备水平。日本海大海战，日本全歼俄国波罗的海舰队的功臣之一当属无线电通信。联合舰队密切监视俄舰队动向，通过无线电机频频传来波罗的海舰队的航线情报，为日本舰队取得海战史上最大胜利奠定了基础。

医　疗

十九世纪，随着生物化学研究和技术设备的发展，医学领域发生了重大变革。传统的传染病学观念被微生物学、病毒学取代，日本主流的汉方医学受到西洋医学的挑战。在明治政府推动欧化政策的背景下，日本在医疗技术领域选择了德国医学作为样板。明治四年（1871），东京大学招聘两名德国医师，实施德国式的医学教育，毕业生被派往全国各医学校从事教育工作获得成效。明治时代日本在医学技术上的进步，主要表现在对外战争的实践上。

明治二十七年（1894），日清战争爆发，大军集结广岛，仅广岛陆军医院的战时医护人员已包括：军医80人，雇佣医师92人，看护者1340人，日本红十字会救护员315人。战争中入院治疗的患者达54,020人，病患分类为：外伤4261人（7.9%），脚气病16,885人（31.3%），传染病12,361人（22.9%）。日清战争的时代，日军战场医疗技术就已经可以实施外科手术、静脉输液等西洋医疗方法。还开设了世界上最大的临时离岛式陆军检疫所和附属隔离医院，把外来传染病阻止于国门之外。

明治三十三年（1900）义和团事变，日军8000人加入八国联军，出兵清国镇压义和团。广岛陆军医院开院，有职员531人，日红十字会救护员271人。海外入院患者7919人，其中外伤1096人（13.6%），脚气病1693人（21.4%），传染病1568人（19.0%）；还帮助救护治疗法军患者122人。当时广岛陆军医院已经引进X光透视诊断设备，为外科手术提供了依据，确保了手术的准确性。

明治三十七年（1904）日俄战争，仅广岛预备医院病患的收容量就达到 1 万人。医护人员 3578 人。战争归国入院伤兵总数 224,213 人，其中枪炮热武器创伤的患者 73,953 人（33.0%），脚气病 69,921 人（31.2%），传染病 7469 人（3.3%）。日军开设了两个巨大的临时离岛式陆军检疫所，所有归国人员必须通过检疫所检测消毒，使传染病的扩散得到最大限度的抑制。日俄战争中，吴海军医院和横须贺海军医院，收容了大量海军伤病患者。吴海军医院战时收容定额为 520 名；横须贺海军医院实际收容海军伤病患者 2902 人。战争中医院开设了病理分析所，X 光透视实现了普及运用。在医疗看护技术方法和膳食营养改善等方面，也吸收了外来技术，并对现行方法进行了改革。

食 品

战争食粮问题是日军保持战力最重视的课题之一。日本数个相关部门围绕战场食品展开了深入的研究和技术开发。明治中期日本接受西洋文明的风潮中，食品结构也开始发生了变化，由传统米食向面食方面转化。明治六年（1873），日本从美国进口石臼制粉机，机械制粉用于出口、军用储备粮、面包点心的制作。日清战争中，官营建设 9 所面粉工厂，生产的面粉确保了战场兵粮的需求。

江户时代植物油多用于点灯照明，明治时代植物油被用于食用。明治二十三年（1890），日本引进西洋水压式榨油机技术，结束了人力榨油的历史，大量生产植物油成为可能。日清战争后，日本从清国"满洲"大量进口各种榨油原料，榨取的大豆油、菜籽油、荏油（紫苏籽油）变成了出口产品，促进了油料出口产业的发达。

战争使人们认识到食物营养和保鲜的重要性。1804 年，法国人发明了瓶装罐头加工技术，被海军采用为特别食品。1810 年，英国人发明了便于储藏、运输、食用方便的金属容器罐头，被军方大力推广采用，成为战场上的必用食品。明治十年（1877），日本首次在北海道成功投产军用罐头。以后在日清战争、日俄战争中，罐头作为军用食品在战场上广泛使用。日本人在罐头品种研究上，针对本国人的味觉习惯，开发出适合日本人口味的罐头食品。品种多样，快餐饭类有汤饭罐头，肉类罐头有"煮牛肉"、"烧牛肉"、"干牛肉"，鱼类罐头有"煮鲑鱼"、"煮鳟鱼"，蔬菜罐头有"菠菜"、"胡萝卜"、"蘑菇"、"芸豆"、"萝卜叶"、"牛蒡"、"笋"、"鲜生姜"等。食品技术研究的投入，对作战兵员的体质增强、营养保障、提高作战能力起到了重要作用。

军 马

军马是日本实现富国强兵最重要的技术课题之一。日清战争后，日本军马部比较日本和西洋军马，发现"去势"能明显改善马匹的性情，而且去势军马比普通军马体魄强健，较少嘶鸣，尤其适合侦查部队使用，军马去势计划开始在军内展开。明治三十三年（1900），清国义和团运动爆发，日本加入八国联军入侵北京。在对清作战中，日本军马的体高、体重、性情、速度、作战性能，遭到联军的讥讽嘲笑。此后，日本开始厉行"军马去势法律"，除种马留用外，所有牡马都必须去势，凡抗拒牡马去势者一律严惩不贷。

在战争中，日本终于彻底认识到优秀军马的作用，提出了"富国强马"的口号。决心培养不逊于欧美国家的军马部队。明治三十七年（1904），经过十年改良，日军6%的育成马得到外来种马的血统，育成马平均体高达到147.6厘米。但是日本马总体水平仍然不佳，无论体质和数量与俄国马比较都呈明显劣势。日军用缴获的俄国军马和日本马做了对比试验，同样吨位的大炮，俄国马只需六匹就可以轻松牵引，而日本马八匹都十分吃力。日俄战争中，日本军部再次觉悟到，改良日本马是军队近代化最亟待解决的问题之一。

明治三十九年（1906），日本实施第一期"马政18年计划"，用西洋优良牡马对本国70%的马匹进行品种改良，改良计划获得了空前的成功。1924年实施第二期"马政12年计划"，计划的主旨并非单纯采用西洋马种，而是挑选能适应日本气候环境，有耐久力体格的马种进行混血改良。1932年全国实施育成马调查结果显示，全国的日本马中阿拉伯马血统占8.7%，英国纯种血统占7.2%，法国盎格鲁—诺曼马血统占24.2%（适用于炮车牵引）；法国佩尔什血统占21.6%（适用于驾辕）。育成马体态健壮高大，即便是民用马也达到了145.4~157.6厘米的体高。明治维新六十年以来，日本发奋图强，科学改良落后的日本马，终于使日本军马体格达到了与欧美马同样的水平，被誉为"东洋大马"。昭和十四年（1939），日本强化"种马统制法"，进一步确保了日本马的质量源。日本侵华战争期间，军部发布征集军马的选定条件，规定入选军马的体高必须达到160厘米，在中国战场投入的军马总数达24万匹。

航 空

明治十年（1877），日本陆海军着眼于未来战争，与技术团体开始共同试制试验气球。同年，明治天皇亲临海军兵学寮观阅气球放飞。1887年，陆军士官学校开始气球升空试验。1904年日俄战争爆发，日本陆军派遣两支山田式气球部队，参加旅顺攻击俄军太平洋舰队任务。1910年，日本陆军收购所泽飞行场用地建设飞机场，同年军用气球研究会从法国购入亨利·法尔曼飞机，并实现了日本历史上首次成功试飞。此后再购入普勒里奥双座飞机部件组装，双人飞机试飞成功。同年，从德国购买的莱特双翼飞机部件到达，组装后试飞，创造了滞空时间53分、高度230米、飞行距离26公里的记录。1911年，德川大尉设计的首架国产军用飞机诞生，取得了飞行滞空时间1小时9分30秒、高度250米、距离80公里的好成绩。1914年第一次世界大战爆发，日本4架飞机参加了青岛的对德作战。1915年，国产飞船"雄飞"号诞生。明治时代对航空技术的引进和本国开发，使日本航空军事力量在大正时代得到迅速发展。1919年，聘请法国航空教育团教授航空技术，陆军设立航空部、航空学校、补给支队。1920年，开设陆军航空学校。1940年，日本三菱公司完成了性能优良的零式舰载战斗机的研发工作，在第二次世界大战中发挥了重要作用。

四、职业技术教育的投入

明治维新初期，政府认识到日本和西洋文明间的巨大差距，贫弱之国只有通过大量吸收西洋科技，才能成为西洋国家那样的文明国家。为了解决国内技术人才不足的现状，政府采取了多条腿走路的方针。一是大量雇佣西洋科技人员，在日本各产业内一边工作一边传授技术；二是引进西洋机器设备，探究原理并模仿制造；三是本国开设技术教育院校，向欧美各国派遣公费留学生学习西洋科技。

政府最初急于求成，在工业领域进口近代技术，雇佣西洋人参与工作和管理指导，结果遭遇了很多挫折。许多进口设备在雇佣的洋人手里操作自如，即便设备有点缺陷也能正常运转，可是移交到日本人手里就不行了。日本人早期对技术的思考方法比较肤浅，觉得拿来就可以为我所用，抑或照样模仿也能造出相同的东西，暴露出日本人优先考虑经济效益，轻视基础理论研究的实用主义。当遇到高度技术理论的屏障时，"模仿专家"就变得无能为力了。

政府注意到，不掌握工业基础知识，就不能真正吸收西洋设备带来的科技文明。盲目引进西洋科技不但不能帮助日本，反而会给日本有限的资金带来损失。政府创设了工部学校，在技术工人中普及工业技术的基础教育。学校内上午是德国人主持的技术讲座，下午是英国人主持的技术实习教学。理论和实践有机结合的教学法，培养了大批既有理论知识、又有实践经验的技术人才。

明治维新，为了使日本迅速过渡到近代文明国家，各行各业建设需要大量有能力的技术人才。雇佣外国科技人员毕竟是短期的方针政策，而日本人长远的方针策略，是真正掌握西洋技术和创造属于日本的优秀技术。政府派遣日本科技人员前往西方国家学习专业技术，接受从专业基础理论到实际经验的系统培训。这些学成归国的日本科技工作者，其职业技能在本国产业领域发挥了巨大作用，为后来日本科技的国际地位奠定了基础。

明治维新富国强兵理念下，日本成立了许多优秀的培养近代军事人才的军事院校。明治七年（1874），法国制式的陆军士官学校开校，聘请外国军事教官执鞭，教授近代战争的军事理念。学员学习几何学、代数学、力学、理学、化学、地学、军政学、兵学、铁道通信学等科目。明治二十年（1887），陆军士官学校改制为德国式教学。著名的日本陆军大学校，以培养参谋将校和军事研究人才为宗旨，从1883年创校至1945年闭校的62年间，经历了由法式向德式转换的过程，毕业生3485人。大学聘请的梅克鲁等德籍教官，在军事教育和战争实践中获得了极高的评价。1876~1945年，日本海军兵学校（江田岛海军兵学校），历经69年的历史。海军兵学校、海军机关学校、海军经理学校三校一体，堪称与英国皇家海军兵学校、美国合众国海军兵学校并驾齐驱的世界最大海军兵学校之一。日本海军兵学校培养出大量海军将校人才，毕业生达12,433人。日本海军大学校（1888~1945），旨在培养海军兵科的高级干部，从这所大学走出了大批的海军将官。

16　科技振兴　323

16.01　明治维新的成功与日本大力发展铁道事业息息相关。火车机车技术的学习掌握成为国产铁道事业发展的关键。早期日本大力引进欧美各国的成品车。西洋铁道技术的引进和吸收，促进了日本人自建车辆和铺设铁道的信心。1893年，在英国工程师帮助下，日本仿造出首台国产机车。1902年，日本具备了量产英国最新型机车的水平。写真是日本第一辆国产机车。

16.02　铁道和航运技术的发展，促进了本州和北海道、四国、九州间的往来，加速了地方经济的发展。写真是连接本州和北海道的客货航运。从本州青森开出的火车进入船舱内，到达北海道后，火车再开出驶入北海道函馆的轨道。航船如此往复，实现了全国各地的经济往来。写真中的火车头，正在驶出船舱，经过与陆地接驳的栈桥。

16.03　日本从岛国地理特殊性的视角出发，陆军对海外登陆作战用拖拽船充满热情。日清战争、日俄战争中，日本陆军的渡海登陆，都尝试了用拖拽船运兵的方法。作为陆军一种成功的特殊船舶，在以后的战争中发展为登陆舰、舟形母船、大发动艇等运兵船种。图为明治三十四年（1901）三月在川崎造船所下水的陆军用拖拽船"新高丸"号。

16.04 明治初期为振兴日本的海运，政府鼓励民间购买外国船舶和发展本国大型船舶的制造工业，激发了民间参与海运事业的积极性。1908年，三菱长崎造船所客船"天洋丸"竣工。涡轮发动机达到2万马力，航速20.6节。日本相机投入3艘东洋汽船在旧金山航路上与外国汽船会社竞争。日本造船技术的进步和敢于与大国竞争的勇气，引起世界的关注。

16.05 三菱长崎造船所建造的豪华客船"天洋九"的姊妹客船"地洋丸"、"春洋丸"相继竣工。3艘远洋客轮全部采用了当时世界尚未出现的、燃烧重油、2万马力的涡轮机，航速达到20.6节。采用涡轮机技术，重油燃烧效率高，储存容易，煤烟排放少，航速快，使日本的造船业一举领先西方海运强国。

16.06 日清战争结束后，日本为了拓展欧洲航路，制定了本国制造大型客轮的计划。三菱长崎造船所在英国技师帮助下，设计建造了客货两用船"常陆丸"，1898年下水，实现了日本制造大船的梦想。写真是"常陆丸"汽船的三连杆蒸汽机，双舷两台3874马力，航速14.2节，船长135.6米，排水6172吨。

16.07 明治四十一年(1908),三菱长崎造船所120米长的船形试验水槽建成,投入应用。这条世界第15座试验水槽,可以研究、试验、改善船体形状和船的推进性能等重要指标。船形试验水槽的建成,加速了日本造船工业的发展。写真是船形试验水槽内部结构。

16.08 明治三十年(1897),日本自主开发成功船用气缸。明治三十二年(1899)八月试验装备到海军布雷舰。明治三十五年(1902)用于军舰"桥立",其优异的机械性能得到认定,被广泛用于建造商用、军用船舶。图为宫原二郎发明的船用气缸。

16.09 日本最初的汽车是明治三十一年(1898)法国人M.特布雷来日时带来的一辆法国制造的汽车。日本人惊异这个机械怪物的巨大能力,浮现出如法炮制的强烈欲望。写真是第一次看到汽车的日本人,那种新奇的感觉。1918年,日本制定"军用车补助法",1936年制定"汽车制造事业法"。二十世纪七十年代,优秀的日本车远销欧美,受到世人的青睐。

16.10　日本的汽车制造工业虽然较欧美国家起步晚，但是汽车的应用比较早。在运输、交通、电信报刊配达、竞技、消防、救灾等方面，都留下了应用的记录。写真是明治四十四年（1911）从英国进口的云梯式电线维修车。通过手摇杆控制云梯升降，即可把维修者送到指定的高度。云梯式电线维修车，为电力输送、电话事业、路灯等设施的快捷维修提供了方便。

16.11　明治三十五年（1902），日本人吉田真太郎从欧洲进口了汽车零件，尝试组装了可乘12人的第一辆巴士。由于汽车妨碍马车正常运行，而且容易出现故障，因此巴士营业没有实现。

16.12　明治四十一年（1908）一月，美国人卡塔斯从法国运来一辆双层公交车。一层内可以乘坐25名乘客。二层车厢有4排座位，可以灵活拆卸。一般速度32公里/小时，全速128公里/小时。缺点是奔跑时尘土飞扬，停车时汽油味浓郁。写真是在比利时公使馆前，日本技术人员登上二层车厢的情形。汽车文明的出现对日本人的启蒙和冲击是巨大的，明治时人开始了自己的新思考。

16.13 明治四十一年（1908）八月一日，吉田真太郎试制成功3辆汽油动力的"吉田"车，与有栖川宫殿下的法国车大比拼。同行的还有英国车、意大利车、德国车、美国车，一起从甲州街道向立川远行。国产车"吉田式"并不落后，与当时的欧美车比较毫不逊色。1908年，警视厅订购的46辆车中，国产吉田车占有8辆。写真是国产吉田车，坐在车左的是有栖川宫殿下。

16.14 明治三十年（1897）浅草发电所建成，发电机采用国产200千瓦大功率交流发电机，以及德国制造的AEG交流发电机，交流频率50赫兹。而关西大阪采用的是美国发电机，交流频率60赫兹。这样的历史问题一直延续至今，日本国东西两地域的电力频率各自不同。写真是发电所内发电机工作的情景。

16.15 日本多山川河流，铁路事业的发展与桥梁建造技术的进步息息相关。明治十年（1877），京都和大阪间铁路开通，下神崎川桥和武川桥成为日本最早架设的铁道铁桥，桥体是从英国进口的。由于明治初期日本钢铁技术落后，抑制了本国铁桥的发展速度。

16.16 建筑工学是明治政府发展的重要领域。作为国家建筑象征的国会议事堂在建造过程中,有过坎坷的经历。首座帝国议会临时议事堂,1890年11月竣工,翌年烧毁。写真是第二座临时议事堂外观,1891年10月竣工,1925年烧毁。1936年,建成现在的国会议事堂,是日本和西洋建筑技术的成熟结晶(角图是建造中的国会议事堂)。

16.17 工业技术的进步依赖自身工业技术人才的培养。雇佣外国科技人员毕竟是短期的方针政策。日本人认识到长远的方针策略,是真正掌握西洋技术和培养日本自己的优秀技术人才。写真是明治初期日本工部省创办的工部大学校校舍。从这里走出的各领域优秀人才辈出,为明治维新事业的开拓作出贡献。

16.18 明治四十二年(1909)用于制造枪支的特殊钢材开始生产,翌年建成了坩埚钢工厂。完成了钢材的铸造、锻造、压延、定型等一系列技术的突破,实现了枪支部件的完全国产化。写真是坩埚钢的生产现场。

16.19 明治二十一年（1888），东京消防队配置的"潜火器"，潜火器是皮革制成的全身服装，眼睛部分用玻璃做成。口部通有一根橡胶空气供气管。在烟雾弥漫的灾情时，穿着这种特殊服装灭火，可以保障消防员的安全。

16.20 十九世纪九十年代，警视厅下各警察署、巡查派出所、消防分所等313处，都架设配置了一种"非常报知器番号表"。在发生火情时，值班者将电键插入番号表上，此设备就会自动通知各方及时掌握火灾地点。

16.21 明治十年（1877），在陆军省要求下，在东京筑地海军省练兵场成功放飞了一个军用气球。西南战争中，气球曾经编入作战计划。1904年日俄战争的旅顺作战中，气球联队为炮兵校准弹着点、摧毁俄国太平洋舰队立下汗马功劳。在辽阳作战中，日军也使用侦查气球，收集俄军阵地布防情报。日本气球和俄军气球对阵，显示出日本在武器研究领域不甘落后的气质。写真是明治三十七年（1904）筑地海军大学校放飞的侦查气球，气球吊筐内乘载的海军省技师，对东京市内实施了观测摄影。在新桥、银座上空拍摄地面写真4幅，被誉为明治期独一无二的鸟瞰照片（本书20.03图、20.05图选载）。

16.22 明治初期，政府为缩小日本和西洋文明间的技术差距，采取了大量雇佣外国科技人员，引进和仿造西洋机器设备，学习技术的做法。在实用主义的思维方法下，日本走过一些只学表不求本的弯路。政府很快注意到，只有掌握工业基础知识，才能真正吸收西洋设备带来的技术文明，开始更注重人才的培养。写真是企业培养的设计者，在绘制工业设计图纸。

16.23 明治维新时期，日本在引进外国蒸汽纺织机和雇佣外国技师帮助纺织工业发展时，也大力开发国产纺织机器。明治二十九年（1896），日本三井工业芝浦制作所为纺织会社48锤纺织机械，研制成功国产蒸汽机。图为钟渊纺织会社的动力车间内，正在安装1300马力的蒸汽机的情形。

16.24 明治时代的铁路、桥梁、舰船、车辆的建造离不开大型金属材料。金属材料的锻造加工，是用锻压机械对金属坯料施加压力，使其产生塑性变形以获得具有一定机械性能、形状、尺寸的部件。当时日本尚不具备制造大型锻造设备的技术能力。写真是明治末期，日本从英国进口的12吨锻造汽锤，正在锻造大炮炮身用的钢锭。

16.25 明治时代是世界火炮技术飞跃的时代，大炮制造最艰难的部分是炮筒，切削、研磨、研削需要高精的技术。为此，日本向外国招聘工程师，购入机械设备。大胆的技术革新，使日本的机械加工技术取得快速进步。写真是机械加工厂在精密车削舰炮的巨型炮筒。

16.26 明治二十三年（1890），《官报》印刷局、《东京朝日新闻》社，从法国引进了当时世界最先进的高速印刷机。这种高速旋转的印刷机带动了日本国内的印刷革命，不久各新闻报社相继引进了西洋高速旋转印刷机。写真是法国"马利诺"高速印刷机。

16.27 明治十二年（1879），日本国产第一号抄纸机诞生，大大提高了制造纸张的效率，加速了印刷工业的发展。写真是正在运行的抄纸机，第一号机器的框架上，铸有一枚象征日本皇家的"菊御纹章"。

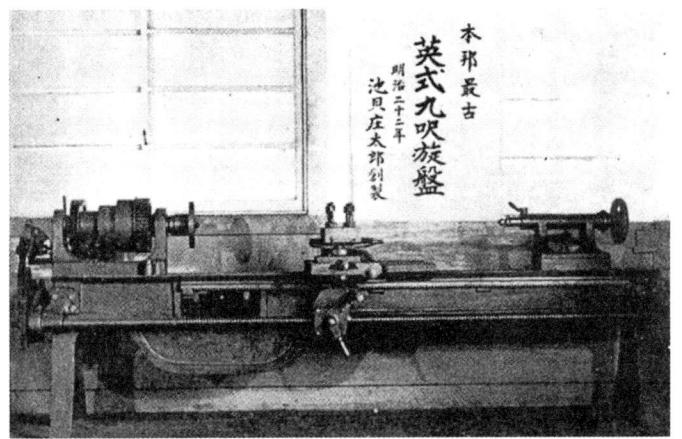

16.28 明治二十二年（1889），日本第一台9英尺（约2.74米）车床诞生。当时日本产业革命的快速发展急需大量机床，由于本国不能自己制造，只能依赖进口荷兰、法国、英国、美国、德国的设备。21岁的池贝庄太郎经过苦心研究，模仿外国机器的工作原理，成功制造出国产车床。写真是国立科学博物馆藏的日本最早的车床。

16.29 明治三十八年（1905），日本第一台1.1万伏的发电机开始发电。从发电机直接产生1.1万伏高压，向足尾铜山输送电力。使用高压输电，可以减少变电所的数量，向给电、集电系统提供大电力流量。写真是运行中的发电机设备。

16.30 明治维新后，日本照明、动力等电气应用等急速普及，电力需求量大增，各地相继建设了小规模火力、水力发电所。明治时代后期，日本引进发达国家发电技术，于1908年由三菱造船所成功制造了第一台国产涡轮发电机。写真是三菱造船所制造的国产第一台涡轮发电机。

16.31 明治三十六年（1903），第五届国内劝业博览会在大阪府堺市大浜公园建设了当时日本最大也是东洋最大的水族馆。建筑面积720平方米。馆内的海水槽和淡水槽对玻璃窗、水温、过滤、防漏、管道等技术要求极高。大型水族馆的建成，标志着明治时代综合技术的进步。博览会期间，水族馆参观人数达80余万，绘画是游客在欣赏各种鱼类。

16.32 明治二十一年（1888），帝国大学的学生用观象台、海军省观象台、内务省地理局合并，组成帝国大学理学部东京天文台。东京天文台的一些设施后来用于海军气象观测。写真是早期的天文台外部形态。打开球形天幕，大型天体望远镜就可以观测天体。

16.33 明治维新脱亚入欧，日本人亲身感受到西方文明的优越。此时的日本在近代科研领域，也取得了惊人的进步，诞生了很多令世界称赞的基础研究科学家。1888年，田中正平发明了纯正调风琴；1889年，长冈半太郎的磁气歪（磁偏角）研究；1890年，北里柴三郎发现破伤风血清疗法；1893年，田中馆爱橘展开日本全国地磁气测定；1896年，远藤利贞发表《日本数学史》；1896年，池野诚一郎发现精子；1897年，志贺洁发现赤痢菌；1900年，高峰让吉成功合成肾上腺素等。这些自然科学界的成就虽然不能与欧洲的光电子、X射线、无线电通信、放射能、镭、量子理论相媲美，但是明治维新以来，仅仅20余年的时间，日本就取得了令世界瞩目的基础研究成果。写真是1888年天文研究者在进行天体物理学研究。

16.34 1888年，美国柯达公司发明了新型感光材料"干版"。同年，柯达公司制造出可携式照相机。此后照相机传入日本成为时髦物，广泛流行。明治二十六年（1893），东京大日本写真品评会成立，干版写真照相机开始进入家庭，写真爱好者随之激增。写真是日本人家庭在用最新型照相机拍摄照片的情形，主人公手里拿着的是气动快门。

16.35 明治二十九年（1896），小川一真写真制版所从美国引进写真铜版印刷技术，刊印发行了数部反映日清战争题材的摄影集及画册，登载了大量记录日清战争珍贵场面的写真。照相技术在日清战争、日俄战争中得到了极大的应用。写真是日清战争中，第二军占领大连金州，陆地测量部写真班在金州城头摄影的情形。

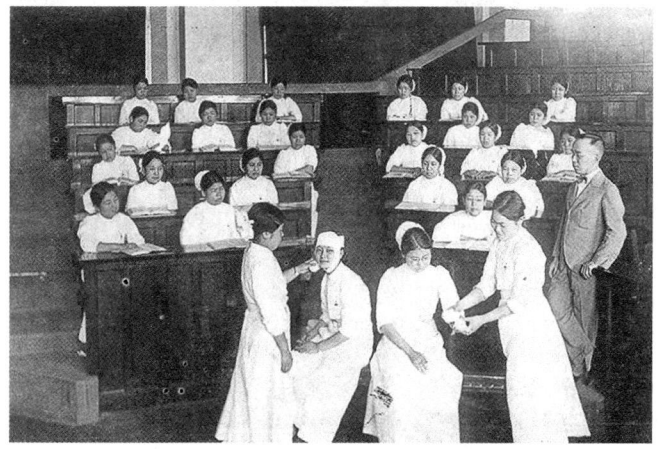

16.36 明治初期，日本的看护职人（护士）大多没有受到过正规教育。高木兼宽博士专门前往英国学习了护理学。明治十八年（1885），在东京慈惠医院内，设立看护教育所，开启了日本看护教育的历史。写真是看护妇课堂教学的情形。

16.37 明治时代传统的传染病学观念被微生物学、病毒学取代。其中最具代表性的研究者野口英世,是日本医学士、细菌学家。1904年赴美国从事研究工作,1911年成功培养出纯粹梅毒螺旋菌,轰动世界医学界,他还在小儿麻痹特定病原体及狂犬病特定病原体等研究领域成果辉煌。野口英世成为蜚声国际的医学科学家,为日本赢得了声誉。但是他在日本医学界却受到学阀们的冷遇。1928年,野口在非洲从事黄热病研究时感染逝去。现代日本1000日圆纸币印有他的肖像。

16.38 1894年日清战争的时代,日军医疗技术已经可以实施战场外科手术,从伤口取出弹头或弹片的手术已变得十分寻常。1899年日本成功完成了第一例阑尾炎手术。医疗技术的成长依赖先进的设备、器械、手术室等条件。为此,日本从德国进口了各种先进的硬件。写真是明治四十年前后,具备近代化水平的清洁手术室。

16.39 1831年霍乱病肆虐欧洲,英国医师托马斯尝试给呈脱水状态的患者静脉注射氯化钠和碳酸氢钠溶液,取得了人类临床意义上输液的成功。明治维新时期医疗输液技术传入日本,在一般医疗和战伤医疗中得到广泛应用。写真是日清战争中,日军在平壤会战后对被俘的清国伤兵进行医疗救护,卫生兵正在为两名清兵实施吊瓶输液的情形。

年	一般 脚气死亡者	陸軍 脚气罹患者	陸軍 脚气死亡者	海軍 脚气罹患者	海軍 脚气死亡者
明治10年	—	※2687	※44	※※135	※※6
明治11年	—	13,570	410	1,485	32
明治12年	1,051	10,568	247	1,978	57
明治13年	455	6,638	129	1,725	27
明治14年	505	6,322	158	1,163	30
明治15年	764	7,884	204	1,929	51
明治16年	713	9,935	235	1,236	49
明治17年	—	10,225	209	718	8
明治18年	—	6,609	63	41	0
明治19年	—	1,741	44	3	0
明治20年	—	2,484	77	0	0
明治21年	—	1,887	65	0	0
明治22年	—	851	39	3	1
明治23年	—	522	29	4	0
明治24年	—	277	6	1	0
明治25年	—	66	0	3	0
明治26年	—	122	2	1	0
明治27年	—	※86	※0	29	2
明治28年	—	※590	※19	17	1
明治29年	—	969	19	11	0
明治30年	—	1,547	10	22	2
明治31年	—	1,179	22	16	1
明治32年	0,034	1,475	16	6	0
明治33年	6,500	1,468	21	10	0
明治34年	7,180	1,311	8	14	0
明治35年	11,099	1,611	18	32	0
明治36年	10,783	1,882	22	18	1
明治37年	9,408	—	—	41	3
明治38年	11,703	—	—	70	0
明治39年	7,766	4,421	97	39	0
明治40年	8,767	1,919	11	37	2
明治41年	10,786	1,144	7	29	0
明治42年	15,085	915	5	27	0
明治43年	9,598	649	3	24	0
明治44年	8,237	458	1	41	0
明治45年	4,750	409	3	35	0

16.40 脚气病（脚气病即维生素 B1 或硫胺素缺乏症，与脚气不同）是日本历史上最具戏剧性的疾病，日本研究和治疗脚气病，经历了半个世纪的努力。1882 年日本海军远洋训练船，"龙骧"号舰（上）乘员 376 人，航海 272 日，主食米粮。脚气病发病 169 人，死亡 25 人。脚气病引起了军方的重视，展开了科学研究、医治、预防。1884 年"筑波"号舰（下）乘员 333 人，航海 287 日，主食面包、牛奶。脚气病发病 14 人，死亡 0 人。《日本帝国统计年鉴》右表显示，1885 年以降海军脚气病得到了有效的控制。

16.41 法国佩尔什血统的重种马，体格浑厚强壮，骨格硕大，皮厚毛长，牵引力大，是适用于农业、炮车的驾辕马。随着近代炮械重量规格日益增大，炮车驾辕的重种马需求量增加。写真是改良的日本重种马。

16.42 介于重种马和轻种马之间的中间种马，属于阿拉伯、英国、法国的高抬膝马。中间种马体格健壮有力，耐久力强。适用于农业用马、拉车马，在军事上最常用于炮车的牵引。写真是改良的日本中间种马。

16.43 日本引进的阿拉伯轻种马步伐轻盈,奔跑速度快,适合骑兵厮杀、侦查等作战任务。图为改良成功的体型优美的杂交轻种马。

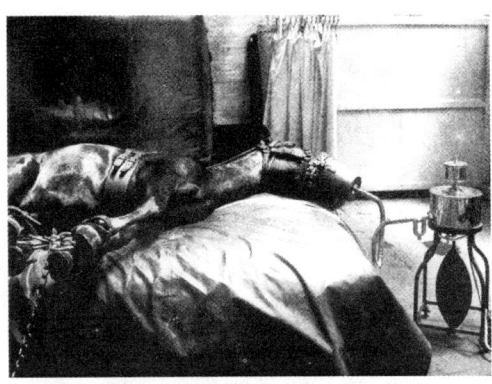

16.44 为预防马匹疾病,给军马注射各种预防传染病的血清,患病马会送往马医院治疗。写真是正在接受手术的病马,套在马嘴上的是麻醉呼吸器。

16.45 明治维新以来60年,军马改良成为日本军方最重要的研究课题之一,经历了失败和成功的长期过程。明治三十九年(1906),日本实施第一期"马政18年计划",用西方优良牡马对全国70%的马匹进行马种改良,改良计划获得了空前的成功,军马体格达到了与欧美马同样的水平,被誉为"东洋大马"。写真是明治末期,军马医院的兽医技师正在用X光给病马透视检诊的场面。

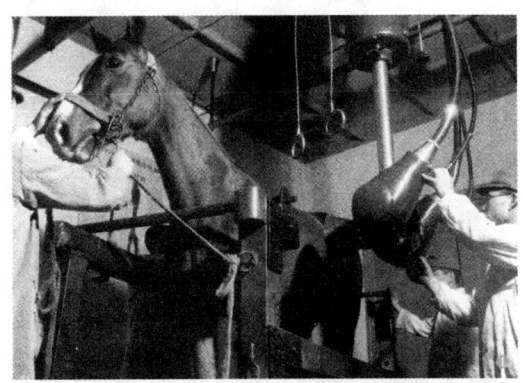

16.46 明治四十四年(1911),日本震灾预防调查会在长野县浅间山开设了第一座火山观测所,应用大森式微动计,研究和观测火山活动规律。右写真是火山观测所原貌。

16.47 左写真是理科大学教授改良的高倍率大森式微动观测计。

16.48 明治四十三年（1910），日本的航空技术拉开了序幕。令日本人激动的是12月15~19日的5日间，在代代木练兵场，由从欧洲归国的步兵大尉日野熊藏、工兵大尉德川好敏进行了飞行表演。飞机是从法国购入的法尔曼式、格雷迪式飞机。数次飞行起飞试验并不顺利，最终于19日飞行成功，德川大尉驾机的飞行高度40米，飞行距离3280米。日野大尉驾机的飞行高度20米，飞行距离1200米。5日间的观众人数达50万之众。主持飞行表演活动是陆军大臣监督下设立的军用气球研究会，飞机则是研究会派人自欧洲购入部件组装的。写真是1911年日野大尉驾驶的莱特双翼飞机，在所泽陆军飞行试验场飞行的场景，滞空时间53分，高度230米，飞行距离26公里。

16.49 明治四十三年（1910），陆军收购所泽陆军飞行试验场用地768,873平方米。写真是1911年德川大尉驾驶的推进式单翼飞机，在所泽陆军飞行试验场飞行的场景，飞行滞空时间1小时9分30秒，高度250米，距离80公里。1912年，海军将军用气球研究会分离，成立了航空技术研究委员会，开始了海军航空的新纪元。

17　报刊媒体

日本的报纸称作"新闻"。"新闻"一词，源自中国唐宋时期，相当于日本语的"风闻"，英语的"News"。清朝末期，欧美人在中国发行刊物《NewsPaper》，清国人翻译为"新闻纸"，但又将新闻纸称呼为"报纸"，有用纸来做载体报道新闻之意。日本人采用了清国人的称谓，称"News"为新闻，谓"NewsPaper"为"新闻纸"，略称"新闻"至今。

幕末，有过用手书写文章在人群中传阅的"报纸"，是日本报纸的雏形。1861年，居住在日本的西洋人发行了两种英语版的报纸——《长崎商品目录与广告商》、《日本先驱报》。1862年，日本史上首次出现了用日语编辑的报纸《官版海外新闻》。

明治初期，倒幕大业完成，可是社会尚不安定，天下骚然。新政府唯恐政局动荡，发布了各种维持治安的政令，同时痛感缺少为政府代言、宣传政治信息的新闻媒体。明治元年（1868），新政府创刊了最初的报纸，是小册子形式的官报。京都地区代表官报是《太政官日志》，东京地区代表官报是《中外新闻》。1869年，政府发布《新闻纸印行条例》正式表达了支持民间办报的立场，此后日本国内各种各样的报刊如雨后春笋般出现。

明治三年（1870），日本首创日刊报纸《横滨每日新闻》。1872年，《东京日日新闻》、《邮便报知新闻》创刊。明治政府意识到普及报刊是影响国民思想的重要形式，采取了言论自由和保护报纸的政策。明治政府在日本各地设置了免费"报纸阅览所"和自愿朗读报纸的"新闻解话会"，让周围的人或不懂文字的人听到新闻内容。邮局还对公费购买报纸的客户给予预约购读优惠，盘活了报社计划性发行报纸的业务。

明治政府在早期推行维新政策的过程中，给予报纸发行较宽容的言论自由度，但是随着报纸的大量出现，言论纷杂，呈现出扰乱社会舆论的现象，政府开始逐步采取严格管制媒体的做法。对赞同政府政策的报刊，提供各种方便和经济援助，对批驳政府的报刊施以压制。报刊界各类对立的门派形成，其中有代表民权主义的急进派报刊《朝野新闻》、《邮便报知》，代表官方口舌的渐进派报刊《东京日日新闻》，代表中间立场的报刊《日新真事志》。明治七年（1874），民选议院向政府提议设立"建白书"，推动了自由民权运动的兴起。《御用新闻》代表的民权派势力日益活跃，论调对准政府展开批评。各类报刊的自由化言论引起政府的警觉，1875年政府出台了《新闻纸条例》，发布《谗谤律》，对报纸言论实施管制。

　　明治十年（1877），福泽谕吉公开批判自由民权运动，强调国权论。1882 年，福泽创办了《时事新报》，在诸多评论文章中主张国家独立、富国强兵、官民调和的基本理论。1884 年朝鲜发生的"甲申事变"失败，翌年福泽在《时事新报》中发表了《脱亚论》的社论，强烈痛斥那些不能保护人民生命、财产、独立的野蛮国家，鼓吹推翻和灭亡独裁国家也是为了拯救那里的民众的论调。福泽谕吉代表了日本的早期开明思想，强调政府积极调动实业人才的能动性是国家的紧急课题。实业家有能力擎起"殖产兴业"、"富国强兵"的大旗，推进原始积累的"资本形成"、"劳动者培养"、"资本主义雇佣体制"三大要素的实现，确立后进资本主义国家的经济特征。福泽的改革思想，是明治政府自上而下官民一体经济发展的思想启蒙。在当时的世界政治格局下，推进国家利益的民族主义，演变为依靠对外侵略战争生存和发展的军国主义战略。福泽谕吉的思想，事实上主导了日本国民半个世纪的思想和行为。

　　明治二十三年（1890），政府宣布开设国会，各政党纷纷登场，利用报刊媒体相互论战，报纸变成了展示政见、主张政策的战场。各类报刊粉墨登场，各个政党的喉舌积极投入到政治笔伐的选战之中。然而各自由民权运动党派的目标，不只满足于获得国会的席位，而是希望来一场政治革命的社会运动。政府警戒自由民权运动的政治倾向，用镇压和怀柔手腕扑灭了社会革命运动的企图。那些为社会主义呐喊的报纸刊物唯恐遭到打压，立即放弃政见，将报纸宣传转向了经济改革的方面。

　　明治二十七年（1894），朝鲜政治家金玉均在清国上海遭到暗杀，日清两国的政治关系雪上加霜，终于走向战争的边缘。福泽谕吉在财阀和富豪中为募集公债奔走游说，向远征军捐款，为开战摇旗呐喊。1894 年 7 月日清战争爆发，想要了解战况的国民读者激增，媒体宣传推波助澜，日本民众的战争情绪高昂。福泽谕吉在《日清战争是文明和野蛮的战争》社论中指出："日本是以世界文明进步为目的展开的战争，战争不是人与人、国与国之战，而是一场信仰的较量。"政府启动了国家所有的宣传机器，通过媒体的运作，宣传本国的开战立场，主张战争的正当性，向国际社会作出开放战争的姿态，赢得了欧美列强的理解和支持。伊藤博文相信利用媒体攻势取得国际舆论的支持，就等于拿下了战争一半的胜利。日本在战争媒体的思考上积极主动，让全世界看到日本是为了解放处在水深火热中的朝鲜人民，日本的舆论战达到了预期目的。

　　日清战争中，日本采取了比较开放的媒体公关策略：（1）允许外国武官随军观战，（2）允许外国新闻记者随军采访，（3）允许国内的报刊记者、从军画师、照相师、僧侣、神官等民间人士随军采访和工作。1894 年至 1895 年的战争期间，内地 66 家新闻报社，共派遣记者 114 名。政府和军方还批准了从军画师 11 名、照相师 4 名、僧侣 55 名、神官 6 名。政府和军方批准外国新闻媒体的随军新闻记者 17 人，其中有著名的《纽约时报》、《泰晤士报》、《黑白画报》等大报的新闻记者。批准各国随军观摩的陆海军武官 7 名，并且允许英、俄、德、法、美等国的海军军舰，在事前通告日本海军的情况下，可以接近日清两国交战的海域观察海上作战实况。日本采取新闻明朗化的做法，受到西方国家的好评，开创了近代日本对外战争的新闻先例。

日本真正将报业当作一门产业来经营，始于日俄战争时期。明治三十七年（1904）日俄战争爆发，当时还没有无线电广播，电话也没有普及，新闻信息只能通过报纸获取。日本经过日清战争到日俄战争十年间的发展，报纸的订阅份数翻了 5 倍，达到 163 万份。可是报纸的价格仍然昂贵，1 个月的订阅费相当于购买 30 公斤大米的价钱。然而日本与强国俄国人作战，几乎是在拿国家命运作赌注来冒险，全体国民高度关注战争的进程。民众迫切希望知道每日战争的情况，为奔赴前线出生入死的亲人担心，报纸需求量激增。为满足民众第一时间获得最新信息，报纸界出现了 6 种商战形式：（1）报纸份数增加，读者配送网形成；（2）报纸种类增加，报社展开争夺阅读者商战；（3）轮转机取代手动平板印刷机；（4）报纸引进多色印刷的彩色版面；（5）报纸广告服务占报业收入的 40%；（6）报道战争新闻、美人竞选大会、远泳大会、四国八十八所巡礼竞争、全国网球大会等内容。日本各地报业竞争如火如荼，报纸发行数量激增。

明治三十八年（1905）九月一日，《大阪朝日新闻》报道了日俄两国签署《朴茨茅斯和约》和请求天皇拒绝与俄国人议和的社论，消息煽动了国民情绪，引发了民众暴动事件。政府出动警察平息暴动，引起各报刊的强烈谴责，各媒体间展开了"废除警视厅"的文字混战。以暴动事件为契机，在日本媒体界出现了"采访报道"的新闻形式，时事新闻报道快速传播化。1909 年，政府应对报刊媒体自由化的社会舆论，颁布了《新闻纸法》，加强了对报纸言论的管制。

明治维新早期的报刊媒体界，报刊分类有"大新闻"和"小新闻"两种类型。"大新闻"是大开版报纸，内容以政治议论为主，主要读者对象是知识人。题材涉及国家的政治、经济、教育、民生等方方面面的话题。"小新闻"是小开版报纸，内容以娱乐为主，主要读者对象是一般市井庶民。题材涉及现实社会生活中的人物逸事、花柳界新闻、鬼怪异谈、小道消息等关乎社会的、生活的、精神的、娱乐性的话题。日清战争爆发后，大新闻和小新闻的区别消失，报刊营业方针开始转向，强调报道本位的新闻主义立场。

明治初期日本报纸还流行过一种世界印刷史上独特的锦绘报纸（浮世绘插图印刷的报纸）。报纸的主要读者是庶民大众，提供茶余饭后的娱乐性新闻。记事内容多选择杀人、情痴、美谈、怪异等庶民喜欢的题材，记事内还插入与故事情节相同的锦绘，类似现代杂志中精美的彩色插画。代表性的锦绘报纸有《东京日日新闻》、《邮便报知新闻》等八种，许多著名的绘画大师及其门徒活跃在锦绘报纸界。历史画、讽刺画、杀人画、鬼怪画、奇谈画，刺激了庶民对故事文化的嗜好和报纸的发行量。插有锦画的故事连载报纸获得了成功，写实的技法、活生生的题材、奇趣的情节、美妙的人物、虚构的内容，将身边的世相和杀人事件紧密联系起来，情节描绘得栩栩如生，令人胆战心惊。锦绘报纸只流行到明治十三年（1880）便退出了报业，虽然锦绘报纸激发起民众对报纸的热情，但是新时代报业作为一种产业，更强调信息传递中的新闻价值，街巷猥杂题材已经不能适应维新时代人们对报纸内容的需求。尽管如此，锦绘报纸作为日本特有的文化，在日本国媒体史、美术史上占有过特殊的位置。时至今日，那些被湮没在角落达百年的猥杂风俗史作品，正在受到历史和社会研究者的高度评价和深度研究。

十九世纪，随着印刷机的发达，卷筒纸的采用和广告的登载，报纸在大众的关心下成长了起来，劳动阶级也有能力低价购读报纸。明治时期报纸业的这些商业特征，一直延续至百年后的现代，即使是出现了无线电收音机和电视媒体，报纸仍然是近现代重要的信息传播媒体。日本从明治时代起至现代社会，新闻业界生命力最强的两大报纸是1874年创刊的《读卖新闻》和1879年创刊的《朝日新闻》。两社的报纸经历了130年的风风雨雨延续到现代，一直发挥着影响一代又一代日本人思想的信息传播作用。

17.01 明治人的阅读文化,渗透到各行各业各个阶层,教育的普及成就了日本人对报纸新闻的依赖。图绘是阅读众生相。

17.02 明治时期的报纸,是平民百姓获取信息最重要的途径。当时的车夫、劳动者、妓女、乞丐都能阅读报纸。劳动者爱看《平民报》;绅士爱看《股票报》;文人爱看《读卖新闻》;乞丐爱看《慈善新报》;乘电车的人爱看《滑稽报》;娼妓爱看《都新闻报》;村长爱看《官报》;求职者爱看《时事新报》;官僚爱看《国民新闻》。各种各样的报纸,给平民文化带来了乐趣,促进了报业的迅速发展。写真是搭乘三等车厢远行的平民,专心阅读报纸的场面。

17.03 位于东京银座的《朝野新闻》社,社址于明治六年(1873)十月竣工。《朝野新闻》是民权派的政论新闻,由于言论犀利,1875年被政府依《谗谤律》和《新闻纸条例》非难和处罚,言论自由被镇压。1884年经营衰退,1892年废刊。

17.04 1872年《东京日日新闻》创刊,两年后在东京银座设立日日新闻报社,现代称《每日新闻》。社风表现亲民,多用平易近人的口语体裁,属于大众喜好的报纸。1880年倾向批评政府,1888年社长更迭,此后报社论调走向中立路线,发行量增加。明治时代的《每日新闻》,是政治色彩浓厚的报纸之一。

17.05 日俄战争的黄海海战,日本舰队突袭俄国太平洋舰队,将俄国舰队围困在旅顺港内,日本舰队发动数次封闭旅顺港航道的作战均告失败。各社媒体第一时间报道海战胜利的消息,但是百姓们仍然忐忑不安,关心今后战争的局势。写真是大量市民走上街头,围在《中央新闻》社前等待战况的最新消息。

17.06 明治八年(1875),《东阳堂》在东京日本桥创刊。采用石版印刷新技术,以插画为特征表现明治年间民间风俗。这种刊物被定义为"画报",受到市井民众的广泛好评。图绘是东阳堂支店贩卖《风俗画报》的情景。

17.07 博文馆是明治期东京著名的出版社,明治二十年(1887)创刊,社名来自伊藤博文的名字。《博文馆》是一本宣扬日本人的国粹主义理念,表现各种政治倾向的杂志。出版社同时经营经纪会社、印刷会社、广告会社、洋纸会社等关联企业,成为日本最值得夸耀的出版社之一。写真是1906年博文馆的建筑外观。

17.08 《横滨每日新闻》1870年创刊,是国内最早发行的日语日报。报道内容以贸易新闻和民权派新闻为主。写真是1876年位于银座街的《横滨每日新闻》社东京出张所(办事处),楼下是该报社所属活版所文明社。

17.09 明治中期主要新闻刊物的社长和主编的画像。《实事新报》主编福泽谕吉的观点引导了明治维新思想的潮流。

17.10 新闻媒体的宣传是推动日本人明治维新思想形成的重要手段。福泽谕吉的"脱亚入欧"学说,在新闻媒体的推波助澜下,对日本近代化政治改革、君主立宪政体、殖产兴业、文明开化、军国主义形成,发挥了重要作用。图为1903年《东京日日新闻》编辑室的情景,总编辑的思想主导了报社对外宣传角度,并维系了报社经营的命运。

17.11 明治初期日本人对西洋人的最初认识。画中曰,英国是欧洲西方的海中一大岛国,开国达1707年,国家的君主乃女性等。所绘人物是英国海军提督阿登特伦。

17.12 1888年,《大阪每日新闻》诞生。属于支持政界有力人物,倾向政府的媒体。日清战争后《大阪每日新闻》和《大阪朝日新闻》成为大阪报界的两巨头。上写真是1897年《大阪每日新闻》编辑室的工作情景,旁有侧立的侍童随时听从调遣。右图是明治时期的新闻媒体大量采用西洋印刷设备,弥补了本国印刷技术上的不足。

17.13 明治二十七年（1894）日清战争爆发。8月25日，博文馆创刊连载《日清战争实记》，杂志对战争过程的场面补以写真和绘画进行详细解说，并首次采用铜版印刷技术。杂志每册达100页之多，每月发行3期，至12月末共发行13期，每期定价8钱。第1期增印5万册，获得空前反响和好评。左图为《日清战争实记》第2期的封面。

博文馆1895年出版了不逊于欧美诸国的综合性杂志《太阳》，内容涉及政治、经济、社会、军事、历史、工业、宗教、艺术、文学、家庭等广泛的领域，历32年，共发行531期。下图是《太阳》杂志第一号封面局部。

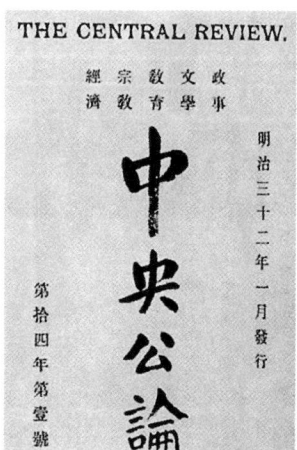  

17.14 《中央公论》、《国民之友》杂志，是明治时代谈论政治、经济、社会、宗教、文学，受言论界欢迎的读物，涌现出大量讴歌明治维新的作品。《团团珍闻》是讽刺性杂志，批评政府，伸张自由民权，得到国民极大拥护。

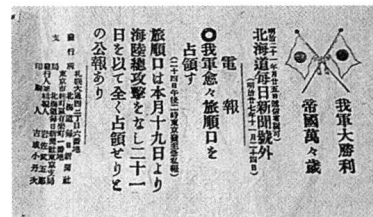

17.15　1894年日清战争，日本媒体全面报道了战场新闻，激励国民支持战争，改变了国民的清国观。日本成功运用了近代宣传媒体作为辅助战争的武器，在欧美国家之间成功进行了政治公关。右图是《日清战争绘报》宣传平壤大战、威海卫迫降的场景。绘报采用彩色套印技术，图文并茂报道了战争。日本浮世绘艺术以新的姿态，将战争记事版面可视化，得到读者的广泛欢迎。上图是日军攻克旅顺后，报童散发《北海道每日新闻》号外的情形。

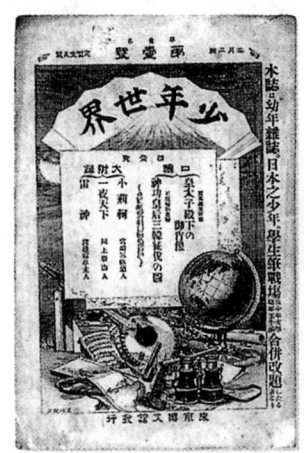

17.16　明治时代面向青少年启蒙的杂志《少年世界》、《少季园》，主笔论说、小说、史传、科学、时事、游戏等。姊妹杂志还有《幼年世界》、《少女世界》等。《风俗画报》图文并茂报道世间百态，共出版518期，深受庶民欢迎。

17.17 明治时代，各种大小新闻报纸，都不只局限于政治宣传、经济评论、社会时事的报道。而是巧妙调节读者的心绪，版面配置连载故事、小说，提高读者的购读率。在虚幻的世界中，读者游弋着脱离时代的空想，给人们带来心理上的快感和丰富的想象力。奇妙的鬼怪故事，人间正义的归宿，男女的爱和情，醉生梦死的红颜知己，善行恶报的纠结等，这些接近民间的话题和暗示的哲学道理，丰富了百姓的业余生活。百年前明治时代的出版文风延续到现代，报纸杂志的连载小说仍然不绝于目。左图是《日日新闻》连载的小说《劝善惩恶》第29回。行恶之女遭遇山中大蛇之惊吓，归宅后三日而亡。

17.18 左图绘深夜十二时亡夫再现于侧共眠，夫人惊愕惶恐，此乃不忠警示乎？中图乃《花园幸庵》连载第900回中片段，男主人在拷问妻妾的忠诚。右图故事中警官和盗贼对打的片段，盗贼头部负伤，已经处于劣势。

 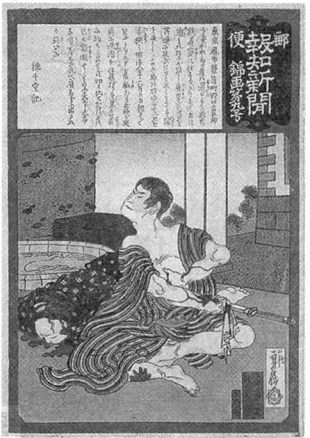 

17.19 左图是狐狸精化成美女，施法迷惑人间，受害者频频，青年警官用计智斗武战狐狸精的故事。中图表现有情人没有美满归宿，双双自刃而亡，求阴间再聚。右图表现捉奸现场，丈夫将与他人私通的妻子割喉杀死的场面。

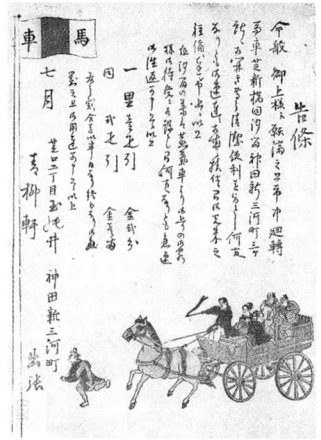  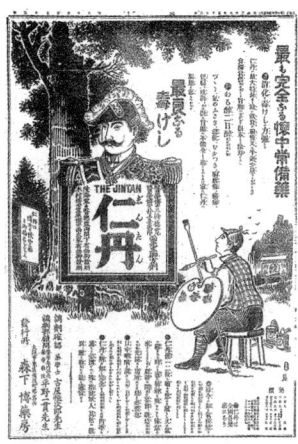

17.20 左图报纸上马车公交的广告，宣传说：虽然有轨道蒸汽车，可是马车却更灵活、更便宜，行走1里只需2分钱。中图是制药厂的各种汉方丸药的广告，特别强调"官方许可"。右图是日本著名的仁丹广告，曾经风靡清国。

17.21 明治时代是广告业兴起的时代，图绘销售幻灯的商家在向人们介绍商业中广告的必要性。说欧美国家的商人重视用幻灯向顾客宣传自己的商品，颇具效果，是日本商人值得借鉴的利器。

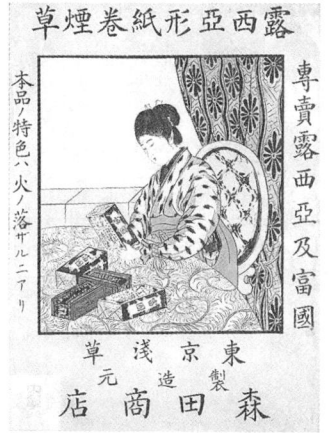  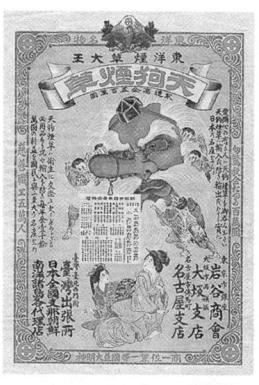

17.22 专门贩卖俄国制造的"富国"牌纸卷香烟的广告，说本品的特色是质量好，不会掉火星。明治时期，妇女吸烟者亦多。

17.23 上两图是1900年岩谷商会出品的"天狗"牌香烟广告。类似商品还有"金天狗"、"大天狗"、"国益天狗"，等等。广告特别设计了性感的背影，诱惑人的视线想入非非。这对明治时期的人来说，实为大胆的创意。

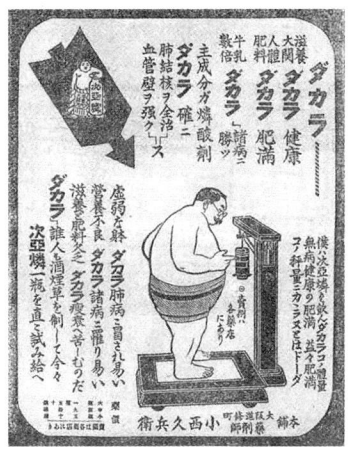

17.24　左图是明治时期的札幌啤酒美女广告，札幌啤酒是政府对抗俄国南下政策，在北海道兴建的酒厂的人气产品。中图是次亚磷酸滋养药广告，主治虚弱、营养不良、过瘦等。右图是西洋人马戏团演出广告。

17.25　雄狮牙膏诞生于1896年，是家喻户晓的品牌。现代雄狮品牌在化妆、洗涤、药品中的商品多种多样。下图是当时的牙膏广告。

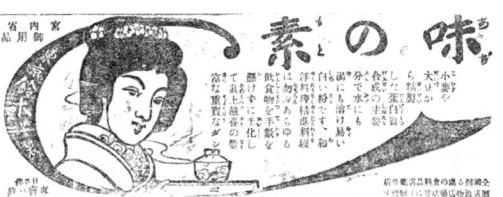

17.26　明治四十一年（1908），日本人在海带中发现了谷氨酸钠成分，研发成用于食品的调味料。1909年上市并不畅销，直到高级饭店采用后才受到消费者重视，并出口海外。上图是当时报纸刊载的味之素（味精）广告。

17.27　明治三十六年（1903），日本花柳病预防协会设立。当时是为了抑制影响青壮年者性健康的花柳病采取的组织性措施。1907年，开始实施娼妓的健康诊断。1909年，国产安全套诞生，命名"心之美人"。然而"心之美人"主要不是用来避孕，而是用于预防性病。由于安全套的厚度对当时的技术而言难以有所突破，所以性的感受非常差。继"心之美人"之后还诞生了"敷岛帽"、"铁兜"等商品。明治时代最为公开流行的是女用子宫帽，谓之"子宫ザック"。广告上说，是妇人预防外毒的橡胶制卫生器具，是妇人卫生上必携的良器。子宫帽可以预防毒疮感染又不伤及子宫，但是希望怀孕的妇人不宜使用。妇人月经期子宫帽还可以防止经水泄漏。明治时代日本预防性病和避孕实态可见一斑。图绘是明治时期报纸上刊载的子宫帽广告，宣传各种奇特功用和使用方法。

18　城市建设

现代日本人如此赞美明治维新东京的变貌，"江户消亡，武士隐去，在这片土地上兴建出被西洋文明启蒙了的近代国家首都。这里的人们用勤劳智慧的双手实现了心中之梦，一座新兴都市'东京'诞生。从江户到明治，这座都市的近代化变貌跨越了时空，创造了城市建设史上的奇迹。"当这座城市的后来人，翻开明治时期东京街头华丽建筑的影卷时，无不为140年前在这东方岛国，有如此之多的西洋式建筑群落而感到震撼。日本人在接受西洋人建筑技术的同时把东洋（日本）文化融入其中，形成了具有独特风格的东西方文化结合的新型城市。

一、日本建筑的特色

日本古代的建筑特色，是在汉唐建筑文化的影响下发展起来的。建筑主体多为梁柱结构。在木材使用的风格上，中国的建筑木材喜欢露出木质本色的花纹；日本建筑用木则多使用少花纹的白木，保持白木的基本格调。用材和色泽的搭配上，两国有着不同的美学思考。西洋诸国的建筑较多采用砖石构造，组成了以面为主体的墙壁，而日本建筑以线形板材构成的壁面为多数。西洋建筑的门窗用砖石堆砌成拱形；日本建筑的木结构门窗，则多组合为矩形、菱形。从整体构造上说，日本古代建筑是组装式，西洋的建筑是堆砌式。日本的建筑受惠于天然的木材，西洋的建筑受惠于灵活的石材堆砌技术和艺术灵感的融入。

日本建筑史早期，由于木材加工器械的落后，因而木制梁柱之间多采用插销楔子连接组合（榫卯结构）的方式。室町时代中期，大锯一类的木材加工工具被广泛应用，提高了木材建筑建设的效率。江户时代，住宅建筑格局受到阶级身份制度的限制，阻碍了建筑工艺的进步。1854年《日米和亲条约》缔结后，西洋建筑技术的渗透极大影响了日式建筑的风格。西洋式建筑工具的引进，提高了建筑工艺的整体水平。明治维新以后，封建等级制度被废弃，住宅建设再也不受身份的影响，民众可以根据原材料的情况，自由设计建造自己喜欢的住宅。这个时期日本贵族、实业家、政治家的住宅，开始流行洋式小楼的建筑式样。在公共建筑领域，日本在西洋建筑理念影响下，融合本国风土文化，开创了独具特色的"拟洋风建筑"（和式与洋式混合型建筑）。西洋风格和日式风格的近代建筑大量登场，改变了东京等大都市的整体风貌。

二、拟洋风建筑盛行

"拟"是"模拟"之意，"洋风"是"像西洋那样"之意，"拟洋风建筑"被视为那些没有西洋建筑知识的人，建造出的奇妙建筑。幕末和明治初期，外国人将本国的建筑样式原原本本带进了外国人居留地（租界）。参与建设的日本建筑师，开始尝试在日本建筑中融入西洋建筑外形的要素，保持日本人传统室内文化风格，加上西洋建筑的外形，创造出象征日本近代文明开化的和洋混合式建筑。早期代表性拟洋风建筑是明治六年（1873），东京建设的第一国立银行，在史上留下了众多的赞誉。在洋式建筑风潮下，县级地方的役所、学校、医院也广泛采用了洋式设计风格，给地方民众带来了文明开化的陶醉感。

明治政府在近代化思考上，坚持行政、教育、产业等所有领域摄取吸收西洋文化，让国家全面西洋化。因此行政机关、学校、教会等公共设施，率先涌现了大量西洋风格的建筑。政府引入洋风建筑在全国起到了带头作用，许多政府机构选择了西洋式建筑风格。政府雇佣英国、美国建筑工程师，设计、督造、指导、建造了一系列重要的政府机关建筑。此后，日本民间的建筑师开始模仿洋风建筑，在外国人教育和指导下，兴起了日本人的洋式建筑。

三、官厅（政府机关）集中建设计划

明治十六年（1883），担任外务大臣的井上馨，为了改变西洋列强对日本非文明国的固有印象，推进不平等条约撤废的交涉，实施了大规模的"官厅集中计划"。规划将国会议事堂等国家机构集中到东京霞关附近，建设一个不逊色于巴黎、柏林的华丽首都。当时日本最重要的外交课题，是交涉不平等条约的修订和撤废，尤其是废除外国人的"治外法权"，使日本成为真正的政治独立国家。为此，井上馨规划建设一座豪华的"鹿鸣馆"，作为政府接待外宾以及外交官和上流阶级的社交场所。鹿鸣馆是日本欧化政策的极端象征，国家的外交政策也一度因此被称作"鹿鸣馆外交"。1883年7月落成的鹿鸣馆，具有伊斯兰、西洋、日本混合型的建筑风格。1883~1887年，鹿鸣馆不但接待外国宾客，天皇生日的祝贺酒会，皇族和贵族夫人的慈善活动也在这里举行，成为明治政府重要的社交场所。

明治十九年（1886）内阁设立临时建筑局，井上馨担任总裁，聘请著名德国建筑师，对东京都市街道和主要建筑进行了规划。同年政府再从德国雇佣多位建筑工程师，并向德国派遣日本建筑留学生，学习西洋建筑学。德国人规划了从筑地至霞关为中心轴的中央车站、剧场、博览会场、官厅街、新宫殿、国会议事堂等宏大的都市建设计划。

1887年不平等条约撤废交涉失败，加之建设计划面临财政困难，井上馨被迫辞去外务大臣职务。官厅集中建设计划最终只完成了议事堂、大审院、司法省等三栋建筑。

四、近代建筑人材培育

拟洋风建筑虽然外表呈西洋建筑风格，但是只学习了西洋建筑学的皮毛。明治十六年（1883）以官厅集中建设计划为契机，政府注意到建筑专家培养的重要性，并优先选择了德国的建筑技术，邀请和雇佣德国建筑专家来日指导工作。他们向日本政府进言，为了建设近代化国家，日本人应该到德国留学，学习建筑学专业知识。政府接受了德国专家的提议，派遣了建筑技师、石工、大工、人造石左官、炼瓦职、喷漆职、天棚职、石膏职等20人赴德留学。三年后，这些留学生习得了德国的建筑学知识和技术，许多人成为著名的建筑学家和美术家，活跃在日本的建筑业界。

日本在建筑学领域，从西洋那里学得了近代建筑技术，可是对西洋建筑学中的艺术和美学的融入意识相对薄弱，代表艺术美学的建筑比较少见。由于日本是多地震、多灾害的国家，炼瓦（砖瓦）构造的建筑抗灾能力较差。因此日本更悉心钻研开发抗震能力强的建筑，将建筑学和工学有机地结合起来。日本建筑工学的自主意识，一直延续到现代建筑领域。

五、近代地下水道建筑

明治三年（1870），横滨租界内全面敷设了陶质的下水管道。明治十年以降，日本各地霍乱传染病肆虐，引发大瘟疫。1882年东京神田地区，霍乱疫情导致超过5000人死亡。神田地区地势平坦、人口密集，下水沟尘芥污泥堆积堵塞水流，恶劣的环境造成了霍乱疫情的扩散。政府从公共卫生的视点研究考察，痛感完善下水道设施的重要性。明治十七年，规模庞大的神田下水道建成完工，使神田周边一般市民的公共卫生和都市环境得到了明显改善。神田下水道是在荷兰技师指导下完成的逆状卵形下水管道，总长4公里，造价92,000日圆。水管宽610~910毫米、高910~1360毫米，管内有空断面、镶嵌炼瓦。神田下水道的兴建，是明治政府积极引进西洋国家地下建筑技术取得的重要成果。神田下水道经过关东大地震和太平洋战争的沧桑，在120年的风风雨雨中一直发挥着作用。现代尚存仍在使用的614米神田下水道，作为东京都文化史遗迹受到保护。

明治二十七年（1894）开工兴建的"中央部下水道改良事业"工程总长达120公里。下水道的沟床用水构筑成U字形，表面用灰浆涂敷便于水流，渠上敷盖石盖形成地下暗渠。特别要提到的是，明治二十二年（1889）大阪市政府整理从江户时代遗留下的下水道系统，扩张建成了新的下水渠。下水渠幅宽1.8~3.6米，底面用石块堆砌，水泥抹缝，上面用石板封顶，累计总长达 350 公里，命名"太阁下水"。太阁下水坚固耐用，有 20 公里沿用到现代，其中 7 公里作为历史遗迹永久保存。太阁下水道工程是以近代工学技术为基础取得的地下建筑成果，也是明治政府推进国民公共卫生事业的里程碑。

六、日本近代的桥梁

日本《古记事》的神话传说记载，日本的第一座桥叫做"天浮桥"，可以通天。天上的神仙通过这座桥自由往来于天地，为生灵造就了日本列岛。日本"桥"的历史，最早源于中国隋唐时代，日本的遣隋僧和遣唐僧在中国学得了造桥技术。桥梁成为普度众生、造福于民的建筑，所以僧侣在各地兴建了许多便民的桥梁。古代的桥以木桥为主，难以重负载荷，桥的寿命极其有限。从中国传来的石造拱桥技术在江户时代得以发展，九州一带诞生了许多拱形石桥。

日本最初的铁桥于明治二年（1869）诞生在九州长崎，桥长 27 米、宽 6 米，总造价 16,000 两。日本史上最著名的铁桥是位于东京市中心，连通台东区和墨田区的重要桥梁"吾妻桥"。江户时代在东京隅田川上架设过木桥，名曰："大川桥"，颇为壮观。当时除武士免费过桥外，所有过桥人必须支付 2 文钱过桥费。但是木桥曾经多次被洪水冲毁，东京人决心在这里架设一条铁桥。明治二十年（1887），东京隅田川建成了大型铁桥"吾妻桥"，桥体全部铁质，全长 145 米。后来，吾妻桥又架设了普拉特钢桁梁桥，并排开通了人道桥、车道桥、铁道桥（市电轻轨）三座铁桥。明治八年（1875），工部省的深川制作所成功烧制出实用性水泥，开始尝试应用在堤坝、桥梁等建筑中。1903~1909 年日本相继成功架设铁骨水泥桥、铁筋水泥桥。明治四十四年（1911），在横滨建成了代表着日本近代造桥技术的水泥、钢铁材料混合型大桥"吉田桥"，全长约 180 米。

明治五年（1872），日本铁路交通运营，最初的铁道桥梁是木桥，数年后即被铁桥代替。随着技术的发展，铁桥又逐渐被钢铁混合桥、钢桥取代，但是这些钢铁桥都是从英国、美国、德国进口，在外国工程师监制下建造的。明治时代后半期，日本的钢铁焊接技术有了长足的提高，钢铁桥逐渐进入国产化时代。为了蒸汽机车辆的通行、变向，以及桥梁下船舶通行，铁道桥梁出现了钢铁可动桥、跳开桥、升开桥、转车台。明治年间，在蒸汽机车全盛的时代，全国仅桥式转车台就达到 460 座。

18　城市建设　357

18.01　1869年，日本定都东京，天皇入住江户城，城外挖有护城河。明治时代，政府在皇城周边兴建了大量建筑，标志着维新国家的近代化崛起。写真是明治后期，在皇居周边的三宅阪，隔河眺望政府官厅街的景象。

18.02　明治时代的日本民宅，大多是独栋的木制小楼。遥望百年前东京市街，已经是规模宏大、拥挤不堪，初具近代化特征。写真是1901年拍摄的东京市街景色，似有清国江南水乡的特色。

18.03　1904年海军大学的高空气球拍摄的从东京浜离宫向芝浦、田町方面的远望。下为浜离宫绿地，中央是芝离宫。

18.04　银座炼瓦（砖瓦）街是银座大火事故后，为了推进都市不燃化目标，由美国建筑师设计的以砖瓦建筑为主的一条街。银座炼瓦街后由民间自营建造，作为新闻业和商业集中地，成为西洋文明传播的窗口。

18 城市建设 359

18.05　1904年海军大学的高空气球拍摄的从东京新桥车站及芝口向爱宕方向的远望。下方的新桥车站聚满了乘客。

18.06　1889~1894年，大阪市政府扩张修整从江户时期遗留下的下水道。新下水渠称作"太阁下水"，幅宽1.8~3.6米，底面用石块堆砌，水泥贴缝，上面用石板封顶，累计总长达350公里。"太阁下水"中的20公里沿用到现代，其中7公里将作为历史遗迹永久保存。写真是现在拍摄的"太阁下水"地下渠道。

18.07　1877年以降，霍乱反复肆虐日本各地，东京神田地带居民密集，卫生环境恶劣，霍乱死者超过5000人。1884年，东京建造了最初的"神田下水道"，以防患高发病率的霍乱。主管外侧是水泥补强，内侧是卵形砖构造，高136厘米、宽90厘米，全长4公里。神田下水道工程在近代工学领域具有划时代意义。写真是现代仍在使用的倒立卵形神田下水渠。

18.08 明治初期日本城市内主要以木架桥为主,桁梁木架桥的承重、耐激流能力弱,明治末期逐渐被铁桥代替。写真是东京日本桥区的"新大桥"木桥时代的情形。全长209米,桥下可以往来轻型机动船。

18.09 高丽桥是明治三年(1870)大阪架设的第一座铁桥,材料从英国进口。当时日本与外国签约缺少经验,大桥建成后,被追加了2倍的建设费,以至于发展成外交问题。明治维新后,高丽桥被政府确定为里程元标(道路起点),西日本的道路距离计算是从这里开始的。写真是1882年高丽桥的英姿。

18.10 写真是横滨久保山的电车站。砖瓦结构的陆桥,架设在两侧高台之上。陆桥上可以通行路面车辆,供行人过往。桥下面可以通行电车。到车站乘车的人们,需要从两侧的台阶下到下面。横滨是明治时期关东地区建设发展最快的城市之一。

18 城市建设　361

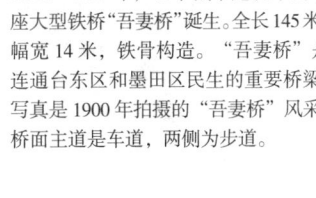

18.11　1887年，日本城市建设中的一座大型铁桥"吾妻桥"诞生。全长145米，幅宽14米，铁骨构造。"吾妻桥"是连通台东区和墨田区民生的重要桥梁。写真是1900年拍摄的"吾妻桥"风采，桥面主道是车道，两侧为步道。

18.12　大型铁桥"吾妻桥"在关东大地震时，桥面被大火烧垮坍塌，造成很多人伤亡。吾妻桥是最繁忙的市内桥梁，并排人道桥、车道桥、铁道桥（市电轻轨）三座铁桥。桥下可以往来轻型机动船。写真是1927年拍摄的吾妻桥景象。

18.13　写真是明治四十一年（1908），横滨大江桥旁边架设的一座电车专用桥梁。当时的电车是单体车，电车长7.6米，定员40人，25马力电动机2台，轨道间距1372毫米。明治时代电车轨道间距没有统一，轨道间距各种各样，有1067毫米、1435毫米、1372毫米等区别，为适应各种轨道行驶，甚至还存在轨间可变电车。

18.14 厩桥是隅田川上仅次于吾妻桥的第二大铁桥,桥长154米、宽22米,建于明治二十六年(1893),厩桥中间是市电轻轨铁道,两侧是人行步道。桥下可以往来轻型机动船。写真是明治四十年代厩桥的景象。

18.15 明治三十九年(1906)甲武铁道水道桥站开通,1912年甲武铁道高架线路电车开通,形成双层电车纵横交叉运行的景象。写真是1911年拍摄的两电车交叉通过桥梁的瞬间。

18.16 在东京城市建设事业中,电车站之间的接驳存在诸多弊端的问题受到重视。在市内建设高架线路和环状线方案被提了出来。写真是1914年建成通车的东海道本线高架桥线路段。当时钢筋混凝土尚不发达,大多采用砖瓦结构。

18.17 歌舞伎座是明治演剧改良运动中出现的近代剧场。最初的歌舞伎座于 1889 年开设在东京市京桥区，剧场设备采用了当时最新的电灯照明技术。歌舞伎从诞生至明治后期经历了代表日本文化艺术的黄金时代，此后歌舞伎座在与帝国剧场的近代歌舞剧分庭抗礼中逐渐衰落。写真是 1889 年 11 月歌舞伎座落成时的景象。

18.18 1878 年，陆军大臣山县有朋建议，用西南战争献纳金，在靖国神社内建设日本首座军事博物馆"游就馆"。1882 年"游就馆"开馆，此后几经扩建，陆续收藏了从幕末维新期至太平洋战争时期，与军事相关的大量展品，以祭奠慰唁供奉在靖国神社内的战殁者。写真是 1881 年 5 月完成的位于东京九段下的游就馆。

18.19　1896年，名古屋剧场株式会社成立，在名古屋市建设了一座"御园座"大型剧场，于1897年4月竣工。"御园座"不但出演戏剧，还于1899年开始上映动画电影。写真是"御园座"门前抢购入场券的人群。

18.20　1890年5月7日，日本首座全景宽银幕映画馆（以播放幻灯为主）在东京上野公园开幕。此后在国内掀起观赏热潮，各地纷纷建造全景宽银幕映画馆。写真是浅草公园建造的六角形宽银幕电影院，多上映战争题材的绘画，曾经出展过日本西南战争、日清战争、义和团事变等的宽银幕绘映画。

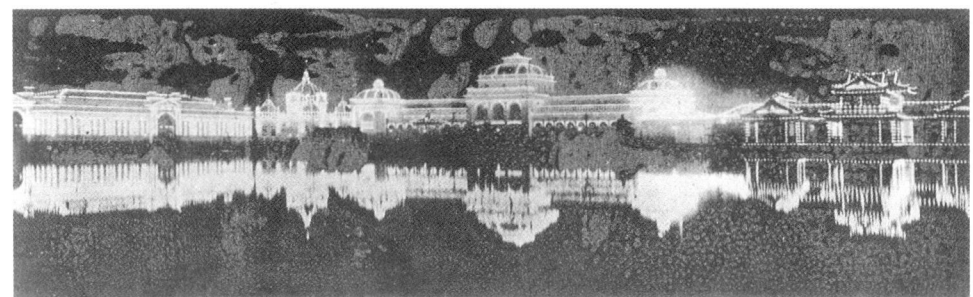

18.21 明治十年（1877），日本国内第一届"劝业博览会"于8月21~11月30日在东京上野公园召开。当时正值西南战争，但在明治维新殖产兴业大旗感召下，仍然如期举办了博览会。博览会展出了日本有史以来的名宝珍品，一些有碍殖产兴业精神的物品受到严格限制，表现近代文明的欧美先进技术得到全面推广。展览分矿业、冶金、制造物、美术、机械、农业、园艺等6门类，会场面积10万平方米，入场人数454,168人。写真是1907年东京上野举办的劝业博览会，不忍池畔的灯光夜景。

18.22 1887年11月6日在东京上野恩赐公园开放的人造富士山。富士山用木材构造并涂刷石灰而成，高50米，共12层。开业短短几日就观客爆满，很快即收回了数千日圆投资成本。写真细节可见，富士山顶有游客的身影。

18.23 1908年，东京浅草公园开放的大型空中观览车。写真中左侧广告牌上写："此展望观览车，世界仅有两台，一台在美国圣路易斯，一台便是此观览车也。"上图是第五届国内劝业博览会开放的游乐设施——20米高的滑山舟。

18.24　1872年，日本政府开设第一国立银行。根据国立银行条例，国立银行允许民间经营的原则，于1873年开设了日本首家官民合营的商业银行。写真是在东京兜町，由日本人设计建设的第一国立银行的洋式建筑外观。

18.25　日本银行是日本国的中央银行。明治十五年（1882）十月开始营业。银行资本金1亿日圆，由政府和民间共同出资，但出资者没有参与经营的权利。写真是1896年竣工的日本银行总部建筑，现为国家重要文物保护单位。

18.26　1871年，政府新货币条例公布，但新旧货币交替，造币局所需金属材料严重不足。三井配合大藏省发行了可以交换金属货币的临时纸币，积极支持政府的改革。1872年建设了"海运桥三井组大厦"。大厦为西洋风格，共5层，耗资47,000两，规模之宏大成为舆论热议的话题。写真是1902年10月在东京建成的、具有西洋风格的"三井银行"大厦。

18.27　1896年，以解决工农业所需长期贷款为目的，政府制定了《日本劝业银行法》。以政府为中心，在东京、大阪、北海道等地设立了劝业银行。写真是1899年建造竣工的具有传统风格的"日本劝业银行"。

18.28　日本银行大阪支行是日本央行在关西地区的重要分支机构。银行建成于1903年,原址是站递司大阪邮便役所。建筑外观参考比利时中央银行风格,青绿色的圆屋顶和花岗岩材料,透出高雅华贵、坚实厚重的西洋建筑雄姿。

18.29　神户地方裁判所是神户西洋式建筑群中知名者之一,是由留学德国的建筑家河合浩蔵模仿德国古典式建筑特色,采用红色砖石材料建造的地下一层、地上二层的大型建筑。写真是1904年竣工时的神户地方裁判所外观。

18　城市建设　369

18.30　1871年，政府制定新货币条例，铸造出纯度90%的1日圆银币，作为标准货币在海外流通。为实现振兴贸易和正常交易，政府还支持组建了"横滨正金银行"。1日圆银币制的实施，使日本海外贸易及与外国的货币兑换取得良好效果。写真是1904年7月建设竣工的、具有欧洲风格的"横滨正金银行"建筑外观。

18.31　1909年为皇太子嘉仁亲王（大正天皇）建造的东宫御所。因过于奢华，皇太子几乎没有使用过。嘉仁亲王继位后，将其改称"离宫"。现代作为日本的迎宾馆，用于举办欢迎晚宴等外交活动。

18.32　明治维新废藩置县时，大阪府由摄津国东部、河国内、和泉国等地区组成，有"摄河泉"之称。大阪府是近畿地方乃至西日本的政治、经济、文化、交通的中心。大阪府厅（市政府）建造于1874年，最初委托西洋建筑师设计，后因报酬昂贵解除了合同。日本人利用留下的图纸建造了这座具有西洋风格的华丽建筑。

18.33　1886年，日本加入国际红十字会组织，翌年将博爱社改称日本红十字会。日本红十字会办公楼竣工于大正元年，是明治建筑界三大巨匠之一妻木赖黄设计的作品。大正十二年（1923）被大火烧毁。

18.34　日本"帝国酒店"建于明治二十年（1887），总占地面积4290平方米，采用德国式砖木结构，建筑高三层。1890年酒店开业，当时的房费标准，最低50钱，包含两餐2日圆50钱。大正十二年（1923）由二十世纪的建筑巨匠美国人法兰克设计建造的"帝国酒店新馆"落成，总面积34,765平方米，地上五层、地下一层，客房270间。写真是明治二十三年（1890）位于东京日比谷的"帝国酒店"建筑外景。

18.35　明治维新后，政府着手整理日本古代文化，收集神社寺庙传承的绘画、雕刻等古艺术品达21万件以上。为了珍藏展示这些古艺术品，政府在京都兴建帝国博物馆。1892年帝国博物馆开工，1895年竣工。聘请了各地著名工匠——石工、砖瓦匠、铸工，完成了这栋欧式风格与和式风格结合的建筑，在世界建筑史上留下美名。

18.36 在封建社会，庶民建造超过统治阶级规定高度的建筑，会受到严格处罚。明治时代，封建的旧习被打破，民众登高远眺的愿望得以实现。明治二十三年（1890）十一月，英国建筑师在东京浅草公园建造了一座高塔——"凌云阁"。塔高52米，建筑面积122平方米，共12层，1至10层是砖瓦结构，11至12层是木结构眺望室，配有多台望远镜。塔内1至8层还安装了日本首座电梯，但因故障频发被终止使用。全塔共计176扇窗户，采光良好，但每层皆安装了3盏电灯。入塔票价大人8钱，小孩4钱。凌云阁一度成为当时最高的人造登高游览场。经过时代的变迁盛衰，凌云阁在关东大地震中倒塌。写真是凌云阁落成后的雄姿，曾被誉为东京的著名景点之一。

18.37 明治时代私人豪宅的代表作"岩崎邸"是三菱财阀创始人岩崎弥太郎的宅邸，建设于明治二十二年（1889），由英国建筑师设计督造。宅邸占地49,500平方米，有各类建筑20余座，具有典型的十七世纪英国贵族建筑格调，代表了明治时期上层社会追求和青睐的建筑风格。写真是"岩崎邸"主建筑之一，据称在世界住宅史上也十分罕见。

18　城市建设　373

18.38　写真是位于神田骏河台的尼古拉教堂，是俄国在日本兴建的东正教教堂，东京称之为"复活大教堂"，由俄国工科大学教授、建筑家米奇海尔设计，日本会社施工建造，1884年开工，1891年竣工。建筑面积约805.3平方米，以砖石结构为主，高35米，是东京御茶之水一带重要的远眺景观。写真是正在建设中的尼古拉教堂，脚手架密如蛛网。

18.39　写真是建设竣工的尼古拉教堂，是日本东正教教会的总部、东京大主教区总堂。教堂名字源于尼古拉神父，文久元年（1861），尼古拉神父作为驻函馆的俄国领事馆随行神甫来到日本，1872年在东京建立日本东正教教会。尼古拉教堂所处的骏河台是一个高台，可以俯瞰东京市，大教堂能够眺望东京的大部分地方，成为当时东京的地标建筑。大教堂1891年启用，1923年关东大地震中损毁，1929年修复。1962年6月21日被列为国家文物保护单位。

18.40　1868年，德川幕府的"江户城"改称"皇居"，成为天皇的居所；1888年以后改称"宫城"；1948年再称"皇居"。皇居中建有用途各异的宫殿，其中规格最高的是"正殿"。每年在正殿举行朝见之仪、新年祝贺之仪、讲书始之仪、歌会始之仪、信任状捧呈式、亲任式、勋章亲授式等重要活动。写真是1888年10月竣工的"宫城正殿"。

18.41　靖国神社建于明治二年（1869），最初命名"东京招魂社"，为纪念在明治维新时期牺牲的战士而建。1879年东京招魂社改名为靖国神社，"靖国"由明治天皇命名，意为使国家安定。此后神社追加供奉自明治维新时代以来为帝国战死的军人及军属，是日本天皇唯一鞠躬的地方。靖国神社在第二次世界大战结束前一直由日本军方管理，"二战"后，遵循战后宪法政教分离原则，改为宗教法人。1978年，靖国神社宫司将"二战"甲级战犯的名字列入靖国神社合祭。从此靖国神社的祭拜问题成为"二战"受害国关注的政治问题。写真是明治五年（1872）竣工时的招魂社正殿。

18　城市建设　　375

18.42　1909年，日本第一座室内大相扑馆在东京两国建成，命名为"国技馆"。"国技馆"的建成，结束了大相扑必须在室外表演，受天气左右的历史。写真是大相扑馆外观，具有欧式风格。

18.43　城市建设的迅速发展，对消防灭火提出了更高要求。写真是明治中期，日本人研制的折叠式云梯。10米高的云梯可以承载3人的重量。但当时云梯的性能与实用尚存距离。日本国产实用性云梯车的研发，直到1935年才完成。

18.44　明治十年（1877）第一届国内劝业博览会展出的楼房救助袋说明图。1894年，东京每个消防署均配置2套，火灾时避难者可以顺着帆布筒斜面滑下。救助袋成为现代高楼"救生袋"的鼻祖。

18.45 早期的日本民巷街道比较狭窄，遇到火灾很多民家容易受到牵连。所以火灾预警成为民巷街道极其重视的大事。住民考案了一种可以直立的梯子。遇到火情，值警人能爬到高处鸣钟，指示火情方向，引导民众避难。写真是明治初期日本民巷的风貌之一。街中开有一条污水沟，上有木板通路，远处可以看到直立的预警梯子。

18.46 史料记载，日本大型百货商店白木屋发生大规模火灾时，当时女店员都穿着和服筒形长裙，不穿内裤，当她们沿着绳索向下逃生时，因为羞耻心而将双手松开救命绳，以致落下丧命。此后白木屋女性店员，穿着内裤成为店内首要义务。火灾同时也提出了城市建设中楼房灭火的课题。右图是明治三十六年（1903）警视厅从德国进口的马拉云梯车。两匹快马配上警笛，可以迅速到达现场。

18.47 明治二十三年（1890），政府制定《水道条例》，各市町村必须义务设置消防用消火栓。消火栓平均每136米设置一处。消火栓在地面下，用铁盖盖上。火灾时，打开铁盖，接上消火栓，旋转阀门就可以出水灭火。明治末，东京市内共设消火栓4828处。写真是消防队员在做放水灭火训练。

19　贫困世相

一、不可思议的国度

　　嘉永六年（1853），日本在西方炮舰政策的威慑下被迫敞开了紧闭的大门。西洋人惊叹这个封闭了250年的神秘岛国，有着美丽的自然风光和奇特的民间风俗。洋人们这样记述初登岛国的印象："这里的贫民过着比西洋贫民还幸福的生活。在阳光明媚的日子，大人和孩子们，在海边采集海藻铺在沙滩上晾晒。渔夫的女儿挽起过膝的裤脚，在蓝天下的沙滩上来回踱步。身着蓝色木棉布衣的姐姐，正在往肩上的竹篓内装入拾起的贝壳。孩子们追逐着海滩的浪花嬉戏。妇人们在拣选收获的海草，浑身湿透的男主人品尝着热腾腾的茶饭和美味的鱼丁。此刻的情景充满了朝气的美感，虽是粗茶淡饭，可是他们却那样自由自在，犹如人间的天堂。"欧美人比较了恩格斯描述十九世纪中叶的英国贫民街："贫民住在潮湿的房间，水从地板溢出，雨从房顶漏下。居民穿着霉烂的衣服，吃着劣质的食物。贫民像野兽一样没有休息，没有安乐享受的人生。"岛国的印象让欧美人感觉到，日本人生活在贫瘠却幸福的世界。

　　首任美国驻日公使谒见江户将军时留下了深刻印象，他写道："大君（指将军）绢布的衣服上，仅点缀少许的刺绣，距离想象中王者的豪华似乎是那样遥远。没有宝石和精巧的黄金装饰，刀柄上没有镶嵌钻石，甚至我的服装要比他的还昂贵。殿中看不到镀金的装饰物，殿中的木柱全部是白木，除了专门为我准备的火钵、椅子、桌子外，其他房间都看不到家具。掌握日本最高权力的将军，比美国公使穿着朴素。反过来理解这里的民众，从将军到町民，平等的意识渗透了这个国家，因此就不会有像欧美社会那样的贫富差距。"

　　明治十年（1877），在东京大学任教的外国教授记载："日本的贫困层没有美国贫困层那样野蛮卑劣的习俗，日本人虽然住在鳞次栉比只能遮蔽雨露的木屋内，但是在这些小屋内居住的自幼贫穷的人们，精神上却是快乐幸福的。而欧美穷人被深埋在贫民窟，在悲惨和绝望中生存。日本人在贫穷中享受幸福，实乃令人不可思议，为什么会有这样的事？"明治六年（1873），帝国大学西洋教师记载："这是一个社会比较平等的国度。有钱人不骄奢，贫穷人不卑贱。人与人之间即便贫穷也有着相同平等的精神,这种自信心渗透到社会的每一个角落。"

二、贫者的礼仪

明治时代的礼仪延续了江户时代的风俗习惯,民间礼仪无论在学校教育还是家庭教育中,都占有重要的位置。江户幕末初登岛国的西洋人留下了这样的记载:"外国人异口同声地赞叹,这些穿着破烂、食不果腹的岛国人,都是清洁礼貌和蔼可亲的人。"

江户时代的礼仪,本质是一种非文字的精神教育,教师首先要向学生灌输礼仪的价值观。从非文字教育现场,可见私塾先生教授礼仪的严肃性和严谨性。先生把学生分成年轻组、女儿组,区别性别和年龄,按顺序进行礼仪训练,合格者通过,不合格者惩罚。经过礼仪教育训练的孩童,个人的品性得到提升。江户庶民的礼仪文化,奠定了礼仪为本的社会风尚,为明治维新国民的精神面貌打下了良好基础。

明治七年(1874),东京外国语学校的俄语教师日记:"在这个国家,无论多么贫穷或疲惫之人,不符合礼仪规定的事绝对不去做。我在东京人口最密集的平民区住过两年,没有看见过日本人争吵的情形。日语中的脏话十分贫乏,像'傻瓜'、'畜生'这样的脏话,就已经到达了侮辱对方的极限。争吵和打架会产生利益冲突,相互体谅、以礼待人能缓解冲突危机,这或许是日本人避免相互争吵的准则吧。"

明治二十三年(1890),英国公使夫人记事:"在镰仓的海岸,一个普通人力车夫就能做出亲切正确的礼仪举止,实在令人惊讶。在町巷内经常可以看到相互关爱、保护弱者的场面。岛国人虽然物质上贫乏,却见不到欧美国家贫民窟里,那种孤独和绝望的人们。在日本各地旅行,即便遇到那种震怒激愤相对的男人,也看不到他们大吵大闹互相谩骂的场面。也没有在大清国经常看到的女人间争吵,相互投掷、极端对骂的情景。"

明治初期日本还是贫困的国度,然而在西洋人的眼中,"岛国民众传承了良好的礼仪,彰显近代日本的教育、文化、道德水平,值得外来文明赞美。日本人致力于对儿童的礼仪、正直、责任、友情、公益、勇气的教育与培养,养成了跨越时代的民族美德。"

三、庶民的世相和要因

明治维新推翻了幕藩制度,地方藩阀势力的藩民统治体制崩溃。新政府全力梳理新时代的政治和经济,国家财政尚无力改善农村、都市百姓的民生。在自然灾害和饥荒混乱的国度里,贫困问题日渐突出。明治维新的土地改革,将幕藩时代的谷物式年贡改成了地租式税收,农民对现金的需求增大。自给自足的农村社会结构急速崩溃,农村向城市流动的人口急速增加。政府废除了诸藩设置的关卡,民众能自由往来,不受限制,都市人口出现激增倾向。各地都市中集聚了大量讨生活的流民,都市中遍布"贫乏长屋"、"寄场"、"差别部落"、"细民"等各类的贫民窟。在政府殖产兴业的背景下,这些过剩劳动力成为城市轻工产业急需的廉价劳动大军。

明治七年(1874),政府推出最初的扶贫对策,发布了"恤救规则"。规则的主旨是将旧藩制度统合到国家制度的范畴,实行"慈惠"性质的共同救济方法。但是扶助对象非常有限,仅限定极贫的老人和乳儿,无家庭的一般贫穷者不在扶助之列。明治时代的民众在国家政策保护下,政治地位得到了提高,精神和人身获得了自由。但是国民经济在短期内并没有得到明显改善,大多数民众仍然生活在贫困线。国家经济发展走向全盘西化之路,为资本家剥削劳动者来暴富自己提供了温床。私营企业从农村招收大量廉价男工、女工、童工,榨取他们的血汗。最典型的例子就是来自农村的女工,为获取现金收入进入工厂劳作的社会现象。也是在这个历史时期,日本出现了大量到海外讨生活的娼妓。有学者尖锐地指出:"明治维新的成功在某种意义上,是以庶民利益的牺牲为代价实现的。"

日本经济的支柱,如织物、生丝、棉纺、陶瓷、洋火产业,可以反映日本底层平民的生活状况。爱知县是与东京、大阪齐肩的工业基地,聚集了数万名劳动者。纺织工业劳动者待遇在所有行业中最具代表性,业界内女子就业者占劳动者的60%以上,劳动条件和劳动强度极端苛刻。织物工厂员工每日劳动时间12~16小时;制丝工厂11~17小时。97%以上的员工在工厂住宿,每日工厂开工时间从早晨四时开始,工人除了劳动就是睡眠,长时间劳动所得赁金(报酬)却非常微薄。按照技男、技女、工男、工女的技术能力,制丝工厂日赁金平均5~25钱,织物工厂5~15钱,住宿费日额5~7钱。按此收入支出,见习工几乎呈无收入状态。大多数工厂员工契约规定,工作未满一年者不给赁金,甚至有五年无赁金的恶质企业。

爱知县内纺织劳动者的教育水平低下,小学毕业程度的男工21.3%、女工3.2%;文盲男工20.7%、女工70.9%。浅井、本多、山源洋火生产厂470名工人中,未接受义务教育不满10岁的童工有87人,83.1%的男工不满15岁,42.3%的女工不满13岁,平均每日赁金1钱5厘至3钱,熟练工5钱。日赁金尚不及日军兵卒的日伙食标准。战争时期,日军兵卒日伙食费5钱至6钱,合计月伙食费3圆50钱至4圆。类似这种残酷剥削的现象在当时日本全国仅仅是冰山一角,社会下层劳动者和市井平民的民生实态,成为日本难以克服的社会问题。

明治二十年(1887)前后,日本国内处在经济萧条的恐慌之中,民众生活疾苦,动摇着新兴国家的根基。报刊文章中经常报道劳动阶级的生活实态,指责明治维新建设的新型资本主义国家,正处在深刻的阶级矛盾之中。国家支持的商品海外出口战略,酷刻压低劳动者赁金取得低成本产品,廉价商品再冲击邻国市场,加剧了国内外经济和国际政治矛盾。明治中期,新闻媒体报道了大量贫困饥民的纪实,使用"最黑暗的东京"，"贫天、地饥、寒窟"等词汇，描述日本贫困层的民生实态。社会对恶劣劳动条件下深受剥削的劳动者的生存现状开始认识和同情。

日清战争和日俄战争的胜利，在产业化、都市化进程中，贫困层的社会问题引发舆论对政府的批评。这个时期的社会运动中，底层劳动者阶级的团结势头扩大，社会主义思潮蔓延。明治四十四年（1911），政府颁布应对贫困问题的《工厂法》，指导工厂主改善劳动者工作条件，保证劳动者最低生活标准。政府推出面向贫困子弟的教育政策，设立"特殊寻常小学校"，对居住在城市贫民区即使没有户籍的儿童也承认其就学资格。各府县地方政府为贫困儿童接受教育、通学方便，开设了早中晚"三部制"学校。实施特别养护、诊疗、理发、入浴的卫生教育，免除学生学费，儿童厉行储金义务，采用贩卖手工作品补贴贫困学生的生活。政府还创立孤儿学校、聋哑学校、盲哑学校，缓解了官民间的矛盾。

国内的贫富差距、社会矛盾、经济问题，加速了日本富国强兵的步伐。天皇国家的确立、军国主义的形成，使日本具备了通过海外扩张转嫁社会矛盾的政治环境。日清战争清国大败，日清《马关条约》签订，清国国土割让、巨额战费赔偿，使日本迎来战后的繁荣，走出了明治政府诞生以来的政治、经济困境。日俄战争的胜利，使日本作为东亚强国挤入世界列强的行列。日本对清国大陆和周边国家的掠夺，使国民世相不再是庶贫的窘境。此时的日本考虑到作为胜利者的脸面，召回了为生计前往海外从事娼妓工作的日本妇女。日本富国强兵的扩张政策，将国家经济和民众生计带入了小康水平，也促使其积极筹备下一场战争。

19.01　明治三十年（1897）的调查显示，东京存在许多贫民窟。最著名的是下谷万年町875户；芝新纲町532户；四谷鲛河桥谷町1370户。贫民窟内大量的贫困者生活在不洁的环境中，以最低薪水的劳作维持困苦的生活。1909年，信奉基督教的贺川丰彦毅然决然住进贫民窟传教，开办了耶稣团友爱救济所，向贫民免费诊疗，设立夜校，办救灵团报纸。贺川是日本耶稣团的创始者，被誉为传播博爱精神与实践的"贫民街的圣者"，受到世界舆论的赞誉。写真是贺川丰彦先生（左二）和贫民窟的孩子们在一起的照片。

19.02　1872年，明治政府颁布了象征近代学制的学校制度，然而就学率却没有达到预期的效果，主要原因是很多贫困家庭的孩子，尤其是女孩，为照看自家年幼的弟弟妹妹或帮工照看别家乳幼儿，无法实现上学的愿望。针对这种情况，1880年，政府在全国设立了320所"子守学校"。许多学校甚至开设可以带着幼儿上课的班级。为了进一步解放那些工作缠身无法上学的孩子，各地还大量建立了夜校和临时保育所。"子守学校"是尚处贫困阶段的国家，在独特的社会经济背景下诞生的特殊事物，为日本的教育普及作出了重要贡献。写真是"子守"女孩照看幼儿的场景。

19.03 左上图,明治十九年(1886)十二月一日《朝野新闻》刊载了外国人彼克的绘画《拾垃圾》,揭示了日本底层的贫穷人群像。此画一出,立即招来日本媒体的群起攻势,批判外国人对日本人的轻蔑。

19.04 右上图,1894年10月20日《画报》刊插绘。日清战争开战背景下,东京"池上本门寺"门口的一幕。富裕的母女正在从乞讨男女面前走过,跪地作揖的贫者乞求施舍,母女俩从他们面前回避绕过。画面表现了贫富差距的世相,以及日清战争当时日本国内民众的生活仍处在较低水平。

19.05 明治时代,日本农村普通家庭一般都有六七个孩子,女儿一般在五六岁就开始帮助父母做家务,最重要的职责就是担任"子守",照看幼年的弟弟妹妹。封建时代遗留下来的重男轻女旧习,生男做武士,生女当嫁女,在明治时期有着顽固的表现和继承。左写真是聚集在村落一隅的天真孩童,"子守"们肩负着照看幼童的重任。

19.06 写真是明治时代的小手工业劳动者,老婆纺织,老公编织竹器的一个场面。明治时代发生过数次对外战争,年青人被征兵上前线,留守家中的老幼病残者却无人照料,生活每况愈下。图片虽然看出主人公家境贫困,但是从百年前贫者手里使用的手摇纺车和手摇加工竹器的器械,可见日本市井间小手工业,已经有较多的进步。

19.07 日清战争的前夜,日本国内政治、经济矛盾重重,国民经济处于萧条的恐慌之中,民众疾苦的生活正在动摇新兴国家的根基。国家需要一场战争来转化日益严重的国内矛盾,而日本最底层的民众并不关心也不清楚政府必须开战的理由,他们最关心的仍旧是自己的生计。大量男性劳力被征兵从军,民众的生活更是雪上加霜。写真是明治时代,远征士兵的留守家庭生活艰难,只能靠女人打柴维持一家生计。

19.08 寒冬对贫困之家来说,是非常难熬的日子。绘画是日清战争背景下农村的一家三代女人。男人们应召入伍,远征异国他乡。留下的妇孺们生活如寒冷的冬天一样严酷。外面冰天雪地,室内冷如冰窖。一家人只能围坐在一起,减少热量散失。画面表现的是,一家人在小桌子上面蒙上一床被子,桌子下放进一个炭火盆,全家人的腿脚伸入桌子下取暖的情形。

19.09　一个小渔村妇女们的写照。村里的男人以捕鱼为业，船只网具落后，村民大多处于贫困的生活状态。居住的房子都是简陋低矮的茅草房，环境恶劣，阴暗潮湿。台风的袭击会让出海打鱼的男人们葬身鱼腹，渔民的女人每日都冒着成为寡妇的风险。图绘是渔村的妇女们，在盼望丈夫平安归来的焦虑中生活。

19.10　《最黑暗之东京》书中插绘，记录了明治中叶，市井"残饭屋"生意火爆的景象。"残饭"顾名思义就是"剩饭"，"残饭屋"是经营剩饭的小商贩。明治时期日本经历了多次食粮危机，米价暴涨，百姓度日艰难。当时剩饭剩菜的来源主要是用很低的价格从军队食堂、工厂、饭店、监狱买来，再用水洗净晾干，然后在"残饭屋"出售。剩饭购买者大都是市井贫民，对他们而言，购买剩饭也是不得已而为之，剩饭热卖经常供不应求。日清战争的时代，东京的剩饭价格，上等剩饭1钱4碗、焦饭1钱5碗；剩菜1人1厘，剩汤2厘。图绘是商家称量剩饭贩卖的场景。

19.11　明治二十三年（1890）的一幅写实漫画《欠债者和催债者》，描绘了正月初一的前夜，债权者和打手在负债者的家中逼债的情形。失业中的丈夫和妻儿被逼无奈，向催债者乞求延期，渡过这个年关。绘画揭示了明治时期的贫困阶层，在新的一年即将到来之际，迎来了又一个悲哀的年关，揭露了当时深刻的社会矛盾。

19.12 明治时代，地方自然灾害造成的饥饿和生活困苦，迫使农村人口大量进入都市寻找职业。本图叙述的是一位进城谋职的妇女，乘人力车来到职业介绍所。

19.13 介绍人为进城谋职的妇女担保，职业介绍所的老板娘严格面试求职者，提出了就职的各种注意事项、工资待遇，双方签订契约，雇佣关系成立。

19.14 乡下女来到大户人家做帮工，工作是帮助厨房打杂、刷洗用具、清洁洗浴房、打扫所有房间。工作必须积极肯干，眼疾手快，不失主仆礼仪，才能得到长期雇佣。

19.15 乡下女的另一项重要工作是接送大户人家孩子上学和放学，确保孩子们的安全。图绘中女工手里拿着常备的雨伞和为孩子们准备的饭盒。

19.16 "门付"起源于室町时代（14~16世纪），是指读经人、曲舞人、琴乐人等民间艺人，走街串巷召集观众表演艺能，以换取钱财的流浪型职业。明治时代初中期，以大阪为中心，破落贫困的艺人流浪于市井街巷之间，在民宅前乞讨卖唱。左上绘画是西洋人在街巷常见的"门付"形象。画中艺人服装破旧，却非常卖力地弹唱，期待换取一点小钱和食物。

19.17 日清战争时期，国家没有制定扶助士兵家属的相关政策，贫困军属的生计问题，成为影响远征士兵心理的不安定因素。右上图描绘了日清战争背景下的一幕，少妇背着襁褓中的婴幼儿在向海那边遥望，不知夫君在战场上是死是活，忐忑不安的心情是那样的沉重。

19.18 江户和明治时代，经济陷入困境的家庭将女儿卖入游廓成为娼妓者不足为奇。面对这种情况，有的女性为保持名节而选择自杀。当时女性的自杀，较多是"跳水溺死"、"上吊缢死"两种方式。武士阶级的妻子有"怀剑死"的自杀法，用守贞操的怀刀（短剑）对准心脏，剑柄着地，身体扑向剑锋。绘画描绘的是投河自尽场面，就连云后的月亮老人也为之惋惜悲伤。

19.19 明治二十三年（1890）刊画集，漫画《正月元日》。正月的休息日，走在街上富裕的一家，碰到沿街乞讨的一家。画面表现了境况迥异的两家碰面的瞬间。右侧乞讨一家的母亲伸手期待得到点什么，孩儿在背上哭闹；左侧是富裕家庭中掩鼻欲回避之女及无表情的男主人，孩子和孩子的对面天真无邪。唯独贵妇人的神情透出了做母亲的怜悯之情。漫画记录了明治社会贫穷世相的一面。

19.20 图绘明治时代煤矿井下坑夫劳作的情形。当时矿主为了剥削矿工，使用"炭券"代替现金。炭券只在矿区内使用，炭券兑换现金时，比例只有三五成。矿工的自由完全处在矿警的严厉监督之下。明治和大正时代，矿井事故频发。1914年12月15日瓦斯爆炸事故，死亡者达到687人，成为日本工伤史上最大的人身伤亡事故。

19.21 明治时期殖产兴业的主力产业纺织业，集中了大量年轻女性劳工，她们多来自农村和渔村。这些日本最底层的民众，用最低廉的薪水，在最恶劣劳动条件和生存环境中奉献青春。其中最引人关注的是肺结核发病率极高，瘟疫像恶魔一样缠绕着这些青春年华的生命。她们承受日本史上最底层的劳动，接受各式低薪、虐待、拷打、猥亵、疾病、死亡，成为殖产兴业政策下的牺牲品。写真是明治初期纺织作业中的女工。

19.22 明治时代，结核病肆虐日本，是所有疾病中患病率最高的一种，被称为"国民病"，对日本近代史产生重要影响。明治时代许多著名人物都死于结核病，而患结核病的一个重要群体是女工，由于劳动条件恶劣，夺去了大批青春少女的生命。1910年结核病在工厂大规模流行，女工患者达到493,625人。写真是明治二十二年（1889）最早在神户创设的结核病高级疗养所，但一般民众没有能力享受这种高级疗养的医疗待遇。

19.23 明治时代都市纺织企业，募集了大量农村地区的年轻女工。年龄在14岁以下者占15.3%、15岁占10.7%、16～20岁占46.4%、21～25岁占20.1%。每日劳动时间根据各企业规定9～16小时不等，超负荷用工的情况非常普遍。长时间劳动对少女身体发育产生不良影响。正规企业薪水分50等级，日薪25～120钱。而非官方企业，女工的现实状况非常悲惨。劳动时间超过10小时以上非常普遍，薪水只有5～15钱。写真是在作业现场接受拍照的女工。

19.24 右写真是1872年官办富冈制丝厂从法国进口的300台抽丝机的样本。机器系统由煮茧锅、抽丝锅、集绪器、捻挂抱合装置、绫振装置构成。锅炉提供热水，输送到加热锅具内煮茧和抽丝，机械动力由蒸汽机提供。在进口设备以前，是用木炭或木材加热锅釜，用人力或水车提供动力。

19.25 日本的制帽业发达于明治二十九年（1896），但是日本帽业的发展史，是建立在日本一代女工血泪史之上的。大量农村的女性青年，被巧言诱入工厂，每日从事二十小时以上的辛苦劳动。在密闭的劳动环境中，肺结核、呼吸疾病、眼病等，给女工带来巨大的灾难。写真是帝国制帽株式会社的女工。

19.26　江户时代中期日本出现"勤勉革命"（意指因勤劳导致劳动力过剩，并由此导致劳动力廉价），以家庭为单位的农家经营方式，造就了农家独身女性这一宝贵的劳动力。明治和江户的世代交替初期，女性成为国家变革急需的劳动力目标。这个时期，大量农村女性被招募进城，成为近代化流水作业线的一颗螺丝钉。女工在殖产兴业、富国强兵的大旗下，付出了宝贵的青春。写真是明治初期纺织作业中的女工。

19.27　明治十八年（1885）杂志《ASA》刊载的绘画《贫者の葬式》。明治六年（1873）7月18日，政府发布了火葬禁止令，接受了神道派土葬的主张，反对佛教火葬的葬法。两年后，在佛教强烈反对下，从卫生角度和城市土地不足的现实考虑，政府解除了火葬禁令。但是土葬的习俗延至昭和时代，火葬仍然没有成为葬法的主流。土葬需用"棺材"，日本称为"棺桶"，有"平棺"和"桶棺"的区别。贫困者多采用"桶棺"，既可以节省木料，还可以节省墓地面积。遗体通常头部向下，身体弯曲收紧于棺桶内掩埋，呪术认为如此姿态死者将不会再返回阳间。亦有数年后再将墓穴打开，把碎骨装入骨壶内再葬的习俗。图为两抬棺职业者，正在将棺桶抬往墓地。

19.28 "渔夫晚归"图,表现的是渔夫的妻儿们在岸边忐忑等待了一日,终于在日暮时分盼到打鱼归来的丈夫。明治时代日本虽然努力改造国家,但在长期的维新阵痛中,底层的民众依然过不上温饱的生活。渔民们经常要冒着生命危险出海打鱼,绘画中这样望夫归的情形在贫困渔村中,几乎是家家可见的场景。

19.29 明治时代,政府虽然推行教育普及,但是穷苦人家的孩子没有能力上学,无法支付学费。许多儿童加入了卖艺为生的行列,以求可以有饭吃。写真是明治街巷常见的杂耍卖艺景象,表演的孩子在鼓点节拍下,让身体作出复杂的动作。当孩子们难以支撑时,主人会请求观看者施舍,扔出同情的小钱。孩子们每天在严酷的排练和表演中生活,反映出当时社会贫困的一面。

19.30 "足尾铜山"是明治时期重要矿山之一,铜产量占全国的四分之一。矿山分布多个出矿洞口,其中"通洞"地区的矿洞,质量恶劣的矿主廉价雇佣女性矿工,用最原始的方式开采矿石。坑道内条件恶劣,充满安全隐患。写真是明治后期,足尾铜山通洞地区的女性矿工,从井下拖拉矿石出洞的情形。

19.31 明治时代的"游廊"是江户时代遗留下的娼街文化,是男人"性"的游乐场所。明治五年(1872)政府发布娼妓解放令,但状况没有发生根本改善。1900年政府发布《娼妓取缔规则》,各类娼妓被规范在指定的游廊内行业。从事娼妓的大多数妇女是以娼卖收入为父母抵债,或因生活贫困所迫进入游廊的贫家女儿。写真是外国游客拍摄的横滨港一带游廊娼街的妓楼景象。

20 脱亚入欧

一、脱亚思想的形成

脱亚思想在现代辞书中解释为"废弃儒教，脱离中华思想；脱离亚洲，加入欧洲的政治主张"。脱亚思想诞生于明治维新改革的茫然期，其思想倡导日本快速接近欧美文明，推进国家对固有文化的变革。脱亚思想最早起源于福泽谕吉的早期作品，《劝学篇》、《文明之概略》、《脱亚论》、《福翁百话》等。

明治十三年（1880），福泽谕吉发表新著《劝学篇》，在日本国当时3000万人口中发行了300万册。在物资流通闭塞的时代，如此之大的发行量，反映了新时代的日本人对新学问的关注。书中论及人之命运时云："天不生人上之人，也不生人下之人；天生之人乃一律平等，非生来就有贵贱之别。人作为万物之灵，应凭身心的活动，取得天地间之物质，满足衣食住行的需要。环顾今日之大千世界，有贤人又有愚人，有穷人又有富人，有贵人又有贱人，似有天壤之别，何故乎？理由很显然，'人不学无智，无智者愚人'，贤愚之别实乃学与不学所致。"

论及国家时云："日本乃远离大陆的远东岛国，古来物产自给自足，不与他国交往。自黑船事件至今日，开国后亦有纷纭，叫嚣复古锁国攘夷。此乃异常狭隘之所见，实则井底之蛙之辈。世上再也没有无知文盲那样可怜可恶，因无知之极，就会不知耻辱，又陷贫穷与饥寒交迫之境。这样的愚民无法采用讲道理来唤醒他们，只能用威力使其屈服。西洋俗语云，'愚民之上有苛政'，此非政府严厉，而是愚民自招之殃祸，故愚民之上会有严厉政府，良民之上会有良好的政府，此乃自然之理也。"

论及西洋时云："日本和西洋各国都存在于同一天地之间，受同一太阳所照耀，观赏同一月亮，有着共同的海洋与空气。如果彼此人民情意相投，相互交换彼此多余之物，进行文化交流，就不会发生耻辱和骄矜，互惠互利共谋幸福。尊真理所在，即便对非洲的黑奴也要畏服，而对英美的军舰也不应畏惧。如果国家遭到欺辱，全体国民就应当用生命来保护她的国威，这样才可以说是国家的独立自由。然支那人（中国人）除了本国，从不把别国放在眼里，见到外国人就呼其夷狄，视之为四只脚的牲畜，蔑视其，厌恶其，妄想驱逐其，结果反为夷狄所窘。此乃其实是不懂国家的本分之故，犹如个人而言,未能理解天赋的自由,便陷入忘乎所以的放荡之态了。"

论及独立时云:"环顾世界各国,有因文明开化,文事武备昌盛,成为富强国家有之;有因愚昧未开化,文事武备落后,成为贫弱国家亦有之。看日本今日之状况,虽然有不及西洋各国富强之处,但就国家权利而言,却没有丝毫轻重之别。倘若无故受到欺凌,即便与世界为敌亦不足惧。贫富强弱并非天定,乃取决于人的努力与否。今日的愚人可以在明天变成智者,从前的强国可以在现在沦于贫国。日本人如果从此立志求学,充实其力,先求个人独立,再让一国富强,则西洋人势力又何足惧乎?此乃个人独立和一国独立之道理。"

《文明之概略》中论学习西洋文明时云:"应该适当地汲取外国文明,研究本国的人情风俗,根据本国的国体和政治制度,选择其合乎国情者,当取则取,当舍则舍,这样才能调和适宜。我对这个问题的回答是这样,半开化的国家在汲取外国文明时,当然要取舍适宜,但是文明有两个方面,即外在的事物和内在的精神。外在的文明易取,内在的文明难求。谋求一国的文明,应该先攻其难而后取其易,随着攻取难之过程,仔细估量其深浅,然后适当地采取易者以适应其深浅的程度。假如把次序颠倒过来,在未得到难者之前先取其易,不但不起作用,往往反而有害。"

"所谓外在的文明,是指从衣服、饮食、器械、居室以至于政令法律等,耳所能闻目所能见的事物而言。如果仅以这种外在的事物当作文明,当然是应该按照本国的人情风俗来加以取舍。西洋各国即使国境毗连,其情况也互有差异,何况远在东方的亚洲国家,怎么可以全盘效法西洋呢?即使仿效了,也不能算是文明。例如,近来我国在衣、食、住方面所流行的西洋方式,这能说是文明的象征吗?遇到剪发男子,就应该称他为文明人吗?看到吃肉者,就应该称他为开化的人吗?这是绝对不可以的。又如在日本的城市仿建了洋房和铁桥;支国也骤然要改革兵制,效法西洋建造巨舰,购买大炮,这些不顾国内情况而滥用财力的做法,是我一向反对的。这些东西用人力可以制造,用金钱可以购买,是有形事物中的最显著者,也是容易中的最容易者,汲取这种文明,怎么可以不考虑其先后缓急呢?必须适应本国的人情风俗,斟酌本国的强弱贫富。"

"所谓文明的精神是什么呢?其实就是人民的'风气'。这个风气,既不能出售也不能购买,更不是人力所能一下子制造出来的。它虽然普遍渗透于全国人民之间,广泛表现于各种事物之上,但是如不能以目窥其形状,也就很难察知其所在。学者们博览群书考察世界历史,把欧亚两洲加以比较,姑且不谈其地理物产,不论其政令法律,也不问其学术高低和宗教异同,专门寻找两洲之间的不同之处,就必然会发现一种无形的东西。这种无形的东西是很难形容的,如果把它概括起来,就能包罗天地万物;如果加以归纳,就会萎缩以至于看不见其影形;产生有进退有盛衰之变动不居感。虽然如此玄妙,但是如果考察一下欧亚两洲的实际情况,就可以明确知道这并不是空虚的。

现在暂且把它称作国民的'风气',若就时间来说,可称作'时势';就人来说可称作'人心';就国家来说可称作'国情'或'国论',这就是所谓文明的精神。"

明治十八年(1885),福泽谕吉在《时事新报》发表了他的著名社论《脱亚论》。短文强调了日本明治维新应该放弃中国文明的儒教传承,转而接受学习西方文明的理念。脱亚入欧的新思想,在日本近代国家变革中产生了深远影响。

社论片段云:"国内无论朝野,一切都采用西洋近代文明,不仅要脱去日本的陈规旧习,而且还要在整个亚洲中开创出一个新的格局。其关键所在,唯'脱亚'二字。虽然日本之国位于亚洲东部,但国民的精神已经开始脱离亚洲的顽固自守,向西洋文明转移。然而不幸的是近邻两个国家,一个支那,一个朝鲜。这两国的人民,自古以来受亚洲式的政教风俗所熏陶,这与我日本国并无不同。也许是因为人种的由来有所不同,也许是尽管大家都处于同样的政教风俗之中,但在传承教育方面却有不尽相同之处。日、支、韩三国相对而言,与日本相比,支国与韩国的相似之处更为接近。这两个国家不管是个人还是国家,都不思改进之道。"

"在当今交通至便的世界中,对文明的事物不见不闻是不可能的。但仅仅耳目的见闻还不足以打动人心,因为留恋陈规旧习之情是千古不变之理。如果在文明日新月异的交锋场上论及教育之事,就要谈到儒教主义。学校的教旨堪称'仁义礼智',只不过是彻头彻尾的虚饰外表的东西。实际上岂止是没有真理原则的知识和见识,宛如连道德都到了毫无廉耻的地步,却还在傲然不知自省。以我来看,这两个国家在今日文明东渐的风潮之中,连它们自己的独立都维持不了。当然如果出现下述情况的话则另当别论,这就是这两个国家出现有识志士,带头推进国事的进步,就像我国的维新一样,对其政府实行重大改革,筹划举国大计,率先进行政治变革使人心焕然一新。如果不是这样改革,那么毫无疑问,从现在开始不出数年他们将会亡国,其国土将被世界文明诸国所分割。"

"在遭遇如同麻疹那样流行的文明开化时,支、韩两国违背传染的天然规律,为了躲避传染,硬是把自己关闭在一个房间里,闭塞空气的流通。虽说经常用'唇齿相依'来比喻邻国间的相互帮助,但现在的支那、朝鲜对于我日本却没有丝毫的帮助。不仅如此,以西洋文明人的眼光来看,由于三国地理相接,常常把这三国等同看待。因此对支、韩的批评,也就等价于对我日本的批评。假如支那、朝鲜政府的陈旧专制体制无法律可依,西洋人就怀疑日本也是无法律的国家;假如支那、朝鲜的知识人自我沉溺不知科学为何物,西洋人就认为日本也是阴阳五行的国家;假如支那人卑屈不知廉耻,日本人的侠义就会因此被掩盖;假如朝鲜国对人使用酷刑,日本人就会被推测也是同样的没有人性,如此事例不胜枚举。"

"既然如此,作为当今之策,我国不应犹豫,与其坐等邻国的开明共同振兴亚洲,不如脱离其行列与西洋文明国共进退。对待支那、朝鲜的方法,不必因其为邻国而特别予以同情,只要模仿西洋人对他们的态度方式对应即可。与坏朋友亲近的人也难免近墨者黑,我们要从内心谢绝亚洲东方的坏朋友。"

福泽谕吉的思想深刻影响了维新国家的知识分子,使思绪茫然中的人们明白了时代文明取之有道的道理,国家的维新只有去伪存真才能吸取新的事物,脱亚入欧是日本国家近代化的必由之路。福泽谕吉公开挑战质疑日本传承的儒教主义,呼吁社会的进步需要脱去那些虚伪的外表,仁义礼智并非永远的进步,必然束缚国家走向新时代的文明。近墨者黑只会让文明世界看到同流合污,日本应该走出亚洲,摆脱井底之蛙的视野,勇敢接受西洋文明的拥抱。

二、脱亚入欧的怪胎

日本明治维新的近代化,沿着福泽谕吉脱亚论之路狂奔,政府在政治、经济、军事、文化上进行的改革取得了巨大成就。但是脱亚入欧的主旨富国强兵政策,膨胀了日本军国主义的野心。日本依靠军事力量的成长,加速了对东亚的称霸。首先日本新政府内部,出现了对邻国朝鲜"征韩论"的热议。明治维新后,日本新政府向朝鲜朝廷提出建交。当时朝鲜大院君政权采取严厉的攘夷锁国政策,只承认宗主国大清朝为皇帝,拒绝接受日本请求建交的国书中有"大日本天皇"之称谓。朝鲜的攘夷行为在日本国内掀起了"征韩论"热潮。明治六年(1873),政府留守派决定派出以西乡隆盛为特使的使团与朝鲜交涉开国,遭到派往欧洲考察刚刚归国的岩仓使节团中留洋派的反对,取消了遣韩使的决定。意见的纠葛引发明治六年政变,西乡隆盛等征韩派下野。翌年佐贺之乱及1877年的西南战争,点燃了失势士族的不满及自由民权运动的火种。征韩论的政争,暴露出日本国内军人政治的新动向——尝试用武力手段解决邻国对外政策的企图。

明治二十七年(1894),脱亚入欧发展期的日本,和大清国围绕在朝鲜的利益发生了日清战争。战争验证了经过欧洲军事思想改造过的明治军队,拥有了可以称霸东亚的实力。大清国被迫签下《马关条约》,承认朝鲜完全"自主"以及日本对朝鲜的控制;赔偿战争经费白银2亿两;割让辽东半岛、台湾省、澎湖列岛等地(后三国干涉,清国以3000万两白银赎回辽东半岛);允许日本资本家在中国通商口岸设立各种工厂;开放沙市、重庆、苏州、杭州为通商口岸。

明治三十三年(1900),脱亚入欧旺盛期的日本,加入了欧美列强行列,组成八国联军与大清国作战,消灭义和团。日本出兵8000人,成为联军的主战力量。日本出兵的目的包含各种深谋远虑:保护驻清国公使馆;扩大日本在清国的利益;敲打提示清国,不要忘记日本在朝鲜半岛的优势。义和团事变中八国联军占领了北京,清国签订《辛丑条约》,被迫支付巨额赔偿金。日本站在欧美列强一侧派出大军牵制了俄国势力,作为新兴的"远东宪兵"深感自豪,给将来撤废与列强间的不平等条约打下了基础。

明治三十七年(1904),脱亚入欧全盛期的日本,围绕在朝鲜的利益和沙俄帝国爆发了战争,战争在朝鲜半岛和清国"满洲"的空间展开。俄日战争历时1年7个月,日本取得了战争的胜利,不但阻止了俄国人南下扩张的野心,而且获得了在朝鲜、"南满洲"的控制权,占领了俄国桦太岛(库页岛)南部领土。关东州租借地权(旅顺、大连)以及东清铁路长春以南段(南满铁路)均被日本控制。日本在东北亚的军事优势让周边国家臣服,"关东军"盛气凌人地驻扎在"满洲"。日俄战争后的韩国,民众的独立运动被彻底镇压。民族意识不屈的朝鲜人,做出了刺杀伊藤博文的鲁莽举动,翌年(1910)日本乘势吞并了韩国。一直以来,日本赞美日俄战争的胜利,被全体国民视作国家的荣光。从那时起,日本可以和欧美列强并驾齐驱,在国际问题上有了发言权,最终走上了军国主义的灭亡之路。

脱亚入欧创造了一个东方文明的国度,也诞生了军国主义的怪胎。日本军事力量的强大,给周边国家带来了无尽的苦难。明治怪胎的阴魂一直延伸到大正和昭和时代。大正三年(1914),第一次世界大战爆发,日本向德国宣战,出兵占领了德国在中国山东省胶州湾的权益,以及德国在南洋诸岛的权益。大正四年(1915),日本意欲独占在中国东北、内蒙古、山东的经济特权,向时任中华民国大总统袁世凯提出了足以灭亡中国的"二十一条"要求,赤裸裸暴露了日本对外扩张的野心。昭和六年(1931)九一八事变,伪满洲国建立。昭和十二年(1937)中日战争爆发,昭和二十年(1945)日本败战投降。半个世纪的日本战争史,脱亚入欧理念下变异产生的军国主义怪胎,最终得到了历史的审判。

三、脱亚入欧的有色眼镜

明治维新脱亚入欧风潮中,在西洋人有色眼镜里的日本人,就像哈哈镜中映照出的不对称"滑稽物",西洋人称之"日本猴子"。日本人模仿西洋虔诚之极,从单纯照搬模仿,到用心研究模仿,不论西洋人怎样嘲讽讥笑,没有动摇日本人坚定模仿的决心。明治维新的时代,日本人开始穿洋服、穿鞋子、戴帽子、断和发、束洋髻、跳交际舞、戴墨镜、吃西餐……在各个方面模仿出有日本特色的"杂交东方文明"。

洋　服

洋服流入日本以前,日本人穿的衣服称作"和服"。洋服流入日本以后,为了区别日本自古以来的和服,把西洋人式样的衣服称作"洋服"。幕末和明治初期,在国内的事变和内乱中,军人穿着引进的西洋军服作战,证明其便利性远远超过和服。但是洋服在民间现实生活中普及并非容易之事,因为德川幕府曾经制定过"不能穿着异国服装"的禁令。明治初期,德川幕府的禁令没有立即解除,赶时髦穿洋服的人会遭到国粹者的威胁。

明治四年（1871），政府召开数次会议研究今后的服装政策，讨论场面喧哗激烈，建议者十分踊跃，最终，支持传统日本服装的意见占多数。外务卿副岛种臣讲述了中国战国时代，赵武灵王采用北狄东胡的服装"胡服"，大胜胡国的故事。这种短衣齐膝的胡服，最初用于军中，后来传入民间普及，赵武灵王成为中国服装史上著名的改革者。如今日本要与列强诸国为伍，就有必要采用国际通用的服装。副岛的发言得到了西乡隆盛等人的赞同，大家一致采纳了开放西洋服的政见。同年政府发布"脱刀断发"令，明治天皇敕谕"改革服制、风俗一新、尚武立国"。明治五年（1872），太政官布告天下："今后礼服由洋服取代"。在此后很短时间，国内男性服装式样率先兴起了洋式新潮。

明治九年（1876），日本派驻清国特命全权公使森有礼与清国时任直隶总督兼北洋通商大臣李鸿章会见时，有过一段关于服制的谈话。李鸿章不苟同日本盲目模仿欧洲各国风习改变本国传统的服制。森有礼则坚持己见："古来旧服宽大爽快，非常适合那些无所事事悠闲的人，可对勤耕劳作之人完全不适。""一千年以来，日本人的祖先敬仰贵国服式的优雅，传承了隋唐这一文化。但从我等的角度审视，贵国的衣服和洋服比较，其精致性与便利性不及半分。""对于洋服不了解之人看似经济上费工费时，实际上却并非如此。世间之事如阁下所知，勤劳是富贵之本，怠慢乃贫穷之源的道理。旧来的衣服宽大爽快却不轻快，不轻快之服必导致对勤劳的怠慢，怠慢就一定招致贫困。""现在采用新服或许有些费事，但人类的进步必须推陈出新，将来才一定会得到无限的回报。""我国人民自愿改变服制的志趣显然利大于弊，对国家而言更是益处良多。"

明治十八年（1885），明治天皇、皇后发布"洋装奖励思召书"，推动女性穿着"政洋服"。此后妇人的服装改称"洋装"。明治中期以降，日本人的服装完全改变了对传统文化的传承，走上自愿与西方文化杂交的时代。

汉 字

庆应二年（1866），前岛密等人上书德川庆喜，提出了《汉字御废止之议》的建白书，主张废止汉字，把日本语全部改成平假名。明治维新后为融合西洋文明，脱离中华思想，围绕日本语中的汉字，也展开了汉字废除与存留的论争。明治七年（1874），《明六杂志》刊载评论《洋字书国语论》，认为"日本国语中最具特征的就是汉字，汉字属表意文字，已经落后于时代，而表音文字的罗马文字（拉丁文字）具有易读的先进性，应该用字母形文字表达日本语文体。如果脱离了中国文字文明的影响，日本人就不需要学习汉字，就可以快速接近西洋文明。采用象征文明进步的文字，在人们的眼中也会被认为是文明开化进步的象征。我国现在使用的是被欧洲列强蹂躏的大清国从汉唐文化传承的汉字，那是朽劣的、落后的，在西洋人眼中自然会被看作是非文明和落后的象征。"

反对废弃汉字派则主张，在十七世纪的英国，很多英国人指责英语字母的使用，认为最理想的文字应该是汉字，汉字的字形表现出对美好未来的憧憬。人们在用英语字母写单词时，那些单词外形简直无法表现事物和它们的概念。例如英语里的"松"（Pine）、"枞"（Fir）、"杉"（Cider），所有单词都无法表现"木"的分类特征。而在汉字里特指的树种都带有木字偏旁，其隶属木种的共性一目了然。当我们进入鮨（寿司）店，在茶杯上都密密麻麻写满了带有鱼字偏旁的汉字，鲷、鳎、鲔之类谁都可以认读，可鳝、鲈、鳎就不一定谁都认识。但令人惊异的是，即便不懂这些字的发音或字意，却可以通过汉字立即知道那是一种鱼类，是一种和鱼有关联的东西。基于这种概念分类的文字，十七世纪人们也尝试过在英文单词中加入偏旁字母，结果没有取得成功。而日本从大唐习来的汉字，其偏旁部首构造组成的文字真正体现了科学的创意。如果废止汉字，就会造成懂汉字能理解古典的优秀阶层和不能理解古典的庶民之间，出现文化割裂和断层，对国家文化来说有害无益。

明治时代的日本，汉字的割舍成了人们关注和可以自由议论的话题。尽管日本语最终选择了汉字和假名模式，但是日本语中的汉字却保留和发展成为具有独立特征的文字，在某种意义上说，是把汉字的应用改造得更加复杂化，字形、发音、文法走向了表达日本人独特语言文化风格的发展道路。

诸风俗

交际舞 明治时代模仿西洋上层社会的男女为伴的舞蹈，日本语称"舞踏"。明治时代最著名的上流交际场所是"鹿鸣馆"，流行的交际舞会是"舞踏会"。政府为招待西洋高级官员，经常在鹿鸣馆举行有首相、大臣和他们的夫人、小姐们参加的晚会、舞会。"鹿鸣馆"也是民间高级社交和达官显贵出入的交际场所。1883~1887年，日本政府利用鹿鸣馆，展开"鹿鸣馆外交"颇有成效。舞会上映入眼帘的都是帽插羽毛，拖着长裙和头戴礼帽，身着燕尾服的贵妇贵男。当时的鹿鸣馆夜夜笙歌、奢侈舞踏，彰显日本上层社会与底层社会之间巨大的落差，被国粹主义者批判为欧化政策下骄奢淫逸颓废国家的象征。

照相摄影 1860年，在大清国经营照相馆的美国摄影家奥林福林曼来到日本，在横滨开设了日本第一家照相馆，把西洋照相技术带到了闭塞的岛国。到了十九世纪八十年代，西洋照相技术在日本兴起，各地出现了照相馆，写真照片给上至天皇下至庶民百姓留下了永久的纪念。照相技术的流行是日本人模仿西洋时代潮流，取得维新进步的重要方面，它丰富了民众的文化生活，活跃了新闻媒体，记录了时代的真实画面。明治九年（1876），日本史上首次制定并公布了写真版权保护法。1894年的日清战争，大量从军写真记录了这场战争的真实画面，在政府和民间引起巨大反响。日清战争后，照相技术开始在日本广泛流行。

洋面包 日本战国时代就有了外国基督教传教士带来的面包食品,但没有引起日本人的注意。幕末黑船来航后,日本的饮食生活开始洋风化,面包食品在全国范围复活。明治维新以后,乘着文明开化的风潮,日本人吸收了西洋人的面包文化,重视面包营养对国民健康的重要性,继而成为世界上的面包大国之一。日本近代历次对外战争中,面包食品都发挥了重要作用。

牛奶 日本江户时代从印度进口了奶牛,用奶酪治疗马病。此后日本人认为西洋人躯体高大是与喝牛奶有关,牛奶便成为贵族大名的滋养补品。明治二年(1869),受美国乳品文化的影响,日本开始模仿制造冰淇淋,成为日本人最喜欢的食品之一。1871年,日本媒体报道了皇家每日喝两次牛奶的新闻,随即在日本全国掀起喝牛奶的风潮。大名、旗本、武士、公爵、子爵阶级迅速投入到牛乳业的经营之中。奶牛饲育、牛乳榨取、牛乳贩卖,形成了一个专门的行业,乳制品的营养素对近代日本人体格发育产生了重要影响。

通婚 明治三年(1870),政府制定《缘组规则》,翌年发布《户籍法》。规定结婚年龄男17岁,女15岁以上。一般实际结婚年龄22岁,女20岁,妻姓延续江户时代的惯例,婚后改称夫姓。《户籍法》允许华族与平民通婚,允许与少数民族阿伊努族、在日朝鲜人、清国人、西洋人通婚。脱亚入欧的明治时代,日本人和西洋人之间的通婚成为时髦的事情。在知识界,跨国婚姻更不足为奇,甚至有主张通过与西洋人通婚,来改变日本人的"人种改良论"。著名政治家森有礼、井上馨、黑田清隆等曾经极力主张,日本语是贫弱的语言,日本人母语应该英语化;日本民族是劣等的种族,人种应该改良,主张日本人种改造论。但是语言和人种改良的议论,遭到举国上下的猛烈反对,被舆论否决。

Monsieur et Madame vont dans le Monde.

20.01 1883年至1887年，被称作"鹿鸣馆时代"。鹿鸣馆是高级社交场所，夜夜歌舞奢靡，被国粹主义者批判为欧化政策下骄奢淫逸的国家颓废行为。政府为招待西洋高级官员，经常在鹿鸣馆举行有首相、大臣和他们的夫人、小姐们参加的晚会、舞会。甚至还增加了横滨到东京的专列，方便居住在横滨的外国官员参加。日本政府利用鹿鸣馆的社交活动，意图加深与西方国家的交流，推进废除日本和各国签署的不平等条约，收回国家主权。写真是当时鹿鸣馆的建筑外观。

20.02 明治十八年（1885），法国海军将军露琪访问日本，在鹿鸣馆的舞会上，留下了这样奇妙的印象。他写道："这些绅士、大臣、提督、官长、公吏，装束着西方已经过时的洋服得意洋洋。燕尾服在我等来看已属丑陋的服饰，而他们却感觉良好地穿在身上。然而在这些人种的身上，看不到西洋人具有的东西。为什么他们一定要模仿西洋，在我等看来他们就像一群猿猴在那里翩翩起舞。"法国画家彼克用辛辣的笔，讽刺日本这块未开化之地，呈现的不协调的近代化面貌。1887年《时局讽刺杂志》刊载了讽刺画《西洋镜中的猿》，讥笑盲目模仿西洋人的日本人，在西洋镜中映出的却是丑陋的猿猴模样。

20.03 为满足舞场伴舞的需要,鹿鸣馆招募高等女学校女生或艺伎,由特聘的德国教师进行伴舞训练。女生们被训练参加伴舞的事情披露后,受到西方外交官的嘲笑。讽刺画1887年4月1日《鹿鸣馆的星期一》,描绘了鹿鸣馆在每个星期一,特训女子和艺者模仿上流阶层女性,与外交官舞蹈的场面。

20.04 明治维新主张脱亚入欧,日本开始大量模仿西洋文明,许多被盲目模仿之物,甚至不知其意。1897年刊载画集《日本六十周年纪念祭》中的绘画"盲目模仿男",讥讽连人力车夫也加入了西洋人的大合唱,却不懂洋文也不懂歌词更不懂旋律。车夫拿着颠倒的歌词,随洋人一起高歌,自认时髦,岂不知那些英国人是在歌唱自己的国歌,辛辣讽刺了日本人盲目模仿西洋的行为。

20.05 明治维新时期,日本精英择偶,对女子是否有西洋气质也列入标准。因此西洋气质的培养成为上流社会家庭对女儿教育的准则。1887年7月15日第11号漫画《父亲与女儿和未来的夫婿》描绘一位父亲严厉教授女儿学习钢琴演奏技艺,以此提高女儿的"身价"。女子在严父面前努力弹唱,身后坐着的未婚夫在鉴赏女子的西洋气质。

20.06 十九世纪八十年代后期,日本国粹主义思潮蔓延,反对文明开化运动的思想开始萌芽。报纸媒体大力宣传国粹主义理念。1899年刊载《欧化反对男》的漫画。画中男子讲演曰:"诸君,西洋文化实际上是愚笨之物,我等倭人的文化乃世界一流优秀的文化,日本文化万岁!"可是这位振振有词、口喊日本文化万岁的人,却身着象征西方文明的洋服,头戴西洋墨镜,露出极端矛盾的、不协调的、伪国粹的尾巴。

20.07 明治维新时期的日本,为适应日益增多的外国人居住和观光,学习外国语的必要性迫在眉睫。尤其是执行公务的警官,必须面对每日问路的外国游客。1898年《杂志风画集》中漫画《在远东》,描绘了这个时期学习英语的盛况。许多老警官也必须开始学习英语。绘画的黑板上写着"到课堂只能说英语"的规则,令警官诸君心中苦涩,神情各异。

20.08 1898年《杂志风画集》刊载的漫画《在远东》,记录了日本人最初见到汽车的场面。记事写道:"面对西洋文明的威力,日本人表现出怪奇惊异的表情。日清战争胜利,日本受到国际社会的关注,军备和工业向着近代化方向前进,但是国民生活尚没有和近代化同步。这些穿和服的人群,看着熟悉的街道突然出现陌生的机械文明,定会产生犹如人类登上月亮的那种冲击感。"

20.09 十九世纪九十年代，西洋照相技术在日本兴起，各地出现了照相馆，给人们留下了永久的纪念。照相技术的出现是明治维新日本进步的象征，它丰富了民众的文化生活，活跃了新闻媒体，记录了时代的真实。绘画记录了1890年正月元日，照相馆生意兴隆的场面。摄影师正在为三口之家按下快门的瞬间，男主人和幼儿的举止颇为有趣。几位军人在排队等待摄影，好奇地观看这个舶来的洋玩意。

20.10 脱亚入欧以西洋为荣的风气弥漫日本岛国。西洋人漫画下的《日本时髦男》，身着时髦的西装，头戴洋礼帽，抽着西洋舶来的雪茄，坐着人力车，一派西洋人孤傲的模样。可是在这身皮下，日本人保留着东洋人瘦弱的贫相，从不协调的表面便知是纯粹的冒牌货。绘画讽刺日本人追求西洋皮毛的虚伪风气。

20.11　写真是十九世纪九十年代东京最具人气的照相馆。从摄影师的着装可见十足的西洋气质。摄影器材是当时最新锐的照相机，及可升降的三角支架。但曝光的快门还是靠摄影师手里的镜头盖控制。作为写真背景道具的白桦林小道，透出了大自然的宁静和风景的秀丽，给个人肖像和家庭合影增添了意境。

20.12　写真是明治初期，日本东北地方秋田的一座照相馆"工藤写真馆"。照相馆占地宽阔，建筑豪华。像这样规模的照相馆在日本偏僻的地方并不罕见。明治维新让偏僻地方的民众也知道了西洋文明的神奇。

20.13　明治末期，来自西洋最新型的汽车受到日本各界人士的关注。明治四十四年（1911）九月《日曜画报》刊载了一幅写真，驾驶这辆福特牌 A 型汽车的是三位知名的艺妓。汽车不仅给日本人带来了西方文明的福利，而且让日本人感受到了西方文明的进步和自己文明的落后，激发起日本人彻底入欧学习西方文明的愿望。

20.14 明治维新时期，日本人开始断和发、束洋髻、戴帽子、穿洋服、穿鞋子，在各个方面接受了西洋式文明，各式各样的洋眼镜也在这个岛国流行。由于印刷业的进步，报纸杂志、书籍册子大量登场，学校教育普及，国民视力出现下降倾向，眼镜成为生活的必需品。明治二十八年（1895）外国杂志刊载了一幅讽刺画《日本人的色眼镜》，讽刺日本男女老少无论是否近视，都佩戴洋眼镜模仿西洋人，通过改变外貌冒充知识人的虚伪做法。眼镜虽然装裱了日本人的虚荣，却不能改变他们的根性。绘画透视出明治维新脱亚入欧的日本人崇洋媚外的心理。

20.15 明治二十年（1887），帽子在日本十分流行，头戴西洋式样的帽子，以此洋标志让人认为已经脱亚入欧，成了时代的文明人。西洋人笔下的讽刺画，右侧一家三口，上身穿洋服戴洋帽，下身穿和裤，足蹬拖鞋前往外文书店。迎面而来的年轻人，头戴英国帽，口叼洋烟卷，却穿着和式的衣裤和鞋。在西洋人眼里如此不协调的景象，在这个维新国家里，人们又是那样的自我感觉良好。

20.16 明治时期自行车进入日本，因为价格高昂无法在民间普及。1893年，外国进口的自行车价格达200日圆，相当于警官月薪的25倍。为此自行车商家创意出"借乘"的方法，借乘两轮自行车1小时仅需4~5钱，三轮车10钱。人们纷纷试乘，自行车的便利性、实用性得到了空前的宣传。借乘的繁盛推动了日本国产自行车登场的步伐。漫画描绘了当时年轻人试乘自行车尽兴的场面，那头上连接洋礼帽的细绳，是为了防止骑行中帽子飞落。

20.17 1900年《诗画集》中刊载的绘画。横滨港的一家日本庶民娱乐场所挂出了"外国人入场需要购买外国人门票"的告示。画中的洋绅士叹曰："门票4钱，外国人需10钱，而且还没有外国人席位，只能站立观看尽兴，地地道道的贸易保护主义。"倾吐了不平等条约修订后，西洋人对日本人露骨排斥做法的不满。

20.18 明治政府修订了与列强的不平等条约后,修正和撤废了曾经给予外国人居住的优惠待遇。许多外国人被迫离开了这个国家。1900年《诗画集》中刊载了外国人的不满,讽刺日本人对外国人征收"异人税"。绘画中人力车夫诱惑外国人乘车,但要求外国人额外支付"乘坐税"。《异人税歌》中唱道,"因为你的头发带卷、皮肤白色,如今文明开化就要付税喽……"

20.19 明治维新脱亚入欧,日本人将西洋文明捧为至上,相反把日本的传统文化贬得一钱不值。据不完全统计,当时日本保存有中国和日本绘画3634件,印刷物2万册,素描2.5万件,日本陶器5000件,大量美术品、艺术品流向海外。文物流向海外的主要原因,是所有者经济窘迫而无奈脱手。1893年的杂志漫画《古道具屋》,描绘了日本文物通过黑市交易流向海外的场面。尽管卖家叫价多多,可因为日本人的无知,不知国际市场的行情,结果吃亏的还是日本人。

20.20 脱亚入欧的明治时代，日本人和西洋人之间通婚成为时髦。甚至有学者主张与西洋人通婚，实行日本人种改良论。明治四年（1871），日本政府雇佣美国畜牧业技师埃德温，以开拓使身份前往北海道任职，在洋种马和日本马交配改良，以及传播马匹去势理念的实践过程中历尽艰辛，为日本马匹改良事业作出贡献。1884年，由于埃德温在日本的显著功绩，被美国政府任命为外交官。1893年晋升美国驻日本公使，曾经为斡旋日清战争的和平交涉奔走。写真是1905年埃德温一家合影，他的妻子是旧会津藩士的女儿。

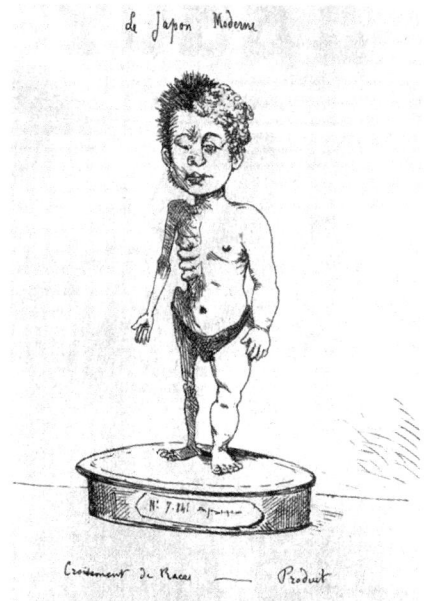

20.21 明治新政府为废除和修改江户幕府与各国签下的不平等条约作出了不懈的努力，然而新政府的努力遭到列强的拒绝。明治二十年（1887）西洋讽刺画《异种交配》，嘲讽日本急于修改条约的政策。日本文化和西方文化杂交的结果，必将产生强壮的西洋与贫弱的日本。左图怪胎男孩的左半身是代表西洋强健的躯体，右半身是营养失调骨瘦如柴的日本。右图是讽刺日本人盲目吃下难以消化的美元饼干。日本的维新改革屡屡遭到西方人的嘲讽和讥笑。

20.22　日本的百货商店起源于明治三十七年（1904）的三越吴服店（早期的和服专卖店）。1914年，三越百货店在东京都正式开业，是一座近代化实体形态的百货商店。三越百货商店是一座颇具文艺复兴风格的建筑，店内配备了当时最先进的扶手电梯、玻璃展示橱窗、饮食店、照相馆、音乐堂等文化和娱乐设施，代表了近代商场的典型模式。三越百货商店发达的直接背景，是明治维新后，随着工业化、城市化建设急速发展，城市人口迅速增加，城市富裕阶层对高档物资的需求欲望不断上升，传统的"座卖型"销售方式已经过时，而从欧洲传入的可挑选商品的"陈列式"销售方式更符合消费者的心理需求。三越百货采取了欧洲百货商店的经营理念，重视店铺豪华风格，重视诚信和服务，重视文化事业，重视广告宣传。结合日本传统文化和民众的消费习惯，成功打造了具有日本文化特色的经营方法。写真是三越百货商店的西洋风格卖场之一，店员正在向顾客介绍和服布料等商品。

20.23　明治末期，日本百货商店大量引进西洋化妆品在国内贩卖。香水、白粉、胭脂等美容用品，成为知识层和富裕层女性青睐的商品。西洋化妆文化的消化和吸收，奠定了日本女性终身化妆美容的文化。写真是明治末期，日本大型商场"松屋百货店"化妆品柜台的售货情形。

20.24 1900年代后半期,欧美国家的美容法进入日本,其中"美颜术"成为新闻报刊的热门话题。美颜术给日本女性带来了福音,以健康美容和理容并举的方法,达到科学综合美的境界。此后"美颜术"迅速在全国上流社会的女性中流行。写真是1907年进行卫生美颜术的情形。

20.25 明治时代,奶牛饲育、牛乳榨取、牛乳贩卖,形成了牛乳业的产业链。最初生牛乳装入大铁桶内,由牛奶配达员送到各个家庭散卖。以后逐渐发展用瓶装、罐装配达的便利方式。明治二年(1869),受美国的影响,日本开始制造贩卖冰淇淋。从此,西洋舶来的牛乳,日益成为日本人生活不可缺少的饮食。图绘是1887年牛乳配达贩卖的情形,配达员制服上印有所属商家的店号及牛乳字样。早期使用量斗计量散卖,以后发展为瓶装。配达的玻璃瓶盖使用各种颜色,以区分配达时间保鲜饮用。

20.26 明治四年(1871)新闻报纸报道了皇室每日喝两次牛奶的消息,随即在日本全国掀起饮用牛奶的热潮。大名、旗本、武士、公爵、子爵阶级参入牛乳业的经营,推动了外来乳文化在日本岛国的形成。1900年,政府发布《牛乳营业取缔规则》将不卫生的牧场从东京中心部移至了郊外。写真是迁移至郊外后的奶牛牧场。

20.27 1859年横滨开港后,租界内的外国人把食肉文化带了进来。一种新型西洋风味的食文化"牛锅"登场。牛锅是日本风味的牛肉料理,将牛肉切成薄片与蔬菜、豆腐、葱、魔芋粉丝等组合在一起食用,取名"すきき"(锄烧),此后牛锅锄烧风靡日本列岛。图是明治早期开业的专营牛锅的平野屋,受到市民的广泛欢迎。

20.28 明治时代的日本人接受了西洋的牛乳文化，牛乳的需求量急速增高。养牛产乳赚取现金，对农家主妇来说，是一份有诱惑力的工作。因为当时农家的现金来源非常贫乏。从事牛乳业相比农业不但可以获得更多的收入，而且可以得到现金。写真是农家妇女在挤牛奶的情形。

20.29 明治时代是日本菓子（点心、糕点），从"南蛮菓子"演变为"西洋菓子"变革的时代。明治三年（1870），村上光保学得法国高级洋菓子技法后在皇室担任大膳职，制作和创作了许多种类的洋菓子，得到皇族、华族、富豪的极大好评。作为洋菓子在日本传播的先驱，他受政府委托，创办了"村上开新堂"，为日本普及洋菓子作出贡献。写真是1877年东京著名的洋菓子店"米津风月堂"的店外风景。

20.30 明治元年（1868）"米津风月堂"首创西洋面包。翌年，木村氏在东京创办"木村屋"，大力推广洋面包食品。1874年木村发明了有馅面包食品，受到消费者的欢迎。翌年，明治天皇试食木村面包，对这种洋食品给予好评。绘画是明治初期东京银座木村屋的西洋菓子、洋面包制作所的广告。制作工艺完全采用洋式技术，此乃正宗洋面包。

20.31　日比谷公园的前身是江户时代诸大名在东京的豪宅地。明治维新后改为陆军操练所。明治六年（1873）太政官发布日本的公园制度。1893 年军方退出该地，市政正式命名"日比谷公园"。二十世纪初，实施大规模造园计划。日俄战争胜利后，民间献木盛行，园内树木绿化充实，成为游园、集会、举行国葬仪式的场所。写真是游客在公园圆形音乐堂前听乐队演奏的情形。

20.32　1914 年 4 月 12 日，横滨市鹤见区游乐园"花月园"开业。花月园系模仿法国的游乐园建造，占地 8.25 万平方米。花月园还专门建造了车站，为来客提供方便。大正后期，年均入场人数达到一百多万人。花月园游乐园还成立了"花月园少女歌剧团"，为来场的观客表演舞蹈，公演以来受到极佳好评。写真是在花月园的露天舞台，少女歌剧团正在为观客表演舞蹈的场景。

20.33　自古以来，日本有海水浴是"汤治"的传说，认为可以治疗和预防疾病。明治时代每逢夏季休闲之时，就会有大量的日本人和外国人到海水浴场海水浴。浴场内男女性的泳区被区分开来。1899 年，由于外国人投诉，反对日本人裸泳，泳区内裸泳被禁止。夏季泳季还有烟花表演，更添情趣。写真是 1912 年横滨矶子海水浴场人头涌动的场面。

20.34 写真是十九世纪九十年代,时尚的日本女性穿着西洋流行的斑马泳衣,带着草帽在海水浴场戏水的情形。明治维新脱亚入欧,年轻人在勇敢追求表现性感的价值观。对泳装的喜爱,反映了日本新女性的性别观念和挑战社会常规的勇气。

20.35 帝国剧场竣工于明治四十四年(1911),是一座具有欧洲文艺复兴时期风格的建筑,地上六层地下一层,旋转舞台4个,直径16.4米、高22米,是追求西式时髦的上流阶层喜欢光顾的场所。写真是帝国剧场内部的舞台布局。当时许多大型戏剧在这里上演,1911年公演的著名戏剧有《式三番》、《赖朝》、《最爱之妻》等。

20.36 "横滨根岸竞马场"是庆应二年（1866）由幕府建造的跑马场。明治时代，这里是居住在横滨的外国人喜欢光顾的地方，外国人还成立了跑马俱乐部。写真是外国人举办的第一届竞马比赛的场景。

20.37 花月园游乐园的开创，起源于新桥料亭花月的经营者平冈广高夫妇前往欧洲旅行，在巴黎郊外看到为儿童建造的游乐园而受到启发，认为日本儿童也应该有这样的游园地。夫妇二人回国后在鹤见东福寺境内借地10万平方米，建成了儿童游园地"花月园"。园内有动物园、喷泉、花坛、秋千、豆火车、滑大山、大瀑布、登山车、洞窟、飞行塔、观览车、旱冰场、野外音乐堂等景观和游玩项目。每年举办花展、菊人形（将菊花花叶缀饰在人偶上的艺术）、鬼怪大会、摄影大会等活动，作为东洋第一大游乐园，吸引了众多的外国人前来。写真是花月园内最具人气的游乐项目"滑大山"，滑梯长达60米，不光儿童狂喜，大人们也喜欢。早期的滑梯比较简陋，改良的滑梯两侧有挡板，游玩更加安全舒适。

21　职业群像

在江户时代的身份制度中，士、农、工、商的社会等级受到严格区别，庶民在身份制度限制下，不能自由选择职业。传统的天命观，注定了武士之家出生就是终身武士，农民之家出生就是终身农民的阶级划分，等级的"天命"定格了未来"天职"的宿命。明治维新打破了各阶级之间的身份束缚，庶民进入了可以自由选择职业的时代。可是在现实中，摆脱了身份制度束缚的民众，个体意识和社会群体之间，仍然残存严重的屏障和隔阂。在传统观念的压抑下，"自由选择职业"的观念并没有得到真正的贯彻。职业问题继续困扰着期待身份真正解放的人群。随着明治维新对社会的深入改造和变革，新时代社会关系下的职业意识，在国家殖产兴业的发展和产业构造的变化中，逐渐摆脱了传统观念的束缚。

日本的社会职业多种多样，在各行各业的各个角落，人们履行着他们对社会的义务和相互间的契约关系。本章例举江户幕末和明治初期，日本人最具代表性的职业特征。

一、公职者

明治时代的国家公务员，是参考德国公务员制度建立起来的服务于国家机关的公职人员。从明治二十一年（1888）开始，政府采用国家公务员考试制度录取公务人员。早期的明治政府是以官僚为主导的机构，官尊民卑。当时的公职人员，包括议员（国会、都道府县议会、都市议会议员及议会首长）；公务员（国家公务员、地方公务员）。公职人员的职务分类：高等文官、普通文官、陆海军士兵、外交官、判事、辩护士等。从明治二十五年（1892）社会各阶层的职业收入，可以反映出国家公务人员拥有较高的社会地位。全日制下等女工 0.82 日圆/月、下等男工 1.55 日圆/月；机织女 1.7 日圆/月；农家日雇男 3.1 日圆/月；建筑工人 10 日圆/月；学校教员 8 日圆/月；巡警初任 8 日圆/月；新闻记者 12~25 日圆/月；银行职员初任 35 日圆/月；高级公务员初任 50 日圆/月；国会议员 67 日圆/月；东京府知事 333 日圆/月。

二、军　人

明治时代，国家的权力集中归属中央，由国民组成的军队形成，构成了近代意义上的国家军人集合体。军人是明治国家特殊性质的公务人员，区分有兵卒、士官、将校等等级。

军人的职责是履行具有战争意义的国家紧急事态的义务,被要求实施有"死"的危险性的业务职能,即履行"无限责任制"。军人因此成为收入较高的职业。明治四十年(1907)8月22日的佐贺新闻记事《陆军将校的俸给》,记载了日俄战争后日本军人的年薪状况。

等级	基本年俸	职务俸	合计年俸
大将	基本年俸 3000 日圆	职务俸 3000 日圆	合计年俸 6000 日圆
中将	基本年俸 2000 日圆	职务俸 2000 日圆	合计年俸 4000 日圆
少将	基本年俸 1565 日圆	职务俸 1575 日圆	合计年俸 3140 日圆
大佐	基本年俸 1116 日圆	职务俸 1236 日圆	合计年俸 2352 日圆
中佐	基本年俸 816 日圆	职务俸 936 日圆	合计年俸 1752 日圆
少佐	基本年俸 516 日圆	职务俸 708 日圆	合计年俸 1224 日圆
大尉(1等)	基本年俸 300 日圆	职务俸 540 日圆	合计年俸 840 日圆
大尉(2等)	基本年俸 300 日圆	职务俸 420 日圆	合计年俸 720 日圆
中尉(1等)	基本年俸 228 日圆	职务俸 312 日圆	合计年俸 540 日圆
中尉(2等)	基本年俸 228 日圆	职务俸 204 日圆	合计年俸 432 日圆
少尉	基本年俸 180 日圆	职务俸 180 日圆	合计年俸 360 日圆

各等级长官,支给相应的宅料(住宅津贴)。1等2等兵卒1日4钱,每月1日圆20钱。上等兵卒1日5钱,每月1日圆50钱。一般兵卒在队内生活,每日3餐。

参考:明治四十年(1907)的米价,1俵4.72日圆(0.079日圆/公斤)

三、职 人

职人是在制造领域依靠自身的熟练技术,通过手工作业创造产品的职业。江户时代,传承了大量从中国传入的职业技艺。各种职人在藩主的庇护和控制下,享有免除诸役的特权。伴随经济社会和都市的发展,职人的技艺被细分化,职人的类型和人数不断增多。在制造业中,机械化大生产的兴起,导致大量手工作坊解体,失去了藩主保护的职人,只能在机械化生产无法涉及的狭小领域求得生存。职人技艺的传承是依靠传统的师徒模式,经过数年到十数年学徒,暗中积累的经验或学成的手艺。近代代表性的职人有陶瓷器艺术、传统工艺、庭院师、寿司师、锻冶屋、传统建筑大工、美术艺术、榻榻米屋、炼瓦、染师、涂师、石工、文房、造酒等。

四、医 者

东洋"医"的象征,如传说中的"药师如来",在日本称作"药师"。历史上的东洋汉医经由朝鲜半岛传来日本,针灸和汉药在岛国民间非常发达。当时的药学以本草学为基础,使用生药实施治疗。日本的汉方医学从十六世纪开始,发展为独具本国特色的汉方医学，逐渐和中国的汉方医学若即若离。明治维新以前，从事医师职业的医者主要是汉方医，江户时代的"医"者以治病救人为职业，受到社会的尊重，虽然身份相当于士农工商的"工"，实际按照"士"的待遇标准。明治时代，日本引进西洋医学，招聘西洋医者。明治政府将西洋医师的地位归类于"士"，改医者为医师。此后，从事西洋医学的医师，地位一日千里。明治七年（1874），日本引入医师免许制度（行医资格）。1876年，新的免许考试制度增添了洋方六科考试内容，并且要求汉方医必须学习西洋医学，通过规定的考试科目才能成为医师。明治中期以后汉方医数量急剧减少，逐渐退出了正规医途。

五、艺 人

岛国日本在欧美诸国眼里和其他亚洲国家有很大的不同。十三世纪意大利探险家马可波罗在《东方见闻录》中称日本是"黄金之国"。十六世纪西洋人登上了日本岛，看到的日本是一个贫困之国，这里的人们过着贫穷却很满足的日子。十九世纪中叶，江户时代流行的彩色浮世绘作品，被用来当作包装纸包裹陶器出口，无意中把比陶器价值更贵重的精美浮世绘传到了欧洲。明治三十年（1900）巴黎万国博览会上，艺人川上音二郎公演歌舞伎，再一次让西洋人近距离看到了日本文化才艺的醍醐味（深奥的妙趣）。日本这个大洋岛国，独特而绚丽的大众文化震惊了欧洲。

艺人是社会地位低于士、农、工、商阶层的"贱民"。艺人中也区分从高级艺人到低级艺人的档次。高级艺人有固定的舞台和施展技艺的专门场所，收入方式主要是门票。低级艺人则走街串巷实时表演，收入以围观者"投钱"为主要形式。日本最具代表性的大众艺人，是街头卖艺为生的下等人。明治初期，江户的街头艺术文化遗存了下来，在尚不富裕的国度里，贫困的庶民要凭借自己的一技之长取悦观众，在街头巷尾表演技艺以换取小钱维持生活。当时，社会上较为普遍的艺人有：歌舞伎（日本舞蹈）、漫才（相声）、乐师（三味线）、杂耍、魔术、白刃、棋手、艺妓（枕艺者、舞妓）、大相扑、耍猴等。日本艺人的技艺具有独特的民族文化特色，例如歌舞伎、大相扑被尊为国技，列为日本文化的国宝被传承至现代。

六、小商贩

江户和明治时代的小商贩，是指沿街的小店铺或走街串巷叫卖的商贩。其交易流程一般是小商贩将廉价批发购入的商品再转售给消费者。小商贩的存在，极大方便了不发达地区消费者对商品的需求，成为早期城乡买卖和商品沟通的重要方式。

明治时代面向庶民的小商贩，分布在街头巷尾，贩卖的物品多种多样。八百屋（蔬果店）、果物屋、豆腐屋、青果屋、米屋、酒屋、鱼屋、野菜屋、肉屋、文房屋、洋服屋、果子屋、花屋、寿司屋、古董屋、大粪屋等。小商贩还有依靠出力为生的驾笼（日本轿子）、人力车、挑夫、背负子、保姆等，活跃在社会的各个角落。

七、宗教职

在江户时代对神社佛阁进行保护的政治背景下，神职和佛职受到全社会的尊敬。明治时代，国家推崇神道，神职人员被认定为神官，成为国家的公务员，分成五个等级（净阶、明阶、正阶、权正阶、直阶），在神社担任奉祀神主、执行祭仪的社务。神职在神道中是神与人之间的媒介，他们也替信徒祓除和主持婚礼。江户时代存在女性神职，而在明治时代受儒教思想影响的政府宗教政策下，女性神职消失。昭和时代，男女同权思想被社会接受，加之神社的神职者出征战死等后继者问题，女性神职再度出现。

僧是佛教中三宝（佛、法、僧）之一，男性出家称"比丘"，女性出家称"比丘尼"，信守佛家戒律。僧侣的重要工作之一是行葬仪法要，为死者诵经、授与戒名，超度亡灵魂归极乐世界。明治时代，在废佛毁释政策之下，佛教一度在日本受到极大的压制。佛教再次进入国家的视野，是在日清战争中，日本僧侣随军出征，他们在战场上的非凡表现，确立和加强了佛教在民间的信仰和地位。战争中，日本僧人前往战地布教，通过对战场士兵的精神感化，有效提高了士兵勇敢战斗的意志。日清战争从军僧侣共计55名，战场职能包括：（1）战地巡回布教、慰问官兵、宣讲教义、授予名号、惠赠佛书；（2）访问战地医院，对伤病兵施以佛道精神安慰，特殊场合下直接参与护理伤病者；（3）宣讲安心立命的佛教精神，严肃军人风纪，维护个人卫生，向佛教徒开设教筵；（4）奔走各地说教化缘，协助募集战争公债，参与恤兵献金活动；（5）抚恤敌军俘虏，巡回各地俘虏营宣讲佛教，主张平和的佛家道义；（6）为战死者亡灵追吊供养，火葬遗骸，土葬奠事（包括为清兵阵亡者作奠事），护送战死者遗骨及遗物返乡；（7）慰问战后归国军人、军属、伤病者，与遗族共缅哀思。

八、占　易

江户时代迷信占术相当流行，幕府担心占术的影响力危及政权的稳固，曾对其严格限制，政府甚至发出过占术禁止令。江户时代还流行易学，易者出没街角茶屋，替人看相算命，在各地流动。明治时代，占术在日本风靡一时，学者、贵族、庶民……几乎所有阶层都对其产生了兴趣。从中国传来的占卜术广为人知，尤其盛行手相、面相的占术，各种占术解说本也纷纷粉墨登场。许多超自然的预言，千奇百怪的闻在百姓中流行，占术的魔法渲染能看透人间前世的罪孽或未来的命势，还能让人产生不可思议的幻觉和催人睡眠的神效。明治时期，中国文化中的"风水"之说也在岛国民间盛行。

明治年间流行的占易之术分三种，第一种是占命术（西洋占星术、印度占星术、四柱推命、紫微斗数、卡巴拉命理、算命术、九星气学、阴阳道等）；占卜术（花瓣占卜、易占卜、塔罗占卜、扑克占卜、求签问卦、灵摆测试、天气占卜等）。第二种是占相术（手相、人相、印相、家相、风水、梦占等）。第三种是借助灵感灵视的特殊能力占卜运势，有水晶玉占、灵视、透视、预言等多种占术。所及三种占术多借助占易师的能力，需要花费较高的费用。因此，庶民间也流行许多简单易行的占术（星座占、干支占、花占、扑克占、硬币占、铅笔占、木屐占、抽签等）。

九、农 民

明治初期延续了江户时代的农村经济结构模式，坚持以农业为国家经济的主业，农民事实上支撑着国家的经济基础。在明治维新数十年的激荡变革中，农民劳作的经济结构基本没有发生变化。从明治初期到明治末期，国家就业人口的农业比例占65%~72%，占GDP比例44%~37%。农业人口的比例和产值虽然呈下降趋势，但在纯农业国向工业国进化的产业结构转变期间，变化比例的幅度并不显著。

全国550万农户数量相对稳定的主要理由，其一是狭隘的农民意识。安居农村的生活，日本人传统"家"的保护意识和制度导致了"农家结构"的稳定性。按照近代均等继承制度，土地细分化和流动化是不可避免的，小农经济的持续性容易崩溃。而日本明治时期的农业特征是，以家庭为单位的农耕形态，面积和规模较小，长子继承家业的传统制度中，土地、祖上积蓄、劳作技术、经营知识，都将原封不动地传承。二男、三男接受相应的教育，作为产业劳动者向城市流动。这种家庭构造稳定了日本的农业人口，保证了土地的世代交接和家族经营技巧的传承，确保了国家谷米的税收。其二是地主和佃农结构的"村落"共同体作用。农民之间具有很强的互助信赖关系，形成了牢固的生产和生活基础，这种关系很好地维系和发展了地主和佃农间的关系。虽然地主榨取佃农的收获，令佃农始终处于贫困状态，但是这种阶级的划分事实上安定了日本农业的传统结构。

明治中后期，尤其是日俄战争后，农村的社会形态发生了重大变化，产业革命的快速发展，导致都市和农村的差距拉大。政府为筹措巨额军费增大了对农民的税收，农家不堪重负，日益贫困。加之气候异常，谷米减产，米价暴涨，各地农村暴动频发。明治四十五年（1912），夏目漱石在为长冢节的长篇小说《土》所作序文中写道："可怜的老百姓就像共同生长在土地上的蛆虫一样生活。"明治维新时期，农民生活困苦的主要原因是政府坚持推行"地租改正"政策。本来农民期待减轻江户时代的地税，拥护了维新政府的成立，可是新政府一旦夺取政权，便实行远超过江户时代的地税。更为严重的是，将历来农民以谷米实物纳税的形式改成了现金纳税的方式，这让对谷米毫无贩卖能力的农民背负了极大的包袱。为了取得现金，放弃农业前往都市打工的农民增加，土地被乡绅名士收购，一代大地主群体诞生。政府的现金政策，导致农民生存艰难，卖儿卖女、集会暴动的事情频发。正是这个时期，大批农村妇女被迫到海外从妓行娼，赚取现金支持本家赋税。明治时代农民的极度贫困，在历史上留下了痛苦的烙印。

法国画家彼克的自画像

21.01 明治维新令日本人发生了巨大的变化，在外国人眼里日本人是怎样一个群体组成？这个生活在多火山、多台风、多地震、四面环海的神秘岛国的人群，有着怎样的民族性格？诸多的疑问给相隔遥远的大洋彼岸那些西洋人带来求知的好奇心。法国画家彼克，长年在日本生活，用辛辣客观的画笔，精细地描绘了日本人的生活场景。他的许多反映日本社会现实的极具价值的作品，在日本与列强修订不平等条约后，于1900年被警视厅判定有诋毁日本人形象之嫌，被明令禁止发行。左图《日本人生活的幽默》就是其名著之一。

21.02 1890年《国会议员之本》刊。众议院议员选举是明治时期国家最重要的政治活动。为了保障国会选举安全顺利进行，政府出动警察宪兵维持社会治安。插绘"与国会选举有关人士图"。国会保护派：（1）警官，（2）卫士，（3）宪兵；国会攻击派：（4）新闻记者，（5）政治演说家，（6）壮士。

21.03 1890年《国会议员之本》刊。第一届众议院议员总选举实施，拥有被选举权者为士族、平民。插绘"议员的类型图"描绘了部分当选议员的风采。西洋派：（1）欧洲归国者，（2）德国归国者，（3）美国归国者；个性派：（4）对议员有兴趣者，（5）来自地方的无关心主义者，（6）商人。

21.04 明治十八年（1885），政府废除太政官，设立内阁，此后内阁独立不受皇室制约，但是内阁中设置代表皇室的宫内大臣席位。1889年《大日本帝国宪法》颁布，制定皇室典范，宫内省作为独立官厅扩充。1908年实施宫内省官制。图绘是1904年1月2日，宫内官出席正月元日例行的参贺仪式，家仆迎送出门的情形。

21.05 下驮是日本传统的鞋子，俗称下踏，其名来自"屉屐"，常称作"木屐"，用于室外。既然下驮是鞋子，那么就容易损坏，就应运出现了"下驮屋"，即汉语俗称的修鞋铺。中国古代也有过使用木屐的历史。明治维新时期，虽然流行了西洋鞋，但是日本人日常生活仍然习惯穿用木屐。写真是下驮屋职人修鞋的情形。

21.06 江户时代，日本人就重视宣传媒体的作用，明治时代宣传意识进一步加强，其中代表之一是"广告牌广告"。日本各地市井的大街小巷到处可以看到提灯（纸灯笼）。提灯上不但绘上图案，还写上宣传文字。提灯可以折叠拉伸，便于保存，且移动性强，里面又有灯光照射，文字十分醒目，能有效起到宣传作用。提灯由专门的提灯屋制作，但是手工绘画写字，一般由职业绘师和书家来完成。写真是明治时期的广告牌屋职人作画的情形。

21.07 "大工"是日本人对给人盖房子的高级木匠的称呼。木匠在古代被称为木工、匠人、梓匠、梓人,是一门技术职业。高级大工也可以成为建筑艺术家。日本的大工分类很杂,有宫大工、家屋大工、町大工、数寄屋大工、船大工、建具大工、家具大工、型框大工、造作大工、栋梁等。栋梁是大工的职长,木造建筑的统领。写真是日本"大工"正在为建造房屋所用的木方开孔凿眼。木方做成后,再进行榫卯组合。

21.08 明治时代初期,洋服开始在日本流行。最初的洋服是从西洋国家进口的商品,但是洋服的尺寸往往不能适合瘦小的日本人身材。因此洋服需要由"洋服仕立屋"进行必要的剪裁加工。图绘裁缝工匠正在专心致志地修改缝制洋服。

21.09 自古以来,日本用来盛装酒、酱油、大酱的容器是木桶。随着经济的发展,木桶的需求量越来越大。这就促进了"木桶屋"生意的增长。写真是明治四十四年(1911),一间木桶屋工作的情景。

21.10 日本人将铁匠铺称作"锻冶屋",产品包括炊具、农具、渔具、马掌等。制作产品的工艺有熔炼、铸造、锻造等。写真是1911年街巷中的一间铁匠铺,铁匠们正在制作农具的情形。

21.11 江户时代千叶县探索出一种使用木制多角形车轮开井的技术——"上总掘"挖井法。地面开孔5~15厘米,打井深度150~500米。1879年应用此法成功挖掘过温泉井,明治中期使用此种技术掘进过油田井。写真是1890年挖井的现场。

21.12 日本竹细工(竹编)产业的兴起,是在明治维新之后。没落的旧幕臣、士族为了维持生计,开发了竹编产业。竹编产品扩展到筐、篓、盆、盂、盒、笠等多个品种。竹编制品不但供给国内所需,还向外国出口。其中的贴绢绘画的竹制艺术品在万国博览会上获得国际好评。写真是十九世纪九十年代竹细工店家的职人正在进行竹编操作的情景。

21.13 "坊主"是日本人对和尚的俗称。明治维新后,日本的僧人被允许结婚,也不戒肉食和饮酒。虽然寺门也有"荤酒不许入内"的铭碑,但坊主在寺里拥妻把盏照吃不误。在日本,和尚儿孙满堂并非怪事。长子承继父亲衣钵,成为该寺和尚天经地义。如果和尚没有儿子,只有女儿,大多招婿入赘,先决条件是必须继续秉承和尚衣钵。日本佛教崇尚鉴真和尚,因为鉴真和尚在日本首次建立起了严格的戒律制度,使得日本佛教走上正轨,便利了政府对佛教的控制,杜绝了由于疏于管理而造成的种种弊端,使佛教成为日本的国家宗教之一。写真是日本和尚列队出寺化缘的情形。和尚化缘绝非寺院缺少食物,事实上寺院多有田产和产业,化缘的行为主要是基于佛教理念。僧侣化缘修行,教化大众,结交因缘,有助于积累功德,长寿福庆。

21.14 公元588年,"瓦"从中国传入日本。到了江户时代,瓦和釉瓦的使用已经相当广泛。但是对瓦的使用,有身份等级的严格限制。明治时代,废除了建筑的等级限制,富裕阶层也开始大量使用高级建材,瓦的使用量激增,烧瓦匠也随之增加。写真是1890年烧瓦职人在瓦窑边工作的情形。

21.15 明治时代,街巷常见走街串巷的弹棉花工匠,木槌撞击弓弦会发出"嘭嘭"的声音,可以把棉花弹松成棉絮。因常年使用已变得僵硬的棉被,重新弹后就会变得蓬松柔软。可弹棉花并非易事,一般要学30多道工序,撕、扯、捻等手法,通常需3年才能学成。图绘是弹棉花匠在弹棉花的情形。

21.16 图绘是木版师和活版师职业,他们承担图绘雕刻和文字排版,是报纸和书籍出版业最重要的技术者。

21.17 江户的"飞脚"和明治的"邮便"图。1873年,民营飞脚业务废止,全国邮费统一制度开始实施。

21.18 和纸是日本民间爱用的纸张,比洋纸纤维长,纸张致密、平滑、强韧、寿命长,但制作繁琐价格高。绘画是明治手工造纸作坊,造纸职人在生产传统的和纸。

21.19 1890年政府下令,各市町村必须义务设置消防用消火栓,以便发生火灾时能及时灭火。绘画是消防职人在做消火栓灭火训练的情形。

21.20 明治时代，农村与城市之间的差距没有发生很大变化，农村人的生活仍处于低水平的阶段。当时农民的生产资料也比较简单，没有城市中那种西洋化势头的变貌。但农业仍然是中央政府最关心的领域。写真是明治时期农民下地劳作的情形。务农工具只是日本式犁杖、锄头、马匹。农民头上包裹白色头巾，裤脚收拢绑紧，脚穿草鞋走在田埂的小路上。

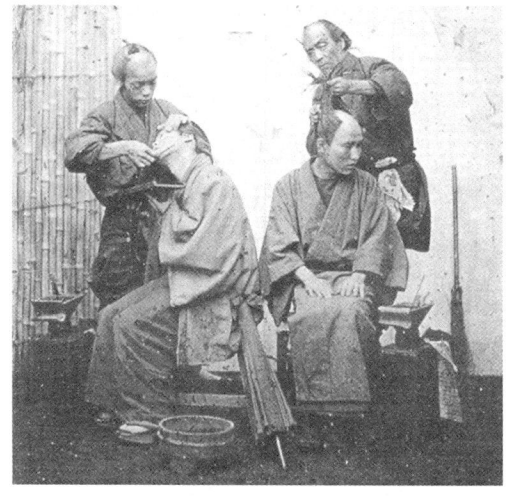

21.21 近世日本男子，经历了数百年"结发"的历史。明治四年（1871）政府《散发脱刀令》发布后，日本男性的发髻必须全部剪除。全国各地涌现出了大量的"断发屋"，且到处出现满员的盛况。写真是明治初期散发令颁布前，日本男子结发梳理的照片。当时的理容店称作"床屋"，店家的工作主要是为男子修理头发和胡须。

21.22 渔业是岛国日本的重要产业，食鲸肉也是日本人情有独钟的食文化之一，因此捕鲸成为日本传统产业之一。但是鲸鱼体格巨大，在生产工具落后的时代，需要众人合力围捕作战才可能成功。图绘记录了江户和明治时期，日本捕鲸渔民围捕鲸鱼的壮观场面。数十条渔船抛出巨钩打入鲸鱼躯体，大型拦鲸网阻塞鲸鱼逃离路径，勇壮的渔民擂鼓击锣摇旗呐喊，拖拽着鲸鱼，迫其向岸边移动搁浅。

21.23 针灸医疗法是从汉唐传来的医疗方法之一，作为一种医疗手段传承到明治初期。明治初期，东洋汉方医被西洋医学否定，但在针灸领域西洋医学还无法取代。加上从事针灸职业的盲人数量很多，作为一种安慰，盲人针灸职业得到保护。由于明治天皇对针灸非常信赖，因此热衷于效仿天皇的国民成为相信针灸医疗的重要群体。图绘是明治初期，市井针灸医者在为患者治疗。

21.24 江户时代医者有朝廷医、官医、藩医、町医之分。町医是为庶民服务的医者，地位相当于四民（士农工商）的士，在百姓中受到尊敬。他们的职业特征通常是身着黑衣走街串巷，以汉医医法为生。明治时代日本引进西洋医学，1874年开始实施医师资格制度，医师必须通过洋方六科的国家考试。但是汉方医属民间传承医术，町医在民众中仍然受到信赖。写真是明治初期剃头和尚（带刀）的町医在给患者把脉诊疗。

21.25 公元六世纪，中国的揉治疗法（按摩）传入日本。江户时代至明治初期，揉治疗法在治疗外伤，骨折，促进血液循环，调整内脏机能、神经机能领域，被认定为有效的疗法。明治维新随着西洋医学的传入，揉治疗法退居为辅助疗法，甚至在骨折、脱臼治疗方面被禁止。图为明治中期的盲人按摩职人，正在为患者施揉治疗法。他们经常走街串巷，吹笛招揽患客。

21.26 图绘是明治初期町医应患者请求往诊的场面。医者持扇子正在巡访客户，两个助手抬着药箱跟随其后。当时日本的医院还比较少，求医治病仍然不是简单的事情。因此民间的医疗，大多是请医者前往患者家诊疗。医者徒步往诊、人力车往诊、马车往诊在街巷村落相当普遍。

21.27 "灸"疗法从大陆传来，用艾绒等做艾柱，烧灼或熏烤身体穴位，或在体表放置薄片生姜烧烤，疏通经络、调和气血，达到治病的效用。明治时代，日本从欧洲引进了电气治疗设备，开始逐渐摆脱灸疗的原始治疗法。图绘是医生用两个电极接触患者身体，在电流作用下，诱导局部肌肉受到刺激发生循环痉挛，达到治疗的目的。

21.28 右上角图"居合拔"是江户时代侠士特有的一种拔刀术，其难度之高极其罕见。明治初年京都居合拔名手加藤谷五郎公开表演居合拔秘技，吸引了大量观客。他借此机会推广齿药和牙膏获得成功。齿科病困扰着日本人，1874年日本西洋齿科小幡英之助诊所诞生，他发明了适合日本人体格的治疗椅，为日本西洋齿科学作出了贡献。

21.29 明治时代的绝技"网渡",现代称作走钢丝。百年前那个时代还没有韧性很好的钢丝,只是在两个大树之间绑上结实的绳子。大胆艺人从绳子一端走向另一端。图中艺人足蹬下驮木屐,手举雨伞掌握身体平衡,难度非常之高。

21.30 江户时代武士刀剑技法中存在白刃飞刀的秘技,亦即两手可以接住对方射来的刀剑的防卫功夫。明治时代武士不再是特权阶级,只能改行从事其他职业谋生。其中就有在街头表演白刃飞刀杂技赚钱为生的武士。图中杂技者脚穿高跷,向上抛起战刀,当利刃落下之时接住刀柄。

21.31 明治初期,卖艺杂耍作为一种职业在民间流行,街头巷尾常常集聚杂耍卖艺的儿童。这些孩童大多是孤儿,在师傅的严格调教下成材,以表演赚钱为生。其中颇受欢迎的是"角兵卫狮子"(狮子舞)。如写真所示,师傅敲打鼓乐,孩童弓形弯腰或叠加于上作出高难动作,博得观众喝彩解囊投币。

21.32 "三味线"是日本弦鸣乐器的一种,属长颈拨弦乐器。十六世纪后半期,中国的三弦乐器经由琉球传入日本泉州一带,受到町人喜爱,急速普及。三弦经过日本人改良,发展成日本近世最具代表性的乐器。演奏者一般"正座",技巧高超者可站立边弹边唱,通常是左手按弦、拨弦、柔弦;右手有拨、钩、反拨等弹奏手法。写真是明治时期在街头表演"三味线"的女艺人。

21.33 日本的"书家"艺人类似中国的"书法家",近代也称"书道家"。书家以写字为职业,具有高度的习字技法和教养。日本书家运笔用墨有其独到风格,其中草书如行云流水难以辨认,亦有书家既是习字大师又是可以著书的文学者。图绘是明治初期西洋人笔下的职业书家,习字者佩戴西洋眼镜,握笔姿势与中国书法有所不同,习字方向从右向左。

21.34 明治初期,新政府为了维护市场经济的安定,对商人采取比较优惠的政策,发展和推动了国内的商业经济。但是国家政治的改朝换代,使历史延续的债权无法回收,很多商家走向没落。写真是明治初期的商家,算盘是商人交易最重要的工具。

21.35 幕末、明治初期街町消防职人，使用的木制灭火设备，俗称"龙吐水"。操作时由两人左右压水，一人放水灭火，放水能力可达14~15米。这种木制灭火器1754年发明于长崎，1764年改良品开始普及实用。但是遇到严重的火灾，灭火器便无能为力了。写真是示范灭火器抽取大木桶内的水源放水灭火的情形。

21.36 "收旧货"屋在日本称"荒物屋"，他们走街串巷，以摇鼓吹笛收换破盆烂锅为生。史上日本许多富豪的祖上，亦不乏"荒物屋"的影子。写真是明治初期"荒物屋"的从业者，扁担两侧堆满了锅盆之类的新旧货物。

21.37 在冰箱出现以前，作为日本民间海产品保鲜的一种手段，是将海物做成干物，可以长期保存，如干鱼、咸鱼、干贝、干虾仁、干虾皮、干海带等。写真是1900年东京街巷的海产品小卖店"干物屋"。明治时期，市井的干物屋还有各种山菜的干物，如蘑菇、萝卜、地瓜等；果物的干物，如柿饼、苹果、核桃等；调料干物，如茶叶、陈皮、花椒、大料等。

21.38 江户时代和明治初期，日本人的副食品以蔬菜为主。料理中加入肉类和油脂是西洋食文化进入日本后，才开始被日本庶民接受和采用。日本的蔬菜称作"野菜"，野菜店也称"青屋"店，店内不仅卖蔬菜也卖水果。写真是明治初期"青屋"店家门前的情景，各类蔬菜果类都是庶民餐桌上不可缺少的营养食品。

21.39 "甘酒"是日本江户和明治时期，民间流行的一种水酒，味甜，颇为街巷庶民欢迎。"甘酒"是将贵重食品砂糖溶解到水酒内，再由酒郎将酒水在货担的炉具上加热贩卖，客人就可以喝到甜丝丝热乎乎的温酒。写真是明治初期"甘酒"屋的酒郎在叫卖的情形。

21.40 "天秤棒"是江户、明治时代常见的代人搬运重物的"人力"。职人依靠一根扁担将雇主的货物送到指定地方赚取脚费。担任挑脚的"天秤棒"大都是年轻力壮的青年人，在市场上聚堆招揽生意。写真是明治年间的"天秤棒"，头戴掩面格子头巾，站在屋檐下等待雇主召唤。

21.41 "驾笼"是江户时代最常用的载人工具，类似中国史上使用的轿子，由轿夫担运。日式的驾笼比较简单，是用竹子做成的笼状物。明治五年（1872）人力车成为交通运输的主要手段后，驾笼逐渐消声匿迹。写真是明治初期驾笼运送客人的情形，乘客盘腿而坐，两个搬运工用肩部扛抬，驾笼上面装有遮雨防晒的平板，板上可放简单的物品和行李。

21.42 人力车的"车夫"是驱动人力车的动力，因此"车夫"成为近代重要的职业。明治时代的人力车多以"人力"或"俥"字表示。日本的人力车绝大多数是一人乘，车夫仅为一人，少数两人乘的人力车，需要两人交替牵引。写真是明治初期人力车的使用情形，车辆是两人乘型，车夫一人主力牵引，一人外套协助拉拽。当时还有装备计程表的人力车出现，是现代出租车的先驱。

21.43 "罗宇屋"是日本江户和明治时期，专门修理和清理烟管烟具的职人，当时日本人大都有吸食烟草的风习。在西洋卷烟进入日本之前，日本人主要使用从中国传入的烟管吸烟。烟管由烟嘴、烟杆、烟锅组成，长期不维护烟具，烟草或尼古丁油会积满烟管，影响正常使用。写真是明治年间走街串巷修理和清洁烟具的"罗宇屋"职人。据记载，老挝出产的竹管，是制作日本烟管的最佳材料。

21.44 图绘是明治三十三年（1900）刊在《诗画集》中《夜中大粪车》的插绘。明治时代，粪肥是农家耕作不可缺少的生产资源，因而城市粪尿处理业应运而生。在横滨海岸每夜可以看到一队队臭气熏天的大粪车队通过。洋画家彼克的笔下，记录了洋人们讥笑日本人无嗅觉的诗句。诗歌唱道：

海风向岸边吹拂，横滨之畔令人无法顿足。

海风向岸边吹拂，悬挂提灯的大粪车，无序之列迎面而来。

海风向岸边吹拂，恶臭扑鼻令人难耐。那种奇妙的味道啊，刁钻得让你苦不堪言……

图绘夜晚运送城市粪便的车队，正在通过海边的沙滩地。

21.45 "背负子"是对以背负方式搬运重物的"人力"的称呼。在车辆无法通行的道路上，货物主要由人力搬运来完成。因此"背负子"在交通货运不发达的时代成为一项重要的职业。日清战争中，日军雇佣了大量"背负子"为军方提供后勤支持，取得显著成效。写真是明治初期的"背负子"，后背木架可以驮运大量物品。

21.46 "狩人"是日本东北地区以小团体形式组成的武装狩猎者,这些猎人具备捕猎东北黑熊的特殊经验和能力。戊辰战争时,东北猎人被动员参加作战,作为狙击兵活跃在战场。写真是明治初期,日本东北地区的"狩人",当时的狩猎武器尚停留在火绳式枪炮的水平。

21.47 左侧是明治市井间走街串巷的算命者,以替人祈福禳灾、占卜为职业。摆摊的阴阳师,观人手相、算人八卦,靠三寸不烂之舌蛊惑虔诚信徒。写真中一妇女祈求一卦,画外音:某山人云,算命者不知自己的命运几何,何谓他人天命乎。

21.48 "八卦"是《易经》的重要组成部分,用八卦算命在日本近代民间风俗史里占有重要地位。日本人相信命运,尤以虔诚信仰八卦的女性居多。历史上,日本数次对外战争,许多不愿意参军出征的人,频繁抽签算命企望好运。写真是明治时期走街串巷的占易师在给女人算命的情形,八卦师用抽签和拿所谓"天眼镜"映照女人面相的方式,说占卜卦。

21.49 "祈祷师"是江户和明治初期在民间流行的一种迷信作法行业。由于医疗技术的落后和人们的愚昧,祈祷能治病救人的信仰在市井间得到流传。明治维新后,政府主导的神祇制度成为主流,"祈祷师"急速衰退,淡出了历史舞台。图绘是明治初期"祈祷师"招神祛灾作法的情形。病人卧在榻榻米上,祈祷师摇晃着系满钱币的招神棒,口中喃喃经语降神慰魂。周围观望窃窃私语的家属,神情不安地等待神灵力量的到来。

21.50 "易者"是学得从中国传来的《易经》,在日本从事占卜业的人。《易经》对日本的历史文化影响深远,在古坟(营造于公元300~600年的巨大坟墓)内部的构造装潢上都可以找到《易经》的痕迹。近现代日本的街巷也容易看到易者的踪影,他们通过占卜预测来赚取报酬。图绘是明治初期街町深巷内说易的职人,地面上摆放一些说易的小道具,周围的人在聚精会神听着占卜者的说辞。

21.51 图绘是明治时代著名的实业家岩崎弥太郎家厨房里的忙碌景象。岩崎弥太郎是日本明治时代的"红顶商人",三菱财阀的奠基者。岩崎成功的第一桶金是其利用政商勾结的幕后手段获得的。在维新政府决定建立全国统一新货币制度时,计划全面收购各藩所发行的藩札。岩崎弥太郎通过在维新政府任要职的后藤象二郎事前得知内密,随即大举收购藩札,然后再卖给维新政府,赚取了巨大利益。岩崎利用这种政助商、商资政的政商勾结的人脉关系,使三菱财团壮大,并在政府支持下独霸日本的海运事业,成为日本造船业的巨头。

21.52 明治四十三年(1910),东京三越百货商场开始为顾客提供快速送货上门服务。送货生选用机灵的少年男孩,穿着商场制服,佩戴商场肩章,骑自行车送货上门,格外引人关注。三越百货商场还组成了一支少年鼓笛音乐队定时演出,吸引了大量顾客前来观赏购物。下写真是当时三越百货商场负责送货的送货生。

21.53 上图是大隈重信家厨房内设宴的忙碌景象。大隈重信是日本武士、政治家、教育家。一生担任过参议、大藏卿、外务大臣、农商务大臣、内阁总理大臣、内务大臣、贵族院议员等职务。他还是早稻田大学的创建者,并担任首任校长。大隈早期与教育家福泽谕吉间关系不佳。福泽说大隈是"任性的政治家",大隈则说福泽是"高高在上的学者",两人相互避免会面。某日杂志社编辑设酒宴,特意在两人不知情的状况下,邀请双方出席酒宴。宴中几杯酒下肚之后,两人竟然彼此意气相投。大隈对福泽说:"我真羡慕福泽先生,将来会有众多的学子们围绕着您。"福泽说:"您也可以办学校啊!"这句话成为1907年早稻田大学创立的契机。福泽在1901年去世时,福泽家拒绝所有的外界献花,仅收下了大隈的献花。大隈有数处豪宅,著名的有"筑地梁山泊",这里曾云集了贡献于明治维新的一代著名人物,如伊藤博文、井上馨、木户孝允、大久保利通等。1922年大隈病逝,在日比谷公园举行了前所未有的"国民葬",约30万普通市民沿路参列为大隈送葬。三个星期后,同样在日比谷公园举办山县有朋的国葬仪式,由于山县生前在民间的口碑不佳,只有政府与军警相关人员参列,被新闻媒体评为"寂寞无民的国葬",两者相差巨大。

22　民俗民风

　　明治初期的民间风俗，传承了江户时代一般市民日常生活的特色和世相。由于明治维新的社会，坚持追求模仿西洋模式的文明，故上到国家制度，下至民间风俗习惯，也都发生了迅速变化。明治时代的日本人认为："近代化就等于西洋化"，西洋化因此成为明治政府维新国家的一贯课题。明治维新"文明开化"的提起，就是为了改造封建社会遗留的风俗世相，把长期封闭的岛国社会那些"民"的习俗，改造成有西洋特色的文明世相。

　　明治时代对世相风俗的维新，触及了日本自古以来的生活、风习、言语、信仰等方面习俗的改造。生活涉及衣食住行；风习涉及家族制度、社会制度、过往礼仪、社会集团、生业和产业、四季行事、节日、游技、竞技、娱乐等；言语涉及说话、歌曲、谚语、传说、俗曲、俗谣、谜语、谚诗、俚言；信仰涉及神道、佛教、灵魂、来世、妖怪、预兆、占卜、魔术、病患和民间疗法。窥视明治初期的这些民生画面，就可以感触到那个时代岛国的世相。

一、市　街

　　明治前期日本人居住的市街保留了江户时代市街的面貌，国家及地方一时没有财力改造和兴建新一代的市街。这些城镇街道以和式风格为主，仍然保持着以往的破旧和杂乱。繁华市街的道路两侧，大多是两层和式小楼。二层商家居住，一层是店铺，楼楼相连，形成一条商业街道。商家经营各种各样的店铺，有八百屋、果物屋、豆腐屋、青果屋、米屋、酒屋、鱼屋、野菜屋、肉屋、文房屋、洋服屋、果子屋、花屋、寿司屋等。明治十年（1877），著名的银座炼瓦一条街诞生，成为上流社会奢华消费的场所。明治中期，银座街步道和车道分离，新式洋建筑、汽灯、街道柳木、马车铁道得到扩建，成为一条带有欧洲气息的文明街道。日清战争胜利后，国内产业的发展促进了民生的改善，各地市街的面貌随之发生了显著变化。横滨、神户、长崎的港口街区，陆续涌入了大量外来移民、劳动者、留学生、商人，外来文化给日本人街区带来了亚洲异国文化的情趣。明治二十九年（1896），大清国派遣的首批13名留学生就住在东京神田区，后来这里形成了神田神保町中华街。明治以降，来自清国的各类留学生达到5万人之多，以留学生聚居为特征的中华街，把大中华文化移植到了异国他乡。旅居日本的清国人在入乡随俗融入日本社会的同时，也建设了混杂家乡特色的街道。

二、礼　仪

明治二十二年（1889），英国诗人埃德温·A·阿诺德来日，对日本人的礼仪有过如下描述："在日本，礼节是快乐生活的标准，是社会存在的一种默认的契约。那片土地上看不到令人讨厌的粗鲁和吵闹，也看不见激昂易怒、敲门摔盆、出口谩骂之人。无论是高贵之人或是下等的车夫，或是母亲后背牙牙学语的孩儿，都习得了传统的正确礼仪。"

日本推广现代礼仪的做法诞生于明治时代，那时寻找工作前必须先学习礼仪规范。因为正确的礼仪无论在家庭还是在职场，都被社会认定为起码的做人准则。当时，地主和商家的女儿，从高等学校毕业后，大多愿意前往"华族"豪宅奉公做事，主要工作职责就是服侍贵妇人和大小姐。为了得到华族的雇佣并胜任这一工作，女孩就必须习得端正的举止及礼敬的语言，具备优秀的素质和内涵修养。这样的女性气质，也是当时有良家身份的男士择偶的品位标准。是否受到过这样的教育和培训，在履历书中一般都必须写清楚，以期对方判断德行的概貌。明治后期进入女子学校的女生，不但要学习知识还要学习礼法、作法、道德、家事，接受严格的训练。日俄战争后，女校每周 32 学时的教学，甚至有 16 个学时是礼法、作法、道德、家事的教学。这反映出当时上流社会男性对女性追求的标准并非学力和能力，而是女孩子的举止和礼法，具备贤妻良母的气质品行。

近代礼仪的社会需求，是与明治维新富国强兵的国家政策相呼应的。为了提高国力，社会需要"男兵女家"的家庭结构，这种结构本身虽然增加了性别间的不平等，可家庭的分工分业，卓有成效地维系了国家战略性方针政策的实施。明治时代无论男性还是女性，礼仪都是作为社会人必需的修养和美德。虽然美德并非一朝一夕可以养成，也并非每个人都可以修成正果，然而明治国家树立的深远目标，是要打造一个全民皆有美德的国家。美德修养作为一个最普通的课题，在全体国民和全社会中展开。

三、娱　乐

明治时代庶民的娱乐方式非常丰富，主要原因是江户时代灿烂的庶民文化，给明治时代打下了良好基础。近代日本所推行的不是面向上流社会的娱乐方式，而是面向庶民的大众文化，使民众在传承固有文化的同时，感受到文明开化的时代气息。

读　书

江户时代以来，日本人即保有较高的识字率，阅读因此成为庶民最重要的娱乐方式之一。在民间，书籍有各种各样的阅读方式，既可以购买阅读，还可以利用芝居观览，借书屋借阅。庶民的阅读爱好很广泛,有滑稽本(幽默小说)、洒落本(红灯街题材)、人情本(男女恋爱)、读本(传奇惊险)、好色本、浮世绘等各类娱乐性读物。庶民的阅读需求,催生了许多著名的作家,他们创作的作品,进一步丰富了人们的阅读生活。

大相扑观赏

明治四年(1871),在维新开化的风潮中,东京府发出《裸体禁止令》,对相扑大力士处以罚金、鞭刑。作为国技的大相扑,一度面临被禁止的危机。明治天皇喜爱观赏相扑运动,经过与伊藤博文协商,1884年大相扑终于再次为官方所接受。相扑运动缘起于日本神道仪轨,全国各地都有举办"奉纳相扑"仪式的风习。在神前表现男性的健康和力量,向神表达敬意和感谢,是一种非常隆重的礼仪。江户和明治时代,日本民众非常喜欢观赏大相扑表演。大相扑从诞生至今经久不衰,并作为一项国技受到保护,是和皇室的支持密不可分的。

棋 类

江户和明治时代,民间广泛流行"将棋"和"围棋"。"将棋"的原型最初从古代印度经由中国大陆传至日本,江户时代被改良成容易在庶民中普及的棋类游戏。明治三十二年(1899),《万朝报》率先开设将棋棋谱专栏,紧接着其他报纸也效仿开设将棋栏目。1909年,日本成立将棋同盟社,推进了将棋的普及和高水平竞技的展开。

围棋诞生于中国,唐代时由日本遣唐使将围棋带入日本。江户时代是围棋的黄金期,在市井民间普及盛行,甚至发展成一种赌具,一度遭到官方禁止。明治以降,社会的娱乐活动开始向西洋文明倾斜,围棋的地位呈逐渐下降的趋势,但是围棋在庶民中仍然是闲暇娱乐颇受欢迎的游戏。明治十一年(1878),《邮便报知新闻》率先在报纸上登载围棋棋谱。日清战争前后民间设立"围棋奖励会",从而出现棋热,《时事新报》、《国民新报》、《神户新闻》纷纷刊载棋谱。日俄战争后《万朝报》、《日本新闻》、《读卖新闻》等报纸也登载棋谱和围棋大战的新闻。围棋作为一种智力游戏,更作为一种棋类文化,得以传承至今。

音 曲

日本音乐歌曲分类有民话、诗歌、邦乐、乐器。明治时代流行的民话有传说、童话、世间话,话中传述历史、世情、教训和对世间非正义抗争的故事。诗歌有和歌、俳句、汉诗,是明治时代文人喜好的文学。日本代表的音乐称作邦乐,明治时代流行的传统音乐表演形式有琴、三味线、尺八、太鼓、笛子、胡弓、长呗、端呗、小呗。明治维新时期,西洋乐曲对日本音曲影响很大。钢琴、弦乐、管笛风靡岛国,乐器与舞蹈演剧结合,形成高雅的文艺形式,受到民众的欢迎。明治时代的小学校重视音乐课程,明治天皇就是著名的音乐爱好者和歌人,一生留下御制诗歌达10万首之多。

体　育

明治维新文明开化，受西洋文化的影响，日本重视身体素质的锻炼。明治九年（1876），文部省在教育大纲中提出了体育的理念——"身体的教育"，此后发展为"身体教育"、"身教"、"体育"。只是日本的"体育"用语，是在 1947 年教育大纲中才开始出现的。明治时代日本流行的体育运动主要有：（1）无器械运动：跑、跳、摔跤、体操，（2）借助器械运动：跳马、垫上翻滚、跳绳、竹马、游泳、剑术。日本最早的运动会是 1874 年海军兵学校的"竞斗游戏会"，以后在文部大臣森有礼的倡导下，运动会扩展到大学、小学的教育中。明治四年（1871），在东京开城学校（东京大学）教书的美籍教师，传来了美国流行的"棒球"，日本人翻译成"野球"。1878 年日本首创职业"新桥野球俱乐部"。1896 年日本队与横滨外国人野球俱乐部比赛，取得 29 比 4 的成绩。同年再战美国太平洋舰队野球联队，取得 32 比 9 的连胜。明治后期，野球成为日本最有名的一种体育运动，观众群体激增，成为庶民热衷的文化娱乐之一。

见世物小屋

明治时代日本民间盛行的见世物小屋起源于战国时代末期。见世物小屋是指向观众展示珍奇异兽、妖怪尸人、血腥场面的一种室内展览。见世物小屋的功能相当于现在的动物园、美术馆、博物馆、妖怪馆，小屋可以被牵引移动，在全国各地摆场招揽市民前来观赏。早期小屋展示的内容都是都市人只是耳闻、却从未目睹珍奇异兽的标本，如老虎、狮子、豹、熊、骆驼、猿猴、猪、狼、仙鹤、孔雀、蟒蛇、虫等各类生物。珍奇生物的展出不但让市民开阔了眼界，增长了生物知识，还给孩童带来欢乐。后来，商人为了给人们带来刺激感，还设计了妖怪型见世物小屋，展示小说故事中描写的幽灵鬼怪、血腥人物、十八层地狱。恐怖的鬼怪冤魂由活人装扮，在地狱里申诉冤情诈尸复活。这种见世物小屋有强烈的刺激效果，令观众惊恐、骚然、窒息、兴奋。见世物小屋的娱乐传承至现代，是颇具吸引力的娱乐活动。一些游园地经常可以看见各种幽灵鬼怪的小屋，传来观客声嘶力竭的惊恐泣鸣。

歌舞伎

歌舞伎是日本独有的一种传统艺能表演，被认定为"世界非物质文化遗产"。早期的"歌舞伎"写法为"歌舞妓"，意指"能歌善舞的艺妓"。宽永六年（1629），女性歌舞伎被官方禁止，此后演艺均是男性，更名为"野郎歌舞伎"。明治时代，观赏歌舞伎演艺是市民最津津乐道的娱乐活动，但多是复仇讨敌、自杀情死、盗贼侠客的内容，受到了舆论的批判。面对媒体的指责，明治政府发起了歌舞伎的改良维新运动，形成了现代风格的歌舞伎座这一新派歌舞伎演艺形式。当时从西洋归国的知识分子和执政者们，看到西方国家把艺术视为国家文化的象征，于是就把歌舞伎当作日本文化的代表，视歌舞伎为日本的国粹艺术。明治维新之后，由于西洋戏剧的大量引入，歌舞伎的人气开始衰退。第二次世界大战后,联军司令长官麦克阿瑟曾因歌舞伎中有剖腹自杀等封建忠君内容,一度禁止了歌舞伎的上演。

四、出 行

江户时代,诸藩大名在各自领地的边界上设置关口,通过这些关口会受到严格限制,必须携带通行证,还要贿赂把守关口的官员。明治二年(1869),新政府撤废了关口,各地庶民从此可以在国内各地自由通行。此举对被禁锢在一地的庶民百姓来说,确实是惊天动地的大革命,因为这不仅仅是旅行自由化,也是民众权利的解放。旅行自由化发布两周后,亲王、公卿、诸侯等贵族便开始了各地大旅行,所到之处不准百姓下跪。同年明治天皇从京都出行前往东京,一路视察沿途各地,实现了二十余日的大旅行。

明治五年(1872),新桥至横滨间的铁道开通,完成了国内第一条主要铁道干线。铁路的开通使旅行方式发生了变革,过去长途旅行靠驾笼和沿路住宿,而现在铁路大大缩短了时间,乘车费也相对便宜。明治二十年(1887)后,庶民百姓利用铁道旅行,已经成了家常便饭。近代化旅行方式的实现,提升了寺院信徒的参拜积极性以及人们前往温泉疗养地休养的热情。法国画家彼克的笔下记录了明治时代,日本社会各阶层民众乘火车出行的情景。在票房,在一等座、二等座、三等座的车厢,在停留车站,都留下了明治时代的社会风俗缩影。

五、婚 葬

明治时代,神道教被定为日本国教,民众被要求在神前结婚。日本颁布婚姻法,规定一夫一妻制,禁止纳妾。因为按照欧美文明的价值观,一夫多妻制属于野蛮人的性风俗文化。明治时代前期,日本人有早婚的风俗,女子大多14~17岁,男子20岁前后结婚。在农村的庶民百姓中,通常无需婚约,不要媒人,没有仪式,不用向官府申告,同居就算结婚。两人分居离开就算离婚,不会发生麻烦,再婚不受影响和约束。当时,离婚再婚的自由度非常高。土佐藩的地方法规允许离婚次数不超过七次。农村、渔村中的离婚率超过都市,媳妇离家出走式的离婚非常多见。男性不在意女性是否是处女,只要健康,有劳动能力就可以再婚。富裕阶层的婚礼比较讲究,在神前实行"三三九度"之礼。基于日本的"共食信仰",行"固盂"之仪,将夫妇及双方家族的魂共有、共通化。男女对饮交杯酒,取大中小杯,女饮三杯,男饮三杯,连饮三次,每次三杯,共九杯,据传此乃遵循古代中国阴阳之说。神前式以外还有"水合之仪"、"贝合之仪"等象征结缘的仪式。

明治的前夜,德国考古学家记录了日本贵族官僚的葬仪景象,"官府300人身着白丧服,合掌作揖跪于灵柩周围,40名着丧服的僧侣诵经祈祷,仪式结束后放飞一羽白鸽，棺椁抬往寺院墓地安葬。"明治六年（1873），太政官颁布"火葬禁止令"，理由是庆应三年，光明天皇驾崩火葬时，公卿们认为火烧躯体会令尊驾疼痛，故下令中止火葬。1875年火葬解禁，上等火葬费1日圆75钱。1876年引进西洋式火葬炉。明治政府的"废佛毁释"政策实施后，寺院葬仪制度被废止，葬仪屋取而代之。葬仪屋负责定制棺桶、制作花圈、安排葬仪、装具借出等业务。1894年，政府对贫困者实施免费火葬，1年限定200具，但需事前向东京府厅申请。明治时代中期，火葬率只占全体的30%，庶民认定的葬式仍然以土葬为主。日本真正实现和普及火葬，是从昭和时代开始的。

六、洗 浴

据中国汉代所译《佛说温室洗浴众僧经》云："入浴可以除去七病，得到七福。"隋唐时期，日本遣唐僧从大唐带回了佛教的沐浴文化，在各地寺院建立了"汤堂"、"浴堂"。公元8世纪中叶，圣武天皇的光明皇后曾在法华寺修建了大浴堂，汤内放入大量药草，让草药蒸汽充满浴堂，为病人治疗疾患。随着浴器的发达，洗浴逐渐在民间普及。富裕层在自家安装了洗浴槽，市井町民则在大众浴池享受洗浴的乐趣。

江户时代的公共浴池称作"钱汤"，曾经长期流行"混浴"的习俗，形成了日本独特的洗浴文化。钱汤的男女大浴房之间，悬挂有遮掩男女两界的隔板，隔板与地面之间留下一个称作"石榴口"的大开口，蒸浴的蒸汽从大开口通过，让蒸汽均匀弥漫在男女两边。可是在雾气腾腾、视野模糊的环境中，不良裸人能穿越石榴口闯入彼界，浑水摸鱼扰乱风纪。天保改革（1841~1843），幕府对钱汤中的男女混浴风俗实施了严厉的取缔措施，由于取缔历史的传承习俗并非易事，取缔令没有获得实际效果。幕末黑船来航，美国舰队司令官佩里将军在《日本远征记》中记载了他的感想："看到这里的男男女女，可以互视彼此赤裸裸乱入混浴，不得不怀疑这里町民的道德心。当然和其他东洋国相比，虽然他们道德心优秀，可却是淫荡的民类。"

明治初期，来日的西洋人写下了亲历的感想："从欧洲人每日换内裤的视点来看，日本人出了澡堂继续穿着不洁的内裤，给人留下了不洁的印象。可是庶民们经常洗浴，让身体保持干净，虽然外衣肮脏，但是身体却是清洁的，日本大众是世界上最干净的人类之一。"明治维新时期，国家门户开放，大批外国人来到日本。外国人在惊异日本人的洗浴风俗之余，也加入到混浴的行列。外国人混浴问题在媒体上受到批评，政府接受了舆论的谴责，决意彻底废除男女混浴。明治二十三年（1890），政府发布混浴禁止法，规定孩童超过7岁以上者禁止混浴。宽大明亮的新型"钱汤"相继登场，男女两界被彻底隔离，混浴钱汤在町巷里没有了踪影。在政府参与的洗浴风俗整顿中，混浴在明治末期的都市中彻底销声匿迹，但是地方温泉的混浴风俗一直持续到昭和年间。现代温泉旅游地仍然可以找到混浴风俗的踪迹，但有着严格的管理制度。

七、刑　罚

明治维新，国家回到了王政复古的时代，天皇势力重新登上历史舞台。为了维护传统天皇制下的刑法制度，恢复了《大宝律令》中笞、杖、徒、流、死的刑罚基本原则。《大宝律令》是651年日本参照唐朝《永徽律令》制定的日本史上最初的古代律令。明治新政权从防止国家内乱的角度慎重考虑，注重以缓和方式解决江户时代遗留下来的刑法条例。对江户刑法遗留的诸如磔、狱门、死罪、切腹刑等部分刑罚，采取了维持现状的做法。明治三年（1870）政府公布了笞、徒、流、死的刑法《新律纲领》。1872年废除笞刑，改为惩役刑。《大宝律令》中的绞、斩刑，确定为绞首刑，悬于台柱之上。1873年废除徒、流刑，改为惩役刑。1880年太政官发布第36号布告《刑法》（史称"旧刑法"），该刑法一直延续到明治四十年（1907），此后刑罚内容逐渐趋于理性缓和。

对民间的性犯罪，江户和明治时代的刑律上有较大区别。江户时代，对涉及性犯罪的刑罚有公刑和私刑的区别，有详细严格的条文。幕府为维护社会公德，对强奸、密通、乱伦等性犯罪实施严厉的打击和公刑。涉及性犯罪的刑罚有剃发、晒刑、追放、非人手下、远岛、游街、死刑、磔刑、相对死等，概括为正刑、属刑、闰刑三种刑类。私刑有拾豆羞辱刑、漂刑、木马刑等类。明治时代，对私通罪处罚有了很大的缓和。明治五年（1872），发布了"鸡奸律条列"；1873年，"改定律列"中增添了男性间肛门性交违法条例。刑法中规定男性和女性间性行为的最低年龄为13岁。

八、外国人袭来

明治天皇的一首"和歌"中有过这样一段，咏曰："朕之庭中，草木苗禾繁茂，然望去，外国苗木皆优于纯粹日本之物种也。"歌中说，在我的庭院里，生长着各种各样的花草植物，可是放眼望去，还是那些外国来的花草品种，要比纯粹的日本种更优秀。咏叹调一针见血唱出了明治天皇的维新思想，表现出日本金字塔上的最高人物，将率领日本人坚定不移地接受西洋文明的决心。

为了日本近代化的目标，政府雇佣了大量西洋优秀人才，运用他们的先进技术和知识参与国家建设。产业、官政、教育等各个领域都留下了外国人创造的业绩，其贡献的成就影响至今。明治元年，国家机构和私立机构雇佣的外籍人士资料《御雇外国人》、《近代日本产业技术的西欧化》显示，当时雇佣的外国人总计2690名。其中英国人1127名、美国人414名、法国人333名、清国人250名、德国人215名、荷兰人99名、其他252名。延至明治三十三年（1900），已发展为：英国人4353名、法国人1578名、德国人1223名、美国人1213名。

受雇者以英国人居多，政府雇佣占54.8%，其中43.4%是政府工部省招聘的技师。美国人中54.6%由民间雇佣，主要担任教师。政府雇佣占39.0%，外国人中15.5%在文部省工作。担任边境开拓使的外国人中美国人占61.6%。法国人的48.8%受雇于军队，其中陆军雇佣的军事顾问占87.2%。受雇的德国人，政府雇佣占62.0%，其中文部省31.0%、工部省9.5%、内务省9.2%。受雇的荷兰人，民间雇佣占48.5%，主要在海运业供职。近代历史上，日本海军最初一直接受荷兰海军技术的指导，以后逐渐转向英国海军。所雇意大利人数量较少，多服务于工部美术学校。

外国人受雇的基本条件是高额报酬。明治四年（1871），当时政府太政大臣月薪800日圆，右大臣600日圆。而雇佣的造币局外籍负责人月薪达1045日圆，其他外籍雇员中高收入者可达600日圆。至明治二十三年（1890）为止，外国人平均月薪180日圆。根据外国人身份差别的不同，雇佣薪水也存在较大的差别。尽管如此，按照国内薪金水平比较，外国人的收入是极端高额的。尤其是当时从欧美招募专家，前往远东边境地带开拓，伴随一定的危险性，能雇佣到一流技术和知识的专家难度很大。此外，明治时代日本日圆与外国货币的汇率比值相差极大，也是造成外籍雇员薪水过高的原因之一。

22.01　明治时代，农民主要靠租种地主的土地为生，生活较市民而言，更为贫苦。写真是明治十四年（1881）神奈川县箱根的乡村街道。道路两旁的民居以稻草屋顶为特色。街道上立有电线杆，据说当时村里已经通了电报。

22.02　写真是明治三十三年（1900）神奈川县江之岛的街道。这里比较接近城市，砖瓦结构的民居已比乡村住宅有了明显进步。赤裸的孩童在街上跑来跑去，彰显百年前民巷风貌。写真中的"开"形框架是当地神社的鸟居（类似于中国的牌楼），上面牌匾记"江之岛神社"。

22.03　写真是明治初期拍摄的东京浅草公园浅草寺的二尊菩萨。日本佛教文化的繁荣发展期，是在8世纪到13世纪间的奈良时代、平安时代和镰仓时代。日本创作的佛像多被赋予超脱的艺术形象，甚至结合了印度教和神道教的风格。遗憾的是历史遗留的佛教寺院，在明治崇神废佛号令下遭到大量破坏。

22 民俗民风 447

22.04 日本人对墓地十分尊重，很多墓地保存在寺院，由寺院终身看守，百年以上的墓即使已经无主也会被完好地保存。日本有很多墓地就坐落在闹市住宅区内，日本人认为，人死即去了他界，从此阴阳两隔，无需特别的忌讳。写真是 1877 年拍摄的黑谷金戒光明寺的寺院墓地。在通向高处的阶梯两侧，排列着各式豪华墓碑，阶梯顶端是寺院的塔楼。

22.05 明治时代的商店街，通常在街道两侧紧密排列着一个个商店，构成了一个商店市场。设立在居民区的商店街，主要是提供庶民生活所需的商品，如日用品、食料品、杂货、饭馆、酒馆、服装等。各商家都会悬挂自己家的招牌。在商店街统一举办祭日活动时，各商家会在自家店面前插上宣传壮势的大旗。写真是商店街祭日宣传促销的场面。

22.06 日本的礼仪繁杂严谨，下尊上是自古以来的规矩。绘画描绘了明治时代乡村中的礼仪。农民见到了地主，惶恐之至，跑上前去向地主施礼。由于荷物沉重，农民只能双手扶膝，用力弯腰弓背，岂知后背箩筐里的甘薯掉落了下来。图注写道，农民虽致礼心情可嘉，但施礼却不够标准。

22.07 日常寒暄是日本人基本的礼节，寒暄的表情、用语、姿势、态度都是达到寒暄效果的重要环节。明治时代传承了江户时人的做法，孩童从小就要学习礼仪，养成正确做人的方法。绘画中的一对母女，在街中遇见熟悉的人，两手放在膝盖上，弯腰鞠躬，寒暄问安。但女孩鞠躬时斜视对方有违正确的礼仪做法，应该像母亲那样才为正确。

22　民俗民风　449

22.09　一日劳作的丈夫归宅，妻子以礼恭敬丈夫是明治时代女性的基本做法。绘中妻子为丈夫准备了酒菜，慰勉一日的辛苦，为典型的小两口家庭风貌。可是这对夫妇居住在一个颇具时代特色的"长屋"内，家家相连，壁壁相隔，邻里之间几乎没有秘密可言。最长的长屋，屋屋相连达80米，一旦发生火灾，情况就会非常严重。长屋住家的孩子哭泣、夫妇喧哗、男女做爱，邻居都可以听得清清楚楚，各种噪音交织，只能相互忍耐。

22.08　《警官的妻子》图，妻子在门口送夫出勤，把做好的饭盒递给丈夫，表现的是夫妻之礼。

22.10　图左是债权者手拿借据催债，图右是债务人，他深蹲、双手扶地在做请求之礼，若双膝跪地则是哀求之礼。

22.11　世间有重礼仪之人，也有人不懂礼仪。图绘中一家男女在公共场合袒胸露肉实乃不雅无礼之举。

22.12 明治时代的礼仪规范训练对想要成为贤妻良母的女性来说非常重要。中国传来的"礼仪三百，威仪三千"的文化，被日本人深刻理解和应用。礼仪不单单是一种美，而且是关系到人类社会行为的习俗、制度、文化的规范。写真是日本女子学校的学生，在上礼仪训练课。学员要在互相监督下完成合乎规范的礼节动作。

22.13 日本茶道是以封建时代武士阶层为中心的一种修养和礼仪。在喝茶时静默心灵和行动，借助仪式完成心理之修行。茶道在日本是传统文化，但在日常生活中并不常见。其过程繁琐，茶事过程安静，动作虔诚优雅，在茶道仪式之中，只有在客人都喝完茶，对主人表示谢意后，才会开始交谈。明治时期女性婚嫁前修得茶道功夫，是一项重要的事。因为茶道被认为是一种礼仪修养，不懂茶道，就会被认为没有修养。写真是明治年间，女子学校在传授茶道技艺。

22.14 日本插花最初是指佛教寺庙内佛前供花。六世纪时，天皇特使小野妹子考察隋朝佛教，对佛教礼仪中的祭坛供花留下深刻印象。回朝后，向天皇报告供花之事并研究插花，成为日本插花的始源。后来，插花流入民间，形成了不同的风格流派。明治时代，插花被认为是有修养的主妇必备之技能。写真是女学生在进行插花创作。

22.15　图为1903年第五届国内劝业博览会开放的远东最大的水族馆。这是由建筑学博士设计的半永久地下构造的天井水槽与石板组合的立体水族馆，展出水生物达数百种之多，令观赏者眼界大开，流连忘返。

22.16　明治四十二年(1909)，东京"两国国技馆"建成，成为国技大相扑的殿堂。写真是两国国技馆6月2日开幕式的场景。当时的建筑费27万日圆，可容纳1.3万名观众。国技馆几经火灾多次重建，在太平洋战争中被日本陆军征用，用来制造飘过太平洋的气球炸弹。1945年3月美军空袭东京，国技馆再次被焚毁。1984年，新馆建成，土俵（相扑场地）上方装饰性的日式屋顶被悬吊于空中，支撑屋顶的四根柱子被取消，更便于观赏比赛，总建筑费150亿日圆。

22.17　东京浅草公园开园于1853年，占地面积8万平方米。明治时代公园面积缩小，在不同时期面向上层阶级展出了"西洋人形"、"万国鸟兽集"、"活动大写真"等。明治中后期，公园逐渐向庶民层扩展，展出老虎、黑熊等大型动物，还设置儿童游乐设施，并将动物园和植物园合并共展，受到大众的欢迎。写真是东京浅草公园入口处和购票处的景象。门口广告牌上画有黑熊、老虎、蛇等图像。

22.18 日本"曲马"技艺源自中国的"散乐杂戏",艺人在运动中的马背上做各种复杂惊险的表演动作以博得观众喝彩。明治时代,外国的曲马、曲象、曲熊也曾来日表演。

22.19 东京上野动物园于1882年开园,是日本最有名的动物园。门票平日1钱,休日2钱。图绘是1907年进口的长颈鹿,让日本人大开眼界。

22.20 1903年《风俗画报》插画,表现俄国马戏团来日演出,场场满员的盛况。但演出中途解约,马戏团归国。翌年日俄战争爆发。左上是清国的京剧戏曲表演。左下是东京上野国内劝业博览会开放的20米高滑山舟。

22.21 日本儿童的游戏给西洋人留下了深刻印象。江户时代,日本儿童的游戏活动已很多。《吾妻余波》记载,男孩游戏法 36 种,例如竹马、相扑、太鼓、釜鬼、驾笼等。女孩 15 种,例如手鞠、手玉、羽子、竹返、结缘等。男女孩合作游戏 60 种,例如骨牌、捉迷藏、道中、千手观音、水车等。洋人绘画中描绘的玩法,还有战争游戏、风筝、捉鱼、拍皮球、绘画、三味线、羽毛球、鲤鱼矢车。从江户、明治时代起,儿童每年的"宫参"、"七五三"节日一直延续到现代。当时这个岛国虽然贫穷,可是儿童们却生活得非常快乐。

22.22 日本儿童中最具人气的传统游戏"比比女",中国称作"老鹰捉小鸡"。玩法虽简单,但要全体配合。写真是明治初期,日本儿童在玩"比比女"游戏的情形。

22.23 明治年间,人们乘火车远行的画面。这个人们聚堆的售票窗口,是专门卖三等车票的窗口。三等车厢是面向下层民众的车厢,票价相对便宜,但舒适程度较差。从服装上看,乘坐三等车的人物各种各样,有农民、商人、绅士、妇女、军人、大工、打工仔等。从男乘客后背男孩的帽子可知,图画表现的是日清战争刚刚结束的年代。

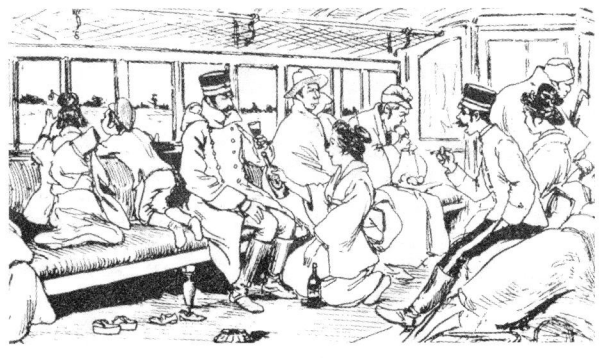

22.24 二等车的一个场面。日清战争结束,军官携家眷归乡,一双儿女像第一次乘坐火车那样兴致勃勃,眺望着一闪即逝的旷野。军官似乎仍然停留在战争的疲倦之中。妻子殷勤地给丈夫斟酒,期待他忘掉战争留下的阴影。

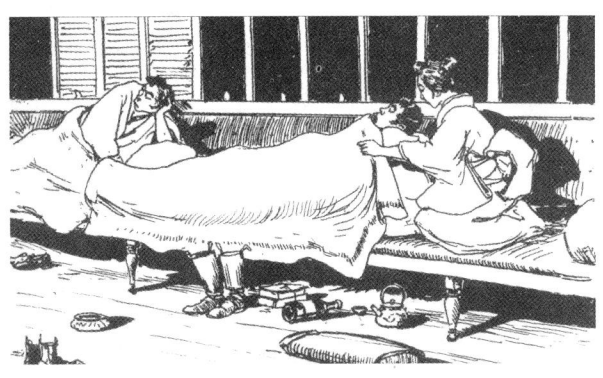

22.25 二等车内,窗外一片漆黑,列车已经进入夜行。一对日本富裕阶层夫妇乘客的画面。女人在伺候丈夫饮完酒、喝完茶后,照顾丈夫入睡,并一直在一旁守护。日本女人的体贴入微,令洋画家彼克感慨万千。

22.26 一等车内,窗外一片漆黑,列车已经进入夜行。一对西洋富裕阶层夫妇乘客的画面。此间情景与日本夫妇的完全不同。外国绅士在百般照顾妻子,长途旅行的妻子似乎很烦躁,难以入睡,丈夫拿来威士忌劝妻子喝上一点。

22.27 新桥至神户的夜行列车全程20小时，没有空调的列车像闷罐一样煎熬着远行的乘客。早晨列车停在了彦根车站，乘客们纷纷下车方便、洗漱。在人群中，竟然有一位戴墨镜的清国官员（左侧拖长辫戴官帽者），此人何许人也？

22.28 1872年日本铁道开业时，客车车厢分上、中、下三等。1897年改称一、二、三等，理由是舆论批评使用"下等"的名称会伤害乘客的感情。为了防止乘客上错车厢，各等级的车厢实施了喷涂一等白、二等青、三等红的色带区别试验。1896年关西铁道、1897年公营官铁，全面实施了颜色和记号区分法。同时车票也与车厢同色，方便了旅客乘车。当时，二等票大约是三等票票价的1.5倍，一等票大约是三等票票价的2.5倍。图绘是三等车内的情景。

22.29 写真是明治三十三年（1900）的银座，人来人往，热闹非常。道路中间立着燃烧嘎斯（瓦斯）照明道路的汽灯。远处可以看到电车的影子和电话线杆。照片真实记录了百年前庶民逛街的景象。

22.30 江户时代,日本人娶媳妇,无论武家还是民家,需要"仲人"(媒人)才可生效,即明媒正娶。明治时代开始允许平民和华族之间通婚,大正时代流行自由恋爱结婚,都需要有媒人参与。明治时代民间的婚礼,大多沿用传统的方式,做"三三九度"之仪。即在婚礼高潮时,新郎和新娘喝交杯酒,要交换三次酒杯,每杯酒分三次饮完。"三三九度"之仪象征两人严肃的结合,两个没有血缘关系的人,经过此仪之后就成了真正的亲人。

22.31 日本葬仪的民俗比较讲究。人死之后要为死者穿上丧服,脸蒙上白布。遗体头部朝北,称"北二枕"。佛式葬仪在遗体胸前放把小刀剑,以示能除妖避邪。第二日亲属在灵前守夜。第三日向遗体告别,请僧侣念经,烧香进香。仪式结束后出殡,送火葬场火化或送墓地埋葬。墓地有祖宗之碑,家中为故人设佛坛。中图是守夜之仪,下图是出殡之仪。

22.32 明治十七年（1884）太政官宣布：人死 24 小时后举行葬仪。出棺通常在下午一两点钟，暑季则多在早晨。葬仪之列，开路者高举提灯打头，接着顺位是生花、造花、放鸟、迎僧、香炉、牌位、棺。棺多为木制寝棺，白布包裹。奉公人、家族、亲戚、参加会葬者随其后。到达葬礼场地，僧侣诵经、会葬者烧香，丧主和前来诸位寒暄，葬仪结束。写真是葬仪的队列。

22.33 最早的火葬称作"荼毘"，是梵语火葬的日本语译音文字。古代印度存在水葬、火葬、土葬、风葬四种风俗。其中火葬视为正葬。相传释尊的骸骨就是荼毘的葬法。明治六年（1873），日本举国神道、神佛分离，公布了火葬禁止令，但遭到佛教徒的反对。从卫生方面的理由考虑，1875 年政府废除了火葬禁止令。日本近代自明治天皇以来，天皇和皇族采用的都是土葬。2012 年 4 月宫内厅宣布，平成天皇表示，死后希望火葬。图绘是明治初期贫民的火葬仪式。

22.34 《忌中之家》图。举办葬仪的家人，在门口挂出"忌中札"，对外示意哀悼期间。看见忌中札的乞食者们，纷纷前来讨食。他们知道丧家的供品自己家人不会吃掉，但是饥肠辘辘的乞食者们不在乎，请求丧家施舍。画中描绘了丧家面对乞食者们的尴尬，反映了明治初期社会贫困的现实。

22.35 日本人的刺青历史悠久,江户时代尤其发达。刺青文化据称来自中国长江流域吴越地区的民俗,有"断发文身以避蛟龙之害",防止其他生物伤害的效果。《魏志·倭人传》中有弥生时代日本"男子皆黥面文身"的记载。日本近世以来的刺青,有身体装饰、个体认知、社会地位、身份表示、宗教标识、刑罚标志等意义。明治五年(1872),太政官下令废除刺青刑罚,同年司法省发令禁止身体装饰性的刺青。尽管如此,刺青作为一种艺术被默认存在,成为阴暗角落的大众文化。绘画是明治初期的刺青者。

22.36 明治初期大户人家的厨房作业图。厨房内开设有一口水井,主妇正在打水,将水桶吊在滑轮上,能省力地将水汲取上来。灶台上的炊饭釜冒着开锅的蒸汽。家中雇佣了两位帮工妇,在繁忙地准备当日的饭菜。厨房内的橱柜、吊柜、餐具、各种水桶、饭台等一应俱全。

22.37 位于东京日本桥的鱼市场始于江户庆长年间(1596~1615),在幕府的许可下,渔夫商贾汇集在这里向幕府纳鱼,或在市场上贩卖。市井间常把鱼市场称作"鱼河岸"。鱼河岸一带是物流的集散地,商贾云集,形成了一个热闹非凡的商业中心。鱼河岸作为海产品零售的商业街,每日清晨就有最新鲜的海产品上市,大小料理店都会前往这里进货。写真是明治末期,日本桥鱼市场的一角。

22.38 明治四年（1871），明治政府发出太政官布告，公布"散发脱刀令"，俗称"断发令"。将发髻散开剪短，解除佩刀，象征日本人从此接受西方文明的决心。图绘是明治初期，"断发令"发出后，市井间理发馆内的情景。门口悬挂"千客万来"的招牌，理发座椅前高悬一幅"形直其影正"的横匾。理发镜前观己之影，暗诵横匾文意，可以理解明治国家倡导的明治精神和做人的道理。两位年轻人剪掉了发髻，一种新气象新感觉油然而生，有如跨入了一个新世界的心境。下围棋的两位中年人，心情忐忑，或许他们还在留恋这个象征武士阶级身份和地位的发髻。

22.39 学者三人，关于国家政治的讨论，各持己见互不相让。明治维新时期，涌现出很多关心国家大事的学者，他们为国家献计献策，推动了国家维新的步伐。

22.40 西洋人学者独自游历各地，考察日本这个神秘的岛国，来到山间一家小宿店，店女主人立即给客人端上茶水，脱掉鞋袜帮助足浴。真是不可思议的服务，洋学者百思不解。可举眼望去，井边的车夫竟然在人们面前赤身裸体用水冲洗身体，又一个不可思议的问题袭上学者心头，日本真是一个奇妙的国度。

22.41 明治维新，日本开放国门，吸引西洋人纷纷前来参观这个神秘的岛国。1894年西洋漫画记录了一个叫詹姆斯的英国水兵，独游东京遇到的故事。
（1）詹姆斯是英国军舰的士官，这一天休假独自上岸观光。刚登岸就有人力车夫前来诱说，劝其乘坐人力车比走路更快乐。
（2）詹姆斯似乎对横滨并不感兴趣，他要去东京，人力车载他去了樱木町火车站。
（3）詹姆斯乘上蒸汽火车，开往东京方向。
（4）詹姆斯在街上闲逛，竟成了人们好奇围观的对象，他无意间看到了一家旅馆。
（5）还真想尝尝日本料理，今夜干脆就住在这里。进入店家，主人却不让入内，比比划划才知道日本风俗必须脱鞋才能进屋。
（6）在店主人指导下，詹姆斯脱鞋入店了，但女店员在笑话洋人不懂规矩。
（7）詹姆斯坐定后向店主人比划，告诉他肚子饿了要吃东西，店主人也比划说懂了。
（8）榻榻米没有椅子，詹姆斯不会盘腿而坐，只能斜靠着，吸着烟等待上菜。
（9）菜肴来了，女店员端着酒菜摆在眼前。可是没有桌椅，詹姆斯只能趴着吃饭。女店员们看到詹姆斯使用竹筷子的样子，大笑起来。
（10）女店员终于明白这个洋人的为难之处啦，即刻用两个箱子做成椅子让洋人坐了上去。给他斟酒吃鱼串，詹姆斯满意了，躲在门后的店主人也高兴了。

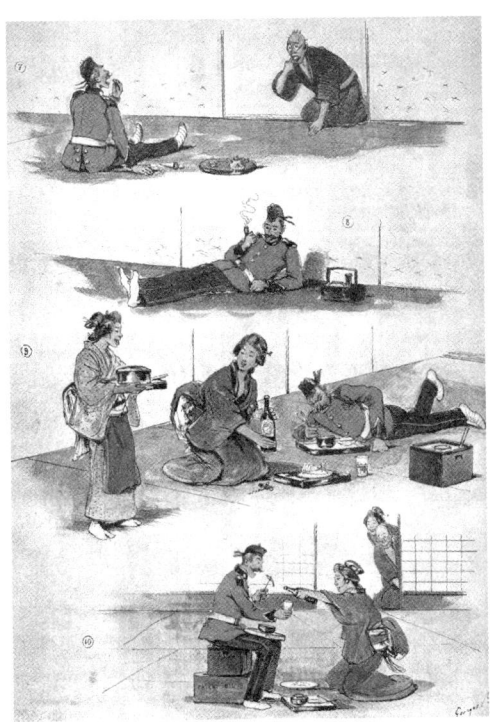

22.42 明治二十四年（1891）的风俗漫画《警察的烦恼》。明治维新时期，外国人纷纷来到这个东方神秘的岛国旅行和居住。外来文化的进入，给执行公务的警察带来语言上的烦恼。画中说，警官不会外国语，也不能失了体面。面对彬彬有礼洋人的询问，这位警官只能用手势比比划划为洋人指路，引来旁观者的嘲笑。

22.43　图为幕末及明治初期日本的"药商"走街串巷卖药的情景。各家药商组成一个卖药小队，吆喝贩卖自家药品。画师看到日本人这样的卖药方法深感惊讶，也对汉文化中同行是冤家的说法不以为然，岛国的同行竟然是另外一番景象。

22.44　"汉药研具"是从中国传来的将中草药磨成碎末的道具。在明治维新全面西化之前，汉医药方仍然是治病的主要医疗法。许多家庭会自备研具，自行煎药熬汤。图中老妇在研药，抱孩妇女在用药锅煎药。

22.45　历史上日本的汉方医是在中医基础上发展起来的医疗法，在江户时代尤其盛行，明治以后衰退。江户幕末至明治初期的医者，诊疗病者与中国医师的治疗法基本相同，多是通过号脉了解病情。医者根据病情开出治疗的药方，患者去药店抓药回来煎熬。绘中医者在聚精会神为病者号脉，采用的是三指号脉技法。

22.46 明治时代的日本人传承了江户时代的洗浴文化。对日本人来说，最能解脱一日劳作疲劳的是热水浴，每日入浴成为日本人重要的习惯。写真记录了明治初期庶民家的洗浴风俗。入浴者泡在木桶内，特制的木桶下有烧火处，可以加热木桶内水温。一般的洗浴顺序是，先将身体洗净后再进入木桶内浸泡。一家之主沐浴结束后，其他家庭成员再顺序入浴，佣人帮工最后入浴。

22.47 幕末及明治初期，日本人洗浴风俗令外国人惊异。左右两图，全家男女在一个浴槽内入浴被视为正常之事，并无羞耻可言。右图一家夫妇在桶内入浴，佣人在帮助吹火加热桶中水温。左图，公公婆婆、儿子儿媳、孙子孙女在一池混浴也视为正常。美国舰队佩里将军在日记中记载，日本人是猥亵文化的民族。日本人放荡的、非道德的、不贞的、无羞耻心的人格特性，在堕落自己的民族。东西方文化的冲突，给彼此带来多样化的认识和理解。

22 民俗民风 463

22.48 图绘是幕末及明治初期，地方官审讯嫌疑犯的情形。当时的诉讼手续，采用"吟味"和"出入"两种方法。"吟味"适用于刑事诉，让嫌疑犯坦白交代的审讯者右一是"吟味役"，右二是记录的书记官。背后的幔帐是"吟味挂"。被捆绑的人是嫌疑犯，左是看管手。图中场面森严，在官方掌握一定证据，而嫌疑犯狡辩否认的情况下，嫌疑犯将面临用刑拷问的皮肉之苦。

22.49 拷问之一。嫌疑犯拒不招供的情况下，会遭受用刑之苦。画面上的刑罚是让嫌疑犯跪在有棱的圆木上，在大腿面压上石板重物，逐渐增多，令其痛苦不堪，逼其交代。拷问现场会有审讯官、书记官、陪审官、执刑人等。

22.50 拷问之二。嫌疑犯拒不招供的情况下，会遭受用荆条或大竹板拷打之苦。行刑时，除去裤子露出臀部，行刑助手按住受刑人四肢，掌鞭手杖其臀部。虽然会打得皮破血流，但内骨不伤，却疼痛甚重，使其交代。拷问现场会有审讯官、书记官、陪审官、执刑人等。

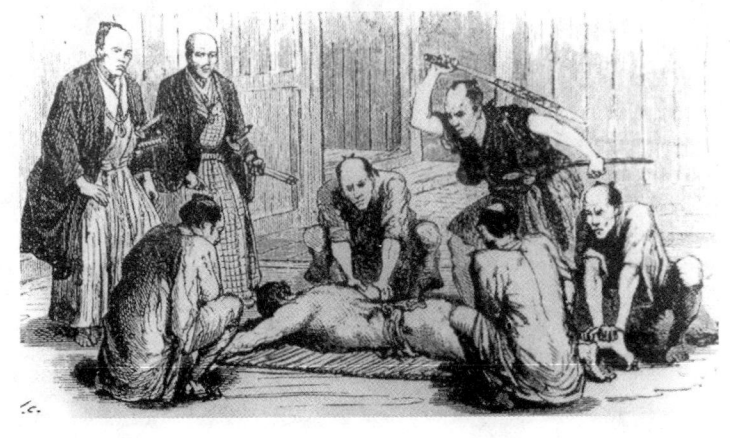

22.51 死罪犯人在行刑前，会被强迫游街羞辱，使众所周知。体质衰弱的罪人捆在马背上游街，体格健壮的罪人则带枷徒步。鸣锣开道的告示牌上记载犯人罪状，犯人被前后簇拥，从牢狱至刑场之间沿街巡回受辱。

22.52 拷问之三。逆吊嫌疑犯于井中，盖上木盖，令其受头朝下及黑暗恐惧之苦。

22.53 男女通奸、殉情未遂、僧侣犯色罪，适用于晒刑。晒刑是羞辱刑的一种，在众人面前让其精神上蒙受羞辱之苦。

22.54 "斩首刑"是使用日本刀将犯人头颅砍下的刑罚，与火刑比较，属于苦痛较小的刑罚。在死刑中算是比较轻的刑罚。事实上日本刀斩首刑的执行者需要具备高度的斩首技术，失败者并不少见，令受刑者痛苦万分。日本斩首刑的废止是明治时期江藤新平等人运动的结果。当时日本为了撤废与列强间不平等条约而积极斡旋，而日本又被西方视作野蛮国，在这一背景下，明治十五年（1882）日本废除了斩首刑。

22.55 "火刑"适应于放火的罪犯。在市街中游街示众之后，绑在预备好柴火的柱上。为防止绳子燃烧脱落，绳子用泥土包裹涂布。检视役确认正身后，下令点火。火刑结束的终点，必须是在（男性的鼻子和阴囊、女性的鼻子和乳房）完全烧毁后，处刑才算结束。行刑后尸体晒三日三夜，最后将尸体扔于荒野，让野鸟野犬食尽无归。

22.56 "狱门"等同"枭首"刑，被公开处刑后，将头颅斩断置于狱门台上晒首三日。狱门刑适用于强盗杀人、杀害主人、杀害地主家主人、假秤、假升伪造罪等罪行。狱门台高1.2米，用铁钉将头颅固定，黏土填充隙间。夜间用木桶罩住，由其他犯人站岗看管。台前树立犯人罪状牌。明治十二年（1879）太政官颁布第一号布告，废除了狱门刑。1882年废除了斩首刑。写真是明治五年（1872），杀害母亲的犯人的狱门首。

22.57 江户时代，武家社会对妻女的贞操规定非常严厉。幕府编纂的《御定书百条》中的密通罪规定，密通之妻死罪；密通之男致伤密通妻的夫，死刑狱门；密通之男杀害密通妻的夫，死刑磔门；与主人之妻密通死罪；本夫抓到妻子和奸夫的密通现场时，有权即刻斩杀奸妻奸夫而不问罪。密通罪的女子处刑方法之一是"木马刑"，受刑女子被迫骑在形如木马的三角背上，性器直接压迫在三角棱的峰口。随着时间的延长，玉门股间犹如撕裂般苦痛。重刑时两脚腕上添挂重物，使阴部痛苦倍增。臭名昭著的密通罪到了明治十三年（1880），改成"奸通罪"处以 6 个月以上、2 年以下的重禁锢刑。该罪名直到第二次世界大战结束的 1947 年才在新宪法中废除。

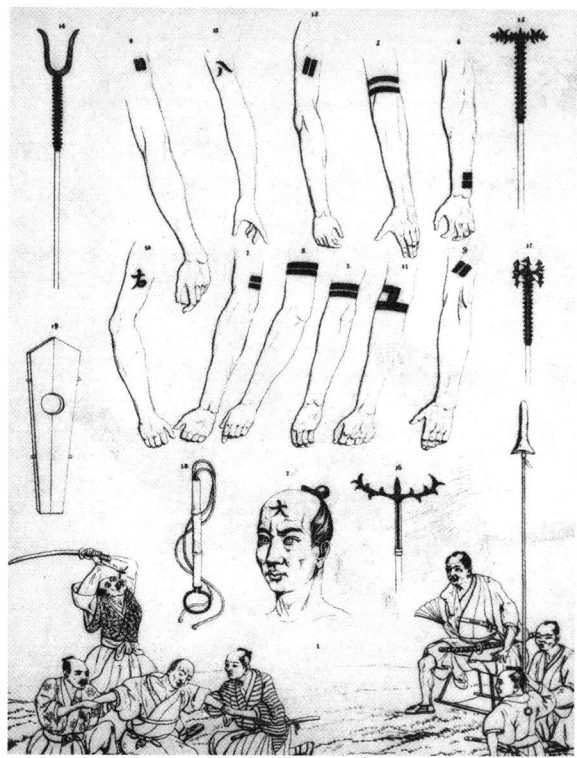

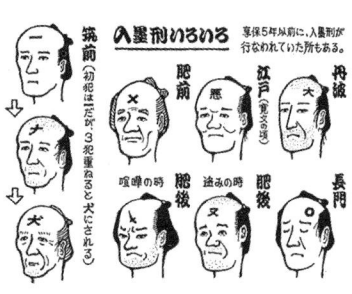

22.58 墨刑起源于古代中国五大刑罚之一，日本遣唐僧带回了唐朝的刺青文化。江户时代以降，为了抑制犯罪，刺青作为刑罚的一种，在胳膊左上部刺墨两圈，或刺上文字、符号、条状记号。但是各藩的刺青刑规则有所不同，也有轻罪在脑门上刺入墨的情况。初犯刺青入墨"一"；二犯加刺"ナ"；三犯加刺"大"；四犯加刺"犬"；犯罪五次则死罪。也有刺 X 形、O 形、"恶"字等符号的情况。明治维新以降，向近代国家体制迈进的新政府，明治五年（1872）下令废除刺青刑罚，同年司法省发令禁止身体装饰性的刺青，已经刺青者必须在警察署登记。可是 1881 年英国乔治王子（即后来的乔治五世）访日，特意在日本做了刺青；1891 年沙俄尼古拉皇太子和希腊皇子访日时也特意做了刺青。由此，刺青作为一种大众艺术被默认存在至今。现代日本虽然没有限制刺青的法律，但是整个社会对刺青表现出强烈排斥的意识，并限制刺青者的社会活动范围。

23　少数民族

　　日本大和民族的语源，出自于"日本民族"、"和人"的称呼。大和民族的母语是日本语，居住在日本列岛。弥生时代（约公元前3世纪～公元3世纪），在大和（奈良盆地东南部"和州"）地区生活的部落，组建了大和王权（大和朝廷），别称"大和国"。随着大和王权势力的扩大，大和部族的人在日本各地扩散，"大和"也变成了民族的名称。

　　古代中国各王朝把生活在日本列岛中心地域的人称作"倭"，日本列岛的政治势力也自称"倭人"、"倭国"、"大倭国"、"大和国"。历史上"倭"的字解曰：倭由"人"字加"委"字组成，"委"字由"禾"字和"女"字构成。禾是"粟的穗"，与"稻"和"麦"的穗比较，其形矮小突显弯弓之状。这样的形体再加上女字，委的整体就形成了弯腰弓背、体型矮小的柔而不刚的女人形，英语表达成"supple"。"委"字加"人"字，男女结合成了"倭"字，增加了柔顺、躬身、恭敬、柔弱、不刚的字感。奈良时代（公元710~794年）中期，倭人开始逐渐用"倭"的同音字"和"来替代"倭"字，在两字并用的长期演化中，"和"字后来成为历史称呼的主流。"和"者谐也，远古以来汉文字就赋予了"和"字以诸多美好的释义。倭人终于把弯体弓背的字形"倭"字去之忌用，改用"和"字表现日本民族。公元前后至七世纪末，倭国人改国号为"日本"。

　　近代日本国，除大和民族以外还存在少数民族，属于远东地区的先住民有：居住在北海道一带的阿伊努族、鄂罗克族、尼夫赫族。属于合并的集团有：居住在本州、四国、九州的虾夷、熊野、熊袭、隼人的先住民，这些先住民在中世纪以前就被大和民族完全同化。属于外夷被日本吞并的异族，主要是居住冲绳县、奄美群岛的琉球民族。在近代归化成日本国籍的韩国、朝鲜、中国大陆、中国台湾、欧美系人，被分类为日本国籍的外夷少数民族，但在国际法上通常解释为他国的国民，被排斥出纯粹大和民族的范畴。因此，日本国一般被视为大和民族的单一民族国家。

一、阿伊努族

　　阿伊努人是居住在日本和俄国之间的北海道、桦太岛（库页岛，又名萨哈林岛）、千岛列岛的原住民。中世纪以降，日本人称阿伊努人为"虾夷"，把北海道叫做"虾夷地"。

明治时代后的研究发现，阿伊努人相比蒙古人种（黄色人种）骨骼发达、体毛浓厚，从人种论的角度更接近高加索人种（白色人种）。明治以降，阿伊努人与和人不断通婚融合，现在血统纯正的阿伊努人已经很少了。

阿伊努人的农业不发达，农耕工具落后，没有大规模的土地开垦和农业种植。主要从事渔猎、山林采伐及贸易等生产活动。鲑鱼及鲑鱼干是他们的主要食物，也是他们用来与和人贸易的主要产品。阿伊努人信奉"泛神论"，相信动植物、生活道具、自然现象、海啸地震、疾患疫病的灵性。举行神事时，会对各种神膜拜祈祷，而且有在神前裁决审判的风习。

阿伊努人的房屋构造简单，先在地面挖若干个坑，坑内立一短木柱，夯实立柱周围的土，房屋基础就算完成了。然后就在这种"掘立柱"上面搭造房屋，各种梁柱组合成房屋骨架，房顶铺盖草茸，房屋即告竣工。阿伊努人的宝贝一般是从异文化圈得到的珍贵之物，如刀剑、银器、中国绢织物（虾夷锦）、漆器类、猛禽羽毛等。阿伊努人会携带物产经过桦太到达清国沿海，交换清朝官服、绢织物、铁制品、玻璃玉等物。

阿伊努人有自己的民族语言阿伊努语，但没有自己的文字。江户时代，北海道正式成为日本领土，日本采取了同化阿伊努人的政策，强制学习使用日本语。正因如此，近代以来，阿伊努人留下的文字记载，主要是用日语假名和罗马字母书写的。江户和明治时代，和人对阿伊努人的文化不理解，因此对阿伊努人采取比较轻蔑的态度。

阿伊努人有严厉的族刑法，村落内部有犯罪行为发生时，村长的权威至高无上，可以裁决被告者的罪行。一般通奸罪会切耳削鼻。盗窃罪会施以棍棒杖刑或处以断筋刑。阿伊努社会没有明文法典，村长的性格和情绪会左右量刑的轻重。性情温和的村长或会宽大处理，性情冷酷的村长则断罪严厉。阿伊努人没有统一的政权，执法在各个部族各有不同。北海道阿伊努部落没有死刑，桦太的阿伊努部落存在活埋刑。

二、鄂罗克族

现在鄂罗克人在日本的数量不明（约数十人），俄国境内的鄂罗克族共计346人。主要语言是俄语、鄂罗克语、日本语，居住在俄国的桦太岛。十九世纪中叶俄国人占领桦太岛，与岛上的原住民不断发生矛盾冲突。不满俄国人骚扰的鄂罗克族人、阿伊努人，被迫举家迁往北海道。明治时代，日本与俄国签订了《桦太千岛交换条约》，日本放弃了桦太岛。明治三十七年（1904）日俄战争中，日本夺回了桦太岛。后来，日俄双方根据签订的《朴茨茅斯和约》，将桦太岛划分南北两部分，南部归日本国所有。此后，迁往北海道的鄂罗克族人、阿伊努人又返回了桦太岛。太平洋战争日本人战败，苏联红军重新占领桦太岛，亲日本的鄂罗克族人、阿伊努人再度举家迁往北海道，加入日本国籍成为日本国民。在日俄间的长期争斗中，鄂罗克族人、阿伊努人实际上成为受害者。

鄂罗克族主要从事畜牧和渔猎业。传统建筑是用比较细的木杆，组合成尖顶帐篷样式的圆锥形小屋，外侧蒙上毛皮等御寒之物。其服装特点是贴身内衣多用鱼皮制作而成。鄂罗克族传承了先祖的传统工艺技术，擅长刺绣、白桦树皮细工、皮革工艺等，产品均有与外界进行贸易交换的记录。

三、尼夫赫族

尼夫赫族是生活在桦太岛中部的民族，与阿伊努族和鄂罗克族为邻，是相对较大的部落。现在居住在俄国的尼夫赫族约5300人，散落在日本的约30人。尼夫赫族有本民族的语言，在日本和俄国交错演变的历史过程中，尼夫赫族的语言也发生了变化。明治时代，居住在桦太岛和北海道的尼夫赫族人，使用俄语、尼夫赫语、日本语。第二次世界大战结束后，日本失去了桦太岛，岛上的日籍尼夫赫族人被苏联政府强制驱逐出境，迁移至北海道定居。

尼夫赫族人有着蒙古族人的骨骼特征，最初，以吉里迷为首的部落生活在黑龙江下游至桦太岛一带。据传，吉里迷是蒙古建国功臣木华黎的子孙，服从蒙古王命令居住在黑龙江下游，后受俄国势力排挤，被迫向桦太岛迁移。

日本关于尼夫赫族和鄂罗克族的历史记载，主要集中于1905~1945这段时期，即从日俄战争后日本获得桦太岛南部，到"二战"结束苏联完全占领桦太岛为止。由于战后这两个民族移居日本的人口数量很少，无法形成独立的文化体系，构成真正的少数民族。但是作为日本明治维新以来近代历史的一部分，留下了曾经属于过日本的外支民族的痕迹。

四、外夷族

日本国最大的外夷族是来自中国的汉人，汉人移民日本，在历史上曾留下很多传说。司马迁《史记》中有徐福为秦始皇寻长生不老仙药，率数千童男童女，携五谷粮种东渡日本的记载。还有唐代著名的鉴真和尚为传播佛教执意东渡日本的壮举。无论历史背景如何，他们都是从中国移民日本的先驱。历史上，日本崇尚中华文明，数千年华夏文化博大精深，让日本人充满憧憬。汉唐的文字、诗歌、法典、佛教、风俗、儒教等，都是倾倒倭人的大陆文化。在岛国人的朦胧臆想中，海那边就是富饶的土地和丰衣足食的"东方天堂"，大和人内心深处隐藏着复杂的民族劣等感。近代影响东亚格局的日清战争，让日本人来到梦寐的"天堂"，当远征兵目睹清国人贫困的世相和无秩脏乱的国度时，强烈的反差改变了日本人心中对东方大陆的憧憬。对大中华文化固有的"赞赏"、"崇敬"心理开始崩溃，隐藏在内心的劣等感迅速逆转，大和民族自身的优越感开始成为时代思潮的主流。

明治四年（1871）《日清修好条规》缔结，从清国来日本经商和定居的商人增多。明治九年（1876）在日清国人总数达到2449人；1893年日清战争前达到5343人；1937年日中战争前为2.7万人；截至2010年，旅日华人为：687,156人（大陆）、44,072人（台湾）。现代日本的法律将居住在日本的中国人定义为"在日中国人"。

日本第二大外夷族是来自朝鲜半岛的朝鲜人。明治九年（1876）《日朝修好条规》缔结，1880年朝鲜在日本开设了公使馆。此后朝鲜留学生、政治避难的流亡者开始在日本居住。明治四十四年（1911），旅居日本的朝鲜人已经达到2527人。日韩合并的时代，韩国人大量东渡日本，把日本作为自己的国家而定居。朝鲜战争的时代，战火中的韩国人大量涌入日本，其中许多韩国人被征发为劳工。1930年的调查显示，"在日朝鲜人"人数为419,009人，截至2011年达545,401人。现代日本的法律将居住在日本的朝鲜人、韩国人定义为"在日朝鲜人、在日韩国人"。

近代历史上，白人至上主义和人种差别的思想在全球蔓延。在白种人眼里，黑色、黄色等有色人种的肤色是对上帝的冒渎。只有白人才是先天优良的、可以支配有色人种的种族。掠夺他们的财产，奴役他们的民族是天经地义的事情。西洋白人至上主义的傲慢思想、大中华的华夷思想、朝鲜小中华思想、日本唯我独尊的思想，在十九世纪的文明大碰撞中动荡了世界。中日朝三个国家采取了各自的立场和方式应对，争强好胜、好奇心极强的日本人，认识到本国文明的落后，从此开始了"脱亚入欧"意识形态的大转换。在脱亚入欧的背景下，日本政府招聘了大量西洋人，前来帮助建设国家，其中不乏与日本女性通婚的西洋人。日俄战争后，随着日本国家实力的崛起，以及不平等条约的撤废，曾定居日本的洋人在日生存的优惠政治环境丧失，被迫纷纷返回祖国。明治维新日本脱亚入欧，学得了西方文明，战胜过大清国、俄国、德国，"二战"中以一国之力与多国联军胶着，最后败于原子弹的威力。可是日本人从心底里，没有真正屈服过白人至上主义的人种差别。

日本法律中虽然没有"外夷族"之说，但是日本近代以来在大和国粹主义意识形态里，曾经对世界大多数民族有过轻蔑的历史。这是明治维新以来国民意识的转变，国家经济的腾飞，军国主义的膨胀，对外族侵略的扩大，形成的狭隘民族优越意识的结果。战败后的日本一度反省，但是随着经济大国的崛起，唯我独优、轻视外国人的潜意识仍然在心底涌动。

23 少数民族 471

23.01 美国教育家古拉库博士是园艺学、植物学、矿物学家。明治九年（1876）受日本政府招聘来日，担任札幌农学校（现北海道大学）的第一任首席讲师。他的教学风格是经常带领学生前往原野、森林、山川，现场教授动物学、植物学，了解当地居民的生活文化。写真是明治十年（1877）古拉库博士与桦太岛居民阿伊努族女性在一起的合影。女性们身着皮袍，足蹬毛靴，有着未开化的土著风貌。

23.02 中世纪以降，日本人把北海道叫做"虾夷地"，称那里的原始居民为阿伊努族人。阿伊努人的人种特征是皮肤较黑，毛发浓密而长，脸上和身上的汗毛蓬茸，成年男子身高约 1.6 米，面孔有白种人骨骼特征。明治以降，北海道得到开发，阿伊努人与日本人通婚比例增加，现在纯正的阿伊努人已经很少。写真是胡须茂密的阿伊努壮汉。足蹬草鞋，身披动物皮袍，格斗武器是圆粗的棍棒，凸显出好斗的勇猛气质。

23.03　阿伊努人有自己的语言"阿伊努语",分口语、雅语但无文字,属于马来-波利尼西亚语系。他们流传有许多传说故事和叙事诗歌,与大洋洲各地土著居民的民间创作有类似的地方。图为阿伊努一家人和他们居住的茅草屋。

23.04　阿伊努人自古以渔猎为生。随着日本人进入北海道,阿伊努人逐渐放弃了原始的生活方式,开始了种植和渔猎兼顾的生活方式。写真是阿伊努男子和他们的草屋、小舟。

23.05 阿伊努人曾是一个渔猎民族，驾着独木舟在水上游弋，持枪在林中逐鹿奔跑，过着自由自在的生活。广阔的北海道森林、原野、大海是他们赖以生存的故乡。这种生存方式与大和民族完全不同。

23.06 阿伊努人风俗信仰中最有名的是"熊祭"。在森林中捕捉熊仔，当作熊神来饲养供奉，经常围绕关熊的笼子载歌载舞，直到将熊仔饲养长大实行"熊祭"仪式，将熊杀死送往天国，写真是将熊解体前的仪式。

23.07 阿伊努人视熊为神圣,但熊又是他们狩猎的对象。在捕杀时用"矢毒"箭射杀,称作"毒神之礼"。写真是猎人用箭射杀熊之后,向熊神跪拜施礼的情形。毒箭毒性极强,熊只中一箭便倒地毙命。

23.08 现代人在阿伊努岩画中发现了阿伊努社会存在的古老文化。有手持带柄石斧的人,有渔民、猎犬、栅栏、独木舟、太阳、水兽、鱼叉、跳舞的人和巫师等图案。反映了阿伊努先人的渔猎生活和祈祷神灵乞求丰衣足食的历史风俗。写真是巫师在为虔诚的村人作法呼唤神灵的情形。

23.09 阿伊努人神圣的酒宴,祈祷神灵保佑渔猎丰收。在祭日的酒宴上,宾客们酒足饭饱、情绪高涨,座席中年长者站起来跳舞,口中不断发出吆喝声,并即兴念赞美诗,向人们祝福。写真是阿伊努人神圣酒宴上祭神的场景。

23.10 写真是阿伊努人面对大海舞刀,向死神示威作法的情形。

23.11 阿伊努人有本民族的生死观,人死后将归属神的世界,到神的世界去生活。因此死者将带着生前使用的狩猎工具、裁缝用具作为陪葬品埋葬,而且生前的家具、生活用品、生活的草屋全部烧掉,送死者去往那个世界。一般葬仪,第1日准备死者装束、墓碑、陪葬品等;第2日遗体入殓、守夜;第3日出棺、埋葬;第4日焚烧生前小屋。写真是家属把死者生前的小屋烧掉的情形。

23.12 阿伊努人草屋内的陈设。居室的中心是煮饭和取暖的炉灶,称作"围炉"。棚顶上挂着风干了的鲑鱼。鲑鱼是阿伊努人生活,特别是越冬不可缺少的食物,烹调时将鲑鱼挂在围炉上方用炭火熏制。室内的其他陈设非常简单,仅见地铺等简陋家具。

23.13 明治初期，日本政府的北海道开拓使鼓励本州岛日本人移民北海道，并对移民给予米、钱、农具等方面的支持。最初的移民以东北一带的士族移民为主力，后来，平民逐渐成为移民的主流。移民大多是东北和北陆地区的居民。明治六年（1873），在开拓使次官黑田清隆的建议下，政府开始实施屯田兵制度。屯田兵担任北方的警备和开拓任务。前期屯田兵的募集，原则上以士族为对象，称作"士族屯田"。后期屯田兵以平民为对象，称作"平民屯田"。他们平时以经营农业为主，同时执行军务。其人数在明治三十七年（1904）撤销之前，已经达到4万人，经营37个兵村，开发田地面积达20,382町步。日清战争期间，屯田兵经过整合编制，派出一个师团前往清国"满洲"作战。写真是1895年北海道太田屯田兵的一户人家。他们已经达到了小康生活水平，家里有地有马有房，丰衣足食。

23.14 写真是明治二十八年（1895）尼夫赫族人的一个大家庭。尼夫赫人俄语称"吉利亚克人"，是西伯利亚东南地区原住民族，有典型的蒙古族人骨骼特征。分布于黑龙江下游至入海口以及库页岛北部，现俄罗斯联邦的哈巴罗夫斯克边疆区和萨哈林州。近代也有居住在北海道，以捕鱼、狩猎、养犬为生的尼夫赫人。

23.15 居住在北海道、桦太岛、千岛列岛的阿伊努人。中世纪以降,日本人称阿伊努人为"虾夷",把北海道叫做"虾夷地"。

23.16 有蒙古族人骨骼特征的尼夫赫族,与阿伊努族和鄂罗克族为邻,在当时是相对较大的部落。

23.17 居住在北海道的俄罗斯人。1917年苏联十月革命后,逃亡至北海道避难的俄罗斯人达7251人。日本现存少量的俄罗斯归化者。

23.18 有蒙古族人骨骼特征的说俄语的鄂罗克族人,史上几经辗转举族迁往北海道,现仅存数十人。

23.19 十八世纪,俄国远东的舰船沿着千岛列岛频繁出没。十九世纪俄国人占领桦太岛,与岛上原住民不断发生冲突。不满俄国人骚扰的鄂罗克人、阿伊努人被迫举家迁往北海道。这些说俄语的土著人在北海道和阿伊努人杂居在一起。写真是日本人、阿伊努人、白俄人收获后的合影。

23.20 江户幕末开港以来,函馆成为外国船舶进出的重要港口,函馆市作为北洋渔业基地随之迅速发展起来。从函馆山周边开发,逐渐扩大到整个龟田半岛。日本政府开拓北海道时,先后在函馆设置了开拓使派出所和支厅。在北海道厅成立前,函馆是县厅的所在地。写真是明治二十二年(1889)在函馆弁天炮台鸟瞰市内近代化街道的景象。

23.21 明治九年(1876),札幌本厅物产局建设了制丝所、葡萄酒制造所、麦酒酿造所。最初酿造的葡萄酒是山葡萄酒,味道酸涩。写真是札幌葡萄酒制造所开业典礼的景象。大门口摆放了数十个酿造葡萄酒的高大木桶。

23.22 明治十三年（1880），北海道开拓厅在美国技师指导下，开始采掘煤炭。从人力采炭到机械化采炭，北海道幌内炭矿作为日本近代煤炭工业的先驱辉煌了半个世纪。最大矿洞"北炭"的生产量达到了100万吨。写真是明治三十年（1897）幌内炭矿的矿车铁道。

23.23 明治时代，北海道发现了煤矿，吸引了来自日本各地的劳动者。坑夫（矿工）三班轮番上工，日夜不停地开采煤炭。矿洞内的生产条件落后，频繁发生爆发伤亡事故。写真是明治三十五年（1902），夕张炭矿坑夫的工棚。

23.24 坑夫的劳动存在各种各样心酸的历史记录。明治十六年（1883），开始有受刑者在矿井内劳动服刑。1916年在"万字坑"、"美流渡坑"等矿井，先后有包括朝鲜人、中国人在内的数万名劳工被强制送入矿井内劳动。在宿舍住地，保留有"鲜人共同墓碑""清住墓地"的外国劳动者之墓。写真是坑夫把采掘出来的煤炭，从矿井下用矿车运出地面的情形。

24 明治女性

一、母权的时代

母权制度是指国家权力由女性，尤其是家庭权力由母亲掌握为特征的社会形态。世界上的许多国家都出现过母权时代，在她们经历的时代里都留下了有别于男性特征的历史记录。日本从古至今126代天皇中，就有过10代女性天皇，其中8代女天皇集中在公元7~8世纪的飞鸟、奈良时代。日本女帝的产生与皇位交替关系密切，古代天皇在皇权交替时，为避免流血冲突，保证政权的和平过渡，就先由皇后或皇太后即位。待皇太子长大成人，她们再隐退幕后让皇太子即位，故日本史上的女帝被称作"过渡天皇"。历史证明女性天皇的角色，具有缓和权力之争，避免流血冲突，保证皇位和平交替的作用。

日本民间社会的历史，长期存在"婿入婚"的婚姻形态。婿入婚的家庭结构中实行母权制，男女结合的主要特征是男子"出嫁"到女家，孩子由女方家抚养，亲子关系均依母系确定，家庭财产主要传给女性后代。母亲在家庭中拥有绝对发言权，母亲和母亲家族对后代的成长拥有绝对的影响力和支配权。

日本江户时代，"婿入婚"的婚姻方式，传承了自古以来的民俗。但是崛起的武家社会（武士占统治地位的社会）开始影响"嫁入婚"的婚姻形式，"家父长制"的家庭构造受到重视，母权影响被削弱。江户时代武家的家庭习俗中男子优位，长男拥有继承权，而在民间的商家和庶民家庭习俗中，女性拥有较高的权利和继承权。江户民间有"三行半"的风俗，指夫妻关系中女性有权写下三行半文书表明离婚的意愿，一纸婚姻解约书就可以脱离夫妻关系，休掉丈夫。婚姻生活中，夫妻之间有明确的借贷记录。武家丈夫若要离婚，必须还清妻子从娘家带来的"嫁妆钱"，否则无权提出离婚。江户的婚姻家庭，女性承担家庭全体幸福的责任。妻子作为家中主妇，根据自己的判断，有权调度一家食物、衣物、子女用品、教育费、丈夫的用度、社交等的支出。丈夫是收入的创造者，妻子是家庭的银行家。江户时代，无论武士、百姓、町人阶级的家庭，女性都处于较高的地位。

二、近代女权的倒退

近代日本女性的地位和权利，从明治时代至第二次世界大战日本战败为止，呈现退化的趋势。明治二十三年（1890）《教育敕语》发布，恢复了儒教的道德观，朱子学的男尊女卑倾向抬头。"家父长制"制度被强制推行，民法规定长男拥有继承权，男性被赋予绝对优势的地位。明治时代男女在一起行走，要求女性的位置须在男性身后三步以内为正确礼仪。女性虽然有提出离婚的权利，但法律规定女性单方面有维护贞操的义务。婚后丈夫使用了妻子的嫁妆钱，离婚时也可以不全额返还。在武家的社会圈内，妻子不伦会受到严厉的惩处，女性的地位和权利被严重侵害。明治二十二年（1889），在皇室制度改革中，限定了只能由男性继承皇位，否定了女性皇族可以继位的"旧皇室典范"。明治新政府只承认男性有参政权，将女性排斥出决定国家政策的政治权利范围。

明治十七年（1884），《告姐妹同胞书》发表，引起世论对新时代女性意识的关注。女性向全社会呐喊主张男女平等，"这个世界是由男女组成的世界，仅靠男子不能创造世界。社会一日没有女人，人类就会灭绝，国家亦将消亡。"在女性声张自由民主、寻求自身社会地位的同时，政府则从法律上强化了男性的社会权限。明治十七年（1884）发布《町村会法》，规定选举权只限男性。1890年发布《集会及政治结社法》，禁止女性从事政治活动。1893年发布《新闻纸条例》，禁止女性出版发行报纸杂志。这些法规的颁布，无异于政府从立法层面限制女性争取权益的社会活动。1898年发布的《明治民法》更是在史上留下恶名，通奸罪法律条文规定："妻子暗中在外有情人，被丈夫抓着通奸现场时，当场杀死奸夫奸妇无罪。"

明治维新为了充实国力，政府全力推进富国强兵政策，在殖产兴业、强化军备的进程中，对女性劳动力的需求日益增大。女性开始成为日本社会最廉价、最吃苦耐劳、最逆来顺受的群体。明治时代的思想家们秉承儒教思想，坚持"男尊女卑"的伦理立场。对女性的认知仅停留在可以生育和哺养子孙，递增和扩大劳动人口的层面上。明治时代男尊女卑的思想倾向日甚，严重破坏了明治维新主张的文明开化中男女平等的原则。

三、女性权利的追求

明治维新是文明开化的时代，各种各样的价值观和江户时代的社会相比有了很大变化。士农工商四民平等，消除了身份差别；在男女社会关系上，男女平等的意识开始萌芽。明治政府为实现男女平等，首先着手解决男女平等接受教育的问题。明治五年（1872），政府发布《学制》，明确提出了要实现男女平等接受初等教育的政策。同年，《艺娼妓解放令》发布，明确了强迫女性出卖身体是侵犯人权的行为，为从娼妇女的解放建立了法律保护依据。

明治四年，政府派遣庞大的岩仓使节团（遣欧使），前往欧美诸国学习西洋文明。政府的举动类似公元七世纪初至九世纪，日本向中国唐朝派出遣唐僧学习大唐文明一样。岩仓使节团选拔了数名女子留学生，她们的学习成就为后来日本女子教育事业的发展作出了极大贡献。1874 年女子师范学校设立，提出了女子无论老幼都应该有知识的教育观。明治时代，女子教育虽然相对男子进展迟缓，但是女子教育的必要性逐渐被社会认知，女子义务教育、高等教育得以迅速发展。

女子教育的社会呼声日益高涨，许多启蒙类女性杂志出版。代表性的有明治十八年（1885）创刊的杂志《女学》。其出版发行的宗旨云："吾等乃人间之母，是守护养育吾等之姐，是教导吾等之妻。抚慰帮助吾等，其情如花、其爱如蜜，在武暴的世间，只有吾等妇人女流才是莹滑耿节之辈。"《女学》主张，应该将欧美社会女性的权利意识与本国传承的女德相结合，培养适合日本社会的道德女性。杂志内容充满新意，宣扬新时代女性的世界观，表达新时代女性的志趣、理想、地位、贞操、爱情、生活。为争取妇女的权益，向全社会发出呐喊："观我妇人今日之地位，仍处未开化阶段，而西洋诸国观我文明标准之一，乃观我女性地位是否文明开化，日本社会必须重视我女性存在的重要性。"

四、女性自立的诉求

明治时代和江户时代，所追求的女权角度不同。江户时代女性追求的女权在家庭内，明治时代女性追求的女权面向社会。明治时代的新女性对家庭和社会充满了更多的冲动，因此也遭到男权主义的更多阻挠，赋予的儒教道德枷锁愈加沉重。

明治时代妇女自身改良的重要标志是"女性自立的追求"。明治十九年（1886），新女性提出了"女性独立和生存能力"的大讨论。女性们在思考，为什么女性被社会轻视呢？"原因是自身没有维持生存的必要技能。社会确定了女性靠丈夫的劳动获得生存来源的惯习，可是一旦丈夫去世，女人就会失去生计，甚至流落街头。当今日本成年人口 3700 万，意味着 1800 万男人背负着 1800 万没有生存技能的女人包袱，如此巨大而生存脆弱的女人群体，给社会和家庭都会带来负担。女性若要自立于社会和家庭，必须经济自立，经济自立必须掌握技能，掌握技能就必须学习文化。"新时代的女性勇敢地探索自身的地位和生活方式，公开议论和挑战男性独占的权利。

明治二十年（1887），受西方女权思想的影响，女性社会活动家呼吁女性经济自立。主张女性（妻）若打破经济依赖的局面，必须做到（1）积累自身的财产，需要有自己的职业；（2）拥有自己财产的法律保障；（3）有为自己诉讼的书写能力和诉讼场所。1888 年围绕《民法》中关于妇女的地位，社会上展开了广泛议论。东京妇人矫风会机关报编辑丰寿氏，发表了主妇家庭劳动可否享受对应报酬的言论。丈夫在外工作赚取月薪，妻子在家统揽家事、育儿、杂务，组成了各负其责的家庭结构。因此丈夫月薪财产的一半，理所应当属于妻子的财产。女性权益的诉求赢得了舆论的热议和广泛赞同，结果遭到社会反面意见的批判和追究。1898年《民法》诞生，"亲族篇"、"相续篇"中规定，妻子婚姻特征是嫁入夫家，法律视为"无能力者"。法律默认"妻子以外女性"的存在，财产继承时，庶子（非原配妻子所生儿子）的权利超过原配妻子养育的女儿。明治政府推行的政策，固定和强化了男尊女卑的立场，女性自立的呐喊遭到挫败，女性地位低于男性的社会环境形成。

五、明治时代女工的苦难

明治时代是日本由封建制度转型为资本主义制度，走向西洋文明社会的历史过程。近代化建设和明治政府对外战争的需要，呈现出对廉价女性劳动力需求的巨大市场。招募女性劳动力的单位，视女性为"生产力头数"，即像牲口一样的生产工具。她们被残酷剥削于社会的各行各业，女性成为日本资本主义崛起的被奴役和盘剥的廉价群体。生活贫困的农村和渔村的大量女性，或进入都市的工厂超负荷工作，或被迫前往海外，堕入花街柳巷的娼业深渊。

明治时代女性在家庭中的劳动，仅仅被视为家庭生活的辅助劳动者，非创造财富价值的劳动者。用劳动"薪水"标准衡量，女性在家庭内就变成了过剩劳动力。广大农村的主妇和大量闲散的未成年女性，因为年纪轻、幼者多、文化水平低、工作细致、易驾驭、薪水要求低，而成为资本家乐于雇佣的对象。农村女性主要被招募进入织物、生丝、棉纺、陶瓷、洋火等产业，工业集中地爱知县当时就集聚了数万名女性劳动者，占劳动者的60%以上。女工劳动条件极其恶劣，劳动强度极大，织物工厂女工每日劳动时间超过12小时以上，97%以上女工吃住在工厂，长时间劳动所得薪水非常微薄。女工逆来顺受，可以在条件更恶劣的环境下劳动，却任劳任怨，不敢述说苦情。在恶劣的劳动条件和卫生环境中，很多女工未及成年，就已经病倒、累倒、死亡、归乡。当时最恐怖的结核病在工厂蔓延，被迫归乡的女工又将结核病带到农村蔓延，引发全国结核病大流行。明治三十年（1897），媒体纪实报道了女工劳动现场的悲惨状况，在社会引发保护劳动者的运动。1911年日本颁布《工厂法》（1916年实施），规定最低就业年龄为12岁以上，最长劳动时间12小时，禁止深夜劳动。事实上，工厂劳动条件并没有得到实质性改善，全面禁止女性深夜劳动的规则直到1929年才得以实现。

六、明治时代的娼妓

明治时代的女性国民史，曾经有过黑暗耻辱的悲剧。明治早期，国家百业待兴，可是改朝换代带来的贫困困扰着国家的经济，各地民生苦不堪言。大量贫苦妇女为了谋生，被迫进入游廊娼街、贷座敷，从事酌妇、艺妓、私娼、奉公女的卖身业。许多贫家因无法偿还债务，只得把女儿送进娼街，用女儿卖身金还债。国内的女性还大举涌向南洋、欧美、清国等地，那里到处可以看到日本人繁盛的娼街。

明治时期，国家为了获得外汇来源，曾经使用卑劣手法诱骗数十万日本女性，作为性奴被卖往海外淘金。当时日本的外汇收入第一位是生丝产业，而输出海外卖春的日本妇女给国家赚取的外汇额达到第二位，为国家购买武器弹药和战后复兴运作出了准备金。明治维新时期，日本需要向欧美国家购入大量武器弹药，可是国家没有外汇支付货款。大文豪福泽谕吉向天皇进言，建议允许日本女性以卖春妇的形式输出海外，用人口买卖的方式获得资金购买武器。

明治十八年（1885），天皇家族与三菱财阀创立了"日本邮船会社"。会社的邮船大批向海外运输诱骗拐来的日本女性，途中大部分年轻处女被强制接受卖春教育，遭到英国船员的奸污。她们到达欧美等国后，即被赶进妓院，在监禁中强制接客卖春。1900年，日本媒体大肆宣传"去海外能有好工作，还能谋到好生活"的言论。报刊到处刊登"去梦寐的美国工作，去海外习得教养"的招募广告。年轻纯真的女性们相信了舆论的谎言，大批来自九州等地贫困农村的年轻良家处女被诱惑受骗。她们付出高额中介费用，背井离乡登上日本邮船前往世界各地淘金，可是等待她们的却是人身买卖的心酸和用青春交换的血泪。当时欧美妓院买卖1名健康的日本女性，卖身金额达数千日圆，相当于日本普通公司职员10年的薪水。如此卖往欧美国家的日本女性人数达数十万之众，庞大的肉金成就了日本政府富国强兵的野心。

政府有组织的欺骗行为，激起了不明真相的日本妇女偷渡海外的热潮。在南洋、欧美、清、俄各国的繁华地区，日本人的娼馆门庭若市。明治时期的报刊有过许多真实的报道，在前往澳大利亚的船舱内，发现窒息死亡的卖春妇尸体。加拿大温哥华港的木制货箱中，发现藏有数名日本卖春妇，企图密入登岸时被发现抓获。横滨港开往华盛顿的英国商船，在搬运大木箱时不慎将其翻倒，藏在其内受伤呻吟的女性被发现，箱内开有通气孔洞并备有面包和水等生活必需品。各国纷纷谴责日本买卖国民的恶劣行径，把抓获的偷渡妇女和无执照的卖春女遣送回国。数十万远渡海外的日本卖春妇，创造了世界史上最大规模的女奴越境贩卖纪录。众多的年轻女性感染梅毒等恶性疾病死亡，也有不堪病痛用利刃刺喉自杀者。在荒凉之处和丛林之中，隐藏着她们望乡的简陋墓碑。日本女性为国家的崛起作出了巨大的牺牲，这是明治时代日本一段不光彩的历史。靠输出贩卖性奴振兴国家的行为，永远成为日本隐藏的不愿提及的国家耻辱。

24.01 日本是多地震、多暴风雨、多灾害的岛国。日清战争前国家自产米粮不足，粮商趁机哄抬米价，各地粮米暴动事件频发。图为日本贫困人家的餐桌上，只有少量的米饭和咸菜。

24.02 明治四十一年（1908），日本第二届文化展展出了画家满谷国四郎的油画《车夫的家庭》。绘画描绘了明治时期穷困阶层的生活景象。明治末年，内务省一项"细民调查统计"显示，仅下谷浅草地区的3000户人家中，就有435人从事车夫的职业。他们主要为富裕阶层服务，为了揽到客人经常露宿街头，或在不洁的道路上奔波。可是他们每日的收入，平均只有22~23钱。画中车夫的妻子目光呆滞，为病在家中的丈夫和一日无收的境况发愁。

24.03 左下图，江户和明治时代，女孩拥有良好的教育对大户人家来说是非常重要的事情。写真中的大家闺秀，已经具备可以书写长文的水平。右下图，虽然贫穷，还要学习认字，明治年间日本女性的识字率因此远远超过西方国家。

24.04 明治时代，庶民家庭的出生率保持较高的水平。可是贫困和家庭人口的增加，使家境愈发艰难。写真中的年轻母亲，有了长女、长男，后面还背着一个男孩。旁边另一家的女儿，背负着照顾弟弟妹妹的职责。这种情况在当时的农村非常普遍。

24.05 江户时代，很多为人父母者希望自己的女儿将来做艺妓，很多女儿自己的远大理想也是做艺妓。古代，艺妓是以卖艺为职业并非卖身。可是贫困使一些艺妓被买卖，堕入游女的世界。明治时代，洁身自好的艺妓受到尊敬，她们把自己与游女严格区别，严守不出卖身体的气节，一生没有婚嫁的有名艺妓大有人在。艺妓的培养成才，需要耗费莫大的金钱和时间，在年幼时开始培养，礼仪、琴棋书画都是学习和训练的内容。左图是立志成为艺妓的女孩在学习三味线琴的弹唱。

24.06 明治时代，日本女性开始寻求欧美女性的权利，经济自立，即使家有小孩，在家里也可以从事内职劳动贴补家用。十九世纪九十年代，日本纺织业快速成长，工厂急需劳动力。在一个男人薪水可以雇佣三个女人劳力的背景下，大量廉价女性劳动力走出了农村。图绘是明治时代火车到达了偏远农村，人们的思想初步开化，家庭主妇也有机会出来工作。图中带小孩的主妇，担任铁路安全观察员，正在放行火车通过，准备穿行铁道的人们被阻挡在止步绳索之后。

24.07 明治时代早期,人们对女子接受高等教育的必要性还不甚理解,男女不平等意识普遍存在。在这个背景下,作为女子高等教育机构的日本女子大学诞生。学校将对人格的教育作为基本宗旨。上方写真是明治三十四年(1901)创设的日本女子大学校园内的景象。左三人是女子大学生,右二人是大学附属高等女学校的学生。

24.08 上图表现的是明治时代女孩子间的游戏"追羽根"。两三人、三四人都可以在一起游戏。每人手里拿一个木拍,打击羽键时,会发出好听的声响。可是谁若没有接住羽键,掉在自己面前时,就会在她的脸上涂上黑墨,是当时极具人气的游戏。

24.09 明治三十九年(1906)的明信片,记载了当时女子骑手参加关八州(日本关东地区)联合竞马大会的情形。不满二十岁的女骑手英姿飒爽,正在准备出发。女子参加竞马,实为时代新女性的大胆举动,被新闻舆论广泛报道。

24.10 明治三十一年（1898）《日本人的生活》中描绘新桥的著名艺妓，采用自行车作为交通工具，快速前往各个演出场地表演的情形。当时的自行车，还是相当昂贵的设备。绘画中的艺妓，身背三味线，脚上竟然不穿鞋袜，但是自行车技艺相当高超。

24.11 明治八年（1875），东京女子师范学校创立，目的是培养女性教师。这些女教师将作为骨干，被派往全国各地的师范学校，培养更多的教师人才，以完成政府普及教育的目标。当时录取的学生大多数是有文化的士族子女，在原有文化水平的基础上进行师资训练。这些师范毕业生，为实现明治维新急速近代化所需的人才作出了贡献。写真是即将毕业的未来的教师合影。

24.12 写真是明治三十九年（1906）日本女子大学运动会中自行车比赛的情形。每组两辆自行车，两人同时一手握把，一手高举彩带向前进比赛速度。场面上落后的一组掉下车来宣布失败。自行车在当时是女学生最时髦的物品。

24.13 明治时代，为了建设近代文明国家，日本参考了德国的公务员采用制度，但是日本对女性公务员的采用非常有限，最高级的女性公务员是在天皇宫廷内服务的女官。直到明治末期，在国家的政府部门才开始采用部分女性公务员。写真是明治四十三年（1910），递信省采用的女子判任官工作的场面。

24.14 明治时代女性的礼仪举止非常重要，特别是良家男女间的结婚，男性对女性的礼仪举止非常重视。因此女性无论是应聘职场还是准备结婚，都会进行礼仪训练实习。日俄战争后，学校开设了女性礼仪教育的课程，在每周32小时课程中，有16小时是学习礼仪、作法、家事、道德的科目。写真是女性间的礼仪，二者告别时相互深鞠躬致礼。

24.15 东京大森、洲崎、芝浦、台场的远浅湾，在退潮时会吸引许多人前来拾海贝。写真是百年前拾海贝的日本妇女，一品海蛎料理会给家庭带来快乐的气氛。

24.16 日本的比丘尼是经过出家剃度，穿着染衣（僧服）在尼寺修行佛教的女性。佛教各宗皆有比丘尼，国粹主义抬头后，比丘尼受到排挤。写真是明治时代的比丘尼形象。

24.17 明治二十年（1887）法国杂志介绍日本人文明进步的漫画。绅士们的夜生活丰富了起来，晚上他们从家里走出来进行各种交际和娱乐。绘画中打台球的女孩穿着和服，却是短裙，足蹬木屐，击球样子颇为老练。

24.18 进城打工的农村妇女，很多为城里人照顾孩子。

24.19 日清战争中出现的日本女性看护妇，受到社会的尊重。

24.20 明治时代的新女性对社会充满了更多的好奇心,她们开始走向社会。明治二十年(1887)绘画,在一家英国西餐馆,女店员穿着最流行的洋式服装。一个富裕的四口之家光顾饭店。两个孩子戴洋帽,穿洋服;妻子肩上披着洋式披肩;唯独男主人毫无西洋气息,而且吃相令人发笑,一只拖鞋踢到了桌外,两手的刀叉不知如何使用,场面难堪,妻子望着老公的吃相实在好笑。画面远景的客人也许遇到相同的尴尬局面,为难之中干脆端起盘子直接往嘴里搂更痛快。这种情况在女店员看来已经司空见惯。

24.21 明治时代《日本炭坑志》统计数据显示,豆田炭坑男坑夫649人,女坑夫372人,女性占36.4%,男坑夫日薪85钱,女坑夫55钱;金田炭坑男坑夫1373人,女坑夫545人,女性占28.4%,男坑夫日薪85钱,女坑夫55钱。平均月工作27日,每日工作10小时。写真是明治时代,女坑夫在坑下作业的情形,她们将采到的煤块选入篮筐内,用肩挑运到矿车转运场。

24.22 写真是明治时期,日本煤矿的煤炭坑道采掘的场面。当时坑道内作业条件恶劣,且经常伴随险情。由于贫困,在坑下还有女性和儿童劳作。由于坑内通风不良,异常闷热,男女矿工经常除去上衣,处于半裸状态劳作。写真是女性和男性共同采煤作业的场面。当时的矿工称作"坑夫",其中女坑夫和男坑夫结成姻缘者大有人在。他们共同下坑、升坑,甚至背着哺乳的孩子下井作业。

24.23 明治时代在煤矿有过常年采煤经历的山本作兵卫，后来成为画家，发表了大量反映井下矿工的劳作生活的绘画作品。其中一部分记录了女坑夫群体的悲惨生活。由于女工薪水低于男工，因此女性劳动力成为资本家廉价雇佣盘剥的对象。女坑夫中很多是母亲带有孩子，很多人因无钱雇人照看孩子，只能背着孩子下井采煤。绘画是女坑夫在井下恶劣环境中，裸身奋力拉煤的情形。1936年政府作出了禁止女性井下劳动的法令，女坑夫才逐渐消失。

24.24 写真是著名的吉原游廓街大门口。吉原游廓是江户幕府允许的游廓。新建的吉原游廓位于日本堤，称为新吉原。明治时期以后吉原游廓规模缩小，从江户时代起，直到1957年《卖春防止法》施行为止，吉原游廓街存在了340年。明治时代欧美国家批评日本施行对女性人身买卖的奴隶制度，是野蛮国家，拒绝修正不平等条约。为此，明治政府发布了娼妓解放令，但事实上游廓的实体没有因此发生变化。

24.25 游廓女每日的化妆是职业的重要课目。入浴净身、发型修整、白粉涂颜、墨眉赤唇、着衣佩饰，直到自认能勾得来客点名为止。如果游女没有客人点名，不但会遭到店家的呵斥，受到姐妹的讥笑，更无法还清进入游廓时欠下的债务。因此娼馆间竞争如火如荼，姐妹间争风吃醋，实乃为妓之人难处多多。写真是游廓女在化妆的情形。

24.26 《望乡的日本女人》。前往南洋、欧美、清国等地淘金的日本女性,在那里付出了青春,只剩下对家乡的思念。
①新加坡日本人娼街1
②新加坡日本人娼街2
③日本妓女日日思念家乡
④马来西亚的山打根娼街
⑤越南西贡日本人娼馆妓女
⑥新加坡日本人娼馆的妓女
⑦菲律宾报道日本娼妓新闻
⑧永远留下思念家乡的憾怨

25 性的文化

一、处女价值观

在世界各国，因文化和价值观的不同，人们对"处女"的重视程度也不同。在有"处女信仰"的国度里，男性对处女重视、期待、喜欢、追求、尊重。近世以来日本的处女文化，与许多国家有所不同，处女价值观并非像儒教、基督教、伊斯兰教国家那样苛刻。古代罗马的巫女和修女必须是处女，他们认为处女的体内蕴藏着神圣的力量，而非处女的力量则已经失去和玷污，不再神圣。古代文明甚至选择处女，用做祈祷众神、恶魔、诅咒、消灾灭祸的祭品，虔诚地相信她们具有神圣的力量，古代的西方人因此把处女视为神圣。基督教不但强调处女的纯洁，甚至男女性交的体位也被规范到"神许可的体位"，否则会视为大逆不道。

日本江户时代的情形则完全不同，在很多村落普遍流行婚前"夜这"（破处）的风习。12~16岁前后的女子，若要成为一个真正成熟的女人，必须经过"破处"的洗礼。据福冈县藩的史料记载，如果适龄女子在婚前没有被男子破处，会被村民认为是不体面的事情。女儿的父亲为女儿周旋，请求邻村的小伙来自己家里过夜。接受诚恳邀请的青年来到本村，和本村男青年集聚在女孩家门前，敲开家门大声宣言"破处"行事。在女孩父亲的承诺下，一位男青年进入女孩的闺房过夜，施破处之礼。此后，女孩会与村里诸多男子保持性关系，数年后女孩作为成熟女人可以顺利出嫁了。江户时代的都市，贵族女性和庶民女性以及同阶层的男性，甚至不存在处女至上、问题重大的价值观。在人们眼里"处女"只是"新钵"的概念，男人只是对新品充满好奇心而珍重，男女并不刻意严守。近代的"破处"、"失贞"之事，在武家和公家高等身份阶层的人群中，曾经被视为重大的行为，他们将女性的纯洁看得很重要。但是"失贞"远比"破处"问题更严重，因为妻子的纯洁是武士的体面。

明治时代文明开化，西洋国家的女性价值观进入了日本社会，深刻影响了日本人对女性贞操价值观的思考。明治维新时期的女思想家与谢野晶子在《我的贞操观》、《贞操的尊贵高于道德之上》、《女子和贞操观念》的论述中，宣扬尊重女性"贞操"和"处女性"的思想，主张世界上的男性不论国籍、人种，都有希望结婚的女性是处女的文化，这是男性本能的自然表现。男性对结婚对象是处女的要求，是男性原始存在的本能。婚前已不是处女的女性，不利于结婚和婚后生活，是婚姻失败的要因。明治时期，日本都市中的女性开始接受西洋文明，将严守婚前处女身份，看作是良家女的重要象征。处女身份不再是男性对"新钵"好奇心的珍重，而是深化为"神圣"、"纯洁"的价值观立场。在维护女性纯洁的社会风潮中，男尊女卑的思想开始形成，影响了整个明治的时代。然而农村偏远地区的"处女观"没有受到西洋文化的深刻影响，各地传承的习俗仍然在不同程度上延续。

二、日本人的贞操观

明治时代人们对男女贞操价值观的认识存在很大差异。男性贞操价值观认为"失去贞操应该选择死，是女性的美德"；而女性贞操价值观的心理，则认为"生命比贞操更为重要"。围绕东西方文明对"性"的认识，日本人与西洋人有过毫不隐讳的对白。西洋人说："日本人是猥亵文化的民族。""日本人享乐生活的现实中，充满了率直的按捺不住的肉欲，是人间道德的堕落。""日本人沉溺在官能享乐的温巢，他们放荡的、非道德的、不贞的、无羞耻心的人格特性，在堕落自己的民族。"对此，日本人反驳道："羞耻心是日本人存在的道德价值，日本民族的文化有其自身的道德准则。如果批评官能的享乐和恶德的肉欲，那么基督教徒从诞生的摇篮到死亡的墓穴，一生伴随着古朽的宗教，性本能的欲求被禁锢在形而上学枯燥的教条中煎熬。而日本人崇尚神道，一生欢愉在神赋予的自由天堂。男子可以自由买妓嫖娼，女子能运用自己的魅力从娼营妓，她们的职业得到社会的尊重。日本人的性观念是独立道德规范下的开明文化。"

日本人传统的猥亵文化和贞操价值观，受到西洋文化的批评。当锁国之门被打开，日本人接触到世界文明，亲眼看到西洋女性的社会地位和男人们对女人贞操的尊重。西洋的贞操文化，开始影响岛国人固有的传统观念。基督教向岛国人传布西方人的伦理观，告诫人们对"贞操"的态度，主张"相爱结婚后才性交，禁止婚后和配偶以外的人不伦"。在西洋贞操伦理观袭来的同时，明治政府开始全面推行儒教道德观。政府制定的民法采取了支持西洋社会贞操价值观的政策。在同一时代、同一国度、同时引入东西方新文化的伦理观，引导明治时代的日本人接受和认同了两种观念交织混合形成的新时代贞操观念。

三、性文化风俗

日本人的性风俗曾经让初登岛国的西洋人惊叹，传教士曾经留下轻蔑鄙视的感想，"大街上妇人们不掩盖自己的前胸，步行中会露出腿臀。男人们的前部仅掩盖半面，堂而皇之地行走在街上。""日本是我所见异教国中最淫靡之国。""由于日本人的和服轻快宽大，里面没有内衣，平常就赤裸地套在身体上，很容易露出身体。"从西洋人文明的视角来看，日本是野蛮的未开化土族，需要接受文明世界的文化洗礼，才能成为文明的国家。

日本传统的"性"自由化从明治维新以后，开始受到政府的全面干涉。为了给西洋人留下文明社会的良好印象，明治四年（1871）政府发布《裸体禁止令》，严厉取缔裸体风俗。明治五年（1872）东京府实施《违式注违条例》，禁止室外裸体暴露和贩卖淫秽物。条例公布后给警察带来了繁重的任务，到处强制撤去店铺和民家悬挂的、象征男性器的"金精神"偶像。政府的反对意见认为："如果说不能裸脱暴露肌体，那么尊贵的释迦牟尼的裸肌，又该如何解释呢？""日本人的裸体和性，没有直接的联系，暴露身体并非企图唤起性的兴奋。"公开为本国裸露文化辩护。日本人无顾忌的裸露文化成为外国人好奇和轻蔑的对象，使日本人萌发出对裸体的羞耻心，裸体观开始发生变化。从1869年至1875年，政府连续发布《混浴禁止令》，禁止年龄12岁以上的男女混浴。

日本传统性的裸露文化，是爱知县尾张小牧市田县神社有1500年历史的"丰年祭"。明治以降，"丰年祭"作为日本的传统文化受到重视，每年三月十五日举行祭奠。祭日最令人欢呼瞩目的活动，是众人抬着一尊装载巨型木雕男根的神柜巡游，柜内巨型男根长2.5米，直径50~60厘米，以200~250年树龄的高价木曾丝柏，精密雕刻制作而成。对巨型男根的祭奠，象征五谷丰登、万物育成、子孙繁荣的祈愿。十余名虔诚的男子将巨根神柜担在肩上，伴着洪亮的号子，在男女老少狂热人群的簇拥下，堂皇巡游在大街闹市之间。明治初期，田县神社"丰年祭"的巨型男根上配有雌性神偶，明治十八年（1885）因风俗管制的原因，雌性神偶人形和巨型男根分离，只留下巨型男根木雕。田县神社附近的大县神社还供奉母性象征的守护神"玉姬命"，是恋爱、育子、安产的神。年轻情侣、中年夫妇、盼子盼孙的男女，在这里祈祷许愿。

日本是保留性崇拜风俗的国家，三大性守护神——"双体道祖神"、"金精大明神"、"金魔罗神"，主导了日本性器崇拜的信仰。日本古代对男根崇拜超过对女阴的崇拜，多种多样的男根性神偶像，是男女信徒们疯狂的信仰物。

"双体道祖神"是阴阳双体外形相交的石神，多设置在路旁或十字路口镇邪扶正，具有威震祛邪的魔力，能抵御外来邪恶和疾病，保护旅人的安全。双体道祖神对凡人宽宏慈祥，人们祈祷祂为民招福、除灾、五谷丰登、结缘、夫妇和睦、安产、多产、子孙繁荣、疾病快愈。江户末期，当欧美人登上这个封闭了250年的岛国时，被许多奇异的现象迷惑。在道路、十字路口、田地间、桥栏杆上，经常能看到竖立涂布红色的木刻柱或石雕的男根造型物。当时，这些"双体道祖神"的石像，是为了告诫诸藩参勤交代路过的武士，阻止梅毒性病在江户传播而设立的守护神。

"金精大明神"起源于十六世纪初，神体是用金属、石材、木材做成的男根，属于男根信仰的神。金精男根神外表金色耀目，能保佑五谷丰登、结缘、安产、防治性病。

江户时代娼家的神棚上都供奉金精大明神,以求好运、生意兴隆。"金精大明神"传说是铁挺阴茎、肾强阳壮的性神,信奉此神阳根无病者精力补足,阳根萎靡者充精壮势。

"金魔罗神"是金山神社的神,分布在日本全国各地,是保佑结缘、安产、除厄运、医治性病的神。每年一月二十八日山梨县北巨摩郡双叶町金刚地,举行例年一度的祭典。金魔罗神拥有一副巨大的男根,祭日中,信奉者用面粉做成男根女阴形状的大饼,在仪式中进行阴阳交合祈祷神灵保佑。

日本人性器崇拜的起源和古代农耕稻作的背景有关。七世纪后半叶,大和朝廷每年阴历二月四日举办"祈稔祭",祈祷五谷丰登。当时一些农家男女在稻田间特意安排交合性事,他们相信在稻田间的性事会感应稻谷孕穗,促进大地的生产能力,祈祷丰收多产的祭典因此和性关系发生了关联。农家到了插秧的季节,会请来漂亮的处女,面向田神举行插秧开奠仪式。姑娘唱着田神情爱的民歌,农家哼着男女交欢的小调,祈祷五谷丰登。祈祷五谷丰登的祭典逐渐成为一种娱乐形式在民间信仰中展开。

爱知县西尾市热池的八幡社,每年一月三日举行御田植祭。祭日里,信奉者三人身穿红色和服,臀股后部悬挂一具用大萝卜雕刻的男根,随着鼓点跳跃旋转,缓缓向神社方向移动。到达神社后,神职寺人宣读祝词三唱万岁,全体合唱田植歌。信奉者身上佩戴的萝卜男根,据说是祭典仪式中最神圣的崇拜物。男根埋在田地里,可防御蝗虫毁坏稻谷;男根放在家中,可防雷击损害房屋;男根做成菜肴食下,可治疟疾不患夏病。

日本人在女阴崇拜的"神视观"中,也流传很多象征女性器夸示的文化,在各地都有女阴崇拜的民俗遗迹,如青森"石户缘结石"、山形汤殿山"母阴神体岩"、福岛"女形石"、松川"女泣石"、栃木"抚石"、那须"御前岩"、馆林"山王大权现"、奥多摩"姬石观音"、镰仓"政子石"、修善寺"玉门石"、三重穴川"自然女阴石"、奈良水谷神社"女阴石"、九州小仓"迂岩样阴石"、宫崎"天岩户洞窟",等等。神户附近的一间神社,在巨大的石坛上耸立一尊1.3米高的男根,旁边竖立一具大型处女的阴门。日光汤元湖的金精岬男根祭坛,宇治山田的伊势神宫男根女阴祭坛,横须贺波止场的男根神社,镰仓寺院的男根基础石等地的性神形物,都留下许多扑朔迷离的神秘传说。各地神社祭典的金精大明神祭坛下,摆放着很多信者的供牌,上面写着"腰下万病灵验"、"长生不老"、"孕妇有效"、"母子健康平安"的祈愿。在神社的祭坛箱内,还堆放很多木刻的男根,信者带回家中摆在祭坛上。据说其神力可以治愈性病,解除阳痿阴冷的痛苦。

在日本人性崇拜的世界观里,性器作为一种信仰,能给人的精神境界增添强大的内续力;性器作为一种性爱介质,能给性行为带来无限至上的欢愉。性器在神秘之物、魅惑之物、神圣之物的精神感觉中,激发出人类潜在意识和空想,成为男女信徒神圣的偶像。明治时代,民间神道传承的"性"信仰文化,被解释成褊狭、愚昧、蛊惑人心的说教,被视为低俗文化和迷信思想而遭到否定,民间流传的很多民俗祭事也被禁止和破坏。政府强行转换国民的精神信仰，把天皇树立为日本人精神世界的新"神"。日本人为造就国家"神"的意识形态，中断了太古以来日本人《古记事》、《日本书纪》、《古语拾遗》、《宣命》信仰的神典。明治维新推行民间信仰政策的结果，使民众失去了对本民族自古以来文化和神明信仰的传承，一代新概念的天皇之神诞生。

四、裸体画的挑战

明治二十八年（1895），第四届国内劝业博览会在京都召开，留学法国的画家黑田清辉，展出了他在法国获奖的油画《朝妆》。作品是一幅西洋女性的镜像裸体图，在会场和媒体引起极大反响。作品遭到公然批判，被斥为扰乱风纪，不得不取缔下架，但绘画受到美术界的高度赞赏。展览裸体画引发了激烈的讨论，许多观众认为裸体画伤风败俗，诸报纸记事也同调非难。评论中不问其艺术价值，抨击画作扰乱风俗，危害风纪。《都新闻》以《裸美人画之秘》为题发表社评云："京都展览会展出的裸美人，将一大问题推上了前台，真是想为美术家绝妙精致的裸美人辩护。呜呼！裸体画是丑陋的吗？裸美人仅仅是在展示美术家的艺术水平。裸体画并非绝对不可，然表现在公众面前，就会感觉挑拨性的丑陋。艺术家心醉的美术表现，不能忘记对社会风俗的影响。"

裸美人爆发了西洋文化和岛国文化的冲突，黑田清辉作为博览会审查员上书审查总长，主张裸体画对日本洋画界和社会意识具有很强的启蒙意识，与日本"春画"不能等同视之，是时代"智、感、情"意识形态中最先端的文明文化。如果官方一定要撤展《朝妆》，他将辞去博览会审查员和撤出全部同展的作品。黑田的强硬立场使绘画得以保留展出，每日在各家报纸上都可以看到赞否两论的大辩论。具有讽刺意味的是，《朝妆》在展出期间，成为博览会最具人气的展品。法国画家彼克在他的素描中，记录了观看《朝妆》时各类观众的场面。题名《哪方是猥亵？》的绘画，揭示了欣赏裸美人绘画的围观者们的兴致，对抨击裸美人绘画者的虚伪绅士给予讽刺和嘲笑。裸美人绘画的纷扰，反映了明治时期日本人虚伪的禁欲主义。西洋性文化的直观表现，撩起了日本人心底里传统的性价值观。珍贵的《朝妆》原画在"二战"时烧毁，给现代人回顾明治时代这段历史情结留下了遗憾。

五、性风俗产业

庆长八年（1603），德川家康作为征夷大将军，率部进入江户城，在江户设立了德川幕府。德川家康把江户作为幕府权力机构的大本营，全面规划城市建设，区划市民住宅区，开辟新型市街道路，填补洼地海边，使关东平原这座人烟稀少的小城，迅速出现繁荣景象。随着江户政治、经济、人口的飞跃，市民赖以生存的衣、食、住、行等基本生活条件得到充分满足。市民对文化娱乐的需求日益增高,游女群体不断增多,色情业顺势兴旺起来。迅速增加的游女屋，相互间不断出现竞争恶斗，引起业界秩序的混乱。游女屋主们联名向幕府请愿，希望建立统一规划的倾城游廊。幕府也意识到，江户经济日益繁荣，设立集中管理的倾城游廊，对江户的繁荣发展，确保江户都市风纪有非常积极的作用。加上随同地方大名参勤江户的大量武士，日常性欲处理亦不可欠。

德川家康虽然已经平定天下，却对全国四百多大名的势力耿耿于怀。为防患反幕势力，削弱大名财政，弱化诸藩实力，家康向全国各地大名发出幕府行政施策，制定大名参勤交代、人质提供、一国一城、政治结缘、镇压异教、扶植儒教、禁止百姓奢侈浪费等政令。家康决定继承和完善丰臣秀吉推行的游廊政策，在江户建立幕府直接保护下的公娼游廊。规定地方大名参勤的随从武士，不得偕妻带妾进入江户。游廊为他们准备特定的欢乐场所，让藩人放荡挥霍，达到意志萎靡、钱财荡尽的目的。

新游廊土地面积略呈长方形，长幅建房一百三十五间，宽幅建房一百八十间，中央大道两侧效仿中国唐代花街种植青柳花竹。新吉原游廊的外围开掘宽约九米的护城沟，把游廊和外界隔离开来，犹如封闭的世外桃源。街巷各处分布茶屋、杂货屋、面屋、米屋、烟草屋、榻榻米屋、青果屋、鱼屋等各种类型的店铺，倾城花街五脏俱全，形成了完整的商业生活体系。游廊内妓楼鳞次栉比，街巷纵横交错气势宏大，远远超过京都岛原游廊和大阪新町游廊的规模，成为日本历史上最著名的性娱乐场所和华贵的社交场所。

在游廊的腐蚀诱惑下，诸多大名堕落衰亡。从德川建府至第三代将军德川家光的晚年，就有七十余家大名富豪，断送了相当于一千二百万石的家财。其中有荒废良田五万石，舍弃家眷、财物、名利，终日厮混在游廊的大名。有不惜名禄前程，与游女殉情自尽的富商、武士。甚至有为赎游女为妻，不听家老劝告杀害妻儿的富豪。大名、武士、富豪的放纵豪游，达到了德川幕府诱导反逆势力，沉溺酒色荡尽家财，丧失政治野心的战略目的。宝历年间（1751~1764），随着吉原游廊富裕阶层的游客日渐稀少，游廊经营开始转向普通平民阶层，向单纯肉欲形态发展，吉原游廊再度出现繁荣局面。当时，江户人三大娱乐文化风俗中，日有戏剧千两、鱼岸千两、吉原千两的消费比例，人间肉欲买卖的消费达到三成以上。弘化二年（1845），吉原游廊臻于极盛，游女数量达到近七千人规模。

明治时代，江户的性风俗产业遗留了下来。政界、财界的社交场所，逐渐脱离较为偏僻的吉原游廊，转向以东京为中心的艺者町（花街），吉原游廊的客流量日益减少，当年的繁荣盛况一去不返。游廊娼街的游女，多是日本东北地区贫苦农家的女子，以年季奉公的契约形式进入妓楼从业。年季奉公是游女在约定的年度或季度雇佣劳动之意，对妓楼来说就是在契约期间内雇用女子卖身的意思。当贫民家无法清偿债务时，幕府允许债务人把女儿送进游廊，通过游女年季奉公的方式，用娼卖劳动的收入抵债。女儿入廊时向楼主预支卖身金，家老（父母）把女儿卖身金拿去清偿债务，以后女儿在妓楼内年季奉公偿还预支的卖身金。江户时期游女年季奉公制度，实际上是人身买卖的变相做法。而明治初期继承了江户时期年季奉公的卖身契约形式，继续维持游廓娼街的存在。

1872年7月，一艘从澳门开往秘鲁的秘鲁籍船"玛利亚卢斯"号在寄港横滨时，一名跳海逃跑的清国人被英国军舰救助。警方由此在船内发现231名偷渡的清国人奴隶，"奴隶运输船"事件随之被曝光，英国政府立即要求日本政府救助船上的清国人。当时日本与秘鲁间没有外交关系，但出于人道主义和主权独立的立场，日本下达了禁止玛利亚卢斯号出航的命令，营救了全部清国奴隶。玛利亚卢斯号事件曝光后，日本起诉秘鲁船长秘密运输奴隶罪。船长不服起诉，辩称运输行为是在履行"移民合同"，并无违反人道行为。裁判官指出所谓"移民合同"的内容是属于违反人道的奴隶合同，驳回了船长的说辞。船长则反击指责日本人没有资格冠冕堂皇地高谈奴隶论，日本国自己就存在严重的奴隶买卖事情。日本公然在海内外从事娼妓人身买卖，事实上就是承认娼妓奴隶的有效性。事实上在同一时期，欧美各国已经在批判日本的"人身买卖"、"奴隶制度"，指责日本是野蛮国家，没有资格和西方各国谈论取消不平等条约。事件让日本政府陷入被动。迫于国际压力，同年10月日本政府颁布了《艺娼妓解放令》。可是，政府并没有采取有效的帮扶措施，解放的妓女在生活上无法自立，重操旧业者不在少数。《艺娼妓解放令》发布以后，娼业改成了"贷座敷"的经营形式，由警察监督管理。人身买卖的娼业摇身一变，事实上成为一种公娼制度。

1876年，内务省警视厅制定卖春罚则，取缔私娼；1877年，东京游女屋达到370家，引手茶屋232家，娼妓总数2756人。1879年，鹿儿岛县士族向县令请愿，请求向海外输出娼妓。1884年内务省统计报告，全国公娼合计37,083人。1900年，内务省颁布"娼妓取缔规则44号法令"，正式承认国有公娼制度，由政府统一管辖。1907年，日本娼女大规模远赴南洋，在当地出现密集型日本人娼街，娼妓总数约达二至三万。

明治时代以降，受基督教思想的影响，废娼运动在日本各地展开，1880年，世界废娼联合会向日本政府发出废止公娼劝告。1890年，日本全国废娼同盟会成立。政府推进的公娼制度开始动摇。

江户时代幕府坚持推行游惰政策的性风俗产业，使封建武士制度下的公娼制度，在日本历史上延续了近三百年，对日本民族的性意识形成产生了深刻影响。作为一种传承文化，明治时代的日本性风俗产业维持了现状。但在西洋文明的监督、政府的规制、国内人权运动的背景下，娼业逐渐走向衰退。然而，在游廓娼街人群集中的特殊风俗场里，庞大娼女人口和社会各阶层的人云集一方，身份和文化水平相差悬殊，千差万别的人际关系相互维系并存，在各自交换所需的背景下安定了社会，被人类学者、社会学者视为人类社会关系学上的奇迹。

25.01 1895年第四届国内劝业博览会上，留学法国的画家黑田清辉，展出了他在法国获奖的油画《朝妆》。作品在会场和媒体引起极大反响。

25.02 漫画《朝妆》表露出人性对"裸"的渴望和追求。观众中青年女子屈腰掩面似害羞状；前方男子探头凑近画布仔细欣赏裸女子细部；左侧老者则呈现惊讶之呆状；旁边贵妇人拿出西洋单目镜仔细品赏；右侧的母亲带着儿子，在临摹绘画；军人的眼神平直，想入非非，堕入这一感性刺激的外来文化。

25.03 1895年京都第四届国内劝业博览会展出的油画《朝妆》，露骨的性表现堂堂走进日本人的眼帘，震撼了观赏者，但也招来扰乱日本人女性观念的批评，引发了西洋文化和岛国文化的冲突。黑田清辉上书博览会审查委员会总长，如果官方一定要撤展《朝妆》，他将辞去博览会审查员并撤出全部同展的作品。黑田的强势使绘画得以保留展出，但每日在各家报纸上都可以看到赞否两论的大辩论。讽刺画绝妙地描绘出审查委员对裸体美人虚伪的心理实态。

25.04 明治时代的教育，性的价值观念有了较大的变化。女性的价值以贤妻良母、生儿育女为基本。性的议论是有伤大雅的事情，可是在人们的内心世界，却完全是另外一种状况。讽刺画《一叶障目》中的男子，诙谐的一只眼，客观暴露人类作为动物的欲望本能。

25.06 风传伊藤首相在神奈川县的夏岛建有别墅，在那里伊藤孜孜不倦地完成了日本近代国家的第一部宪法草案。然而伊藤也是一个颇为好色的政客，下绘中用想象的手法，讽刺伊藤的私生活。挂卷曰："卧枕窈窕美人膝，醒握堂堂天下权。"史传伊藤博文好色，有过与许多美女不伦的记录，甚至明治天皇对他有过忠告。但是伊藤在金钱财物的问题上表现出特有的清廉，故评"英雄爱美人，只是好色汉"。称赞他是不为金钱美女动摇其政治信念之人。

25.05 日本国内裸体画是非大论战中，西洋人画家没有因此停止他们的创作。法国画家彼克在游廓花街找到愿意裸的模特进行创作。彼克的日本女人裸体画在横滨的外籍船员和观光客中极具人气。裸体作为人类的艺术，在西洋人眼中并非邪念的激情，而是艺术的享受。而日本人对裸体有伤风化的解释，明显带有虚伪的假面。上图讽刺画在嘲笑日本人的裸体画观。

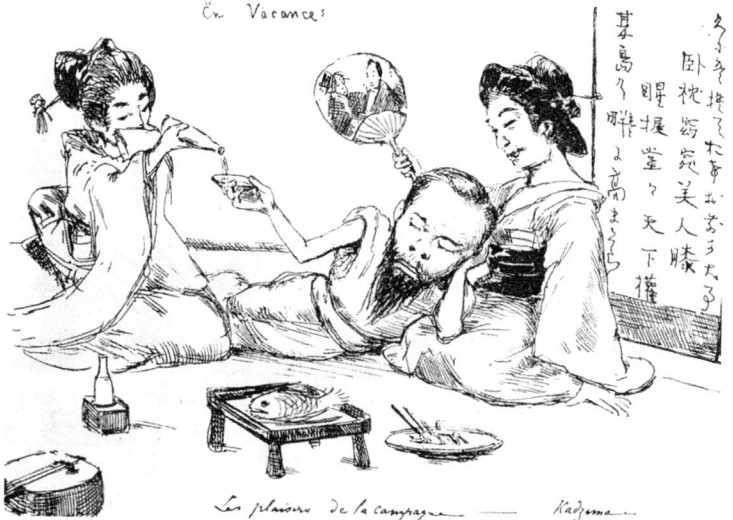

25　性的文化　503

25.07　1854年美国佩里将军的舰队在神奈川下田停泊期间，看到了当地人各种奇怪的风俗。在给美国国会提交的《佩里舰队日本远征记》中记录了"下田公众浴场"男女混浴的石版画，指出日本民族是不知羞耻、放荡的民族。混浴风俗引起舰队士官们的嫌恶感，此后日本人混浴风俗在西方传开。图绘是大浴场男女裸体混浴的场面。钱汤（浴池）的男女大浴房之间，悬挂有遮掩男女两界的隔板，隔板距地面留一个称作"石榴口"的大开口，蒸汽从大开口通过，弥漫男女两界。可是在雾气腾腾浑浊的蒸汽环境中，不良裸人会穿越石榴口闯入彼界，浑水摸鱼扰乱风纪。

25.08　佛教传入岛国，各地建立的寺院配置了汤堂、浴堂等沐浴设施。佛教说沐浴可退病招福，史上光明皇后曾指示浴堂向贫困民众开放。受神道、佛教的影响，日本人认为入浴不但可除污垢还能除去心中的烦恼，使人身心愉悦。明治时代，家庭洗浴已经在庶民阶层普及。从下图日本人风俗写真《家庭洗浴》可以窥视当时家庭洗浴的风俗文化。大木桶下燃烧材木，桶内水温上升，入浴者在外部清洁身体后，再轮流进入浴桶内浸泡。

25.09　江户末期西洋人定义"日本人＝混浴＝淫荡"，在西洋社会引起"非道德"的批评，贴上了"非文明国"的标签，图绘是公众浴场内给女艺人搓澡的服务生。

25.10 表现人伦的一个绘画场面,吾妻桥上一对看似亲密的夫妇,年轻女子是老者的侧室小妾。可是小妾早已暗中有了外遇,正在向这边张望的情人递送密会的纸条。

25.11 绘画《裸的开放感》描绘了明治时期稻毛海岸,上流阶层人们夜中海水浴的风流景象。这样的情景在伊豆、房总、隅田川、修善寺川、京都鸭川都司空见惯。

25.12 妓楼是二层楼木造结构,一楼是张见世大厅,大厅面向街道一侧是用细方木围成的篱笆,俗称"葱"。"大见世"是最高级别的妓楼,女郎游兴金在二分(4万日圆)以上。写真是明治时代游廓的大见世迎客的场景,花魁坐在前排。

25 性的文化 505

25.13 妓楼的构造多是二层木造结构，一楼设张见世大厅，二楼是游女接客的房间。营业开始时，游女列坐在妓楼张见世木格篱笆内指定的座席上，供往来游客挑选。

25.14 茶屋是比妓楼规模小的游兴场所，在明治时代也很发达。这是一间设在外国人游步新道的茶屋。游女根据客人喜好，穿着和服接客或穿着西洋式连衣裙接客。写真是明治五年（1872）的茶屋外景，外国人经常光顾这里。

25.15 长崎游廓的游女应邀上门服务，在外国客人中流行。当时有荷兰人街、唐人街，都是贸易行集中的地方。可是荷兰人比较难以伺候，派遣去荷兰馆的游女要比前往唐人馆的游女高一个档次。而唐人馆并不介意，因此游女们都愿意前往唐人馆服务。图绘是两位游女外出接客的情形。游女乘坐双人座人力车，由前后两名车夫助行。

25.16 花魁"道中"的华贵场面，象征高级游女的身价和奢侈，被誉为"江户游廊文化之花"。妓楼主接到扬屋的联络传票，差遣指定的游女前去扬屋会客。游女从妓楼前往扬屋的行进过程称作"道中"。高级游女花魁道中时，身着华丽服装，最前面有见世番手提家纹行灯开路；前排振袖新造前簇引行；中间花魁画着道中方步缓缓行进；左右秃童相伴；后面的见世番打伞跟随；最后排是番头新造女郎殿驾。写真是游女道中的景象。

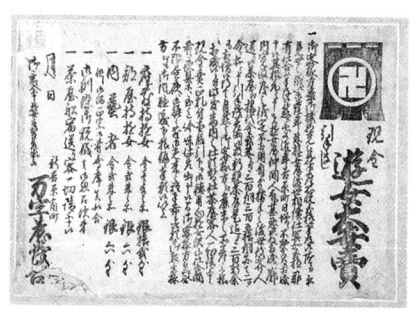

25.17 游廊内集中了众多的妓楼，妓楼间竞争激烈，甚至强行拉客大打出手。上图是妓楼在报纸上刊登的游女大贱卖的广告，当时的太夫（高级游女）1两1分（约10万日圆），中级游女3分（6万日圆），下级游女2分（4万日圆），夜莺24文（500日圆）。

25 性的文化 507

25.18 吉原游廊就像一座独立的城池，周围有护城沟，进出游廊只能从大门通行。大门两侧常备四彪悍警卫日夜镇守，各家妓楼也配置严密的警备。那些逃跑被抓回的游女会受到严厉私刑。尽管如此，游女仍然不放弃逃出的努力。左上图穿黑衣的是游廊内监视游女的警官。

25.19 右上图所绘画面是明治初期的一间妓楼，每日早晨女主人都面对神台祈祷，请求神灵让游女健健康康，客人多多光顾。男主人则是精明狠毒、善于盘剥游女的楼主，算计着今日的人肉买卖。

25.20 妓楼最担心的是游女患上疾病，会严重影响生意。在下人的陪同下，楼主戴上遮口布来到游女的房间，查看两个病倒的游女，因游女不能接客，楼主脸上现出不悦的神情。

25.21 取缔败坏风俗行为，是警方重要的工作。明治以降，陆续颁布了禁止男女混浴，禁止不满16岁女子从娼，禁止出版淫秽书籍，禁止贩卖催淫药，禁止妓楼拉客等法规。但是现实中违纪行为非常普遍，治安当局不断加强监督取缔。图绘是便衣警察秘密探访卖春违纪的案件。

508　明治维新的国度

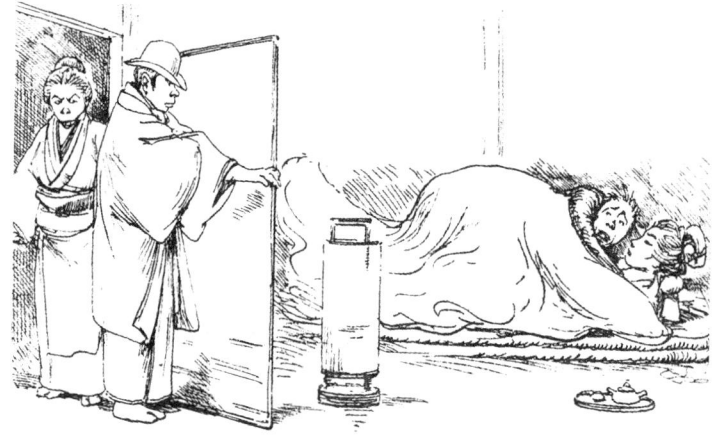

25.22　便衣警察闯入违法现场捉拿嫌犯的画面，四人的神态被画家刻画得活灵活现。警察以职业而犀利的目光盯住一对男女；后背的老鸨忐忑不安，知道大事不好；女孩惊恐之中神色慌张；嫖客表现出惊恐万分之状。三个当事者中，按照当时的法规，嫖客自然不会受到任何处罚，但会受到讯问。老鸨和女孩会面临治安处罚。

25.23　女孩被带到派出所，警官对女孩说，两周内就捉住你两回，是不是有点太多啦。女孩泣曰，以后再也不敢了，求求警官叔叔饶了我这一回吧，呜……嫖客担心陷入泥沼，速速写下事情经过，神情不安地交给警官。看样子女孩因有前科，会受到较为严厉的处罚。此时墙上钟表的指针已经指向凌晨4点。绘画描绘了明治时代，街道警察维护治安的工作情形。

25.24　游廓是官许的卖春红灯街，可是在街巷之间还存在私娼街和暗娼窟。画面是深川冈场所私娼街的一幕。体面美貌的艺者在门前招客，却并非主动殷勤。四目相对的一方是颇有品位的绅士，洋帽子、眼镜、皮鞋、西装、手杖和洋烟卷。绅士驻步在细细品味着女艺者的价值，似乎在作出最后的选择。从这一画面可以判知，女艺者是一个刚入道的新人，还缺少勾引客人的经验。

25.25 法国画家彼克运用法国流行的影绘技法描绘的青楼"爱"的场面。画面是邻室的两个房间,两对男女各自在施展彼此的热爱。左边的房间,男女在热吻中,男子:啊,你真可爱。黑暗中摸索着宽衣解带。右边的房间,男女已经完成爱的工作,男子:啊,真爽快,我不会忘记你。影绘技法的表现,对日本绘画技法的应用有过很大的启发。

25.26 洋人嫖客来到青楼游兴的场面。老鸨唤来妙龄女孩数名,请老外随意挑选。面对婀娜多姿的女孩,老外已经挑花了眼。老鸨向老外推荐眼前的女孩,女孩显出了自信的神态。明治时代,绅士风格的西洋老外是最受游廓青楼欢迎的游客群体。

25.27 明治时代繁华热闹的游廓花街不仅是性游乐场所,也是著名的观光名所,留下了外国人的身影。图中,日本翻译问西洋人,不去吉原游廓看看?老外说,老婆知道了该生气啦,哈哈哈哈……接着脚步不自觉地走向吉原游廓的方向。

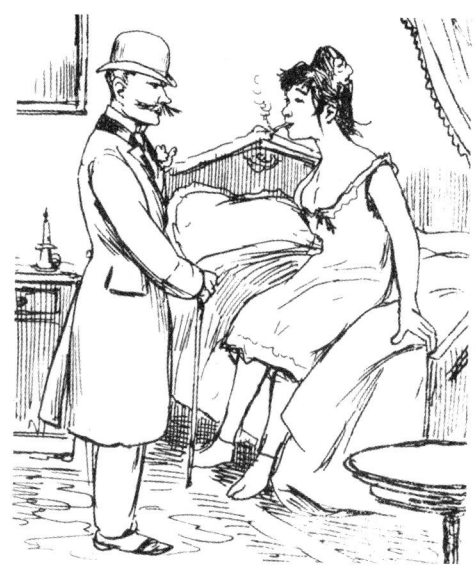

25.28 身穿洋装，脚穿和袜，懂点英语的女孩，经中介来到租界内绅士的家中。卖春价格交涉中，女孩开出高价，绅士在判断女孩的价值，女孩吸着洋烟等待"yes"的回答。

25.29 游女最可怕的疾病是梅毒。幕末，在英国医师建议下，日本实施了梅毒检疫。明治六年（1873）开始在全国设立梅毒院、驱毒院。图绘医师建议游女做细致检查。

25.30 明治后，外国人学会逛日本妓院，在中介斡旋之下，流行将游廓出张女送到洋人私宅逗留数日的做法，谓之"洋妾"。绘中老洋者怀拥洋妾，在接受英语和日本语的"课程"。

25.31 外籍官员使用秘密公款交际费逛妓院，早已经被相好的游女完全掌握，游女使出浑身解数，令相好客神魂颠倒，继续长期与之来往。

26　明治灾害

一、日本地理和自然

日本是一个四面环海的岛国，由"本土岛"和"离岛"约6852个岛屿（包括主权争议岛：俄罗斯南千岛群岛、韩国独岛、中国钓鱼岛）组成。日本国从南至北整体呈弧状列岛形，国土面积约37.8万平方公里（包括主权争议岛的面积），列世界第61位。国土约70%为山岳地带，约67%被森林覆盖。

日本地理学脱离欧美大陆模式的"地学说"，主张浅海隆起的"扇状台地说"，将日本地质归类为"洪积台地"。日本地理的板块构造理论认为，日本位于欧亚板块、北美板块、太平洋板块、菲律宾海板块的四大板块交汇处，是造山凸起凹陷活跃的环太平洋造山带区域。日本国土几乎每日都频繁发生大大小小的地震，在不停地改变地形构造。日本里氏7~8级的大地震在历史上有过多次记载，里氏4级的地震更是不足为奇。影响国土变化的除了地震还有火山，史上各地火山的猛烈喷发引起大陆移动和堆积，形成许多火山灰式的险要山地。台风豪雨季节，经过冲刷的山体变得松软极易滑坡，泥石流会顺着短浅的河川狂泻而下，形成毁灭性泥石流灾害。

日本列岛中央是呈纵向的山岳地带，东南侧邻太平洋，西北侧邻日本海。日本气候受中央纵向山岳屏障的影响，北海道和本州高原地带的气候呈亚寒带气候特征，南方诸岛部分为热带，其余大部分地域属于温带，南北气温相差很大。冬季西北季风带来的冷空气较强，日本海一侧降雪量很大，太平洋一侧晴天日惠、气候干燥、日照较长。每年"梅雨"季节后，就会进入高温湿热的炎炎夏日。8月后半暑末秋初，迎来秋雨和台风的季节。

日本的地质构造和自然环境，决定了日本是一个多自然灾害的国家。火山喷发、地震海啸、热带低气压、台风、豪雨、梅雨、秋雨、水害、冷害、山崩地裂、泥石流等自然灾害，困扰着生活在这个岛国的每一代居民。近代的明治时期，工业化急速发展，推进了国家经济高度成长，同时也产生了大规模公害。林木过度砍伐造成林业衰退，乱狩密渔造成渔业资源减少，外来物种的引入使日本原始生态系统受到破坏。地方病、传染病像幽灵一样长期困扰着这个国家，仅明治时期死于传染病的日本人就超过数十万之众。

明治时代的日本社会，人口呈增长趋势。明治五年（1872）日本总人口3480万人，明治三十七年（1904）4613万人，明治四十五年（1912）超过5000万人，年均人口增长率1%以上。人口增长的情况表明，明治维新以后农业生产力增强，伴随工业化的经济发展，国民收入水平上升、生活安定，保健医疗、公共卫生条件提高，政府采取的各种国家政策和福利促进了人口的增长。人口的增长同样给社会带来了巨大的压力和需要解决的课题。现代日本人口的一半集中在只占国土面积14%的平原地带，以东京都、大阪府、名古屋市为中心的地区，人口达到126,925,843人，其中男性62,110,764人、女性64,815,079人（2000年统计）。

二、自然灾害的肆虐

明治时代的四十五年，是日本翻天覆地变革维新的时代。在这个令人激动的时代里，发生过很多的自然灾害。地震、海啸、火山喷发、台风水害、豪雨泥石流、雪灾、传染病等诸多的天灾人祸，给这个经济贫乏之国的民众带来了深重的灾难。

地震灾害

明治二十四年（1891）十月二十八日，浓尾地方发生日本史上最大的直下型地震，死者和失踪者7273人，破坏民居222,501户、道路损毁20,067处、桥梁损坏10,392处、堤防崩坏7177处、山崩地裂10,224处。西北至东南方向出现80公里的断层带。

明治二十七年（1894）十月二十二日，山形县酒田市发生震度里氏7级直下型地震，地震带位于庄内平野东缘断层带。地震引起大火，死者739人，伤者8403人，毁坏民居16,266户，总户数的80%被烧毁，全局发生地表龟裂、陷没、喷水、喷砂。地震发生时，正值日清战争，日军山县第一集团军进攻鸭绿江防线，大山第二集团军登陆花园口进攻金州的前夜。

明治二十九年（1896）六月二十五日，发生了"三陆大地震"，受灾地区位于岩手县上闭伊郡釜石町，震度里氏8.2~8.5级，地震的特征为大地缓慢摇动，时间长达5分钟。地震造成的损害并不严重，可随之而来的巨大海啸给当地造成毁灭性重创。海啸浪高38.2米，超过观测史上的最高纪录，死亡22,000人。北美板块和太平洋板块间发生了宽50公里、长210公里、12~13米的错位。

大正十二年（1923）九月一日，发生了日本史上灾情最严重的"关东大地震"。灾害中心位于神奈川县一带，震度里氏7.9级，死者、失踪者合计105,000人，房屋被焚381,090户、全损83,819户、半损91,232户。地震后引发骚乱，政府发布戒严令，并对在日朝鲜人和清国人展开了虐杀，事件中被日本陆军、警察、自警团（在乡军人、警察、青年等发起的组织）杀害的朝鲜人达6000人，清国人170人。

大水灾害

明治二十二年（1889）8月18日，和歌县至奈良县南部范围发生强风豪雨，最大日降雨量1000毫米，最大小时雨量130毫米。奈良县灾情是，大规模山体塌方1147处，山谷砂土填埋37处，死亡249人，房屋被冲毁565户。和歌县灾情是死亡565人，房屋被冲毁1403户。其他受影响的县市，死亡1247人，桥梁损毁931处，堤防溃坏1072处，房屋被冲毁7543户，耕宅地流失69.3平方公里。这场水害被称作"十津川水害"。

明治四十三年（1910）8月11日，日本列岛受台风影响，各地集中爆发大暴雨。利根川、荒川水系河川泛滥，各地堤防溃坏，关东平原全部被水浸没。死者、失踪者共计1379人、房屋毁塌5000户，室内浸水518,000户，堤防溃坏7266处。东京湾有数百年历史的盐田防堤全毁，导致日本最大的制盐企业倒闭。

火山喷发灾害

明治二十一年（1888）7月15日，位于福岛县的盘梯山发生水蒸气爆发喷火，喷发期间同时发生地震，山体崩溃产生的暴风将火山灰吹向北麓山村，导致5村11集落的居民被活埋，造成477人死亡。火山喷发后引发泥石流和火山泥流，给下游村落造成灾害。火山喷发休眠后，在火山周围形成大大小小的湖沼，成为盘梯山的美丽景观。

明治三十五年（1902）8月10日，伊豆鸟岛火山喷发，距岛2公里处同时发生海底火山喷发，火山口被从下面涌起的岩浆气流冲击塌陷。在鸟岛居住采集信天翁羽毛的岛民125人全部死亡，住地被全部埋没。

三、传染病灾害的袭扰

天花病

近世纪以来，天花病的感染力、患病率、致命率之高，令全世界束手无策。1663年天花在美国人口仅有4万的印第安部落大流行，只剩下数百名幸存者。1770年，印度流行天花，留下了300万人的死亡记录。1796年，英国人琴纳牛痘疫苗试验成功的当年，英国死于天花的患者达45,000人。18世纪整个欧洲死于天花的患者达到1.5亿人。1885~1887年，日本天花第一次大流行，患病死亡者32,000人；1892~1894年，天花第二次大流行，患病死亡者24,000人；1896~1897年，天花第三次大流行，患病死亡者16,000人；1908年，大阪天花大流行，患病死亡者4265人。日本史上较早展开了牛痘预防接种，1849年首次从欧洲带回痘苗在日本种痘。1876年政府制定天然痘预防规则，1885年普及种痘施术心得书发表，1897年颁布传染病预防法，1909年日本种痘法律实施。日清战争期间，日军曾经在辽东半岛统治区为清国居民实施过种牛痘计划。随着日清《马关条约》签署，日军退出清国，种牛痘计划中途放弃。

霍乱病

1822 年，世界霍乱大流行波及了日本，感染路径系经由朝鲜半岛和琉球王国在九州登陆。霍乱传染病如台风之势，经东海道越过箱根到达江户（东京）。1858 年日本霍乱再度大流行，死亡达 10 万人。1862 年霍乱大流行，全国死亡数十万人，仅东京的死者就达 73,000 人。明治元年（1868），明治政府废除了幕府设置的"关所"，诸藩人口可以自由往来，霍乱迅速扩散。1879 年，霍乱传染病死亡人数 105,786 人；1882 年死亡人数 33,784 人；1889 年死亡人数 128,435 人；1890 年死亡人数 35,227 人；1895 年死亡人数 49,154 人；1903 年死亡人数 8012 人。1894~1895 年的日清战争期间，霍乱在军队内大流行，军方在各地设立"避病院"，严格检疫派往海外的军人，连山县有朋、大山严司令长官亦不例外。明治十年（1877），全国流行霍乱期间发生不测事件，当时，鸭川地方报告发生 400 余人的霍乱疫情，政府下令派遣防疫和治疗医生赶赴疫病现场，喷洒消毒药液控制传染病蔓延。结果引起居民恐慌，将消毒液误认为毒药，发生了暴力杀害医生的惨剧。

结核病

结核病是十九世纪最初在被誉为"世界工厂"的英国开始流行的传染病。最严重时期发生在 1830 年前后，伦敦每 5 人中就有 1 人患结核病，大量人口在痛苦中死亡。当时产业革命兴起，都市内集中了大量的劳动人口。资本家极力压低劳动者薪水，劳动者每日劳作时间普遍达 15 小时。工人过劳和营养不足，导致疾病、抵抗力减弱。与此同时，生活污水排放没有规划，污染的河水被饮用，生活环境恶劣，加速了结核菌的增殖，导致爆发大规模结核病感染。随着产业革命在各国展开，英国的结核病也随之向他国蔓延。明治初年，日本在英国的留学生感染结核病，被迫中断学业归国甚至死亡的事情频发。日本明治维新的许多旗手、支持者倒在结核病下。尤其是殖产兴业的产业革命中，大量集体生活的女工，在恶劣的劳动环境下，过劳和营养不足，导致死亡人数猛增。明治三十二年（1899）日本人结核病死亡男性 33,816 人、女性 33,783 人；大正七年（1918）结核病死亡男性 64,239 人、女性 76,508 人；昭和十八年（1943）结核病死亡男性 94,623 人、女性 76,850 人。在半个世纪中，日本人恐惧结核病，给这种痛苦的疾病冠以"国民病"、"亡国病"的恶名。

四、日本的大陆野心

自然灾害多发的岛国，给生活在这块土地上的居民带来生存危机。史上多灾多难的日本人，很早就开始寻觅世界上可以安全生存的地方，以求摆脱自然灾害的威胁。在日本历朝历代的史籍中，都流露出浓厚的大陆情结。从公元七世纪初至九世纪末约两个半世纪里，日本先后向隋唐天朝派出十几次遣隋使、遣唐使学习大陆文化。遣唐使带回大量唐朝的经、史、子、集等各类典籍，大唐文化风靡日本。岛国的倭人从此知道在海洋的那面，是没有自然灾害袭扰的大陆天堂，憧憬着也能在那里无忧无虑地生活。

中世纪以来，日本人和中国北方的少数民族一样，心底涌动着脱离恶劣生存环境的强烈欲望，向往中原大陆温润的气候和肥沃的土地。由于北方游牧民族和中原领土接壤，草原铁骑通过陆路可以方便侵入汉人的领地。自秦始皇以来，北方少数民族就没有停止过对中原的侵扰。而日本岛国与中国大陆被海洋隔绝，实现对中原的侵犯必须解决逾越海洋的难题。十六世纪丰臣秀吉统一日本后，开始真正挑战中国的权威，尝试实现日本人久远的梦想。1592~1596年，丰臣秀吉率兵数十万征伐朝鲜，企图先攻下朝鲜，然后攻占中国（明朝），迁都北京，将北京周围十"国"之地献与天皇御用，赐公卿以俸禄，赐其部下十倍于原有的领地。但倭军在与明军交战中败北，丰臣秀吉的梦想破灭。近世和近代日本人，在岛国残酷的自然灾害中煎熬，从来没有忘记先祖渴望的大陆梦想。

日本人摆脱岛国生存的渴望，终于引导日本国家发起对邻国的武力占有。日清战争拉开了进军大陆的序幕，日本夺取了清国台湾和辽东半岛的领土。义和团事变、日俄战争、侵华战争、伪"满洲国"建立，日本人通过残酷的战争找到了安逸生存的土地，实施了开拓团大量殖民"满洲"的计划。1945年日本国战败投降，日本人的大陆情结破灭，永远回到了自己的岛国。

然而，令人惊异的是，在多灾多难的自然环境下生存的日本民族，自古以来有着惊人的忍耐力，在与自然界的交往中善待大自然，无论大自然多么无情，岛国人没有抱怨，意志坚韧地在毁灭和修复的循环中，默默地重建自己的家园。当现代人从谷歌的卫星照片再次审视这个地理构造支离破碎的岛国，看到这叶岛国被70%的森林植被覆盖时，不能不赞叹日本人世世代代对国土的热爱和保护，那里的人们对家园的一草一木倾注了发自肺腑的情感。他们想留给后代的家园并非自家庭园内的草木，而是国民在国家理念下，对国土像对神一样的尊重，并让她代代相传，或许那才是大和人心底真正的本音。

26.01 1854年11月4日，东海道发生大地震，次日南海道大地震发生，太平洋的大海啸呼啸而来。下田地区受到海啸袭击，900栋房屋被冲毁。下田湾停泊的俄国使节、远东舰队司令长官的乘舰"迪阿那"号，也因遭到海啸的袭击严重破损。该舰在前往静冈县进行维修的途中，再次遭到海啸袭击，最终翻沉。图绘是海啸中呼喊救命的受难者。

26.02 明治二十四年（1891）10月28日，岐阜县发生大地震，史称"浓尾大地震"，震度8级。地震造成142,177栋房屋全毁，80,324栋房屋部分受损，死亡7273人、负伤17,175人；道路、桥梁、堤坝、山体等损毁总计5万余处。写真是村落被地震破坏的惨景。

26.03 "浓尾大地震"的破坏力极强，断裂带上的建筑物全部毁灭。写真是地震造成庄内川枇杷岛桥中部坍塌。庄内川枇杷岛桥是1622年建设的古桥，连接枇杷岛和西春日井郡下小田井村。

26.04 "浓尾大地震"发生后，政府派遣名古屋卫戍区陆军第三师团官兵前往受灾地抢险，救助受灾居民，写真是身着黑色军服的士兵在废墟中寻找受难者的场景。

26.05 名古屋是日本纺织工业集中的地区，"浓尾大地震"使各纺织企业的工厂遭到严重破坏。写真是"名古屋纺绩"建筑物损坏的惨烈情形。厂房屋顶脱落、玻璃破碎、烟囱折断，工厂被迫全面停产。

26.06 "浓尾大地震"不但使传统结构的建筑物受到严重破坏,对欧美近代技术建造的铁桥、砖瓦建筑物也造成严重破坏。这场地震的结果促进了日本人对耐震构造建筑的关心和研究。震灾后,日本成立了震灾预防调查会。写真是由荷兰人设计建造的"长良川铁桥"被地震破坏的惨状。

26.07 明治四十三年(1910)8月上旬,台风席卷列岛,持续降下暴雨。关东东京发生了有史以来罕见的大洪水,史称"东京大水害"。灾害使河川泛滥、堤坝决口、地表滑坡,整个关东平原被洪水浸泡。写真是墨田川吾妻桥附近浸水,人们慌乱避难的情形。

26.08 "东京大水害"的洪水浸入浅草本愿寺内,写真是台东区西浅草东本愿寺的大门口外寻找避难处的人们。此时,寺内的藏经阁、御本堂、书院等堂舍均被洪水浸泡。

26.09 "东京大水害"的洪水造成一片汪洋。东京市损毁房屋58栋、浸水户数142,271户、死亡18人、负伤9人、失踪3人。

26.10 1910年洪水袭击箱根汤本，大水冲倒了电线杆，电线杆直击铁路，路基悬空，铁路运行被迫中断。写真是铁道被毁，火车被迫中途停驶，人们下车观望及束手无策的情形。

26.11 明治时期的军队在地震、大水、火山爆发、台风等灾害面前，都会迅速出现在保护民众的第一线。写真是"东京大水害"中，日本军队救灾的场面。救灾部队投入作战用舟筏，在墨田区附近救助被洪水围困的市街百姓。

26.12 明治四十三年（1910）8月的大洪水再次考验了日军应急作战的能力。军队出动陆军、海军联合行动，救助受灾的民众。写真是陆海军救灾基地，士兵在舟艇上休息和进食的景象，空中飘着陆海军联合救灾的旗帜。

26.13 东京遭遇60年未遇之大洪水，给民众的生命财产和国家带来重大损失。日本内阁成员纷纷慰问受灾百姓。写真是天皇的侍从西野西资博及龟井警视总监一行前往灾区慰问的场面。

26.14 日本自然灾害多，史上的大火也多。由于人口稠密，房屋建造密集，建设材料以木材为主，一旦地震或人为火灾发生，就极容易发展成大型火灾。明治四十二年（1909）7月31日，大阪市民家的石油灯引起火灾，持续的干燥气候和强劲的东北风，迅速引起大型火灾。写真是中之岛公园的控诉院前避难的百姓。

26　明治灾害　521

26.15　大阪市火灾造成了严重的破坏。警察、消防队全部出动，陆军第四师团3394名官兵参加救火，大火还是烧了一昼夜。烧毁民居11,365户，许多官署、学校、企业、剧场、桥梁被烧毁。受灾面积达1.22平方公里。写真是火灭后市街的惨状。

26.16　明治二十一年（1888），福岛县会津盆地吾妻火山群的盘梯山火山喷发，形成的火山灰将北麓5村11集落掩埋，造成477人死亡。火山喷发后引发泥石流和火山泥流，给下游村落造成灾害。写真是喷发后的盘梯山火口。

26.17　明治三十五年（1902）8月9日，伊豆鸟岛火山喷发。距岛2公里处同时发生海底火山喷发，火山口被从下面涌起的岩浆气流冲击塌陷。在鸟岛玉置村临时居住、以采集信天翁羽毛制作羽绒被褥为生的岛民125人全部罹难，住地被全部埋没。写真是同年2月24日美国人拍摄的火山口照片的景象。

26.18　1914年樱岛火山喷发前,当地人已经预感火山喷发迹象,岛民主动乘舟离开危险地带。尽管有些防备和撤离,但是巨大的爆发,还是造成58人死亡、112人负伤的惨剧。写真是火山喷发后,火山灰不断降下,地面沉积了厚厚的火山灰。军队沿街巡逻警戒,防止不测事件发生。

26.19　大正三年(1914)11月12日,与鹿儿岛市仅一湾之隔,约3公里远的樱岛火山喷发并伴随7级的强烈地震。左写真是喷发20分钟后的火山喷烟柱,25分钟后喷烟柱高度达到8000米。上写真是火山喷发后海面的海水变成了"温泉",许多人在水中嬉戏的情形。

26 明治灾害 523

26.20 浓尾地震村庄和铁路桥被破坏。

26.21 东京大地震后新桥站附近惨状。

26.22 东京大地震后浅草桥公园附近惨状。

26.23 东京市内大洪水，浅草市民避难。

26.24 大洪水使山河岛火车站一片汪洋。

26.25 被洪水围困在房屋顶上的居民。

26.26 大地震引发火灾烧毁的路面电车。

26.27 东京大地震死难者尸体的惨状。

26.28 警察为收留的流离失所的儿童配餐。

26.29 上野公园内灾民互助分配食品。

26.30 受灾百姓被安排在国技馆内避难。

26.31 赈灾中领取救灾物资的百姓队列。

26.32 海军出动军舰运送避难百姓。

26.33 军队抢修被毁坏的大桥铁道。

26.34 灾害后，西乡隆盛铜像上贴满寻人启事。

26.35 大阪火灾烧毁1.22平方公里的市街。

26.36 摄政宫殿下视察地震火灾现场。

26.37 大水害后皇后宫慰问受灾儿童。

明治期日本主要灾害及死亡人数

灾害发生时间	灾害名称 / 震度 M	死者（失踪）
明治五年（1872） 3月14日	浜田地震 / 7.1M	555
明治二十二年（1889） 7月28日	熊本地震 / 6.3M	20
明治二十四年（1891）10月28日	浓尾地震 / 8.0M	7273
明治二十七年（1894） 6月20日	东京地震 / 7.0M	31
明治二十七年（1894）10月22日	庄内地震 / 7.0M	726
明治二十九年（1896） 6月15日	明治三陆地震 / 8.5M	21,959（海啸38.2米）
明治二十九年（1896） 8月31日	陆羽地震 / 7.2M	209
明治三十三年（1900）11月5日	宫城县北部地震 / 7.0M	11
明治三十四年（1901） 8月9日	青森县东方湾地震 / 7.2M	18
明治三十八年（1905） 6月2日	芸予地震 / 7.2M	11
明治四十二年（1909） 8月14日	江浓（姉川）地震 / 6.8M	41
明治四十四年（1911） 6月15日	喜界岛地震 / 8.0M	12
明治二十一年（1888） 7月15日	盘梯山喷发	461
明治三十三年（1900） 7月17日	安达太良山喷发	72
明治三十五年（1902） 8月7日	伊豆鸟岛喷发	125
明治四十四年（1911） 1~10月	浅间山喷发（多次）	数名
明治二十二年（1889） 8月18日	十津川水害	1664（各地合计）
明治四十三年（1910） 8月11日	关东大水害	1379

明治期传染病患者死亡人数

年	結核	霍乱	痢疾	傷寒	天花
明治21年	39,687	460	6,576	9,211	853
明治22年	42,452	431	5,970	8,623	328
明治23年	46,025	35,227	8,706	8,464	25
明治24年	54,505	7,760	11,208	9,614	721
明治25年	57,292	497	16,844	8,529	8,409
明治26年	57,798	364	41,284	8,183	11,852
明治27年	52,888	314	38,094	8,054	3,342
明治28年	58,992	40,154	12,959	8,401	268
明治29年	62,790	907	22,356	9,174	3,388
明治30年	—	488	23,189	5,854	12,276
明治31年	—	374	22,392	5,697	362
明治32年	67,599	487	23,763	6,452	245
明治33年	71,771	231	10,164	5,364	4
明治34年	76,614	67	10,889	5,411	4
明治35年	82,559	9,226	8,442	4,808	7
明治36年	85,132	91	7,209	4,292	6
明治37年	87,260	1	5,166	4,627	237
明治38年	96,030	—	8,606	5,276	62
明治39年	96,069	—	5,144	5,897	109
明治40年	96,584	2,526	5,939	5,691	437
明治41年	98,871	401	7,846	5,331	5,838
明治42年	113,622	221	6,836	5,470	26
明治43年	113,203	1,957	7,053	7,571	13
明治44年	110,722	4	6,009	6,830	34
明治45年	114,197	1,683	5,721	6,289	1

《日本帝国统计年鉴》《卫生局年报》

26.38 日本是一个多自然灾害的国家。发生在明治时代的火山喷发、地震海啸、台风豪雨、水害冷害、山崩地裂等自然灾害，给生活在这个岛国的居民带来巨大灾难。明治时期日本主要灾害及死亡人数表，记录了灾害的苦痛。

26.39 明治时代，死于传染病的日本人达数十万之众。传染病像幽灵一样长期困扰着这个国家。左图《日本帝国统计年鉴》数据显示，明治中期到明治末期，日本每年死于传染病的患者，最低一年也超过5万人以上，死亡数呈年年上升趋势。肺结核是最普遍的传染病，当时这种"劳咳"病来势凶猛，被日本人称之为"国民病"、"亡国病"、"死病"，贫困、劳动环境恶劣、营养不良是此病爆发的重要原因。明治时期的结核病，对近代以降的文化史产生过极大的影响。1889年日本创办首座结核疗养所，但并非一般民众可以享受的高级医疗待遇。上图绘画是明治时期煤矿女矿工背煤出井的情形，矿工是集体生活，一旦受到传染病感染，就会造成群体性死亡。

27　岛国清人

日本明治维新对中华革命影响的大讨论,持续了百余年。围绕明治维新的起源有着多种解释,日本近代史将它归功于美国舰队"黑船来航"这块敲门砖。但也有学者论说,日本的明治维新受益于中国近代传播新思想的一部著作《海国图志》。《海国图志》是清代人魏源在林则徐授意下编写的介绍西方历史地理最翔实的专著。书中提出了"师夷长技以制夷"的思想,在大清国曾一度被圈定为禁书。禁书流传至日本,被江户幕末锐意改革的知识分子奉为至宝。书中的内容开启了闭关自守两百多年岛国人的心扉,当他们看到西洋的坚船利炮,读到欧洲国家的工商业、铁路交通、学校教育的进步,激发起澎湃的按捺不住的求知欲和好奇心,进而勇敢地跨出国门去了解西洋的进步文明。1868年,经过维新志士的努力,推翻了幕府统治,实现了明治改朝换代的历史跨越。《海国图志》被清国朝廷打入冷宫,然而真正能赏识它价值的却是日本人,这是近代史上日本人先知于中国人的贤明之处。

考察近代亚洲历史,实感中国有四位深受明治维新影响的历史人物,李鸿章、康有为、孙文(孙中山)、梁启超,他们引导大清国接近了世界文明。他们是清国人致力于学习模仿明治维新,启蒙中国近代文明的先驱。他们虽然是封建朝廷的官僚,民间的思想家,中庸的改良主义者,推翻旧制的政治家;所处的社会环境不同,思想理论各异,行动方式执著,但是他们的共同目标是学习明治维新,力图改造自己的国家。中华革命的成功正是在接受明治维新的思想和勇敢地奋起中取得的历史回报,正如孙文先生所说:"明治维新是中国革命的第一步,中国革命是明治维新的第二步。"

一、李鸿章与明治维新

明治元年,李鸿章45岁,时任钦差大臣,专办剿捻事务。李鸿章所处的时代见证了日本的崛起,他在国家积弊日深、各种矛盾错综复杂的背景下,敢于以大清国洋务运动与明治维新争高低,引领中华民族接近了世界的近代文明。

明治二十八年(1895)4月17日下午,一艘德国商轮"公义"号,拉起沉重的锚链匆匆离开了日本的马关。船上乘坐的是代表大清帝国赴日本小国乞求和平的全权大臣李鸿章。他在当日上午于春帆楼怀着满腔怒火和屈辱,与日本国签下了中国史上最耻辱的《马关条约》。大员一行带着一叠万般沉重的条约文书，踏上了命运未卜的归国旅程。此时此刻，这位心中充满苦涩的老人，不但带回来一颗留在体内的枪弹，还带回了一个千古的骂名。

中国近代史上，以日清战争的《马关条约》为分水岭，划清了大清国和日本国之间在近代文明竞争中胜败的里程碑，从此大清王朝一路衰败，气绝灭亡。李鸿章死去，大清国这根梁柱轰然倒下。慈禧太后为之垂泪，也许只有她才能最深切感受到李鸿章对大清国的价值。

李鸿章的敌人、日本首相伊藤博文说，李鸿章"知西来大势，识外国文明，想效法自强，有卓越的眼光和敏捷的手腕"。日本人评价李鸿章："如同日本幕末维新的英杰人物，在近代国家变革的阵痛中，一身痛感苦恼之人。他波折万丈的人生，犹如近代中国的动荡起伏。李鸿章保持了25年最高实权的地位，是他支撑了大清帝国苟延残喘。诸外国对李鸿章的信赖远远超过紫禁城的皇帝，如果没有这样的有能之士，大清国早已被列强蚕食殆尽。"

欧美人赞扬李鸿章："不仅是东方大陆孕育的最伟大人物，而且综合各方面的才能，亦见是前世纪中世界最为独特的英杰人物。论其文，他学识广博见闻丰富；研其军，他在重要的战役中为国家有所作为；究其政，他为这个最古老、人口最繁盛的国家尽心竭力；作为外交家，他高瞻远瞩手段老辣，是国际外交中的佼佼者。""清国和日本的战争实际上是李鸿章和日本的战争。李鸿章的重大失败非但没有伤及他的仕途，反而展示了他个人的才能和魅力，李鸿章是近代清国代表文明智慧的伟人。"

孙中山曾上书李鸿章，其文曰："我中堂佐治以来，无利不兴，无弊不革，艰难险阻，尤所不辞。如筹海军、铁路之难，尚毅然而成立，况于农桑之大政，为民生命脉之所关，且无行之难，又有行之人，岂尚有不为者乎？"梁启超评价李鸿章："自李鸿章之名出现于世界以来，五洲万国人士，几于见有李鸿章，不见有中国。一言蔽之，则以李鸿章为中国独一无二之代表人也。夫以甲国人而论乙国事，其必不能得其真相，固无待言，然要之李鸿章为中国近四十年第一流紧要人物。读中国近世史者，势不得不曰李鸿章，而读李鸿章传者，亦势不得不手中国近世史，此有识者所同认也。"

在东亚近代史上，李鸿章和伊藤博文分别是清国的洋务运动和日本的明治维新的领衔代表。李鸿章领导的大清国洋务运动始于1861年，比明治维新早8年。结果日本后来居上，洋务运动败给明治维新。李鸿章较早赞扬日本的明治维新云："日本近年改变旧制，其变衣冠，易正朔，每为识者所讥。然如改习西洋兵法，仿造铁路火车，添置电报、开煤矿、自铸洋钱，于国计民生不无利益。并多派学生赴西国学习器艺，多借洋债，与英人暗结党援。其势日张，其志不小。故敢称雄东土，藐视中国，有窥台湾之举。"

日清战争和谈时，李鸿章面对日本全权代表伊藤博文发表了一段演讲，"在欧洲人眼里，清国和日本是亚洲两个卓越的大国，我等系相同人种，有类似的文化，社会的相似之处也很多。作为敌人我等更应该是兄弟，从对立关系转向相互重视的立场。""日本正在发生着惊异的变化，阁下以往的指导，对我国的进步和发展有深刻的意义，然而余与阁下一样未能引导我的国家，令老朽深感惭愧之至。""余认为此次的战争得到两个好的结果，第一是欧洲的陆海军作战方式，被黄色人种成功应用得到了验证。第二是永眠的中华开始觉醒，日本给予清国的刺激，相信对我国将来的进步会发生最有益的影响。""我国人民对贵国抱怨之声甚多，然与抱怨之感怀相比，余个人也许应该感谢贵国唤醒了中华国人。"李鸿章是中国近代史上第一位提出，愿意在政治上向自己的敌人学习的智者，凸显出伟人高瞻远瞩的胸怀。

在两国文明进化的博弈中，国家制度决定了胜败，封建制度无法战胜资本主义。李鸿章和伊藤博文的政治处境不同，一个大清国封建官僚决然不能战胜日本的国家资本主义政治、社会意识形态和文明理念。洋务运动和明治维新无法在同一个层次上一较高下，正如时代世论所云："洋务运动仅撷拾泰西皮毛，汲流忘源，遂乃自足，而对政治社会改良实为弥缝补苴，偷一时之安，轮到今日被人取笑，其心酸自知。"在清国政治体制下运作欧美近代化，学其皮毛不求其本，必然会产生封建制度下的近代化怪胎。

李鸿章一生签订了 30 多个条约，其中与日本有关的主要条约有明治四年（1871）8 月《日清修好条规》；明治七年（1874）《台事条约》；明治十八年（1885）4 月《天津条约》；明治二十八年（1895）4 月《马关条约》；明治二十八年（1895）11 月《辽南条约》；明治三十四年（1901）9 月《辛丑条约》。他在和日本人的外交葛藤中敬恨有加，在国家体制束缚下无奈地从巅峰滑至低谷，他是从高傲的大臣落魄至卑躬屈膝捱枪饮弹，也要争回国家利益的"乞丐"。然而，日本人没有鄙视他，却对他尊敬仰慕，感佩"李鸿章是大清帝国中唯一有能耐敢和世界列强一争长短之人"。

海内外敌我之千秋公论，对李鸿章敬赞有加，然中华后辈何以责其百年而痛株之。观李鸿章之生平即可知，李鸿章作为一个身处大清国统治下的汉人，在野蛮落后的时代，是他竭尽全力引导这个愚昧的国家接近了西方文明，为中华民族留下了有价值的巨大财富。李鸿章是中国近代史上应该受到敬仰的伟人。

二、康有为流亡日本

明治元年，康有为（1858~1927）10 岁。他一生致力于宣传自家的思想哲学，广集天下才子研讨国家维新理论，是近代著名的政治家、思想家、社会改革家。康有为信奉孔子儒家学说，并致力于将儒家学说改造为可以适应近代社会的国教。

明治二十七年（1894）日清战争爆发，蕞尔岛夷大败天朝大国，大清国多年苦心经营的北洋水师全军覆没。1895年，清国被迫与日本签署丧权辱国的《马关条约》。奇耻大辱的消息传到北京，当时参加科举会试的学子们一片哗然。康有为指示大弟子梁启超串联各省举人联名上书，要求拒绝批准对日和约。康有为慷慨激昂的演讲，激发起学子们的反日高潮，一致赞同康有为上书朝廷的建议，公推他为奏议起草人。康有为疾书万言，学子们联名向清政府提出了"拒和"、"迁都"、"变法"三项建议，直接陈情光绪皇帝。声势浩大的学生请愿震动了朝野上下，这就是著名的"公车上书"运动。学子们在上书中抨击《马关条约》是清朝两百余年历史上的"奇耻大辱"，呼吁清王朝学习明治维新，施维新变法之策改造国家。"公车上书"运动，反映出十九世纪末一代青年知识分子爱国、求变革、奋发向上的思想追求。

康有为呈给光绪帝自己撰写的详细介绍明治维新的《日本变政考》。光绪帝后来实施的"戊戌变法"，颁布了200件以上的变法诏书，多是采用了《日本变政考》的建议。维新变法遭到以慈禧太后为首的保守派的反扑。在维新前景黯淡的形势下，日本明治维新的旗手伊藤博文正好路过清国，光绪帝召见伊藤博文，希望聘请他做政府顾问，帮助清国的维新。可是慈禧太后主导了宫廷政变，光绪帝变法失败，成了阶下囚。事件后伊藤博文在给妻子的信中，分析了清国维新失败的原因。清国皇帝万事全部效仿日本，连服装也要改成洋服，导致了过激改革的失败。只模仿明治维新的形式，不考虑清日两国不同的国情，维新派的快餐式改革，自然就会破局失败。

戊戌变法失败，康有为在上海英国领事馆保护下，经由香港前往日本避难。维新派领袖康有为，在朝廷的追捕下流亡海外16年，三度来日避难。在日本期间虽然不如维新变法运动时受日本政府重视那样风光，但却得到了犬养毅、大隈重信、佐佐友房、品川弥二郎、近卫笃麿、伊藤博文等明治维新名流在资金和思想宣传活动上的援助。康有为在日本时与孙文有过接触，日本人也想借此机会促成革命派与改良派的合作。在日本人宫崎寅藏、平山周居间安排下，孙文与康有为多次商谈合作事宜，希望康有为放弃保皇改良主义，实行武装革命，携手推翻清王朝以拯救中国。但康有为坚持不忘圣上知遇之恩的立场，拒绝与革命派合作对抗清王朝。由于思想理念的差异，两人终未走到一起。"戊戌变法"失败后，保守派势力全面掌控国家政权，流亡海外的康有为失去了光绪皇帝的庇护。维新思想的传播仅停留在纸上谈兵，康有为极力推崇的立宪君主制也在国内革命洪流中被淹没，他在此后的岁月里，除了空洞的自家思想哲学大论外，对国家维新改革的实践无大作为。

康有为遭清政府缉杀，长期流亡海外，他的思想理论纠结于中学与西学之间，个人又常常言行矛盾，令追随者所感困惑甚至离去。康有为赞赏和提倡西学的男女平等、一夫一妻制，然而他在颠沛流离的流亡生活中却妻妾成群，故坊间送其"风流圣人"的雅号。康有为六房姨太中之第四房，是昵称"鹤姬"、实名市冈鹤子的16岁日本神户女佣。这个贫家少女对康有为的崇敬心超越了年龄的鸿沟，且与康有为三姨太相处感情深厚，便以身相许随主人做了四夫人。市冈鹤子对丈夫忠贞不贰，在康有为猝死后毅然决然自杀随夫而去。

三、孙文的日本大本营

明治元年，孙文（1866~1925）2岁。他从小在夏威夷长兄孙眉的身边生活，期间在学校习得了西洋思想。归国后学习医学行医开业，继续研究革命思想理论。清法战争前后，受明治维新的影响，孙文开始关心国家政治问题。孙文在30年革命生涯中，曾旅居日本10年，日本曾经是孙文为推翻清政权建立的海外大本营。孙文在东京居住期间，取名"中山樵"，自号"孙中山"。

1894年（明治二十七年）1月，孙文在夏威夷成立"兴中会"。翌年日清战争后，在广州组织武装起义失败，流亡日本。1897年，经宫崎寅藏和"玄洋社"头山满的介绍，结识了首任"玄洋社"社长、自由民权运动家平冈浩太郎。在犬养毅（后为第29任内阁总理大臣，1932年被暗杀）协助下，孙文居住在早稻田鹤卷町面积达2000平方米的宅院内。明治维新的一代领袖和活动家与孙文建立了良好的私人关系，支持孙文推翻清帝制、恢复中华的政治主张。成功后的孙文在他的《建国方略》中，特别记名感谢支持和帮助过他的日本友人。犬养毅、平山周、大石正巳、尾崎行雄、副岛种臣、头山满、平冈浩太郎、秋山定辅、中野德次郎、铃木久三郎、安川敬一郎、大冢信太郎、久原房之助、山田良政、宫崎寅藏、菊池良一、萱野长知、副岛义一、寺尾亨等。

孙文对明治维新的称赞，表现在辛亥革命成功后孙文对日本的期待上。1913年，为了全国和平统一，孙文辞去临时大总统职务重返日本，在"日本东亚同文会"为他举行的欢迎宴会上演说："今日亚洲的独立，不能没有日本和中国，为了维护东亚的和平，对日本的期待非常巨大，中国和日本其实就是兄弟。辛亥革命时，列强严守中立，日本作为后援国，对中华革命的帮助是非常巨大的。"

孙文和日本的关系复杂而微妙，孙文奋起革命的时候，正值日本明治维新获得空前成功，对大清国实施扩张政策的时期。日本给予孙文诸多的保护和支持。清日两国文化同源、一衣带水紧密相连，使孙文很容易把意欲实现大亚细亚主义的日本，视为志同道合的盟友来求助。孙文的目标是要推翻清政府，一个弱小的革命党要实现如此巨大的抱负，寻求国际上志同道合的力量，也是别无选择的无奈之举。1895年甲午战争失败，清廷签订了割让辽东及台湾的《马关条约》。当时除了康有为等知识分子采取"公车上书"的壮举，以及少数士大夫试着斗胆建议拒和、迁都外，大清国内看不到任何有组织性的、官方或民众对清廷割地赔款、丧权辱国的抗议行动。此时的孙文，主张首先利用国内满汉矛盾，借助外国的倒清势力推动"排满兴汉"，实现推翻清廷统治的政治目标。

从1894年创立兴中会，到1905年创立同盟会，孙文十余年里始终高举"驱除鞑虏，恢复中华"的旗帜，坚定不移地投身革命。1905年日俄战争后，孙文从欧洲经苏伊士运河归国之际，当地人以为孙文是日本人，尊敬地向孙文祝贺胜利。黄种人取得日俄战争的胜利，使在殖民统治下的阿拉伯等有色人种的自信心空前高涨。明治维新的成功曾引导孙文奋起的思想，在日俄战争日本取得胜利的国际环境下，更坚定了他推翻清政权的信心。

当时围绕满蒙问题，在一些中国人的头脑里尚没有"满蒙是中国不可分割的领土"的认识，也没有明确的领土主权概念。辛亥革命爆发前，孙文等多数革命党人没有将满蒙纳入"恢复中华"的版图。1905年孙文创立同盟会时，解释他的"驱除鞑虏，恢复中华"的主张："今之满洲，本塞外东胡。昔在明朝，屡为边患。后乘中国多事，长驱入关，灭我中国……驱除鞑虏之后，光复我民族的国家。"

日本人垂涎满蒙，孙文意识到了日本的政治野心，面对清廷的腐败政权，孙文只能采取牺牲部分清朝权益，优先推翻清朝政府作为先行的政治策略，以换取日本军阀或财阀援助中华革命。孙文因此说："吾人之目的在于灭满兴汉，革命成功之时，即使以诸如满、蒙、西伯利亚之地悉与日本，当亦无不可。"孙文的政治主张，在当时并非自己一个人的独断见解。孙文采取的策略争取到了日本在资金和武器方面的援助，其中还包括极力主张策划满蒙独立的右翼运动家、国家主义者内田良平的援助，对实现自己的革命理想起到了积极作用。

明治四十四年（1911）辛亥革命成功，孙文取道欧洲回国，电报日本友人在香港接船，然后同船抵达上海。1912年1月1日，中华民国临时政府成立，孙文就任中华民国临时大总统。此后，孙文领导了反对袁世凯的二次革命等运动，此时孙文不仅在革命的资金、武器等方面求助于日本财阀，而且任命了许多日本人担任自己的经济、法律、海军和政府等各方面的顾问。

然而，日本政府时刻警惕中国革命是否妨碍日本征服大陆的政策，对中国革命的发展抱有复杂心态旁观，甚至借袁世凯的势力，促使中国南北分裂。日本政府的做法背离了孙文对中日关系平等发展的期待，孙文对日本的信赖和幻想，开始转变成对日本的怀疑和指责。与1919年以前孙文和日本亲密交往的做法相反，在"五四"爱国运动爆发后，这种"亲密交往"停止了。孙文在对日态度问题上的变化，来自国家民族主义的觉醒和强大的社会舆论压力。孙文的国家主权和领土完整意识开始明朗起来。他顺应潮流改弦更张，引领国家民族主义运动开始了新的政治谋略。"五四"运动以后，孙文虽然继续接受日本的援助，但再也不拿涉及主权和领土的国家权益做交换。孙文公开声讨丧权辱国的"二十一条"以及1895年的《马关条约》，斥责日本占领胶东半岛，要求日本租借的旅顺、大连在25年期满后归还，并退出"满洲"

各地。

在孙文的眼里，日本作为近代化的楷模和亚洲复兴好伙伴的形象完全消失，日本和西洋列强一样是欺负邻国的侵略者。这种意识的转变不仅仅在孙文个人眼里定格，那些为寻求真理拯救祖国而来到日本留学的进步青年，对日本寄托的幻想也彻底破灭。他们悔恨之中返回自己的祖国，毫不犹豫地投身到争取国家民族利益的战斗行列中去。

孙文的革命生涯中和许多日本人结下深厚情谊。1905年孙文在宫崎寅藏等的支持下，联合兴中会、光复会、华兴会结成"中国同盟会"。同盟会采决了孙文提出的"驱除鞑虏、恢复中华、创立民国、平均地权"的纲领性主张。1922年被陈炯明驱逐的孙文，邀请日本驻广东武官佐佐木担任军事顾问。此后佐佐木和孙文的交往日渐深厚，还参与过孙文的"中山装"的考案设计。此间孙文向佐佐木介绍了蒋介石。佐佐木对孙文和国民党在未来国家中的作用给予厚望，发表过许多论文、讲演、著作，招来诸多批评和嘲讽，没有引起日本高层的重视。历史的变迁使佐佐木改变了自己的中国观，在侵华战争中成为伤害中华民族的刽子手。

1913~1916年，孙文在日本避难和从事革命活动期间，得到日本著名企业家梅屋庄吉的极大帮助。孙文在从医时就和梅屋庄吉结下友情，梅屋庄吉知道孙文崇尚革命，许下"君若举兵，我以财政相助"的慷慨诺言。在孙文革命生涯中，梅屋提供了相当于现今亿万日元的巨额援助，在物质和精神上支持孙文领导中华革命走向成功。梅屋和夫人德子不但一如既往帮助孙文在日本的避难活动，还为促成孙文和宋庆龄的婚姻提供了帮助。1915年10月25日，梅屋在东京主持举办了两人的婚宴。此后德子也精心照料二人的生活，在两对异国夫妇之间留下了永恒的友情。1925年孙文病逝，梅屋庄吉痛惜备至，为向后世传颂孙文之丰功伟绩，拿出相当于现今1.5亿日元的巨资制作了4尊孙文铜像捐赠给了中国。孙文铜像至今仍完好保存在广州、南京、澳门等地。

孙文百年历史的一页翻了过去，现代视角下的现代人，有时会尖刻质疑孙文的历史言论或他轻浮的女人观。然而历史研究的视角，应该把历史人物和历史事件，回放到它们当时所在的那个特定的历史参照系下审视，才能找到合理的解释。孙文所处的特定历史环境，正是中华民族刚刚开始接受西方民主国家理念的启蒙期，重塑中华国家对主权和领土概念的过渡期，全世界处在无秩序的混乱和整合的背景中。现代人评价伟人，总是希望他们百分之百的完美。然而伟人并非圣人，孙文的光明磊落和天下为公的信念与实践，为中华民族留下的宝贵政治遗产和精神财富，远远超越了圣人的价值。

四、梁启超的日本情结

明治元年，梁启超（1873~1929）尚未诞生。梁启超是清末民初的思想家、政治家、教育家、史学家、文学家。青年时代曾在老师康有为带领下进行"戊戌变法"，事败后出逃日本，在海外推动国家立宪君主制。辛亥革命后曾入阁袁世凯的政府，也加入过段祺瑞的政府。他倡导新文化运动，支持"五四"学生运动。

1895年3月，梁启超与康有为赴京赶考，月底得知北洋水师全军覆没，李鸿章赴日签订《马关条约》，在京应试的学子群情激愤。梁启超奉康有为之命，联合各省举人数百人发起上书运动阻止批准《马关条约》。四月初十，康有为、梁启超率领数百名举人，携联名万言书《上今上皇帝书》，前往都察院陈情，开启了知识分子为先导的"公车上书"群众性政治运动。

1895年6月，梁启超在康有为授意下创办《万国公报》、《中外纪闻》，制造舆论宣传维新，主张用西方模式改革中国政治、经济及教育。1896年8月，梁启超任总主编的《时务报》在上海创刊，宣传"变法图存"，结识大批社会名流。朝廷曾派专员邀请梁启超为政府参赞专任报事，梁婉辞不就，决心通过民间报纸唤醒民众。梁启超撰写《变法通议》、《西政丛书》等数十篇文章在报上发表，成为当时前所未闻之维新新论，受到社会的关注。1897年10月，梁启超发表《论君政民政相嬗之理》一文，用孔子的"三世说"、严复的进化论及欧美诸国历史进程为例证，强调其共同规律都是经过了"君主专制"、"君主立宪"、"君民共立"的历史过程，以此论述大清国君主立宪制的思想理论。梁启超还发表了《知耻学会叙》，揭露官、商、士、兵、民等种种腐败弊端，引起朝廷的震怒而遭到压制。

1898年正月，梁启超前往北京协助康有为推动变法，成立以"保国"、"保种"、"保教"为宗旨的保国会，希望在变法、外交、经济等方面协助朝廷治理国家。在广大文人请求推行新政的陈情之下，四月末，光绪皇帝颁布《明定国是诏》，表明改革决心，开始变法。在变法施政策略上，康有为主张采取日本明治维新经验，循序渐进方式，谭嗣同和梁启超等人反对温良主义。结果变法急于求成，造成朝政混乱，招致保守派反扑。慈禧太后主导了宫廷政变，光绪帝成了阶下囚，百日维新变法失败。康有为、梁启超等人纷纷出逃海外。梁启超避入日本公使馆，向日本驻华公使请求庇护。消息转至伊藤博文处，伊藤欣赏梁启超的才华，作为大清国的高洁志士，必是未来国家维新的栋梁人才。他指示日本在清国的力量，帮助梁启超逃出了戒备森严的北京城。

明治三十一年（1898）9月，梁启超在惊险中乘上停泊在塘沽湾的日本军舰"大岛"号，安全抵达日本。梁启超最初居住在东京牛迂区高桥琢也的房子，因敬仰日本学者吉田松阴及高杉晋作，取其字化名"吉田晋"。梁启超与大隈重信内阁的官员犬养毅、平山周等人会面，请求日本政府设法营救光绪皇帝。同月，在宫崎寅藏的帮助下，梁启超和老师康有为重逢，梁启超从此开始了13年流亡日本的生活。

经宫崎寅藏的斡旋，梁启超与孙中山、陈少白在早稻田大学会面。三人初次相识各抒己见，讨论合作排满事宜，此后梁启超与孙中山交往甚密。11月，梁启超在"兴中会"横滨分会会长冯镜如的资助下创办了《清议报》。报刊连载《戊戌政变记》、《论变法必自平满汉之界始》、《戊戌六君子传》等文章，旗帜鲜明地批判大清朝廷专制，宣传反满爱国救亡，号召民权自由。《清议报》海内外发行，梁启超获得了极大名望。

梁启超在镰仓江之岛与13位志士盟誓组成"梁党"，他们学习日文，阅读大量日本书籍，主张中国青年若树立独立、自由、自强的精神必须从教育入手，呼吁"我国之人有志新学者，应努力学习日文"。明治三十二年（1899）7月，梁启超在横滨华侨商人支持下，创立了大同高等学校、横滨同文学校，并担任校长。学校开设讲授《社会契约论》、自由平等、天赋人权及英、法革命和日文的课程，为中国的未来培养人才。

梁启超多次向日本友人表示，"日本是我的第二故乡！"诚意感谢十多年来日本给予的一切帮助和支持。然而，1915年袁世凯准备接受日本对华提出的"二十一条"不平等要求时，梁启超义愤填膺，通过《京报》、《国民报》、《亚细亚报》等报刊，连续发表《中日最近交涉评议》、《中日时局与鄙人之言论》、《中国地位之动摇与外交当局之责任》等文章，声讨袁世凯政府，痛斥日本的侵华野心。强调日本企图寻求中日"合邦"，同化与灭亡中国是痴心妄想。中国人民宁为玉碎，不为瓦全，日本必须撤回那些"伤害我主权为我所不能堪"的条款。日本政府派说客拉拢梁启超，在遭到拒绝之后，通过报刊舆论中伤梁启超接受德国的贿赂，对日本"忘恩负义"等诬蔑之词。梁启超则对此坦荡反驳："维护国家民族的权益乃吾等的权利和义务，不能因为曾受日本庇护十余年的恩惠，就可以放弃对自己国家的责任。""凡以正义待我者，无论何国，吾皆友之；凡以无礼加我者，无论何国，吾皆敌之。"梁启超的文章引起海内外巨大反响，"二十一条"最终未能付诸实施。

在中国维新变法的领袖中，梁启超受日本明治维新的影响最大，他高度评价日本明治维新，将其作为学习和实践的典范，探索将日本的维新经验运用到中国。梁启超相信，日本可以从弹丸小国变成今日之雄国，是实行了维新变法。如果中国也像日本那样变法图强，定会摆脱弱国局面。明治政府主导舆论的新闻媒体对梁启超影响很大，他相信中国的维新运动需要依靠舆论宣传，才能唤起国人沉睡的大梦。从明治二十八年（1895）梁启超初登历史舞台到1920年结束流亡归国的二十多年中，他深受日本明治维新的影响，并且积极办报进行宣传活动。他以国家民族兴亡为己任的使命感和博大胸怀，启迪影响了一代乃至几代后辈，激励了近代国家动乱中的民族脉搏。作为近代中国人自己的思想理论家，梁启超超越了他的先师康有为。百年以来中国老一辈革命家，毫无疑问都会不同程度地受到梁启超维新思想理论的影响。

五、清人的岛国留学潮

　　近代清国朝廷和日本官方的交往，始于日清两国缔结《日清修好条规》的明治四年（1871）。明治十年（1877），清国第一任驻日公使何如璋，痛感日本语翻译人才不足，使清国对日本的外交政策、国家改革、社会文化的认识产生诸多误解。何公使与当时日本的掌权者大久保利通商议，设立日清外交人才培养学校，双方各派出20名学员的培训计划，以期增进两国的相互理解。遗憾的是该计划受到琉球问题和大久保利通被暗杀的影响顿挫流产。可是清国公使馆没有停止计划的实施，于1882年在东京芝增上寺的公使馆月界院内，独立设立了"东文学堂"。学堂的学生从本国国内招收，教育主旨是培养精通日本语的外交人才。教育内容是学习日本语，加上其他科目，学制设定为三年。但是整个留学教育过程，是在公使馆内封闭状态下进行的。1882~1894年，该学堂仅仅培训了12名身在日本、却不出公使馆大门的"留学生"。1894年日清战争爆发，公使馆关闭，东文学堂也随之闭校。

　　日清战争清国战败，明治维新引领日本崛起的现实转变了清国人的思考方法。清国人终于低下头来，抛弃固有的夜郎自大、唯我独尊的思想，诚意向日本取经，研究日本岛国的事情。1896年，清国驻日公使裕庚向日本外务大臣陆奥提出了派遣公费留学生的请求，但因存在留学生不懂日语的顾虑，文部大臣西园寺公望只同意他们在民间私塾校留学。清国通过严格考试选拔了13名优秀生，作为公派留学生前往位于东京的由嘉纳治五郎创办的"嘉纳塾"学习。留学期间，近半数的学生因清国人发辫屈辱问题、战败国卑下感心理障碍、饮食文化不调等因由，中断学业离开日本返回了本国。学校教学实施严格的考试制度，第一届赴日官派留学生考试平均成绩（百分制），日文76.8、理科81.4、算术49.4、地理68.3、历史62.2，最终毕业升学者只有7人，这7人一生为增进两国文化交流作出了贡献。1899年10月12日，清国光绪皇帝授予嘉纳先生二等双龙宝星勋章，高度评价和感谢嘉纳对清国留学生教育的贡献。

　　嘉纳塾公费留学生教育的成功，推动了清国人前往日本留学的愿望。在日俄战争胜利的背景下，日本国际地位急速提升，清国人前往日本的留学生势头猛增。仅战后的1906年就有万名清国人来日留学，日本国内面向留学生的学校大量涌现。报纸绘画《清国留学生的茫然》，描绘了当时清国人可笑的留学潮。讽刺许多盲目来日留学的清国年轻人，在不知道留学学校也不知道学何为好的状况下，贸然来到警察亭向警察打听留学事情的情形。留学生的激增和无目的的留学，与早期留学生给人留下的胸怀抱负、刻苦勤学的良好印象形成强烈反差，引发日本社会的疑问。

日本国内推动清国人留学潮的教育机构，当属嘉纳创办的"宏文学院"，学校向清国留学生提供了优良的正规教育。1906年，宏文学院为留学生开设了多种学科，普通科6.6%、速成音乐科0.1%、速成警务科21.1%、速成师范科62.5%、速成理化科9.7%。其中普通科入学的140名学生中，118名得以升入高等教育学校，升学率达到84.2%。升入官公立学校68名，占57.6%；私立学校50名，占42.3%。十年留学期间，全体留日学生中，考入日本大学者占1%，考入高校水平的学校者占5%。

赴日本留学的清国各类留学生，成分多样，水平参差。其中部分学生接受了明治维新的影响，积极投身推翻清国朝廷的政治活动中；也有部分纨绔子弟不思学业，打架斗殴、外宿嫖娼、吸食买卖鸦片等丑闻频出，在日本媒体上披露，引起社会反感。留学潮活跃了清国与日本间的教育往来，也引起清国朝廷对留学生参与国家政治的警觉，要求日本政府对留学生加强管束。1905年11月2日，文部省颁布了《清國人を入學せしむる公私立學校に關する規程》，被翻译成《清国留学生取缔规则》。规则主旨是整顿清国留学生中存在的风纪问题，并采取严格管理措施处置放纵卑劣的学生。在个别媒体对不良生渲染性的报道下，引起社会对整个留学生群体的冷眼蔑视，招致清国留学生的强烈逆反。1905年12月7日《东京朝日新闻》报道，东京市内各学校在学的清国留学生8600余名联合罢课，抗议文部省发布《清国留学生取缔规则》，要求政府解释澄明留学生的"放纵卑劣"。取消《取缔规则》中的第九、十两条（此两条是对今后违反风纪的留学生采取严格处罚，以及文部省与清国公使馆共同对不良学生采取退学处置的规定）。不明真相的清国留学生在学校内发起集体退学运动，非本意的退学回国者达2000人之多。事件在日本社会造成极坏影响，就连原来同情留学生的媒体也转向批判留学生的宣传，留学生处于极端孤立被动的境地。

《取缔规则》事件是清国政府计划中的阴谋。朝廷表面上联合日本文部省整肃行为不良的学生风纪，实质上是设下圈套清理参与反对清国政府有革命倾向的学生，致使留学生盲目退学，成为最终受害者。清国朝廷制约留学生的第二计谋，是提高留日学生"登用考试"的录取标准分数，使统考进士的留日学生纷纷落榜无缘及第。并由此引来清国世论批评日本教育水平低劣，速成教育一知半解，谴责日本一些恶质学校买卖文凭的弊行。《取缔规则》事件后，留学生急剧锐减，日本面向清国留学生所开设的数十所学校相继闭校，名校中也出现经营困难的严峻局面。清国政府实现了削弱留学生反清势力的目的，同时加大扩充本国普通教育力度，立足收回国家的教育权。清国人持续了十年的赴日留学热潮落下帷幕，迎来了冷静的主张高质量留学教育的新时期。

清国人留学日本，源于"同文"、"路近"、"省费"、"时短"的魅力，成就了清国人留学日本的教育梦想。历史上虽然对清国留日学生存在各种评价，但也正是这支留学大军亲身感受到了明治维新的时代脉搏，体验了甲午战争、日俄战争后日本崛起的国家面貌。归国后的留日学生，毅然决然登上了推翻清廷、改造国家的历史舞台。这些留学生弘扬明治维新精神，出现了诸多的政治家、教育家、军事家和文人学者，为改朝换代，创建新国家作出了贡献。

27.01 李鸿章，清国开明人士，在国家积弊日深、矛盾交织的背景下，敢以大清国洋务运动与明治维新争高低。史评称他引导东方大陆民族，接近了世界近代文明。

27.02 康有为，毕生宣传自家的思想哲学，集天下才子研讨明治维新理论改造国家，主张君主立宪制的政体改良。作为一代理论宗师，是近代著名的维新思想家。

27.03 孙文（孙中山），明治维新的信仰者和实践者，为中国革命的成功鞠躬尽瘁，主张"明治维新是中国革命的第一步，中国革命是明治维新的第二步"。

27.04 梁启超，中国近代思想家，明治维新的信仰者。曾主张君主立宪制理论，是改朝换代时期创办新闻媒体的风云人物，激励了近代国家奋起的民族脉搏。

27.05 日清战争、日俄战争的结果,使清国人信服了明治维新引领日本崛起的事实,彻底转变了清国人的思考方法。清国人终于低下头来,抛弃固有的"夜郎自大、唯我独尊"的思想,诚意向日本取经,研究日本岛国的事情。写真是中国历史上,第一批官方派遣的留学生和东京"嘉纳塾"的创办人嘉纳治五郎的合影(中)。嘉纳塾公费留学生教育的成功,推动了清国人前往日本留学的留学潮。

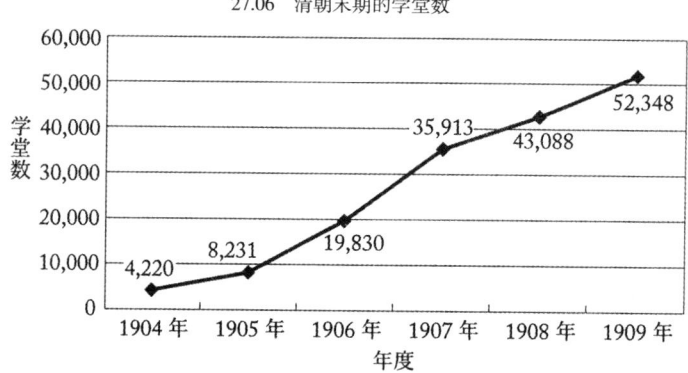

27.06 清朝末期的学堂数

27.07 宣统元年清国学堂数

学 堂 種 類	学 堂 数	学 生 数
小 学	51,678	1,532,746
中 学	460	40,468
大学及び專門学校	111	20,672
實業学堂	254	16,649
師 範	415	28,671
合 計	52,918	1,639,206

1904年日俄战争开战,战争后清国学堂数逐年递增,仅5年的时间就增加了12.4倍。1903年10月,清政府颁布《奖励游学毕业生章程》,规定凡中国留学生在日本普通中学5年毕业,得优等文凭者,给予拔贡出身;在日本文部省直辖之各高等院校及程度相当的各实业学校3年毕业,得优等文凭者,给予举人出身;在大学专科某科或数科毕业后有选科或普通毕业文凭者,给予进士出身;在国立大学及程度相当的官立学堂3年毕业,得学士文凭者,给予翰林出身;5年毕业,得博士文凭者,除给予翰林出身外,还给予翰林升阶。最初,洋务运动期间的留学生大都计划留学英、美、法等国家,由于义和团事变的"庚子赔款",政府财政紧拙,结果清末改革中的留学生计划大都改成留学日本。截至1907年,留日学生总数约达1.5万人。上载两张图表是大清帝国末期(明治时代后期),国内学堂数推移状况曲线图。参考陈启天著《近代中国教育史》,台湾,中华书局,1969。

27.08 日俄战争前后，孙文频繁往来于清国和日本之间，创立了革命政党——中国革命同盟会。孙文在日本的革命活动，得到了大隈重信、犬养毅等政治家，宫崎滔天、梅屋庄吉等亚洲主义民间人士的大力支持。写真是明治四十四年（1911）在香港拍摄的合影。前排左起第四人是孙文，右起第一人是廖仲恺。后排左起第六人、大胡子者是宫崎滔天先生。

27.09 孙文在日本避难和从事革命活动期间，得到日本有名的企业家梅屋庄吉的极大帮助。梅屋庄吉知道孙中山崇尚革命，许下"君若举兵，我以财政相助"的慷慨诺言。在孙文革命生涯中，梅屋提供了相当于现今亿万日元的巨额援助。梅屋不但一如既往帮助孙文在日本的避难活动，还为促成孙文和宋庆龄的婚姻提供了帮助。写真是梅屋庄吉夫妇与孙中山先生合影。

27.10 1906年报纸绘画《清国留学生的茫然》，讽刺了当时清国人可笑的留学潮。许多盲目来日留学的清国年轻人，在不知道留学学校也不知道学何为好的状况下，贸然来到警察亭向警察打听留学事情。

27.11　1912年底至1913年初，中华民国举行了第一届国会议员选举，国民党在大选中获胜，在参众两院均成为第一大党。因宋教仁遇刺，1913年7月孙中山发起"二次革命"，但以失败告终。1913年10月6日，袁世凯经国会选举，当选正式大总统。11月4日，袁世凯以"叛乱"罪名下令解散国民党，并驱逐国民党籍的国会议员，导致国会由于人数不足无法运作而休会。袁世凯另行召集"政治会议"和"约法会议"取代国会。写真是第一届国会会址。

27.12　中华民国参众两院各设三种委员会：全院委员会、常任委员会、特种委员会。国会议事采用三读制度。辛亥革命成功结束了中国两千多年的君主政体。写真是孙中山作为临时大总统与阁僚开会的情形。

27.13 1911年辛亥革命成功后，中国革命党人尚没有一个确切的治国方案，遂按照美国宪法、美国政治体制，实行总统共和制。当时多数革命者认为，孙中山的声望与能力足以成为中华民国临时政府的领导人，故推选他为中华民国临时大总统。孙中山的中华民国临时大总统就职典礼于1912年1月1日，在南京总统府（清朝两江总督署）举行。孙中山就职临时大总统的同时，也正式宣告了中华民国成立。

27.14 1913年3月，孙文再访宫崎滔天（宫崎寅藏）的老家。孙文在革命低潮流亡日本时，得到宫崎在革命活动和日常生活上的全面帮助。写真是孙文和被称作"大陆浪人"、"支那浪人"的宫崎（大胡子者）与家乡村民的合影。

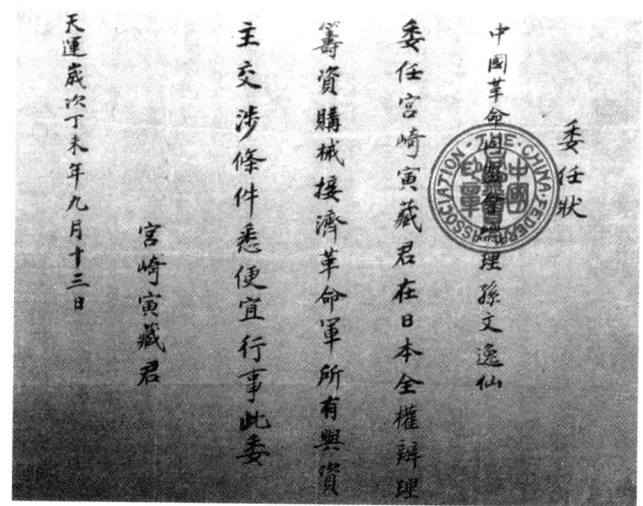

27.15 1907年9月,孙文亲自全权委任多年支持中国革命的日本友人宫崎寅藏为中华革命在日本募集经费的使者。委任状书:中国革命同盟会总理孙文逸仙,委任宫崎寅藏君在日本全权办理筹资购械接济革命军,所有与资主交涉条件悉便宜行事,此委。宫崎寅藏君 天运岁次丁未年九月十三日。

27.16 1923年8月,中国第一架轰炸机组装试飞成功。宋庆龄亲自试乘过这架飞机,飞机以宋庆龄的英文名字命名为Rosamonde。写真是孙文视察飞机的情形。

27.17 1916年4月9日,孙文和日本友人在东京共同庆祝袁世凯复辟帝制失败的合影。幡旗上书:帝政取消一笑会。前排右四孙中山、前排左四宋庆龄、后排左二廖仲恺、前排右三何香凝及其子女廖承志(孙中山前)、廖梦醒(前排左二)。

27.18 1924年6月16日，国共两党人士500多人，隆重举行了黄埔军校开学典礼。孙中山以国民党总理的身份亲临致词，发表重要演说，指明军校宗旨就是创造革命军来挽救中国的危亡。孙中山亲自制定了"亲爱精诚"的校训，批准了军校校歌。写真是孙中山在讲演，右手边是宋庆龄，左手边是蒋介石、廖仲恺。

27.19 宋庆龄（1893.1.27~1981.5.29），近代中华革命家，中华民国"国父"孙文的第三任妻子。孙中山去世后，1940年中国国民党中央常务委员会第143次会议决议："孙中山先生尊称为国父，以表尊崇。"中国共产党尊宋庆龄为"庆龄先生"、"孙夫人"、"国之瑰宝"，非正式称其为"国母"。宋庆龄是中国的著名美女，论其美存在诸多的逸闻。有文说，二十世纪的中国，若论最出名的女性，非宋庆龄莫属。宋庆龄跨越了晚清、民国、中华人民共和国三个重要时代，而且在每个时代她都是引人注目的人物。她以自己的人格、气质、精神、美的形象，征服了包括敌人在内的所有人。宋庆龄经历了日本明治时代的末期，亲身感受到明治维新给日本带来的巨变，全力支持孙中山欲用明治维新经验改造中国的政治抱负。写真是1920年宋庆龄在上海期间的读书丽照。

27.20 大月薰（1888~1970），孙中山的日籍夫人。1904年与孙文结婚，时年16岁，孙文38岁。写真是大月薰12岁时的照片。

27.21 周树人（1881~1936），笔名鲁迅，明治三十五年（1902）2月赴日本留学，先入东京宏文学院，在松元龟次郎教导下学习日语。1904年9月赴仙台医学专门学校就读医学。鲁迅作为留学生就读官立学校，得到了清国公使的推荐状，得以免试入学并领取400日圆高额奖学金，而且学费全额免除（日本中学教员年薪不足400日圆），生活条件相对比较理想。日本医学专门学校教学严格，完成学业毕业是一件至难的事情。班里百余名日本学生可以通过毕业考试者只占50%。第一年鲁迅以60分的成绩，通过了考试，此间鲁迅热衷的却是夏目漱石的小说。第二年的学年考试，解剖学试题泄漏异论以及在一部日俄战争纪录影片里，看到日军处死给俄军做间谍的清国人，而在刑场围观的清国人欢喜叫好的画面时，他受到强烈刺激。故认为"救国救民需先救思想"，于是弃医从文，希望用文学改造中国人的"国民劣根性"。1906年3月，鲁迅从仙台医专退学。鲁迅一生在中国文学界有极大建树和影响，诸多文学作品经年不衰，延至现代仍然发挥着影响，是中国近代文学界的伟人之一。右写真是仙台医学专门学校时的鲁迅。下图左是鲁迅亲笔的入学愿书，中图为学生在籍簿，右图为退学届。

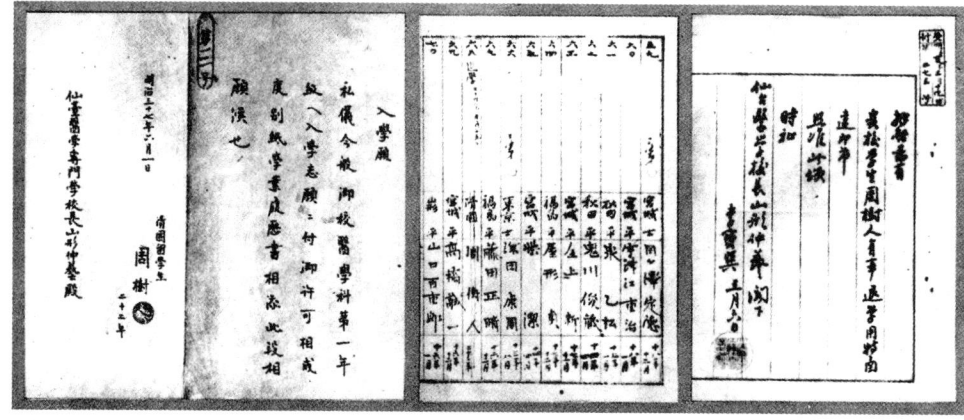

28　明治名人

　　日本明治维新的成功是在众多维新志士的艰苦努力下实现的，志士们改造和建设了国家，让一叶岛国摆脱了数百年乃至上千年闭关自守的桎梏，带领民众走向近代西洋式的文明国家。在明治维新国家政体改朝换代的过程中，没有发生长期割据的大规模战争对抗，是世界史上不多见的政治变革。日本维新志士改造国家的思想，给同时代的邻国树立了典范，深刻影响了那里的知识分子和民众，为自身的解放前仆后继。

　　研究明治维新的历史人物，窥视他们背后的故事，就能走近百年前明治维新的时代，去感受维新志士为什么要按照西洋模式改造国家。翻开明治维新人物肖像的扉页，引导读者接近这个国家的天皇、政客、学者、外国人，他们曾经是维新国家的推动者和建设者，为创造一个崭新的制度献出了毕生的智慧。

　　明治名人的肖像是系统研究日本明治维新的检索点，在每个人物身上都能找到他们的维新思想、行为和历史贡献，也可以读到他们的隐私逸闻，甚或发现名人背后那些并不磊落的龌龊。尽管如此，他们愿意献身国家维新事业的精神和实践，将他们永远载入了史册，让后世者追忆。

　　明治维新，创造一个崭新的国家，是一代有志日本人的共同壮举，人物众多，不胜枚举。限于篇幅，本书选择收录的明治名人存在局限性，作为一般介绍仅此提供参考性导读。

一、幕末明治人物

28.01　【睦仁祐宫】明治天皇（1852.11.3~1912.7.30）

　　明治天皇在位期间（1867.1.9~1912.7.30），是国家维新改革的支持者，实现王政复古，推翻德川幕府政权，建立了君主立宪制国家。他全面支持脱亚入欧政策，推行西洋式资本主义。史上明治天皇亦被称为明治大帝、明治圣帝、睦仁大帝（Mutsuhito the Great），作为近代日本国家的象征受到国民敬仰。明治三年（1870），宣教使发布《大教宣布》诏，确立国家神道和天皇的绝对权威。明治天皇在位45年，历经激动复兴的时代，国家从此崛起走向列强之路。

28.02 【德川庆喜】（1837.10.28~1913.11.22）

江户幕府第15代征夷大将军，是继承德川宗家的江户幕府最后的将军。经历了大政奉还、江户开城、戊辰战争等历史事件。1867年，萨摩藩及长州藩出兵讨幕，庆喜为避免日本内战，主动将大政奉还明治天皇。天皇颁布"王政复古"令，废除幕府制度，结束了264年的德川幕府统治。明治维新后德川庆喜被授予从一位勋一等公爵、贵族院议员的待遇。

28.03 【坂本龙马】（1836.1.3~1867.12.10）

江户时代末期的志士、土佐藩乡士。脱藩后从事政治志士活动，曾为神户海军操练所的设立奔走。1867年在倒幕政治活动中，草拟了著名的《船中八策》（新政府纲领八策），奠定了新国家体制的基本方针。坂本积极斡旋萨摩藩和长州藩间的同盟，成功实现了大政奉还。明治维新能够实现，坂本功不可没。不幸的是大政奉还的一个月后，坂本龙马在京都近江屋遭到数人袭击被暗杀，凶手至今不明。

28.04 【高杉晋作】（1839.9.27~1867.5.17）

日本武士（长州藩士），幕末长州藩的尊王攘夷志士，创设奇兵队，力主倒幕。1862年受藩命，随幕府使节团前往上海、香港考察欧美各国在清国设立的殖民地实情，写下日记《游清五录》，对日本人认识大清国产生极大影响。1864年，长州藩与英、法、美、荷四国联军爆发下关战争，战后高杉晋作受命担任媾和谈判代表（伊藤博文担任翻译）屈服了联军几乎所有条件，只有"彦岛租借"一项宁死不屈取得成功。高杉晋作不屈是联想当年考察沦为英国殖民地的香港的所见所闻，防止了日本发生类似丧权辱国的事件，在日本历史上评价极高。

28.05 【胜海舟】又名（胜安芳）（1823.3.12~1899.1.21）

武士、幕臣、政治家，与山冈铁舟、高桥泥舟合称"幕末三舟"。作为遣美使节横渡太平洋（福泽谕吉为同船翻译），归国后创建军舰操练所。明治元年（1868）任旧幕府陆军总裁，面对新政府军的全面战争，亲往骏府与西乡隆盛交涉成功，避免了战争，实现了停战和江户城无血开城，使江户城内150万居民免遭涂炭。胜海舟有"日本海军之父"的美誉，他的大弟子伊东祐亨曾任联合舰队司令长官，在日清战争中多有建树。胜海舟曾公开为清国北洋水师提督丁汝昌发表追悼文，主张日清联合共抗西洋的战略。

二、政治家

28.06 【岩仓具视】（1825.10.26~1883.7.20）

日本幕末和明治的公家（日本贵族阶层代称）、政治家，对幕末和明治政治有影响的人物，被赞誉为"维新十杰"之一。1867年，他策划王政复古，支持明治天皇即位，革新日本政治。他令末代将军德川庆喜放弃名位，把所有权力交回皇室。明治四年（1871），他作为日本新政府的右大臣，主导了著名的岩仓使节团，率领大久保利通、木户孝允、伊藤博文等维新精英，总计107人的庞大使节团遍访欧美，以求改革之道。经过1年又10个月的游历和虚心学习研究，奠定了国家迈向脱亚入欧之路的政治基础。

28.07 【伊藤博文】（1841.10.16~1909.10.26）

日本武士（长州藩士）、政治家，起草《大日本帝国宪法》的核心人物。担任日本国首任、第5任、第7任、第10任内阁总理大臣，明治维新的旗手。历任首任枢密院议长、首任贵族院议长、首任韩国统监、首任立宪政友会总裁，主导日清战争、日俄战争的外交对策。1909年10月26日在清国哈尔滨火车站被朝鲜志士安重根刺杀身亡。

28.08 【西乡隆盛】（1828.1.23~1877.9.24）

日本武士（萨摩藩士）、政治家、军人，明治维新王政复古、戊辰战争、江户无血开城的元勋，被誉为明治维新枢要三杰之一。1871年强硬主张"征韩论"，于1873年因政府内政变而下野。1877年主导了反政府的"西南战争"，被政府军击败，于城山自刃。因倒幕有功于时代，其继子嗣被赐予侯爵待遇。

28.09 【大久保利通】（1830.9.26~1878.5.14）

日本武士（萨摩藩士）、政治家，明治维新的元勋，被誉为明治维新枢要三杰之一。大久保利通是下级武士出身，家境贫穷，早年与西乡隆盛为至诚好友。明治四年（1871），大久保利通任赴欧洲考察团副使周游欧美各地。1873年，因强烈反对征韩论与西乡隆盛决裂，支持政府内政变，迫西乡隆盛下野。大久保为政果断、清廉、独裁，1878年被反对派暗杀。

28.10 【木户孝允】又名（桂小五郎）（1833.8.11~1877.5.26）

日本武士（长州藩士）、政治家，明治维新的元勋，被誉为明治维新枢要三杰之一。尊王攘夷派中心人物，剑侠、练兵馆塾头（馆长）。推进版籍奉还、废藩置县，反对封建制度，主张国家宪法和三权分立，建言国民教育和天皇教育，深受长州藩主和明治天皇的信赖。西南战争中因重病逝于公职。

28.11 【松方正义】（1835.3.23~1924.7.2）

日本武士（萨摩藩士）、政治家、财政经济重臣，担任第4任、第6任两届内阁总理大臣。任大藏省大臣时，强硬推行"地租改正"。力主废除政府滥发的纸币，增加烟草税、酒造税、酱油税，压缩政府预算，缓解了财政压力。日清战争、日俄战争中为国家胜战调度战费功绩卓越，受天皇赏识。日俄战争结束后，为表彰功绩，破例授予"大勋位菊花授章"。

28.12 【大隈重信】（1838.3.11~1922.1.10）

日本武士（佐贺藩士）、政治家、教育家，担任第8任、第17任两届内阁总理大臣。早稻田大学的创设者，首任总长。"地租改正"、"殖产兴业"政策的推进者，反对征韩论，为政府筹措军费功绩卓越。大隈同情民权运动，向明治新政府建议尽早开设国会，制定国家宪法。大隈是著名的外交家，在改正与欧美诸国不平等条约的外交交涉中呕心沥血。1889年遭受炸弹袭击失去右脚。

28.13 【桂太郎】（1848.1.4~1913.10.10）

日本武士（长州藩士）、陆军军人、政治家，担任第11任、第13任、第15任三届内阁总理大臣。日清战争时，曾任第三师团长。首度组阁后，主导缔结《日英同盟条约》，全面督导了日俄战争。国民称其为"桂首相"，人气极高。旋因隐瞒日军在日俄战争中的巨大伤亡和未获得俄国战争赔偿金，引发国民骚乱事件。第二次组阁后，主导了日韩合并、大逆事件（镇压社会主义运动）、恢复关税自主权、废除与西方诸国不平等条约等内政外交举措，为日本进入世界强国之列贡献卓著。

28.14 【犬养毅】（1855.6.4~1932.5.15）

日本政治家，第29任内阁总理大臣。曾担任神户中华同文学校、横滨山手中华学校名誉校长。明治四十年（1907）漫游大清国各地考察，1911年为帮助孙文和辛亥革命前往清国。孙文流亡日本期间得到犬养毅的保护和支持。在担任内阁总理大臣期间，围绕中国"满洲"地位问题与军方意见分歧，遭到日军青年激进将校暗杀。犬养毅的死成为昭和史的分水岭，事实上加速了日本对中国的侵略。

28.15 【井上馨】（1836.1.16~1915.9.1）

日本武士（长州藩士）、政治家、实业家，桂太郎的岳父。历任外务卿、外务大臣、农商务大臣、内务大臣、大藏大臣。从一位大勋位侯爵、元老。明治维新推进殖产兴业国策，在拓展纺织业、铁道事业、城市建设中贡献卓著。作为政府重臣与日本邮船、三井财阀、藤田组关系密切，在财界拥有强力的发言权。担任三井财阀的最高顾问时，被讥为"三井的掌柜"。舆论批评其是贿赂、利权、肥私、污吏的著名贪官，在政官、财界影响力绝大之人。

三、外交家

28.16 【陆奥宗光】（1844.8.20~1897.8.24）

幕末及明治时代的武士、政治家、外交家。曾因密谋颠覆政府罪入狱，特赦后赴英国留学，归国后复出政坛，担任过驻美国、墨西哥公使。明治二十五年（1892）就任第二次伊藤内阁外务大臣，期间主导修正了诸多与欧美的不平等条约。日清战争的主战者，马关和谈全权大臣。外交手腕辛辣狠毒，有"剃刀大臣"之称。陆奥先妻亡后，娶新桥柏屋名妓为妻，取名"陆奥亮子"，其美貌和聪颖被赞为"华盛顿社交界之华"、"鹿鸣馆之华"，在外交界享有盛名。

28.17 【小村寿太郎】（1855.10.26~1911.11.26）

明治时代的著名外交家、政治家。文部省公派留学生，美国哈佛大学专攻法律学。日清战争时担任驻清国代理公使。1900年义和团事变，代表日本参与《辛丑条约》会谈，翌年出任外务大臣。1902年主导日英同盟交涉，1905年作为日本全权代表出席日俄战争停战谈判，签署《朴茨茅斯和约》，为日本取得在朝鲜、清国"满洲"大量权益。小村寿太郎身高156厘米，鼻下蓄八字胡，在北京外交官场有"老鼠公使"的绰号。一日在出席李鸿章宴会时留下一段著名逸闻。巨汉李鸿章面对小村说道："本宴席好像属阁下最矮小，日本人都像阁下这样小吗？"小村坦然回复李鸿章："很遗憾，日本人的确都这样小，当然也有像阁下这样高大之人。然在我国巨汉男子大多缺乏智慧，一般都不委任大事。"

四、军 人

28.18 【山县有朋】（1838.6~1922.2）

日本武士（长州藩士）、元帅、陆军大将、政治家，第3任、第9任内阁总理大臣；第5任、第11任枢密院议长，第5任陆军总参谋长。近代日本新式军队的鼻祖，日本国军之父，明治十年（1877）西南战争中的官军总指挥。主张国家独立自卫之路，提出日本须奉行两条基本对外政策：一、主权线守护策，二、利益线保护策。主权线的外侧即利益线，利益线范围就是邻邦的朝鲜。日清战争时56岁，亲任第一军司令官，因作战独断冒进被解任。

28.19 【大山严】（1842.11.12~1916.12.10）

日本武士（萨摩藩士）、元帅、陆军大将，近代世界著名军事家。明治二年（1869）前往欧洲考察普法战争，1870~1873年在日内瓦留学。日清战争任第二军司令官，负责旅顺口、威海卫方面作战。日俄战争期间任"满洲"军总司令官，指挥对俄作战，取得辉煌战果。大山严是毫无政治野心和权力欲之人，热衷于军事研究和实战，与同藩出身的东乡平八郎有"陆之大山、海之东乡"的美誉。

28.20 【北白川宫能久】（1847.4~1895.11）

北白川宫能久亲王，日本天皇宗室，曾赴普鲁士留学，任中将近卫师团长。1895年6月率近卫师团入台湾作战，期间身染疟疾抱病死亡。另一传说是遭受抗日军袭击身亡，为怕影响士气谓之病死。北白川宫能久受到国葬礼遇。日本统治台湾时，在北白川宫死亡之地牛埔山建立了御露营纪念碑,碑文中有"下马而顾望,必见江山之苍凉"的名句。明治三十四年(1901)台北建设"台湾神社",主祀"北白川宫能久亲王"。

28.21 【桦山资纪】(1837.12.9~1922.2.8)

日本武士(萨摩藩士)、军人、政治家、海军大将。历经萨英战争、戊辰战争、西南战争,台湾首任总督。第一次山县内阁任海军大臣,提出肃清海军内部的腐败,主张军舰建造计划扩张海军。明治二十七年(1894)日清战争期间就任海军军令部长,亲临黄海海战督战,侥幸躲过清国鱼雷艇攻击,传为著名逸闻。

28.22 【伊东祐亨】(1843.6.9~1914.1.16)

日本武士(萨摩藩士)、海军军人、华族、元帅、海军大将,首任联合舰队司令长官。伊东自幼对航海和海军兴趣浓厚,萨英战争时从军,参加过戊辰战争。明治二十七年(1894)日清战争中任联合舰队司令长官,指挥了黄海海战、威海卫海战,全歼清国北洋水师。战中仁义释放清国降军,在国际上颂为佳话。日俄战争时,在大本营任海军幕僚长、军令部长,指挥前线联合舰队司令长官东乡平八郎对俄国舰队作战,创造海军战争史上奇迹。

28.23 【东乡平八郎】(1848.1.27~1934.5.30)

日本武士(萨摩藩士)、海军军人、元帅、海军大将。明治二十七年(1894)日清战争时,任"浪速"舰舰长。丰岛海战执意击沉英国籍清军运兵船,首发日清战争开端和国际战争法论战。明治二十八年(1895)出任海军大学校长。明治三十七年(1904)日俄战争时,任联合舰队司令长官,创造了歼灭俄国太平洋舰队、波罗的海舰队,己方无沉舰的不败纪录,震惊世界。为日本的国际地位挤入五大国(英、法、俄、奥、普)的行列作出杰出贡献。史上传颂"沉默的提督"、"海之东乡"、"东洋之纳尔逊"的雅号,受国民尊敬。

28.24 【山本权兵卫】(1852.11.26~1933.12.8)

日本武士(萨摩藩士)、海军军人、海军大将、政治家、海军大臣,第16任、第22任内阁总理大臣。早年受到西乡隆盛的推荐,在胜海舟麾下接受培养。明治二十七年(1894)日清战争,任海军大臣副官。1898年就任海军大臣直至日俄战争终结,统辖日本海军8年,有日本近代海军之柱的赞誉。1878年,山本作为海军士官精英,大胆破除常规,与新潟平民渔师的女儿结婚,引起异论。面对世论,他写下"绝不违背一夫一妻制的国法,若有违背愿意接受任何处罚"等共七条誓言的誓约书。他信守誓言,与妻子登喜子相敬互爱一生。

28.25 【乃木希典】（1849.12.25~1912.9.13）

日本武士（长府藩士）、军人、教育者、陆军大将。明治十年（1877）西南战争从军，丧失连队旗的耻辱使之沮丧，生活放荡，成为花柳界有名的"乃木豪游"。1887年前往德国留学，归国后军纪肃正、生活朴素、军服笔挺，拒绝一切艺妓宴会。日清战争时任步兵第1旅团长，主攻金州旅顺，战后任台湾第3任总督。日俄战争爆发，任第3军司令官，旅顺战役中为夺取203高地，策略失当，致使大量士兵阵亡，招致国民的批判。位于东京的住宅遭到投石、大声非难等抗议行为，劝其辞职剖腹的信件达2400封。但其长男胜典、次男保典也在战役中战死，获国民舆论同情。旅顺攻陷，对降伏俄军宽大处置，获得德、法、英等国赞赏，被授予勋章。大正元年（1912）9月13日，明治天皇大葬日晚8时，乃木夫妇自刃殉葬。9月18日乃木夫妇葬仪举行，十数万民众自发参列，其中也有许多外国人，其葬仪被誉为乃木大将的"世界葬"。

28.26 【儿玉源太郎】（1852.4.14~1906.7.23）

日本武士（长州藩士）、军人、政治家、陆军大将。日俄战争中升任"满洲"军总参谋长，为战争的胜利贡献卓著。在203高地争夺战中，他支援乃木希典大将夺取高地，全歼俄太平洋舰队，获得极高评价。同时他还能冷静面对日俄战场局势，是推进日俄谈判者之一。在军事教育领域，作为陆军大学校长，为培养日军高级参谋，特聘请德国军人梅克鲁担任教官，日军引入德式作战军事思想，获得极高评价。晚年担任"南满洲"铁道创立委员长。

五、教育家、思想家

28.27 【福泽谕吉】（1835.1.10~1901.2.3）

日本武士（中津藩士）、兰学者、著作家、启蒙思想家、教育家、庆应义塾创设者、明治六大教育家之一。福泽早年渡美、渡欧，受西洋文明影响深刻。1862年出使欧洲，将欧洲的议会、选举、征兵令、邮政、银行、医院等书籍带回日本。福泽痛感日本和西洋国的差距，归国后发表诸多介绍西方文明的书籍。1882年创刊《时事新报》，在政治舆论界颇具影响。1884年朝鲜甲申事变失败，翌年，福泽在《时事新报》上发表"脱亚论"，吹响日本全面脱亚入欧的号角，推动了明治维新运动的方向。1901年福泽谕吉逝去，为纪念他对日本近代文明的启蒙，福泽谕吉的肖像被印在1万日圆最高面额钞票之上。

28.28 【森有礼】（1847.8.23~1889.2.12）

日本武士（萨摩藩士）、外交官、政治家、明治六大教育家之一、一桥大学创始人、明治首任文部大臣。日本教育政策推行者和改革家，主张女子"贤妻良母教育"，制定女校"生徒教导方要项"。明治九年（1876）任日本驻清国特命全权公使，赴任途经天津与时任直隶总督兼北洋通商大臣李鸿章关于服饰的谈话颇为有名，彰显两国文化的差异。1889年2月11日《大日本帝国宪法》颁布日，遭到山口县士族暴徒暗杀。

六、明治军事技术者

28.29 【下濑雅允】（1860.1.8~1911.9.6）

发明家、工学博士、海军技官。父亲曾任广岛藩士铁炮手。下濑经读广岛英语学校、工科大学应用化学科（东京大学工学部前身）毕业，内阁印刷局就职，改良了印刷版面清洗液，发明辨别纸币真伪的黑色墨水。1887年在海军火药制作所从事火药研究，爆炸事故令手指伤残，其意志不屈。明治二十六年（1893）完成下濑火药的研究，升任海军技师，火药制作所长。1899年获工学博士学位，帝国学士院奖赏。日俄战争中，下濑火药的巨大威力震惊世界，为日本最终战争胜利作出杰出贡献。

28.30 【村田经芳】（1838.7.30~1921.2.9）

明治时代的日本陆军军人，最终阶位是陆军少将、从二位勋一等男爵，村田步枪的发明者。1875年基于研究射击技术和兵器的目的，被派往法国等欧洲国家调研。1877年升任陆军少佐，作为陆军学校教官改良了射击技术。明治十三年（1880）开发出国产十三年式村田步枪，以后又相继研发出十八年式、二十二年式村田步枪。村田步枪的研制成功，为日本陆军单兵作战武器提供了最佳选择，为战争胜利作出贡献。

七、明治的文化人

28.31 【夏目漱石】（1867.2.9~1916.12.9）

夏目漱石的本名为"夏目金之助"，日本著名作家、评论家、英文学者。夏目自幼喜欢汉学，14岁开始学习中国古籍，23岁考入东京帝国大学英文学部，1889年受好友正冈子规等人影响开始写作，33岁进入英国伦敦大学留学。他的作品浸透了东西方文化的韵味，所著小说擅长运用对句、叠句、幽默的语言和新颖的形式，对人物心理描绘细腻精确。夏目漱石在日本近代文学史上享有很高的地位，被誉为"国民大作家"，现代日元1000日圆纸币上印有他的肖像。

28.32 【正冈子规】（1867.10.14~1902.9.19）

明治时代的文学家，日本近代文学领域颇具影响之人，在俳句、短歌、新体诗、小说、评论、随笔等方面多有创作。青少年时代擅长汉诗、戏作、军谈、书画，并曾试编杂志，受自由民权运动的影响，关心政治，热衷政谈。正冈的俳句对日本俳句界贡献极大，周围云集了大批文人学者。正冈子规 35 岁时,与肺结核苦斗 7 年后死去。生前留下著作《病床六尺》,毫无伤感之情,映照出一个将死之人乐观面对自己的肉体世界和精神世界,被誉为对现代人亦有教益的古典文学作品。

28.33 【森鸥外】(1862.2.17~1922.7.9)

明治和大正时代的小说家、评论家、翻译家、剧作家、陆军军医、官僚;医学博士、文学博士;军方最高阶位为陆军军医总监、中将军衔。森鸥外东京医科大学毕业,由陆军省派遣留学德国四年,作为军医参加过日清战争、日俄战争,期间创作了大量文学作品。第一次世界大战以降,是与夏目漱石齐名的文豪。1884 年森鸥外在德国留学期间,以主人公的角色,用高雅的文体和浪漫的内容,写成了东洋人和西洋人恋爱的小说处女作《舞姬》,在文学界引起极大反响。

八、明治的外国人

28.34 【尼古拉二世】俄国皇帝(1868.5.18~1918.7.16)

尼古拉二世·亚历山德罗维奇·罗曼诺夫,是沙皇亚历山大三世与皇后玛利亚的长子,俄罗斯帝国末代皇帝。尼古拉二世在位的 1894~1917 年期间,日俄两国经历了诸多重大事件。1891 年尼古拉访问日本时,在大津遭到暗杀未遂事件,史称"大津事件"。1895 年与德国、法国联合干涉日清战争误判,迫使日本归还辽东半岛。1900 年借镇压义和团之名,参与八国联军入侵清国,占领"满洲",加深了与日本争夺朝鲜和"满洲"的积怨。1904 年日俄战争爆发,日本挑动俄国国内政治动乱,引发圣彼得堡"血腥星期日"事件。1905 年日俄战争中俄国不敌日本,俄国人失去了在远东的大部分利益。尼古拉二世在位期间的诸多事件,加剧了日俄宿敌间的矛盾。

28.35 【罗斯福】美国总统(1858.10.27~1919.1.6)

西奥多·罗斯福,二十世纪初的美国军事家、政治家,第 26 任总统。西奥多·罗斯福的总统任期内,在国际事务中的最大贡献之一,是成功地调停了日俄战争。1904 年日俄战争开始,罗斯福对沙俄在远东的野心深感不安。然而日本陆海军以弱胜强,令全世界震惊,美国和其他列强一样不愿意让日本在远东独大。罗斯福召集两国代表在美国朴茨茅斯港进行和谈。在他的巧妙调停下,两国最终签署了《朴茨茅斯和约》。罗斯福因此赢得极高的国际声誉,获得了 1906 年的诺贝尔和平奖,他是第一个获得此奖项的美国人。

28.36 【李鸿章】(1823.2.15~1901.11.7)

李鸿章,字子黻、渐甫,号少荃、仪叟,晋封一等肃毅侯,谥文忠,安徽合肥人。清国末期朝廷重臣,任直隶总督兼北洋通商大臣,授文华殿大学士,与曾国藩、左宗棠、张之洞，并称"晚清四大名臣"。李鸿章是洋务运动的倡导者，主张"以夷制夷"的外交政策，被西方人称为"东方的俾斯麦"。李鸿章生涯最大败笔是统帅清国对日作战失败，代表朝廷赴日和谈签下《马关条约》。伊藤博文敬重李鸿章曰："知西来大势，识外国文明，想效法自强，有卓越的眼光和敏捷的手腕。""如同日本幕末维新的英杰人物，在近代国家变革的阵痛中一身痛感苦恼之人。"李鸿章是明治时代首位踏入日本国的最高级别清国大员。

28.01 【睦仁祐宫】明治天皇
（1852.11.3~1912.7.30）

28.02 【德川庆喜】江户末代将军
（1837.10.28~1913.11.22）

28.03 【坂本龙马】
（1836.1.3~1867.12.10）

28.04 【高杉晋作】
（1839.9.27~1867.5.17）

28.05 【胜海舟】
（1823.3.12~1899.1.21）

28.06 【岩仓具视】
（1825.10.26~1883.7.20）

28.07 【伊藤博文】
（1841.10.16~1909.10.26）

28.08 【西乡隆盛】
（1828.1.23~1877.9.24）

28.09 【大久保利通】
（1830.9.26~1878.5.14）

28.10 【木户孝允】
（1833. 8. 11~1877. 5. 26）

28.11 【松方正义】
（1835. 3. 23~1924. 7. 2）

28.12 【大隈重信】
（1838. 3. 11~1922. 1. 10）

28.13 【桂太郎】
（1848. 1. 4~1913. 10. 10）

28.14 【犬养毅】
（1855. 6. 4~1932. 5. 15）

28.15 【井上馨】
（1836. 1. 16~1915. 9. 1）

28.16 【陆奥宗光】
（1844. 8. 20~1897. 8. 24）

28.17 【小村寿太郎】
（1855. 10. 26~1911. 11. 26）

28.18 【山县有朋】
（1838. 6~1922. 2）

28 明治名人

28.19 【大山严】
（1842.11.12~1916.12.10）

28.20 【北白川宫能久】
（1847.4~1895.11）

28.21 【桦山资纪】
（1837.12.9~1922.2.8）

28.22 【伊东祐亨】
（1843.6.9~1914.1.16）

28.23 【东乡平八郎】
（1848.1.27~1934.5.30）

28.24 【山本权兵卫】
（1852.11.26~1933.12.8）

28.25 【乃木希典】
（1849.12.25~1912.9.13）

28.26 【儿玉源太郎】
（1852.4.14~1906.7.23）

28.27 【福泽谕吉】
（1835.1.10~1901.2.3）

28.28 【森有礼】
（1847.8.23~1889.2.12）

28.29 【下濑雅允】
（1860.1.8~1911.9.6）

28.30 【村田经芳】
（1838.7.30~1921.2.9）

28.31 【夏目漱石】
（1867.2.9~1916.12.9）

28.32 【正冈子规】
（1867.10.14~1902.9.19）

28.33 【森鸥外】
（1862.2.17~1922.7.9）

28.34 【尼古拉二世】俄国皇帝
（1868.5.18~1918.7.16）

28.35 【罗斯福】美国总统
（1858.10.27~1919.1.6）

28.36 【李鸿章】大清国重臣
（1823.2.15~1901.11.7）

明治时代大事年表

大事年	日本	清国	国际
嘉永六年（1853）	5 美国佩里舰队出航那霸；7 美国佩里舰队浦贺来航，幕府代表在久里浜会见；8 俄国舰队长崎来航请求修好	2 曾国藩编练湘军；3 太平天国军占领南京改称天京；9 上海小刀会起义；9 上海英美领事代理征收关税；冬太平天国颁布《天朝田亩制度》	2 奥地利、普鲁士间签署通商条约；9 英法联合舰队支持奥斯曼国，无视海峡条约侵入达达尼尔海峡；10 克里米亚战争爆发，俄奥斯曼间宣战
安政元年（1854）	3 佩里将军签署《日米和亲条约》；7 佩里那霸来航签署《琉球和亲条约》；10 英舰队长崎入港，翌月签订《日英和亲条约》；10 俄舰箱馆来航、下田来航沉没	2 太平军北上，在天津败退；2 上海开设美国租界；5 清抗议英法美设置关税，上海成为自由港；6 广东天地会起义；12 上海法军攻击小刀会	1 英法联合舰队应奥斯曼国请求进入黑海；2 俄与英法两国断交；4 奥地利、普鲁士建立对俄同盟；9 英法奥斯曼国军达达尼尔登陆
安政二年（1855）	4 箱馆奉行派遣，箱馆开港；9 长崎设立海军传习所	1 云南银山矿工冲突事件；2 清法两军镇压小刀会；5 太平天国北伐败死；7 贵州苗族起义；9 云南穆斯林起义；11 琉球签署《琉法和亲条约》	3 阿富汗与英东印度公司签署永久友好条约；5 巴黎万国博览会开幕；12 克里米亚战争各国联军占领塞瓦斯托波尔
安政三年（1856）	1 签署《日荷和亲条约》；6 阿伊努人同化奖励；8 设置对外国贸易的研究部门	9 太平天国内乱，东王杨秀清被杀；10 英法联军进攻广州，第二次鸦片战争爆发	3 克米亚战争终结，签订《巴黎条约》；7 法国对清杀害传教士提出抗议；10 亚罗号事件和西林教案马神甫事件，英法联军进攻清国；英国伊朗间宣战
安政四年（1857）	10 签署《日荷追加条约》；10 签署《日俄追加条约》；12 幕府长老推举德川庆喜为大将军	1 上海英国人传教士创刊《六合业谈》；6 太平天国内乱加剧，石达开率部脱离天京；11 首家中文日报《香港船头货价》创刊；12 英法联军占领广州	3 英国伊朗间战争终结，签订《巴黎条约》；12 英法对清提出亚罗号事件和西林教案马神甫事件赔偿要求
安政五年（1858）	7 签署《日美修好通商条约》；8 签署《荷、俄、英、法通商条约》；10 安政大狱	5 签订《清俄瑷珲条约》；6《清英天津条约》；6《清法天津条约》；11《英美关税税率协议》	1 英法联军广州实施军政；4 英美法俄通牒清国 6 日内开始谈判；12 法国承认意大利统一
安政六年（1859）	6 英美法荷俄 5 国贸易条约缔结，下田、横滨、长崎、函馆开港自由贸易；8 西伯利亚总督品川来航，桦太岛边境谈判破裂；10 北海道虾夷地的 6 个藩的贸易权分给外国势力管辖	1 李鸿章成为曾国藩幕僚；5 俄船无视清国停止在乌苏里江航行命令；冬太平天国后期政治纲领《资政新篇》刊行	1 法国皇帝拿破仑三世通告奥地利两国关系恶化；4 苏伊士运河建设开工；5 法国奥地利两国开战；7 法国奥地利两国休战
万延元年（1860）	2 幕府遣美使节团咸临丸出航；3 樱田门外事变；8 英提议大阪、兵库开港开市延期	6 美对抗太平军组织洋枪队；8 英法联军攻占渤海湾北塘；10 英法两国占领北京，圆明园遭难；10 签订《清英北京条约》，第二次鸦片战争终结	1 英法签订《通商条约》；西班牙摩洛哥两国签订和平条约；11 苏伊士运河公司成立；朝鲜崔济愚创始东学教
文久元年（1861）	1 签署《普鲁士修好通商条约》；3 俄国军舰占领对马岛；5 请求各条约缔结国延期开港开市；7 英国公使馆袭击事件；9 与俄国交涉桦太岛国境	1 清国总理衙门设立；8 咸丰帝驾崩；9 与普鲁士签署通商条约；11 慈禧太后发动宫廷政变；11 六岁同治帝即位；11 上海首家机械制丝厂开业	3 林肯就任美国总统；5 美国南北战争爆发，英国宣布中立；10 英法西签订伦敦协议决定出兵墨西哥；12 西班牙舰队进入墨西哥湾，英法西联军干涉墨西哥内乱
文久二年（1862）	1 遣欧使节出发；8 幕府进行军事改革，新设陆军海军总裁；9 与俄国签署桦太岛国境线备忘录；9 生麦事件，萨摩藩杀伤英国人	2 李鸿章编练淮军；3 清俄签订陆路通商章程；4 英法军上海打败太平军；4 陕西甘肃地方穆斯林起义；7 北京开设京师同文馆	4 英美签署禁止非洲奴隶贸易条约；4 法国单独与墨西哥宣战；9 美国总统林肯发表《解放黑人奴隶宣言》
文久三年（1863）	4 京都攘夷运动盛起；6 长州藩炮击美商船；7 幕府允许英法军队驻屯日本；8 萨英战争爆发；幕府决定日章旗为国旗	3 云南穆斯林乱军占领省会；9 上海英美共同租界成立；6 太平天国将领石达开被捕，被凌迟处死	1 美国《解放黑人奴隶宣言》正式发布；6 法军占领墨西哥；7 美国征兵镇压叛乱
元治元年（1864）	8 禁门事变，幕府下令征讨长州藩；9 英美法荷联合舰队炮击对马海峡长州藩炮台；12 幕府请求法国建设横须贺制铁所；幕府设立海军操练所	6 洪秀全死；7 清军攻克南京，太平天国灭亡；7 新疆穆斯林起义；清签署《中俄勘分西北界约记》	4 朝鲜处死东学教主崔济愚；8 国际红十字会成立，参加国签署国际红十字会条约；10 国际劳动者协会成立

年份	日本	中国	世界
庆应元年（1865）	2 横滨制铁所开工建设；7 英国公使帕库斯赴任；11 英美法荷四国联合舰队进入兵库湾要求开港，条约敕许，但兵库开港不可	3 英国人贸易商在香港设立汇丰银行（香港上海银行）；6 李鸿章江南制造总局开设，是洋务运动代表之一	4 朝鲜景福宫再建开始；4 美国南北战争结束；4 林肯遇刺死亡；5 美国制定黑人法废除奴隶制；5 巴黎会议，国际电信条约缔结
庆应二年（1866）	3 萨长联合同盟成立；8 签署意大利、比利时修好通商条约；12 孝明天皇驾崩；12 幕府派遣留英学生出发	10 清国捻军分裂东西二派；清国筹设天津机器局；10 签署意大利通商条约，左宗棠成立福州船政局，开办船政学堂	5 伦敦金融恐慌；9 美国船攻击平壤；10 法舰队攻击江华岛
庆应三年（1867）	1 德川庆喜成为第15代将军；10 萨摩藩、长州藩讨幕举兵密约；11 长州藩讨幕密敕，翌日德川庆喜大政奉还；坂本龙马被暗杀	5 天津机器局开业；9 强制取缔哥老会；	3 美国购入俄国领土阿拉斯加；6 第一届国际货币会议召开；7 加拿大建国；10 法军出兵罗马
明治元年（1868）	1 明治维新王政复古宣言；1 旧幕府军与萨长军交战（戊辰战争）；3 天皇五条御誓文誓约；新政府颁布神佛分离令；9 明治改元天皇迁都江户，江户改称东京；德川庆喜退向水户	7 美天津条约追加协议；8 西捻军被剿灭；8 英国传教士扬州遇害；9 美国传教士在上海创刊《万国公报》	10 万国通信同盟结成；古巴10年战争爆发；12 国际军事委员会会议，签署战时炮弹使用限制宣言
明治二年（1869）	6 戊辰战争结束；7 诸藩主版籍奉还，公卿诸侯改称华族；8 家臣改称士族；四民平等实施；8 创建东京招魂社；废除公议所设立众议院	4 上海租界外国人领事权持有会审公厅成立；9 上海共同租界正式成立；11 安庆教案发生	11 苏伊士运河竣工通航；12 朝鲜北部居民多数移住俄国沿海州
明治三年（1870）	1 东京横滨间电报开通；2 政府发布《神道大教诏》强化神道的国教地位；10 政府许可平民使用名字；普法战争日本宣布中立	6 天津教案发生；8 两江总督马新贻被暗杀；清国筹建南洋、北洋、福建海军	7 普法战争爆发
明治四年（1871）	6 新币条例；8 废藩置县；9《日清修好条规》签订；颁布散发脱刀令；11 岩仓欧美使节派遣；台湾杀害琉球漂流民事件	6 上海香港间海底电缆敷设，欧美各国电信开通；9 订《清日通商章程》	1 普法战争休战协议签订；3 法国巴黎公社成立；4 德意志帝国成立，进占巴黎；6 美军攻击江华岛（辛未洋扰事件）
明治五年（1872）	3 首次全国户籍调查；《东京日日新闻创刊》；7 玛利亚卢斯号事件；9 政府颁布学制；军人敕谕下赐；国民皆兵诏敕；10 新桥横滨间铁道营业开始；11 人身买卖禁令公布；12 太阳历实施	4 上海《申报》创刊；5 贵州苗族民乱蜂起；8 政府派遣第1批赴美留学生；	8 澳大利亚印度间海底电缆开通；英国荷兰围绕印度尼西亚利益签订条约
明治六年（1873）	1 征兵令发布；7 地租改正布告；10 西乡隆盛首提"征韩论"；明治天皇率先不断发；外国人通婚许可	2 同治帝亲政开始；11 甘肃穆斯林民乱被镇压	5 维也纳恐慌波及欧洲，经济衰退开始；10 德俄奥地利三国同盟成立；12 朝鲜大院君与闵妃间恶斗，闵氏控制政权
明治七年（1874）	2 明六社创立；内阁决定出兵台湾，日军台湾登陆；8 日清签订《台事北京专约》支付赔偿金50万两，日军撤兵，清赔偿50万两；12 救贫法制定；娼妓检疫制度实施	10 台湾问题议和，清日签订《台事北京专约》支付赔偿金50万两，日军撤退；5 上海法租界清人墓地问题发生冲突，造成人员死伤	2 夏威夷王国选举暴动，美军登陆干涉；3 法国和安南间签订和平条约；9 国际邮政会议召开，签署万国邮政联合条约
明治八年（1875）	4 立宪政体诏；设立元老院、大审院；5 桦太千岛交换条约签署；6 谗谤罪、报纸管制条例制定；9 日舰云扬号进攻朝鲜江华岛；新税法制定；平民名字作成命令	1 同治帝驾崩，光绪帝即位，慈禧太后垂帘听政；6 不承认法国与越南签署的西贡条约；日本设立天津领事馆；上海横滨航路开通	5 万国通信同盟条约签署；9 英俄抗议奥斯曼帝国大量屠杀基督教徒；11 埃及苏伊士运河股权大量卖与英国，英国对阿拉伯政策强化
明治九年（1876）	2 签署《日朝修好条规》；3 废刀令公布；8 签署《日朝贸易章程》；10 反对地租改正运动波及全国；明治天皇命令起草宪法	6 上海吴淞间首条铁路开通，因引起极大纷争，清政府收购后将其拆毁。9 签订《清英芝罘条约》	5 美国独立100周年，万国博览会召开；12 奥斯曼帝国发布宪法，立宪制开始
明治十年（1877）	2 西南战争；4 东京大学开校；9 乡隆盛自刃；西南战争结束；博爱社（红十字会）创立	1 政府派遣30名留学生前往英法学习机械工业；4 清军夺回吐鲁番；12 清军夺回喀什噶尔	3 英德法美俄意奥关于奥斯曼帝国签订伦敦协定书；朝鲜京城设立公使馆；爱迪生发明留声机；4 俄奥斯曼战争爆发；12 塞尔维亚向奥斯曼宣战

年份	日本	中国	世界
明治十一年（1878）	5 大久保利通被暗杀；7 日本军舰在朝鲜全罗南海道沿海测量；高岛煤矿坑夫暴动；8 近卫炮兵260人叛乱被镇压；9 日本阻止琉球向清进贡，清对日抗议；12 陆军士官学校开校；陆军省参谋本部设立	7 近代煤矿开平矿务局出炭；8 清国第一套邮票大龙邮票发行；清国收回除伊犁以外新疆领土；上海扩大机械制丝工厂产量	1 俄奥斯曼间签署休战条约；美国女性参政权宪法修正；2 古巴西班牙讲和，结束10年战争；3 俄奥战争终结；6 国际邮政兑换约定签署
明治十二年（1879）	1《朝日新闻》创刊；4 琉球藩改称冲绳县；9 学制废止，教育令制定；东京招魂社改称靖国神社；征兵令改正	4 清国对日废藩置县不承认；5 禁止西洋人进入西藏；10 俄清签署归还伊犁条约	2 俄奥间签署和平条约；4 英德间签署奴隶贸易禁止条约；5 英阿富汗签署条约终止战争；8 法国人设立巴拿马运河公司；9 悉尼万国博览会召开
明治十三年（1880）	3 爱国社国会期成同盟结成；4 集会条例发布；7 刑法治罪法公布；伊藤博文立宪体解说；村田步枪发明；日本国歌完成	3 左宗棠强化对俄军备；4 上海机器织布局成立；8 北洋水师学堂开设；10 清日商讨琉球事件；天津电报总局成立，天津至上海电线架设	2 西班牙古巴宣布废除奴隶制；11 美清签署条约，限制清国人移民
明治十四年（1881）	7 右大臣岩仓具视立法起草方针提出；8 植木枝盛日本国宪案起草；10 天皇下诏1890年开设国会；日本第一个政党自由党创立	2 清俄签订《伊犁条约》；6 唐胥铁路通车；12 天津电报总局开设；清国政府撤回留美学生	朝鲜统理机务衙门设立；2 德奥地利俄间新三帝国同盟条约签订；6 塞尔维亚奥地利秘密同盟条约签订
明治十五年（1882）	1 军人敕谕发布；4 立宪改进党结成；5 大阪纺绩会社成立；《济物浦条约》签订；10 东京专门学校成立（早稻田前身）；东京马车铁道开通	7 上海领事团裁判所成立；上海租界电灯启用；8 向朝鲜派兵对抗日本；朝鲜大院君被带回清国软禁	5 朝美签订《朝美修好条约》；7 朝鲜京城壬午事变发生；12 清俄签署东北边境条约；德国殖民联盟成立
明治十六年（1883）	7《官报》创刊；岩仓具视逝去；日朝贸易规则签订；9 三池炭坑囚劳动者暴动；陆军大学开校；日本银行开业；鹿鸣馆落成	3 越南请求清国出兵，刘永福黑旗军对法宣战；5 上海自来水供应开始；9 广州反英暴动	3 卡尔·马克思逝世；7 越南发生王位继承之乱；9 澳大利亚发现银锡铅大矿脉；10 朝鲜首部报纸《汉城旬报》创刊
明治十七年（1884）	3 皇室典范起草开始；7 华族令制定；8 自由党解党；10 秩父事件被镇压；12 朝鲜甲申政变，日清两国出兵；各地农民对高利贷不满，爆发骚乱	6 清法两军冲突；8 清法战争爆发；法国舰队炮击福州，占领基隆，封锁台湾；11 清国设立新疆行省；12 朝鲜甲申政变，驻朝袁世凯清兵镇压	6 清俄签署第二次条约；7 多哥、喀麦隆被德国控制；10 法国宣言封锁台湾
明治十八年（1885）	1 第一批官约移民927人赴夏威夷；3 福泽谕吉发表《脱亚论》；4 日清签署《天津条约》；12 太政官制废除，内阁制实施；首届内阁成立，伊藤博文任首任总理大臣	6 签订清法《天津讲和条约》，法国撤军；4 李鸿章伊藤博文订立《天津条约》；10 台湾省制施行；11 袁世凯任驻朝鲜总理交涉通商代表	1 赤道几内亚被西班牙控制；2 厄立特里亚被意大利控制；英法德意俄土等十四国签署非洲权益分割协议；4 英军占领朝鲜巨文岛；10 大院君从清国回国
明治十九年（1886）	10 英国船诺鲁曼顿号沉没，领事裁判权争议；3 公布帝国大学、师范学校、小中学校令；12 东京妇人矫风会成立；银本位制货币兑换开始	7 清法签订《越南边界通商章程》；中英订立《缅甸条款》；8 清国北洋水师在长崎发生冲突事件；9 清英两国鸦片秘密贸易协议	6 法朝签署《修好通商条规》；2 土耳其保加利亚缔结同盟条约；7 清英缔结缅甸西藏协议；11 英德签署非洲分割境界划定协议；著作权保护条约缔结
明治二十年（1887）	2 民友社《国民之友》创刊；12 保安条例公布；所得税法公布；学位令公布；博爱社改称日本红十字会	2 在美清国人暴力致死赔偿成立；3 澳门租借割让议定书签署；6 黄遵宪《日本国志》完成；12 葡萄牙《修好通商条约》签订；"同文学会"上海成立	1 美国取得珍珠港租借权；6 俄德再保障条约签订；11 英法赫布里底群岛共有领土权支配权协议签订
明治二十一年（1888）	4 市制町村制公布；4 枢密院官制公布；5 陆海军参谋本部、师团司令部条例公布；国内首批25名博士诞生	3 清美移民限制条约签订，加强排斥清人移民；12 政府批准《北洋海军章程》，北洋水师在威海刘公岛成立；张之洞创办织布局	1 德意军事条约签订，以法国为假想敌；5 英国控制婆罗洲；10 列国会议决定苏伊士运河自由航行；《国际歌》诞生
明治二十二年（1889）	2 日本帝国宪法、众议院议员选举公布，皇室典范制定，森有礼遭暗杀；12 内阁官制公布；地租改正条例公布	1 政府拨款280万两修建颐和园；基督教创办《万国公报》复刊；3 光绪帝亲政开始	7 巴黎国际劳动者会议召开；法国巴黎埃菲尔铁塔落成；朝鲜各地民乱蜂起；12 法国巴拿马运河公司破产
明治二十三年（1890）	4 民法中财产篇公布；5 府县郡制公布；7 集会及政社法公布；7 第一届众议院议员总选举；第一届帝国议会开院式；10 教育敕语发布	1 李鸿章创办上海机器织布局开业；8 大足教案引发暴动；12 张之洞汉阳铁厂开业	3 英西藏印度间境界条约签署，英国控制锡金；6 俄德再保障条约失效；7 欧美17国签订布鲁塞尔协议，废止奴隶贸易、禁止武器酒类贩卖

年份	日本	中国	世界
明治二十四年（1891）	5 发生俄皇太子遇刺的大津事件；龟山勇子祈愿自杀；3 尺贯度量衡法公布；10 浓尾大地震；12 预算案表决通过，众议院解散	6 湖北省武穴基督教会遭到袭击；8 康有为《新学伪经考》刊行	5 俄国皇太子遇刺负伤；俄法同盟签字；5 俄西伯利亚铁路开工；8 加拿大人发现胰岛素
明治二十五年（1892）	2 第二届总选举伊藤博文内阁成立；6 众议院军舰造费削减案表决通过；7 横须贺海军工厂罢工；11《万朝报》创刊；首座水利电站竣工	4 郑观应《盛世危言》五卷本完成；政府发布排外文书禁止令；8 清国向朝鲜提供借款；清国陆路电信协定签订；11 张之洞设立武汉织布局	8 俄法军事协议成立；沙俄向清国提出帕米尔划界问题；10 芝加哥万国博览会开幕；12 东学教徒发起为崔济愚教主申冤运动
明治二十六年（1893）	2 天皇颁布诏书为购舰造舰，宫廷削减用度及官吏减薪；吉野舰英国下水；5 海军军令部条例公布；战时大本营条例公布；下濑火药公布；10 文官考试规则公布；出版法版权法公布	2 上海《新闻报》创刊；9 在外华侨出入国及国内投资自由化；张之洞创办的汉阳铁厂建成；清英签订《中英会议藏印条款》	7 英德签署东非洲赤道地带势力圈协定；英法签署西非洲黄金海岸地带势力圈协定及印度支那势力圈协定
明治二十七年（1894）	2 朝鲜东学党农民暴动；3 金玉均被暗杀；5 朝鲜国王请求清国出兵；6 日本出兵朝鲜；全州合约缔结；7 日英通商航海条约签订；丰岛海战日清战争爆发；8 日清两国宣战；9 黄海海战；11 孙文在夏威夷成立兴中会；明治天皇大婚25年庆	3 清国缅甸协定在英日间签署；6 李鸿章请求列强斡旋，避免战争；清廷决定向朝鲜派兵；7 丰岛海战日清战争爆发；8 清日两国同时宣战；9 黄海战役失利；11 旅顺要塞失陷，旅顺虐杀事件	1 俄法同盟成立；3 清美签署移民禁止条约；6 国际奥林匹克委员会在巴黎成立；7 朝鲜金弘集政权成立；夏威夷共和国成立；8 日朝盟约缔结；11 美国斡旋劝告日清两国休战和平
明治二十八年（1895）	2 北洋水师威海卫毁灭降伏；4 清日讲和会谈；下关条约清国割地赔款；三国干涉；台湾侵攻；北白川宫能久台湾病亡国葬；8 台湾总督府条例制定；10 乙未之变，日本杀害朝鲜王后闵妃	4 签订《马关条约》；俄法德三国干涉还辽；7 台湾民主国成立；康有为等人公车上书主张维新变法；10 孙文广州举兵失败；12 袁世凯新建陆军	12 朝鲜断发令公布；4 朝鲜农民起义指导者全琫准被处决；3 英俄签署阿富汗地方势力分割协议；意大利侵略埃塞俄比亚；4 德法俄三国干涉；6 清国割让台湾与日本；11 X射线发现、无线电电信发明
明治二十九年（1896）	3 八幡制铁所投产；4 台湾总督府条例公布；民法公布；6 三陆地方大啸死亡3万人；7《日清通商航海条约》签署；川崎造船所创立	3 清国邮政诞生；4 政府派遣13名公费赴日留学生；6 李鸿章出使俄国签订《清俄密约》；6 梁启超奉遵宪《时务报》创刊；11 上海电影会首次上映	1 朝鲜采用太阳历；2 朝鲜国王前往俄公使馆避难，亲俄政权建立；4 朝鲜徐载弼《独立新闻》创刊；第一届奥林匹克运动会开幕；7 法国人发现放射能
明治三十年（1897）	3 金本位制货币法公布；7 劳动组合成立，足尾矿山公害民众请愿；12 志贺洁发现赤痢菌；台湾地方官制实施	1 上海首家外籍纺织厂设立；2 商务印书馆创立 5 民信通商银行开业；11 德军占领山东胶州湾；12 俄舰强行进入旅顺港，租借旅顺大连	4 希腊奥斯曼帝国战争爆发；12 希腊奥斯曼帝国和平条约签订
明治三十一年（1898）	2 日泰友好通商条约签订；6 自由进步两党合并，宪政党成立；大隈重信宪政党内阁成立；10 社会主义研究会结成；万国邮政条约缔结；美国电话发明家贝尔来日	2 长江流域不割让声明；6 清英九龙租借条约签订；9 戊戌变法（103天）失败；12 梁启超横滨《清议报》创刊；俄租旅顺大连，英租威海卫，德租胶州湾，法租广州湾，沙市暴动	2 朝鲜兴宣大院君逝去；4 美西战争爆发，西班牙大败；战争结束；6 美国吞并夏威夷；9 朝鲜《皇城新闻》创刊；居里夫妇发现镭元素
明治三十二年（1899）	4 八幡制铁所优先购入清国大冶铁石签约；东京大阪神户间长途电话开通；著作权法公布；治外法权废除；东京水道工程竣工给水开始	5 张謇大生纱厂开业；7 康有为成立保皇会；9《清韩修好条约》签署；10 山东义和团运动兴起	1 日本取得朝鲜京仁铁路敷设权；5 首届海牙和平会议召开；7 海牙公约签署《禁止人身爆弹宣明》；11 英德签署萨摩亚条约；12 美德签署萨摩亚条约
明治三十三年（1900）	3 治安警察法公布；5 陆海军官制改正；6 派兵入清国镇压义和团运动；10 娼妓自由废业令发布；伊藤博文第四次内阁成立；混浴禁止令发布	5 义和团破坏京津铁路；6 义和团清兵进攻各国公使馆；6 清国对列强宣战；义和团事变爆发战；8 俄清协定独占满洲权益	6 英国请求日本出兵；8 八国联军侵华，北京陷落；10 英德长江协议签订
明治三十四年（1901）	2 福泽谕吉逝去；爱国夫人会结成；4 第一届劳动者大会召开，3万人参加；皇太孙裕仁诞生；八幡制铁所点火作业；裸足外出禁止令；牛马虐待禁止令	9 义和团事变结束，清国战败投降；清与列强签订《辛丑条约》赔偿金白银4.5亿两（本息合计9.8亿两）；李鸿章逝世	9 清国与列强就义和团事件签署《辛丑条约》；10 第一届国际劳动组合会议召开；12 无线电电信横越大西洋成功；诺贝尔奖首次颁奖

明治三十五年（1902）	1日英同盟签字；商工会议所法公布；12教科书采纳贿赂检举、手表、高帽、毛外套流行	2梁启超横滨《新民业报》创刊；上海商业会议公所成立；6天津《大公报》创刊；8钦定学堂章程公布；清国照会英国进犯西藏；光绪帝下旨准许汉满通婚	4俄清签订《交收东三省条约》，俄军满洲第一期撤军；4英国移民禁止法成立；7美菲律宾统治法制定
明治三十六年（1903）	4教科书国定化；东京铁道马车电气化；抗议俄国侵略满洲，联合舰队编成	俄军不履行满洲第二期撤军计划，追加7条撤兵条件；清国反俄运动高涨；9商部设立；俄国占领龙城；英军再次侵入西藏	1美国哥伦比亚巴拿马运河地带条约缔结；7俄国东清铁路全线开通；8围绕满韩问题日俄间交涉；10英法仲裁裁判条约缔结
明治三十七年（1904）	2仁川湾日舰攻击俄舰队；日俄断绝外交，日对俄宣战；英国公债募集开始；3日本国债发行，舰队出击命令；陆军进军满洲作战	2日俄战争清韩宣布中立；黄兴宋教仁创立华兴会；3上海《东方杂志》创刊；户部银行设立；蔡元培等创立光复会；清国红十字会成立	8第一次日韩条约缔结，日本顾问政治开始；英国西藏通商拉萨条约签订；8国际足球联盟FIFA设立
明治三十八年（1905）	1占领旅顺要塞；日本海海战胜利；8第二次日英同盟签署；5朴茨茅斯和约缔结；日比谷骚乱事件；第二次日韩条约缔结；12韩国统监府设置	5美国限制清国移民，上海抵制美国商品；9清国废除科举考试；8孙文黄兴中国同盟会成立；11日本公布清国留学生取缔规则；袁世凯打造北洋新军	1俄国"血腥星期日"；12日清签署满洲条约及附属协议书；国际航空联盟设立；爱因斯坦宣布相对论和光量子假说
明治三十九年（1906）	3铁道国有法公布；8关东都督府官制公布；吴海军工厂职工500余人反对废除战时津贴；日俄战役凯旋大阅兵；11南满铁道株式会社成立	9清廷宣布预备立宪；朝廷公布新官制；12革命派湖南起义失败；张謇等在上海设立预备立宪公会；台湾大地震；京汉铁路全线通车；南昌发生教案	3张志渊等创立大韩自强会；4英国西藏签署协定，英国誓约对西藏不合并不干涉；1奥地利匈牙利封锁塞尔维亚国境；9俄法借款成立；美国武力介入古巴
明治四十年（1907）	2足尾矿山矿工暴动，军队出动镇压；6日法协约签署；8韩国军队举行解散仪式，发动叛乱；小学校令改正，推行6年义务教育；陆军扩充至19个师团	5广东饶平革命派起义失败；清末立宪运动兴起；10梁启超等东京结成政闻社；政府上谕设立咨议局；康有为主持国民宪政会；俄日军队撤离满洲	6第二次海牙同盟会议召开；7第一次日俄协约签署；韩国皇帝逊位；8英俄协商西藏问题，承认清国宗主权
明治四十一年（1908）	2美国限制日本移民，两国签订君子协定；8别子铜山精炼所空气污染，引发居民抗议；10日本警察禁闭反清革命派《民报》；台湾纵贯铁道通车	11光绪帝逝去；宣统帝即位；慈禧太后逝去；摄政王载沣监国。清廷宣布预备立宪，颁布《钦定宪法大纲》；满铁京奉两铁道连接合约签署	1加拿大限制日本移民；2葡萄牙国王和王子被暗杀；11太平洋事务规则月美同协议签署；12法国比利时划分在非洲刚果的势力范围
明治四十二年（1909）	8安丰铁路筑筑，清国反日运动扩大；9日军国讨伐作战开始；10日清间岛及满洲五件案协议签订；种痘法公布；报纸法公布；旅顺忠塔揭幕式；伊藤博文遇刺，举行国葬	1军机大臣袁世凯被罢免；3鲁迅《域外小说集》刊行；10清国哈尔滨朝鲜人安重根刺杀伊藤博文；京张铁路正式通车；美国满洲铁道中立化提案	2德法摩洛哥协定签署；美国舰队完成环球航行；12韩日合邦声明书发表；法国飞机成功飞越英吉利海峡
明治四十三年（1910）	3立宪国民党结成；8日合并条约签署；韩国国号改回朝鲜；发布取缔集会令；大逆事件；日本首次试飞飞机成功	1国会早期开设同志会结成；2广州新军起义失败；6首届清国博览会在南洋劝业会；11清宣布1913年开设国会；英美德法成立对清借款团；汪精卫谋刺载沣未遂	7日俄反对美国的满洲铁道中立化提案；日俄间签署掠夺满洲密约；日牙独立仲裁美加北大西洋渔业纷争；《金融资本论》出版发行
明治四十四年（1911）	2日美签署新通商航海条约，关税自主权确立；3工厂法公布实施；8警视厅特高课设立；幕末以来的不平等条约完全废除；市制町村制改正公布	4同盟会广州起义失败；5庆亲王皇族内阁；铁道国有令发布；10武昌起义辛亥革命爆发；清廷启用袁世凯出任内阁总理大臣；11鸭绿江铁桥竣工	7第三次日英同盟协约签订；9意大利奥斯曼土耳其开战；12蒙古独立宣布脱清国；国际网球联盟设立；超导现象发现
明治四十五年（1912）	7明治天皇驾崩大葬；皇太子即位改元大正（当年为大正元年）；乃木夫妻为明治天皇自刃殉死；第一届宪政拥护大会召开；米价爆腾引发骚乱	1中华民国临时政府成立，孙中山就任临时大总统；2宣统帝退位；孙中山辞职；3袁世凯任临时大总统；中华民国临时约法公布；中国国民党成立	2越南维新会在广州成立；4泰坦尼克号沉没；7第三次日俄条约缔结；8朝鲜土地调查令公布
大正二年（1913）	8兖州、汉口、南京事件日对华强硬；10政府承认"中华民国"；民众包围议院；桂太郎内阁总辞职；军部大臣现役武官制度废除	3宋教仁在上海遇刺；4第一届国会召开；9反袁第二次革命失败；国产第一部电影《难夫难妻》公演；政府准允男子纳妾；孙中山下令劝缠足；袁世凯下令全国尊孔；袁世凯下令解散国民党	1蒙古西藏协定；4袁世凯与日德英法俄签署对华借款协议；5美国承认"中华民国"；10日中签署满蒙五铁道协定；日英俄承认中华民国；11俄中宣言外蒙古自治；美国福特汽车开始大量生产

大正三年（1914）	1 营业、织物、通行三税废止大会；众议院追记海军贿赂案；2 国民大会弹劾内阁，山本内阁总辞职；8 第一次世界大战参战，日英同盟对德宣战；9 占领青岛	1 袁世凯解散国会；2 民国货币条例公布；恢复祭孔活动；4 废止中英西藏条约草案；5 颁布《中华民国约法》；7 孙文组建中华革命党；8 第一次世界大战中立宣言；9 日军胶州湾登陆	7 第一次世界大战爆发；8 德对俄法宣战，德侵入比利时与英开战；美国第一次世界大战中立宣言；奥地利匈牙利对俄宣战；日本对德宣战；10 日本占领德领有的南洋诸岛；12 英海军马岛湾击败德国
大正四年（1915）	1 对华21条要求；2 在日留学生抗议21条；5 对华21条要求最后通牒，中国受诺；10 日英俄劝告袁世凯勿称帝；日华新条约签署；中国反日运动	5 袁世凯接受"21条"；6 中俄蒙签订《恰克图协约》；8 杨度等创建复辟帝制的筹安会；9 陈独秀《新青年》创刊；12 陈其美上海反袁武装起义被镇压；云南蔡锷反对帝制组建护国军	2 德军攻击中立国船舶，美国抗议；3 朝鲜柳东说等在上海公共租界结成新韩革命党；4 德军伊珀尔战役中使用毒气；5 德潜艇击沉英客船；
大正五年（1916）	3 内阁会议决定对中排袁政策；7 第四次日俄协约签署；9 工厂法实施；10 立宪同志会、中正会、公友俱乐部组成宪政会；12 作家夏目漱石逝去	1 护国军讨伐袁世凯；《民国日报》创刊；3 袁世凯宣布取消帝制；6 袁世凯在北京逝去，黎元洪继任大总统；恢复临时约法；8 国会再开；10 黄兴逝去；11 政学会成立	3 凡尔登战役死伤60万人；5 英德海军日德兰半岛海战；6 阿拉伯叛乱；7 索姆河战役死伤100万人；12 德提议讲和；美国总统提议和平
大正六年（1917）	1 日本兴业、朝鲜、台湾三家银行对华借款；3 日本工业俱乐部成立；6 临时外交调查委员会成立；9 金输出禁止（金本位制废止）；10 第一届全国小学女教员会议；日本承认俄国临时政府	3 中德断交；5 中华职业教育社成立；6 国会解散；7 张勋复辟；8 广州国会非常会议召开；9 孙中山广州就任军政府大元帅；10 南北政府军事冲突开始；11 中国反对日美《蓝辛－石井协定》	2 德宣布无限制潜水艇作战；美德断交宣战；8 中国对德奥地利宣战，罗马教皇提议交战国讲和；9 俄十月革命爆发，俄国沙皇退位；10 朝鲜光复团事件遭到镇压；12 芬兰宣布独立；德俄休战协议成立

* 年表内前置数字为月份　　** 参考文献：《世界史年表》第二卷，历史学研究会编，2001.12

■日清年号对照表■

西历	和历	清历	西历	和历	清历	西历	和历	清历
1868	明治元年	同治七年	1883	十六	九	1898	三十一	二十四
1869	二	八	1884	十七	十	1899	三十二	二十五
1870	三	九	1885	十八	十一	1900	三十三	二十六
1871	四	十	1886	十九	十二	1901	三十四	二十七
1872	五	十一	1887	二十	十三	1902	三十五	二十八
1873	六	十二	1888	二十一	十四	1903	三十六	二十九
1874	七	十三	1889	二十二	十五	1904	三十七	三十
1875	八	光绪元年	1890	二十三	十六	1905	三十八	三十一
1876	九	二	1891	二十四	十七	1906	三十九	三十二
1877	十	三	1892	二十五	十八	1907	四十	三十三
1878	十一	四	1893	二十六	十九	1908	四十一	三十四
1879	十二	五	1894	二十七	二十	1909	四十二	宣统元年
1880	十三	六	1895	二十八	二十一	1910	四十三	二
1881	十四	七	1896	二十九	二十二	1911	四十四	三
1882	十五	八	1897	三十	二十三	1912	四十五	民国元年

结束语

　　《明治维新的国度》的编著画上了最后一个句号，经过数年的良工苦心，终于完成了明治维新的自由研究课题。在出版之际，作者向阅读本书的读者表示真诚的谢意。

　　《明治维新的国度》的研究，是《清日战争》研究的继续。作者在前著写到大清国李鸿章签下《马关条约》的那一瞬间起，就留下一个耐人寻味的问号，为什么一个蕞尔小国可以战胜堂堂大国，那是一次偶然的胜利吗？作者曾为之彷徨迷惘。许多研究中国近代史的人，在其著说、论文、演讲中经常使用这样一句话，"日本战胜大清国是综合国力的胜利"，的确，作者也和各位贤明持有相同的基本认识。可是日本的综合国力是什么，百年前日本的国家又是一个什么样子，作者也是一知半解似知非知。在这样一个模糊的和欲知的原动力下，作者决心去挖掘百年前敌国的那些事情真相，寻找解明沉淀在心中多年的疑问和答案。

　　日本人赞美明治维新的国家，因为明治时代把日本人从封建制度的桎梏中解脱出来，带领国民走向文明的国度。当日本人自我标榜明治历史时，不免会给外国人留下自吹自擂、自我感觉良好的印象。对此作者选择了两种方法来求证明治历史，使对历史的认识有一个公道的解释。第一种方法是"第三只眼"。俗话说："当事者迷，旁观者清。"一个事物的好坏，通常在旁观者的视角下，容易看得比较客观。《明治维新的国度》充分引用了当时列强的第三只眼，对明治维新展开评论。其一针见血式的西方人性格的尖刻评论，还算比较公正客观。第二种方法是采用了当时最新"照相"技术留下的珍贵写真，其中包括笨重的摄影器材无法到达的现场，由那些天才画家留下的反映历史的绘画，来佐证历史的那一刻。这些直观的历史素材，再现了时代的背景和故事，让读者能容易理解时代的原貌，回避了连篇累牍、枯燥无味的文字写作方式。

　　《明治维新的国度》的编著，只是宏观概论明治国家的印象。一个国家的政经、民生的方方面面，是无法用一本书说清楚的。作者仅仅希望通过宏观概论，给读者提供一个对其深入了解的视角。明治时期和大清国后期处在同一时代，曾经有过相同屈辱的历史。明治新政府从江户幕府接手过来诸多的不平等条约，在日本全国各地，到处可以看到飘扬列强旗帜的租界。那里有让日本人屈辱的属于西洋人的自由天堂。但是明治人没有躺在屈辱中怨声载道，而是从自身文明进化做起，在屈辱中站了起来，最终将洋人赶出了自己的国家，甚至赢得了列强的尊重。在某种意义上说，日本在近代世界大动乱的博弈中，代表东亚为黄色人种争得了国际地位，从此西方列强开始重新审视崛起的亚洲各国。但是在明治时代以后，日本人没有了谦虚谨慎，没有发扬光大明治维新的精神，被一群骄横跋扈的军人用残酷的战争，玷污了明治维新的初衷，走上了逆人类文明意愿的自焚之路。

《明治维新的国度》的创作，作者较多着墨于"国民教育"的章节。明治国家的巨大变化与国家教育的投入息息相关。明治国家的教育传承了汉唐文化的精华，嫁接了西方文明的枝叶，保留了岛国古来的个性，变化成了一个具有近代独立性格的、令世人瞩目的国家。这也许是日本人成功之所在，或许是日本人失败的起点。因为纵观日本的历史教育，只愿意放弃过去、展望未来，却不愿意回首反省自己的龌龊。在虚伪历史的教育下，即便实现了物质上的飞跃，在精神面上也是暗伤遍体。历史教育，无论是日本还是任何其他的国家，都存在相同意义上的反思课题。

《明治维新的国度》的编著中，日本人思维方式的特殊性给作者留下了深刻印象。半个多世纪以来，研究日本人意识形态形成的学者，提出了日本人"建前和本音"的概念。在日本经久不衰的人气著作《菊与刀》、《表和里》、《人格之构造》里，通过定义日本人"建前和本音"的特质，从深层剖析了日本人的个性。美国学者鲁思·本尼迪克特，在她的《菊与刀》中探讨了日本人的好斗与温和、忠贞与叛逆、约束与放荡、自大与自卑、报恩与复仇的矛盾性格。从民族文化的双重性，揭示了日本人虚伪的"耻"文化个性，找出了隐藏在日本人内心深处的行为脉络。日本自明治维新以来，执意选择了欧美近代化路线。这些西洋式的社会结构或政府组织只是表面上的近代化，而在精神上日本人强调日本文化独自的价值观，继续保留了大和魂的根性。日本只靠明治维新这样短暂的时间，就脱亚入欧完全吸收西方人经过数百年漫长时间形成的精神文明，是决然不可能的事情。明治时代日本虽然采取了西方国家的制度模式，国家的政治、经济、教育、法制实现了欧美化，然而日本人固有的价值观，却持续着时代的惯性没有发生本质的变化。在建前的表象与本音的意识纠结中，明治国家的"建前"理念推进了近代化的表象，但是日本人两千年来"本音"的内心世界，岛国人矛盾的民族个性依然根深蒂固。

日本曾经流传一个意味深长的故事。在日本，人们建造房子前都要举行"建前仪式"，仪式中会供奉一个不知名的女人。传说古时候有一个叫"栋梁"的名人，在建房仪式的前夜，忽然发现大门的柱子短了一截。夜已很深，就是用最快的修理速度，也赶不上次日的建前仪式了，栋梁在羞愧之中决意剖腹引咎，以挽救自己的名誉。妻子看出了丈夫的难心之处，提议采用临时将柱子垫高的补救办法。妻子的妙案救下了丈夫的性命，迎来了完美的建前仪式。可是徒有虚名的栋梁，唯恐这件欺世盗名的丑事暴露，于是杀死了自己的妻子。栋梁为自己的肮脏行为苦恼，在房屋栋梁之上装饰妻子生前喜欢的七件物品，口红、白粉、梳子、簪子、镜子、发饰、挠发，悄然默诺了建前仪式中供奉女人的做法，寄托对妻子的哀思。但是栋梁从来没有去真心实意反省自己，继续虚伪地掩饰着龌龊，侃侃而谈自己的经世哲学，冠冕堂皇地招摇过市。

《明治维新的国度》的创作中，作者在百年前的历史资料面前，被维新岛国的巨大变貌震撼，一条深深的爪痕留在了心底。酸涩之处是发现自己原有的历史观和真实敌国的国度，竟会有如此巨大的差别，百年前岛国的人们就已经脱逸出非文明的野蛮时代。作者茫然无措，依照固有的教育立场，不知道是应该赞美她还是否定她。的确，在世界近代史中，日本仍然遗留着诸多的历史反省课题。但是作为曾经美好的一面，作者还是想赞美一句明治维新的国度，她是一个有着近代文明的国度。当明治维新的国度和大清国的国度，进步的和落后的无情碰撞后，清国人也曾经从失败中反省过自己，继而放下老大帝国的架子，东渡彼邦虚心向他们求教，为自身的改造习得了有益的学问。时代的文明是在敌我摩擦产生的共鸣中，走向更高级的文明。历史证明了一个共识，敌人并非不文明，并非没有伟大之处，然伟大的光泽亦会蜕化。百年以来，日本人在赞美自身文化时欠缺反省自己，外国人在批评日本人时也缺少理解日本文化，文化葛藤的纠结仍将经过一个漫长的过程。

《明治维新的国度》是以日本国内收藏的历史文献为资料源编著的作品。书中对百年前明治国度的揭示，只反映历史上日本人和欧美人对日本历史的记录，非作者对叙述国褒贬的立场。作者力求中间立场，严格遵循历史写真、绘画、著说等原始文献作为依据的研究方法，为现代欲知者展现一个可视的空间，提供一个历史研究的视角。诚然，本书仅用日本文献作为参照系来概论，存在视角的片面性。倘若论述之处与读者的立场和见解相左，作者愿意接受各种指教和研讨。

本著完成之际，作者诚意向日本国立国会图书馆、国立公文书馆、外务省外交史料馆、防卫省防卫研究所、东京都立图书馆、武藏野市图书馆、西东京市图书馆等资料协力的图书馆致以谢意。对致力研究和整理明治维新史料的中日学者表示敬意。向给予本著协力的张黎明博士致谢。书中的参考资料及引用文献列记"参考及引用文献"，特此鸣谢。

宗泽亚

参考及引用文献

本文参考及引用文献

《日清媾和條約》　外務省外交史料館　明治 28 年（1895）　B13090894300

《韓國王露公使館へ播遷関係一件》　アジア歴史資料センタ　B03050313400　1896.2.20

《日露交渉史》　上巻第八章《満州ニ関スル露清密約問題》　外務省外交史料館藏　B02130338900 1944

《金玉均伝》　上巻　古筠記念會 編　慶応出版社　1944

《近世日本國民史》（台灣役始末篇）　德富豬一郎　近世日本國民史刊行會　1963

《新聞集成明治編年史》（第 11 巻北清事変期）　中山泰昌　財政経済學會　1971

《明治憲法體制の確立》（富國強兵と民力休養）　坂野潤治　東京大學出版會　1971

《日本鉄道史》上、中、下篇　日本鉄道省　清文堂出版　1972

《近代日本輸送史》　論考・年表・統計　運輸経済研究センター近代日本輸送史研究會編　成山堂書店　1979

《近世日朝通交貿易史の研究》　田代和生　創文社　1981.2

《書き替えられた國書》（徳川・朝鮮外交の舞台裏）　田代和生　中央公論社　1983.6

《鉄道の語る日本の近代》増補改訂　原田勝正　そしえて文庫　1983.6

《日本教育の源流》　石川松太郎　第一法規出版　1984

《明治維新と近代化》　桑原武夫　小學館　1984.12

《表と裏》　土居 健郎　弘文堂　1985.3

《海外視點・日本の歴史》14（富國強兵の光と影）　ぎょうせい　1986.10

《奈良大學紀要》　論文第 16 號（幕末における國民意識と民眾）　鎌田道隆　1987.12

《教育理念の展開》（日本教育史研究）　松浦伯夫　ぎょうせい　1988.4

《明治大帝》　飛鳥井雅道　築摩書房　1989.1

《孫文選集》第三巻　社會思想社　1989.6

《北京燃ゆ – 義和団事変とモリソン》　ウッドハウス瑛子　東洋経済新報社　1989.12

《教科書でつづる近代日本教育制度史》　平田宗史　北大路書房　1991.3

《日本の歴史》18　（日清・日露戦争）　海野福寿著　集英社版　1992.11

《君死にたまふこと勿れ》　中村文雄　和泉書院　1994.2

《日清戦爭の社會史「文明戦爭」と民眾》大谷正 原田敬一 大阪フォーラム A 1994.9

《ニュースで追う明治日本発掘》　第 5 巻　鈴木孝一　河出書房新社　1995.2

《高杉晉作の上海報告》　宮永孝　新人物往来社　1995.3

《ウサギたちが渡った斷魂橋》（からゆき・日本人慰安婦の軌跡）　山田盟子　新日本出版社　1995.5

《脱亜入洋のすすめ》山崎正和　ティービーエス ブリタニカ　1995.6

《旅順虐殺事件》　井上晴樹　築摩書房　1995.12

《安重根と伊藤博文》　中野泰雄　恆文社　1996.10

《宮古島民台灣遭難事件》　宮國文雄　那出版社　1998.3
《生麥事件》　吉村昭　新潮社　1998.9
《富國強馬ウマからみた近代日本》　武市銀治郎　講談社　1999
《日本海海戰の真實》　野村実　講談社　1999.7
《県立長崎シーボルト大學國際脂報學部紀要》　論文第3號（文久二年幕府派遣「千歳丸」隨員の中國観 – 長崎発中國行の第1號は上海で何をみたか）　橫山宏章　2000
《幕末維新論集》（蝦夷地と琉球）　田中彰　吉川弘文館　2001.6
《世界史年表》第2版　歴史學研究會編　岩波書店 2001.12
《にっぽん無線通信史》　福島雄一　朱鳥社　2002.12
《明治後期産業発達史資料》第681巻　軍事世界地理　龍溪書舍　2003.3
《孫中山到底愛國不愛國》　楊奎松　（近代中國史研究通訊）第40期　2003.6
《あの頃日本は強かった》（日露戰爭100年）　柘植久慶　中央公論新社　2003.10
《天皇のロザリオ》　鬼國英昭 鬼國英昭出版　2004
《幕末外交と開國》　加藤祐三　築摩書房　2004.1
《日露戰爭と[菊と刀]》　森貞彦　東京図書出版會　2004.2
《岩倉使節団という冒險》　泉三郎　文芸春秋　2004.7
《日露戰爭の世紀―連鎖視點から見る日本と世界》　山室信一　岩波新書　2005
《貧困概念基礎研究》　論文第2章（近代日本の貧困観）　佐藤寬　アジア経済研究所 2005.2
《孫文の女》　西木正明　文藝春秋　2005.2
《高麗史日本伝》上、下　武田幸男　岩波書店　2005.7
《明治國家の政策と思想》　犬塚孝明　吉川弘文館　2005.10
《ビジュアル・ワイド明治時代館》　小學館　2005.12
《高崎経済大學論集》　論文第49巻第1號（日露戰爭と下瀬火藥システム）　小池重喜　2006
《日本産業革命期における地方の政治と経済》　加藤隆　東京堂出版　2006.3
《日本に遺された孫文の娘と孫》　宮川東一　商業界　2008.5
《明治天皇》（苦悩する理想的君主）　笠原英彦　中央公論新社　2006.6
《開國史話》　加藤祐三　神奈川新聞社　2008.4
《新聞記事に見る激動近代史》　武藤直大　株式會社グラフ社　2008.6
《菊と刀》　ヨミ ベネディクト、角田安正訳　光文社　2008.10
《マリア・ルス號事件関係資料集》　石橋正子　2008.11
《朝鮮王妃殺害と日本人》　金文子　高文研　2009
《自由民權運動の係譜 近代日本の言論の力》　稲田雅洋　吉川弘文館　2009.10
《ノルマントン號事件と日本のマスメディア》　慶應義塾大學法學部政治學科玉井清研究會 2009.11
《伊藤博文の韓國併合構想と朝鮮社會》　小川原宏幸　岩波書店　2010.1
《清國人日本留學生の言語文化接觸》　酒井順一郎　ひつじ書房　2010.3
《世界史のなかの満洲帝國と日本》　宮脇淳子　2010.10
《日露戰爭を走る》（明治三十七年の鉄道旅行）　ネコ・パブリッシング　2010.10
《清日戰爭》　宗澤亞　香港商務印書館 2011.7
《郵政資料館研究紀要》　論文第2號（日本における近代郵便の成立過程）　井上卓朗　2011.3
《幕末・明治初期の海運事情》　山崎善啓　創風社　2011.4
《儀禮と權力》（天皇の明治維新）　ジョン・ブリーン　平凡社　2011.8

《琉球之謎》　紀連海　北京大學出版社　2011.10
《日本軍事関連産業史》海軍と英國兵器會社　奈倉文二　日本経済評論社　2013.1

写真絵画引用文献

《日清戰爭寫真帖》　博文堂　博文堂　1896
《北清事変寫真帖》　山本誠陽　1901
《北清事変寫真帖》　第五師団司令部撮影　小川寫真製版所(印刷)　1902
《明治神宮聖德記念壁畫集》　明治神宮社務所　1961
《寫真図説明治天皇》　深谷博治編修　講談社　1968
《アイヌ》　更科源蔵　社會思想社　1968
《目でみる東京百年》　東京都編　長谷川幸男寫真・資料提供　東京都　1968.9
《帝國連合艦隊日本海軍100年史》　千早正隆　講談社　1969
《アイヌ寫真集》　萱野茂　國書刊行會　1979.3
《絵で書いた日本人論―ジョルジュ・ビゴーの世界》　清水勳著　中央公論社　1981
《図説日本文化の歴史》11　小學館　1981.2
《やんばる100年寫真集》（ふるさとの明治・大正・昭和　沖縄・思い出のアルバム）　那出版社編集部編　那出版社　1981.11
《幕末日本の風景と人びと》　横浜開港資料館編　東京明石書店　1981.12
《日本寫真史》　日本寫真家協會編　平凡社　1983
《北海道寫真史　幕末・明治》　渋谷四郎　平凡社　1983.11
《百年前の日本》　小西四郎構成　岡秀行構成　東京小學館　1983.11
《寫真図説日本消防史》　國書刊行會　1984
《近代漫畫》日清戰爭期の漫畫　Gビゴー　築摩書房　1985.6
《ビゴー日本素描集》2　ビゴー畫　清水勳　岩波書店　1986.5
《漫畫雜誌博物館2》（団団珍聞2）　清水勳　國書刊行會　1986.6
《日本の歴史》4　改訂新版　家永三郎編　ほるぷ出版　1988
《馬》　岩波書店編集部　岩波書店　1988.10
《寫真で知る韓國の獨立運動》　李圭憲　國書刊行會　1988.11
《神戸100年寫真集》　神戸市　1989
《図説〈横浜の歴史〉市政一〇〇周年　開港一三〇周年》（図説・横浜の歴史編集委員　横浜市市民局市民情報室広報センター　1989
《畫報近代百年史》2-3　日本近代史研究會　ヨミニホン　キンダイシ　ケンキュウカイ　1989.10
《電話100年小史》　日本電信電話株式會社広報部　1990
《郵便創業120年の歴史》　郵政省郵務局郵便事業史編纂室　ぎょうせい　1991.12
《よみがえる明治の東京》（東京十五區寫真集）　玉井哲雄編　角川書店　1992.3
《洋畫と日本畫》（日本美術全集）第22巻　髙階秀爾　講談社　1992.4
《ビゴー日本素描集》1　ビゴー畫　清水勳　岩波書店　1992.11
《幕末・明治の生活風景》　須藤功　東京東方総合研究所　農山漁村文化協會　1995.3
《写真記録日中戦争》1　鈴木亮編　笠原十九司編　東京ほるぷ出版　1995.8
《秘蔵寫真で綴る銀座120年》（老舗のアルバムに眠っていた未公開寫真を満載）『銀座15番街』編集部　東京第一企畫出版　1995.11

《宋慶齢》上　イスラエル・エプシュタイン著 久保田 博子　訳 サイマル出版会　1995.12
《ビゴーがみた世紀末ニッポン》　清水勲　平凡社　1996
《絵畫の明治》（近代國家とイマジネーション―）　毎日新聞社編集　毎日新聞社　1996.7
《ビゴーが描いた明治の女たち》　ビゴー　清水勲著　マール社　1997.4
《日本美術館出版社》　小學館　1997.11
《図説横浜外國人居留地》　横浜開港資料館　有隣堂　1998.3
《100年前の横浜・神奈川絵葉書でみる風景》　横浜開港資料館　有隣堂　1999.12
《箱根彩景　古寫真に見る近代箱根のあけぼの》　箱根町立郷土資料館　秦野夢工房　2000.3
《寫真明治の戦争》　小沢健志　築摩書房　2001.3
《古寫真で見る江戸から東京へ》　小沢健志　世界文化社　2001.4
《孫文を守ったユダヤ人》上　ダニエル・S.レヴィ著 吉村弘　訳 芙蓉書房出版 2001.4
《古寫真で見る明治の鉄道》　原口隆行　世界文化社　2001.7
《日本災害史1》（寫真・絵畫集成　火山噴火）　下鶴大輔　日本図書センター　2001.9
《製糸工女と富國強兵の時代》（生糸がささえた日本資本主義）　玉川寛治　新日本出版社 2002.3
《幕末・明治・大正古寫真帖》（よみがえる近代日本の原風景）　新人物往來社 2002.8
《明治の面影・フランス人畫家ビゴーの世界》　ビゴー　清水勲編著　山川出版社　2002.9
《幕末・維新事件帖ほか》下　ワーグマン〔畫〕　芳賀徹編 岩波書店　2002.10
《江戸東京職業図典》　槌田満文　東京堂出版　2003.8
《図説・明治の群像296》　學習研究社　2003.11
《日本史を変えた大事件前夜》　新人物往來社　2004.5
《満州古寫真帖》　出版社東京　新人物往來社 2004.8
《秘蔵日露陸戦寫真帖》　原剛　柏書房　2004.11
《日露戦争古寫真帖》　新人物往來社　2004.12
《船舶百年史》　上野喜一郎　成山堂書店　2005.1
《日本の博覧會》　橋爪紳也　平凡社 2005.2
《NHKスペシャル明治》2　NHK「明治」プロジェクト編　日本放送出版協會　2005.6
《絵はがきで見る日本近代》　富田昭次　青弓社　2005.6
《異國人の見た幕末・明治JAPAN》　新人物往來社　2005.6
《ケンブリッジ大學秘蔵明治古寫真》　臼井秀三郎　小山騰　東京平凡社　2005.9
《フランス士官が見た近代日本のあけぼの》　コレージュ・ド・フランス日本學高等研究所監修　松崎碩子編集　アイアールディー企畫　2005.11
《ビジュアル・ワイド明治時代館》　小學館　2005.12
《明治・大正・昭和天皇の生涯》　新人物往來社　2005.12
《寫真集明治の記憶》（學習院大學所蔵寫真）　學習院大學史料館　吉川弘文館　2006.6
《近代日本の教科書のあゆみ》　滋賀大學附屬図書館編著　サンライズ出版　2006.10
《明治・大正・昭和お酒の広告グラフィティ》　ヨミサカツ コーポレーション　國書刊行會 2006.10
《ビゴーが見た明治ニッポン》　清水勲　講談社 2006.12
《未公開鉄道古寫真》（各地の消えた鉄道が現代に甦る）　三宅俊彦　新人物往來社　2007.2
《日本産業史寫真記録》　時事新報社 日本図書センター 2007.10
《日本生活史寫真記録》　藤島亥治郎　日本図書センター　2007.10
《朝鮮の歴史》　田中俊明編 昭和堂　2008.4

《日本食物史寫真記録》　永山久夫　食糧庁　2008.6
《日本の軍閥　人物・事件でみる藩閥・派閥抗爭史》　新人物往來社　2009.4
《日本人の歴史教科書》「日本人の歴史教科書」編集委員會編集　自由社　2009.5
《東京の歴史－寫真記録》　明治百年記念出版會編　木村毅監修　2009.7
《秋山好古・真之兄弟と正岡子規らが生きた時代》　新人物往來社　2009.11
《図説ソウルの歴史》　砂本文彦　河出書房新社　2009.11
《日本學生の歴史》　小西 四郎　日本図書センター P&S　2009.12
《日清戰争の時代》日本近代史研究会編 日本ブックエース　2010.2
《清國人日本留学生の言語文化接觸》　酒井 順一郎　ひつじ書房　2010.3
《ビジュアル明治・大正・昭和近代日本の 1000 人》　世界文化社　2010.8
《幕末・明治の日本海軍　海戦・艦艇寫真集》　中川務、阿部安雄　ベストセラーズ　2010.10
《図説近代百年の教育》　唐澤富太郎　日本図書センター　2011.2
《幕末・明治初期の海運事情》　山崎善啓　創風社　2011.4
《明治の東京寫真　新橋・赤坂・淺草》　石黒敬章　角川學芸出版　2011.5
《おもしろ図像で楽しむ近代日本の小學教科書》　樹下龍児　中央公論社　2011.7
《ヤマの記憶》　山本作兵衛　西日本新聞社　2011.10
《図説日本の近代 100 年史》　水島吉隆　近現代史編纂会編 河出書房新社　2011.10
《辛亥革命と日本》　王柯　櫻井良樹　藤原書店 2011.11
《日本の食堂車　RM LIBRARY》　鉄道友の會客車気動車研究會　ネコ・パブリッシング　2012.2
《明治大正昭和建築寫眞聚覽》　藤井恵介、角田真弓　文生書院　2012.2
《日本史 1200 人》　入澤 宣幸　西東社　2012.5
《日本自動車史寫真・史料集》　佐々木烈　三樹書房　2012.6
《図説戊辰戰争》　木村幸比古　河出書房新社　2012.10
《國際通信史でみる明治日本》　大野哲彌　成文社　2012.12
《宮崎滔天》　榎本泰子 ミネルヴァ書房　2013.6

彩色名画作品・年代・作者

Fig. 01　《ペルリ提督神奈川上陸図》嘉永七年（1854）Wilhelm Heine 絵
Fig. 02　《伏見鳥羽戦》明治元年（1868）松林桂月 絵
Fig. 03　《琉球藩置》明治六年（1873）山田真山 絵
Fig. 04　《憲法発布式》明治二十二年（1889）和田英作 絵
Fig. 05　《日清役黄海海戦》明治二十七年（1894）太田喜二郎 絵
Fig. 06　《旅順戦後の捜索》明治二十八年（1895）淺井忠 絵
Fig. 07　《下関講和談判》明治二十八年（1895）永地秀太 絵
Fig. 08　《かたみ》明治二十八年（1895）松井升 絵
Fig. 09　《林大尉戦死》明治三十年（1897）満谷國四郎 絵
Fig. 10　《軍人の妻》明治三十七年（1904）満谷國四郎 絵
Fig. 11　《廣島大本営軍務親裁》明治二十七年（1894）南薫造 絵
Fig. 12　《山形秋田巡幸鉱山御覽》明治十四年（1881）五味清吉 絵
Fig. 13　《靖國神社行幸》明治二十八年（1895）清水良雄 絵
Fig. 15　《凱旋観艦式》明治三十八年（1905）東城錠太郎 絵 633

Fig. 16 《東慕慈恵醫院行啓》明治二十年（1887）滿谷國四郎 絵
Fig. 17 《皇后宮田植御覽》明治八年（1875）近藤樵仙 絵
Fig. 18 《不豫》明治四十五年（1912）田辺至 絵
Fig. 19 《富岡製糸場行啓》明治六年（1873）荒井寬方 絵
Fig. 23 《Etude de Femme》（裸婦習作）明治三十二年（1899）黒田清輝 絵

图书在版编目（CIP）数据

明治维新的国度 / 宗泽亚著. ——北京：北京联合出版公司，2014.8（2014.10 重印）
ISBN 978-7-5502-3387-4

Ⅰ.①明… Ⅱ.①宗… Ⅲ.①明治维新（1868）—研究 Ⅳ.① K313.410.7

中国版本图书馆 CIP 数据核字（2014）第 178542 号

Simplified Chinese edition copyright:
©2014 POST WAVE PUBLISHING CONSULTING (Beijing) Co., Ltd.
All rights reserved.

本书中文简体版权归属于后浪出版咨询（北京）有限责任公司。

明治维新的国度

著　　者：宗泽亚
选题策划：后浪出版咨询（北京）有限责任公司
出版统筹：吴兴元
特约编辑：马春华
责任编辑：刘　凯
封面设计：周伟伟
版面设计：罗志伟
营销推广：ONEBOOK
装帧制造：墨白空间

北京联合出版公司出版
（北京市西城区德外大街 83 号楼 9 层　100088）
北京联兴华印刷厂印刷　新华书店经销
字数 500 千字　787 毫米 ×1092 毫米　1/16　36.5 印张　插页 11
2014 年 10 月第 1 版　2014 年 10 月第 2 次印刷
ISBN：978-7-5502-3387-4
定价：78.00 元

后浪出版咨询（北京）有限公司常年法律顾问：北京大成律师事务所　周天晖 copyright@hinabook.com
未经许可，不得以任何方式复制或抄袭本书部分或全部内容
版权所有，侵权必究

本书若有质量问题，请与本公司图书销售中心联系调换。电话：010-64010019